이 책의 한국어판 저작권은 EYA(Eric Yang Agency)를 통해 케임브리지대학교 출판부(Cambridge University Press)와 독점계약한 (주)소와당에 있습니다. 저작권법에 의하여 보호를 받는 저작물이므로 무단전재와 복제를 금합니다.

Korean translation copyright © 2021 by SOWADANG
Korean translation rights arranged with Cambridge University Press through EYA(Eric Yang Agency)

CAMBRIDGE WORLD HISTORY: Volume VI(PART 2)
Copyright © Cambridge University Press 2015

세계화의 시대 3
이민과 세계무역

제리 벤틀리·산자이 수브라마니암·메리 위스너-행크스 편집 / 류충기 옮김

기원후 1400년 – 기원후 1800년

Cambridge World History
VOL. VI Part 2 Ch.1-12

소와당

케임브리지 세계사 시리즈 소개

케임브리지 세계사 시리즈는 활발한 연구가 펼쳐지고 있는 세계사 분야를 새롭게 개괄하는 권위 있는 개론이다. 세계사 및 지구사의 최근 연구 경향을 반영함으로써 포괄하는 시간적 범위를 확대했으며, 문헌 기록 이후의 역사뿐 아니라 인류의 전체 역사를 대상으로 했다. 국제적으로 다양한 분과 학문에서 선도적인 연구 업적을 내는 필자들을 섭외했고, 200명 이상의 저자들이 참여하여 오늘날까지 인류의 과거를 종합적으로 설명했다. 세계사는 다양한 방법론을 통해, 그리고 다양한 시공간적 범위에서 검토되어야 한다는 인식이 성장하고 있음을 감안하여, 시리즈의 각 권에서는 지역별 연구, 주제별 연구, 비교 연구의 성과를 수록했으며, 사례 연구를 더하여 넓은 시각의 연구를 깊이 있게 들여다볼 수 있도록 기획했다. 바로 이런 점이 케임브리지 세계사 시리즈의 특징이라 하겠다.

시리즈 편집 총괄
메리 위스너-행크스(Merry E. Wiesner-Hanks)
- Department of History, University of Wisconsin-Milwaukee

편집위원회
그레이엄 바커(Graeme Barker)
- Department of Archaeology, Cambridge University

크레이그 벤저민(Craig Benjamin)
- Department of History, Grand Valley State University

제리 벤틀리(Jerry Bentley)
- Department of History, University of Hawaii

데이비드 크리스천(David Christian)
- Department of Modern History, Macquarie University

로스 던(Ross Dunn)
- Department of History, San Diego State University

캔디스 가우처(Candice Goucher)
- Department of History, Washington State University

마니 휴스-워링턴(Marnie Hughes-Warrington)
- Department of Modern History, Monash University

앨런 캐러스(Alan Karras)
- International and Area Studies Program, University of California, Berkeley

베냐민 케다르(Benjamin Z. Kedar)
- Department of History, Hebrew University

존 맥닐(John R. McNeill)
- School of Foreign Service and Department of History, Georgetown University

케네스 포메란츠(Kenneth Pomeranz)
- Department of History, University of Chicago

베린 셰퍼드(Verene Shepherd)
- Department of History, University of the West Indies

산자이 수브라마니암(Sanjay Subrahmanyam)

- Department of History, UCLA and Collège de France

스기하라 가오루(杉原 薫)

- Department of Economics, Kyoto University

마르설 판 데르 린던(Marcel van der Linden)

- International Institute of Social History, Amsterdam

에드워드 왕(Q. Edward Wang)

- Department of History, Rowan University

노먼 요피(Norman Yoffee)

- Departments of Near Eastern Studies and Anthropology, University of Michigan; Institute for the Study of the Ancient World, New York University

한국어판 영어판 분권 대조표

케임브리지 세계사 시리즈 영어판은 7권 9책으로 구성되어 있지만, 번역본 한국어판은 18권으로 출간한다. 그 이유는 분량 때문이다. 분량이 워낙 많은 데다 번역하는 과정에서 페이지 수가 더욱 늘어나 때로는 1000페이지가 넘는 경우가 생기므로, 부득이 영어판 각 1권을 한국어판 2권으로 나눴다. 다만 세계사 서술에서는 시대구분 문제가 중요한 주제 중 하나이며, 영어판의 구성 자체가 시리즈 기획자들의 의도를 담고 있으므로, 페이지 분량 문제로 한국어판에서 부득이 분권을 하더라도 영어판의 구성을 최대한 존중하고자 했다. 그리하여 각 권의 표지에서 영어판의 분권 체제를 명시했으며, 또한 아래와 같이 한국어판과 영어판의 분권 구성과 시대구분을 정리했다. — 옮긴이

영어판		한국어판
Cambridge World History Vol. I (to 10,000 BCE)	Part 1	케임브리지 세계사 01
	Part 2	케임브리지 세계사 02
Cambridge World History Vol. II (12,000 BCE~500 CE)	Ch.1~7	케임브리지 세계사 03
	Ch. 8~23	케임브리지 세계사 04
Cambridge World History Vol. III (4000 BCE~1200 CE)	Part 1~3	케임브리지 세계사 05
	Part 4~6	케임브리지 세계사 06
Cambridge World History Vol. IV (1200 BCE~900 CE)	Part 1	케임브리지 세계사 07
	Part 2	케임브리지 세계사 08

영어판		한국어판
Cambridge World History Vol. V (500~1500 CE)	Part 1~3	케임브리지 세계사 09
	Part 4~5	케임브리지 세계사 10
Cambridge World History Vol. VI (1400~1800 CE)	Part I Ch. 1~10	케임브리지 세계사 11
	Part I Ch. 11~18	케임브리지 세계사 12
	Part II Ch. 1~12	케임브리지 세계사 13
	Part II Ch. 13~18	케임브리지 세계사 14
Cambridge World History Vol. VII (1750~Present)	Part I Ch. 1~10	케임브리지 세계사 15
	Part I Ch. 11~23	케임브리지 세계사 16
	Part II Ch. 1~11	케임브리지 세계사 17
	Part II Ch. 12~21	케임브리지 세계사 18

케임브리지 세계사 VOL. Ⅵ 소개

1400~1800년은 생물학적 교류, 상업적 교류, 문화적 교류가 활발했던 시기다. 그 결과 당시 세계는 전례 없이 긴밀하게 연결되었다. 이번 책(한국어판 11~14권)은 이 시기의 중요한 변화를 살펴보았다.

한국어판 11~12권에서는 환경, 질병, 기술, 도시의 문제를 전 지구적 관점에서 검토했다. 아울러 동반구와 서반구의 제국들, 인도양과 중앙아시아 및 카리브해 등의 교차로, 그리고 동남아시아, 아시아, 아프리카, 지중해 등 경쟁과 분쟁 지역을 구체적으로 살펴보았다.

한국어판 13~14권에서는 변화의 패턴에 초점을 맞추었다. 기독교와 이슬람의 팽창, 이주, 전쟁을 비롯하여 세계적 차원으로 일어난 사건을 분석했다. 또한 콜럼버스의 교환, 노예제, 은, 무역, 기업, 아시아의 종교, 법적 충돌, 플랜테이션 경제, 초기 산업화, 역사 서술 등의 문제를 세부적으로 검토했다.

책임 편집 / 제리 벤틀리(Jerry H. Bentley)
하와이대학교(Univ. of Hawaii, Manoa) 역사학과 교수 역임. 저서로 Old World Encounters: Cross-Cultural Contact and Exchange in Pre-Modern Times와 Traditions and Encounters 등이 있다.

책임 편집 / 산자이 수브라마니암(Sanjay Subrahmanyam)
캘리포니아대학교(UCLA) 역사학과 석좌교수, 어빙앤진스톤 명예교수, 콜레주드프랑스(Collège de France) 초기근대 세계사 교수. 약 30권의 학술서를 편집했으며, 대표작으로는 The Portuguese Empire in Asia, 1500-1700: A Political and Economic History, The Career and Legend of Vasco da Gama(Cambridge, 1997), Indo-Persian Travels in the Age of Discoveries(Cambridge, 2007) 등이 있다.

책임 편집 / 메리 위스너-행크스(Merry E. Wiesner-Hanks)
위스콘신-밀워키대학교(University of Wisconsin-Milwaukee) 석좌교수, 역사학과 학과장. 저서로는 A Concise History of the World(Cambridge, 2015)(《케임브리지 세계사 콘사이스》, 소와당, 2018), Early Modern Europe 1450-1789(Cambridge, 2nd edn 2013), Women and Gender in Early Modern Europe(Cambridge, 3rd edn 2008), Christianity and Sexuality in the Early Modern World: Regulating Desire, Reforming Practice, 그리고 Gender in History: Global Perspectives(Routledge, 1999) 등이 있다.

13권 저자 목록

디르크 회르더(Dirk Hoerder), Arizona State University

제레미 블랙(Jeremy Black), Exeter University

존 윌스 주니어(John E. Wills, Jr.), University of Southern California

로렌 벤튼(Lauren Benton), New York University

애덤 클룰로(Adam Clulow), Monash University

노블 데이비드 쿡(Noble David Cook), Florida International University

존 손턴(John Thornton), Boston University

프란체스카 트리벨라토(Francesca Trivellato), Yale University

찰스 파커(Charles H. Parker), Saint Louis University

데니스 플린(Dennis O. Flynn), University of the Pacific

제임스 트레이시(James D. Tracy), University of Minnesota

트레버 버나드(Trevor Burnard), Warwick University

스기하라 가오루(杉原薫, Kaoru Sugihara), Kyoto University

왕국빈(王國斌, R. Bin Wong), University of California, Los Angeles

14권 저자 목록

기 스트룸사(Guy Stroumsa), Hebrew University

하백가(夏伯嘉, R. Po-Chia Hsia), Penn State University

나일 그린(Nile Green), University of California, Los Angeles

유제니오 메네곤(Eugenio Menegon), Boston University

지나 코간(Gina Cogan), Boston University

산자이 수브라마니암, Univ. of California, LA; Collège de France

카를로 긴츠부르그(Carlo Ginzburg), Univ. of Pisa; Univ. of California, LA

케임브리지 세계사 시리즈 서문

케임브리지 역사 시리즈는 오래전부터 역사학의 특정 주제를 선정하여 권위 있는 개론을 제공해왔다. 전문가들이 각 장별로 집필을 맡아서 여러 권으로 구성된 시리즈를 제작하는 방식이었다. 이런 방식으로 만들어진 첫 번째 시리즈는 〈케임브리지 근대사〉였다. 액턴 경(Lord Acton)이 기획을 맡았는데, 그가 사망한 직후 1902년부터 1912년까지 14권으로 출간되었다. 이는 이후 시리즈 구성의 모범이 되었다. 후속 시리즈로는 7권으로 구성된 〈케임브리지 중세사〉(1911~1936), 12권으로 구성된 〈케임브리지 고대사〉(1924~1939), 13권으로 구성된 〈케임브리지 중국사〉(1978~2009) 등이 있었다. 이외에도 국가별, 종교별, 지역별, 사건별, 주제별, 장르별로 전문화된 시리즈가 있었다. 이러한 시리즈들은 〈케임브리지 중국사〉가 표방했듯이 해당 주제에 대해서 영어로 된 "가장 방대하고 가장 종합적인" 역사서였고, 〈케임브리지 정치사상사〉가 주장했듯이 해당 분야의 "주요 주제를 모두" 포괄하고자 했다.

〈케임브리지 세계사〉 시리즈는 위대한 선배들의 업적을 본받았지만 동시에 차이도 있다. "가장 방대하고 가장 종합적인" 세계사 시리즈로서 "주요 주제를 모두" 포괄하려면 적어도 300권 규모가 필요할 것이다(시간은 100년쯤 걸리지 않을까?). 그 대신 이번 시리즈는 세계사 중에서 활발히 논의되는 분야를 개괄하고자 했고, 전체는 7권(volume) 9책(book)으로 구성되었다. 시간 범위는 문자 기록이 발달한 이후로 한정하지 않고 인류의 역사 전체를 포괄했다. 이러한 범위 설정은 최근 세계사 연구 경향을 반영한 것이다. 이처럼 폭넓게 시간 범위를 설정하면 고고학과 역사학의 경계가 모호해지고, 인류의 과거를 밝혀내기 위해 두 학문이 서로 보충적 관계에 놓이게 된다. 그래서 시리즈 각 권의 책임 편집에는 역사학자뿐만 아니라 고고학자도 참여했다. 이들은 미국, 영국, 프랑스, 오스트레일리아, 이스라엘 등지의 대학교에 재직하는 학자다. 또한 저자들의 연구 분야 역시 지역 범위 못지않게 폭이 넓다. 역사학, 미술사, 인류학, 고전학, 고고학, 경제학, 언어학, 사회학, 생물학, 지리학, 지역학 전문가가 참여했다. 이들은 오스트레일리아, 영국, 캐나다, 중국, 에스토니아, 프랑스, 독일, 인도, 이스라엘, 이탈리아, 일본, 네덜란드, 뉴질랜드, 폴란드, 포르투갈, 스웨덴, 스위스, 싱가포르, 미국 등지의 대학교에 재직하는 학자다. 연구를 통해 세계사 분야를 형성하는 데 기여한 원로 학자도 포함되어 있으며, 중견 및 소장 학자는 앞으로 세계사 분야를 만들어갈 사람들이다. 저자들 중 일부는 독립된 학문 분과이자 교육 분과로서의 세계사를 구축하는 데 긴밀한 노력을 기울였다. 학계에서는 이들의 활동을 지구사(global history), 초국사(transnational history), 국제사(international history), 비교사(comparative history) 등으로 일컬었다. (이들 분야는 서로 겹치거나 얽혀 있고 때로는 경쟁 관계에 놓여 있다. VOL. I에 이 분야의 발전을 추적하는 글이 몇 편 수록되었다.) 대부분의 저자는 자기 분야의 전문가일 뿐이라고 생각하지만, 편집자들이 보기에는 폭넓은 대중에게 해당 분야를 가장 잘 설명할 수 있는 전문가, 혹은 자신에게 익숙한 영역을 넘어 새로운 영역으로 나아갈 수 있는 학자다.

세계사에 접근하는 길은 여러 갈래가 있고, 시공간적 범위를 다양하게 설정해야 한다는 인식이 날로 심화되고 있다. 이를 반영해서 각 권에는 다양한 분야의 글이 수록되었다. 지역 연구, 주제 연구, 비교 연구뿐만 아니라 사례 연구도 포함되었다. 사례 연구는 세계사 특유의 폭넓은 시야에 깊이를 부여해줄 것이다.

VOL. I(한국어판 01~02권)에서는 핵심적인 분석의 틀을 소개한다. 시대를 관통하는 세계사를 어떻게 서술할 것인지, 가장 중요한 접근 방법과 주제는 무엇인지 등에 대한 내용이다. 그리고 인류 역사의 95퍼센트를 차지하는 구석기 시대부터 기원전 1만 년까지를 다룬다. 이후로 각 권이 포괄하는 시간 범위는 갈수록 줄어들 것이며, 각 권별로 시간 범위가 다소 겹칠 수도 있다. 여기에는 복잡한 시대구분 문제가 반영되어 있다. 진정으로 글로벌한 역사를 다루려면 시대구분 문제가 복잡할 수밖에 없다. 편집자들은 겹치는 시간 범위를 억지로 조정하지 않았고, (예컨대 고전기, 근대 등의) 전통적 시대구분에 얽매이지 않았다. 이는 기존의 시대구분에 도전하고자 하는 의미도 있다. 또한 각 권별로 시간 범위를 조금씩 겹치게 함으로써 다양한 지역 간의 고립과 불균형, 서로가 서로에게 영향을 미치는 방식을 강조할 수 있었다. 각 권은 고유의 주제, 혹은 일정한 범위 내의 주제에 집중한다. 주제 선정은 편집자들이 맡았는데, 각 권에서 포괄하는 시대의 핵심인 동시에 세계사 전체를 이해하는 데 기본이 되는 주제들이 선정되었다.

VOL. II(한국어판 03~04권) "농업과 세계사(1만 2000 BCE~500 CE)"는 신석기 시대 이전부터 시작해서 이후 농업의 기원과 세계 여러 지역의 농경 공동체를 살펴본다. 더불어 유목 경제와 사냥·어로·채집 경제 관련 이슈들도 검토한다. 농업을 통해 형성된 더욱 복합적인 사회 구조 및 문화 양식의 공통점을 추적하고, 세계 여러 지역을 개관하며, 해당 지역의 사례 연구를 제시한다.

　　VOL. Ⅲ(한국어판 05~06권) "고대의 도시들(4000 BCE~1200 CE)"은 초기 도시에 초점을 맞춘다. 도시는 인류 사회 변화의 원동력이었다. 도시 및 공통 이슈 비교 연구를 통해 행정 및 정보 기술의 탄생과 전승, 의례, 권력의 분배, 도시와 그 배후지의 관계를 추적한다. 세계 여러 지역을 대상으로 도시의 발전과 일부 도시가 제국의 수도로 전환되는 과정을 살펴보기 때문에, VOL. Ⅲ이 포괄하는 시간 범위는 매우 폭넓다.

　　VOL. Ⅳ(한국어판 07~08권) "제국과 네트워크(1200 BCE~900 CE)"는 대규모 정치 단위와 상호 교환 네트워크가 형성되는 과정을 분석한다. 여기에는 "고대 문명"이라고 일컬어지던 내용이 포함된다. 그러나 세계의 다른 지역까지 포함하다 보니 시간 범위가 더 넓어졌다. 노예, 종교, 과학, 예술, 성차별에 대한 장을 포함해 사회·경제·문화·정치·기술 발전의 공통점을 분석한다. 또한 지역별 개관을 제시하는데, 지역별로 한두 군데 사례 연구도 포함되어 있다. 이는 해당 지역을 보다 깊이 있게 들여다보도록 하기 위함이다.

　　VOL. Ⅴ(한국어판 09~10권) "교역과 분쟁(500~1500 CE)"은 당시 1000년 동안 특징적으로 나타났던 무역 네트워크 및 문화 교류의 확장을 조명한다. 여기에는 경전 중심 종교의 확장과 과학, 철학, 기술의 전파도 포함된다. 사회 구조, 문화 제도, 환경, 전쟁, 교육, 가족, 법정 문화 같은 의미 있는 주제들이 전 지구적 차원 혹은 유라시아 차원에서 논의된다. 그리고 아시아, 아프리카, 유럽, 아메리카의 정치 및 제국 연구에서는 VOL. Ⅳ에서 시작된 국가 형성에 관한 논의가 계속 이어진다.

이상 VOL. Ⅰ~Ⅴ는 모두 각 1책(book)이다. 그러나 VOL. Ⅵ~Ⅶ은 각 2책이다. 기존의 시대구분으로 보면 근현대에 해당하는 부분이다. 최근 500년에 해당하는 이 시대의 특징은 갈수록 복잡해졌다는 데 있다. 전례 없는 세계화가 진행되었기 때문이다. 뿐만 아니라 그리 멀지 않은 과거이기 때문에 자료도 풍부하고 연구 성과도 많이 남아 있다.

VOL. Ⅵ(한국어판 11~14권) "세계화의 시대(1400~1800 CE)"는 갈수록 확대되는 생물학적·상업적·문화적 교류를 추적하고, 정치·문화·지성의 발달을 살펴본다.

VOL. Ⅵ 제1책(한국어판 11~12권)은 갈수록 상호 의존성이 심화되는 세계가 어떻게 만들어지게 되었는지 그 기초를 살펴본다. 여기에는 환경이나 기술 혹은 질병 등의 주제, 카리브해나 인도양 혹은 동남아시아처럼 특히 교류가 집중되었던 지역, 해양 제국이나 러시아 같은 육지 중심의 제국, 이슬람 제국, 대륙과 해양 모두 진출한 이베리아반도의 제국(포르투갈과 스페인) 같은 대규모 정치 체제 등이 연구 대상에 포함된다.

VOL. Ⅵ 제2책(한국어판 13~14권)은 전 세계적 혹은 지역적 이주와 서로의 만남을 검토한다. 이주를 일으킨 경제·사회·문화·제도적 구조를 살펴보고, 또한 이주를 통해 이러한 구조가 어떻게 바뀌었는지 검토한다. 여기에는 무역 네트워크, 법, 생필품 유통, 생산 과정, 종교 체제 등의 논의가 포함된다.

VOL. Ⅶ(한국어판 15~18권) "생산, 파괴, 접속(1750~현재)"은 세계가 화석 연료 사용 단계로 접어드는 과정을 추적하고, 인구 폭발과 세계화 과정을 통한 활발한 교류의 시대를 다룬다.

VOL. Ⅶ 제1책(한국어판 15~16권)은 인구 과잉의 지구가 만들어진 물질적 조건에 대해 논의한다. 여기에는 환경, 농업, 기술, 에너지, 질병 등의 주제와, 국가주의, 제국주의, 탈식민화, 공산주의 등 현대 사회를 만든 정치적 흐름, 그리고 몇몇 핵심 지역 연구가 포함된다.

VOL. Ⅶ 제2책(한국어판 17~18권)은 앞에서 논의된 주제들을 다시 검토한다. 가족, 도시화, 이민, 종교, 과학 등의 주제뿐만 아니라 스포츠, 음악, 자동차 등 이 시대에 특징적으로 나타난 글로벌한 현상, 냉전과 1989년 같은 변화의 특별한 계기 등에 대한 연구가 포함된다.

〈케임브리지 세계사〉 시리즈에는 모두 200여 편의 논문이 수록된 만큼 종합적이라고 할 수 있다. 그러나 결코 충분하지 않다. 각 권별 책임 편집자는 무엇을 포함하고 무엇을 배제할지 고심을 거듭했다. 이는 세계사 연구자라면 누구나 맞닥뜨리는 문제다. 2000년도 더 지난 과거에 헤로도토스(Herodotos)도 그랬고, 사마천(司馬遷)도 마찬가지였다. 각 권에서 논문의 배열 순서는 해당 시대의 특성을 고려하여 책임 편집자(들)가 판단했다. 그래서 각 권의 구성이 조금씩 다르다. 권별로 시대도 조금씩 겹치므로 어떤 주제는 여러 권에 걸쳐서 등장하기도 한다. 이는 각 권의 역사적 흐름을 이해하는 데 모두 중요하다고 판단되는 주제였기 때문이다. 특히 시리즈 편집자들은 중요한 요소의 발전 과정을 각기 다른 관점에서 살펴보는 것이 세계사 연구에 가장 적합한 방향이라고 생각했다. 각주는 다른 케임브리지 역사 시리즈들과 마찬가지로 상대적으로 가볍게 달았고, 처음 이 분야에 주목하는 독자들을 위한 배려로 각 장이 끝날 때마다 "더 읽어보기" 목록을 제시했다. 또한 이 시리즈는 이전의 시리즈들과 달리 전권이 한꺼번에 출간되었다(영어판의 경우—옮긴이). 시리즈를 출간하는 데 10여 년씩 걸리던 출판계의 여유로운 속도가 21세기 디지털 시대에 이르러 달라진 것인지도 모르겠다.

다시 말해 〈케임브리지 세계사〉 시리즈는 책이 기획 및 생산되는 시점의 시대상을 반영하고 있다. 〈케임브리지 근대사〉 시리즈도 이와 다르지 않았다. 케임브리지대학교 출판부의 설명에 따르면, 액턴 경이 기획한 것은 "세계사"였다. 그러나 실제로 그 시리즈에 수록된 수백 편의 글 중에서 주인공이나 사건 혹은 정치 단위가 유럽과 북아메리카를 벗어난 경우는 손에 꼽을 정도에 불과했다. 〈새로운 케임브리지 근대사〉(1957~1979) 시리즈도 마찬가지로 세계사를 자처했지만 지역 편중은 별로 개선되지 않았다. 이는 놀라운 일이 아니다. 1957년, 심지어 시리즈의 마지막 권이 출간된 1979년에도 유럽은 곧 "세계"였고, 근대의 모든 것은 유럽에서 비롯되었다고 믿었다. 이런 관점을 우리는 "유럽 중심주의"라 부른다. (다른 언어권에서도 세계사가 집필되는 해당 지역을 중심으로 세계를 바라보는 관점이 없지 않았다.) 20세기 중반에도 유럽 중심은 지속되었고, 세계사와 지구사 분야는 미약했다. 강연회, 학회, 학술지 등 신생 분야를 형성해간 주역들은 1980년대에 이르러서야 등장했다. 그중에는 시작된 지 10년도 안 지난 것들도 있다. 가령 〈세계사 저널(Journal of World History)〉이 1990년 처음 출간되었고, 〈지구사 저널

〈Journal of Global History〉〉이 2005년, 〈뉴 글로벌 스터디즈(New Global Studies)〉〉가 2007년 시작되었다.

　세계사 혹은 지구사의 발전은 다른 모든 학문 분과에서 치열한 자기반성이 이루어지던 시대와 맥을 같이했다. 자신의 존재를 돌아보지 않고는 어떤 연구도 불가능했고, 기존의 모든 범주가 혼란스러워졌다. 포함과 배제, 다양성에 대한 우려가 역사학의 하위 분야에서 기본으로 자리 잡았고, 이러한 분위기에서 역사학 관련 교육이 이루어졌다. 그래서 이 시리즈의 편집자들은 균형을 추구하려고 노력했다. 전통적으로 세계사 분야에서 중점을 둔 것은 거대 규모의 정치·경제적 과정이었고, 정부나 경제 엘리트들이 주체가 된 역사였다. 이것과 문화적 요인, 사고방식, 의미 등 새로운 관심 주제들의 균형을 고려해야 했다. 뿐만 아니라 우리는 세계 여러 나라의 역사에서 중요한 주제들도 포함시키고자 노력했다. 저자의 구성에서도 지역적 안배와 세대별 안배를 고려했다. 〈케임브리지 근대사〉와 비교하자면 저자군의 지역적 범위가 훨씬 더 넓고, 저자의 성별도 더 균형이 맞는다. 그러나 우리가 원한 만큼 글로벌하지는 못했다. 현재 세계사와 지구사 연구는 영어권에서 압도적으로 많이 진행되고 있다. 그래서 학자들의 분포 또한 영국과 미국의 대학교에 편중되어 있다. 현대 세계의 여러 가지 불평등한 현실도 그렇지만, 세계사 연구의 이 같은 격차는 그야말로 이 시리즈에서 서술하는 세계사의 결과다. 그중 어느 시대가 핵심 요인이었는가, 그리고 어느 정도 비중으로 기원의 문제를 다룰 것인가 하는 문제는 저자마다 의견이 다를 수 있다.

　나는 다만 이 시리즈가 액턴 경의 시리즈만큼 편차가 크지 않기를 바랄 뿐이다. 가능하면 2권으로 구성된 〈케임브리지 인도 경제사〉(1982) 정도였으면 좋겠다. 〈케임브리지 인도 경제사〉의 편집자들(Tapan Raychaudhuri, Irfan Habib)은 서문에서 이렇게 말했다. "우리는 감히 우리의 노력이 새로운 지식을 형성하는 데 촉매가 되기를 바랄 뿐이다. 그래서 머지않아 새로운 지식이 이 책에 수록된 내용을 대체할 수 있기를 기원한다." 세계사와 지구사는 활발한 분야라서 머지않아 틀림없이 새로운 지식이 등장할 것이다. 다만 우리의 시리즈가 21세기 초라는 시점에 한해서나마 세계사 분야로 들어가는 문이 되고 전체를 조망할 수 있는 유용한 개론이 되기를 기대해본다.

메리 위스너-행크스(Merry E. Wiesner-Hanks)

In honor and memory of Jerry Bentley (1949 – 2012)

케임브리지 세계사 13 차례

케임브리지 세계사 시리즈 소개   4

한국어판 영어판 분권 대조표   7

케임브리지 세계사 VOL. Ⅵ 소개   9

케임브리지 세계사 시리즈 서문   12

PART 1 이주와 만남

CHAPTER 1	세계의 이주 문제	29
CHAPTER 2	전쟁의 패턴, 1400~1800년	77
CHAPTER 3	타문화 사이의 대화, 1400~1800년	109
CHAPTER 4	법의 교류와 국제법의 기원	161

PART 2 무역, 교환, 생산

CHAPTER 5	콜럼버스의 교환	199
CHAPTER 6	노예무역과 아프리카 디아스포라	249
CHAPTER 7	유럽과 아시아의 무역 구조, 1400~1800년	291
CHAPTER 8	기업, 가족, 회사	337
CHAPTER 9	세계적 맥락에서 본 은, 1400~1800년	373
CHAPTER 10	네덜란드와 영국의 동방 무역, 1700년경의 인도양과 레반트	411

CHAPTER 11	플랜테이션 사회	453
CHAPTER 12	초기 근대 세계의 근면성 혁명	487

케임브리지 세계사 14 차례

PART 3 종교와 종교적 변화

CHAPTER 13	근대 종교학의 탄생과 문화비평
CHAPTER 14	유럽과 해외의 기독교
CHAPTER 15	초기 근대의 이슬람 세계
CHAPTER 16	동아시아 종교의 변화

PART 4 역사학 이론

CHAPTER 17	초기 근대의 역사학에 관하여
CHAPTER 18	미시사와 세계사

그림 목록

2-1. 전술교범《포병술》삽화, 16세기 말엽   86
2-2. 오스만 예니체리, 1522년의 로도스섬 포격 장면,
　궁정 연대기(Süleymanâme) 수록 삽화   91
2-3. 슬로바키아의 도시를 포위한 오스만 군대,
　1663년 슬로바키아 노이하우젤(Neuhausel)   93
2-4. 1664년 토리노(Torino) 요새 평면도   94
2-5. 영국 전함에 항복하는 프랑스인,
　프랑스계 영국인 도미닉 세레스(Dominic Serres)의 유화 작품   100
2-6. 7년전쟁 도중 1757년 프로이센 군대의 프라하 포격,
　영국 판화가 피터 베나제크(Peter Benazech)의 작품   102
3-1. 앉아 있는 서예가, 1479~1481년작   140
3-2. 오스만 제국의 초상화 화가, 15세기 말엽   141
3-3.《세상 모든 종교 의례와 관습》표지, 1723~1743년,
　베르나르 피카르(Bernard Picard)의 도판화   155
5-1. 담배, 니콜라스 모나르데스의 저서 영어 번역본 수록, 1596년   231
7-1. 다양한 종류의 선박이 보이는 네덜란드 항구의 풍경(Dordrecht),
　1651년, 시몬 야콥스 플리허르(Simon Jacobsz Vlieger)의 유화   300
7-2. 네덜란드 신문(Hollandsche Mercurius), 1653년   303
7-3. 아르메니아 상인, 프랑스 지리학자 니콜라 드 니콜라이(Nicolas
　de Nicolay)의 여행기에 수록된 삽화   309
7-4. 인도의 도시 폰디체리의 네덜란드 본부, 1693년 8월,
　예수회 수도사의 여행기에 수록된 삽화   317
7-5. 광동의 번화한 항구, 1800년경   323
8-1.〈회계관리인〉, 니콜라스 마스(Nicolas Maes), 1656년, 캔버스에 유화   351

9-1. 상품 재생산 및 소비의 흐름   389
9-2. 중국과 세계 시장의 은 가격 격차, 1590년대   394
9-3. 포토시-일본 중심 은 유통의 종말, 1640년 중개 거래 중단   397
9-4. 중국 시장과 세계시장의 은 가격 격차, 1700년   399
9-5. 세계 은 시장가격 균형, 1750년   400
9-6. 카롤루스 달러(Carolus dollar, 스페인 은화) 시장, 19세기 초엽   403
9-7. 은괴 시장, 19세기 초엽   405

지도 목록

7-1. 원거리 무역 경로, 1700년경   328
10-1. 1600년대의 인도양   427

표 목록

5-1. 아메리카에 유입된 바이러스, 박테리아, 원생동물 매개체   215
5-2. 신세계의 주요 전염병, 1493~1600년   219
5-3. 신세계 주요 전염병 확산 지역, 1600~1650년   221
5-4. 주요 재배종 식물의 기원(유명 작물만 포함)   232
5-5. 주요 가축의 기원지(고기나 운반 동물로 유명한 가축에 한정된 목록)   236
5-6. 1492년 지역별 아메리카 원주민 인구 추정치   243

그림 출처

〔그림 2-1〕 Min. Defense Service Historique de l'Armée de Terre, France / Giraudon / Bridgeman Images. 〔그림 2-2〕 Universal History Archive / UIG / Bridgeman Images. 〔그림 2-3〕 Private Collection / The Stapleton Collection / Bridgeman Images. 〔그림 2-4〕 Historical Archive, Turin, Italy / Index / Bridgeman Images. 〔그림 2-5〕 Private Collection / Arthur Ackermann Ltd., London / Bridgeman Images. 〔그림 2-6〕 Private Collection / Bridgeman Images. 〔그림 3-1〕 © Isabella Stewart Gardner Museum, Boston, MA, USA / Bridgeman Images. 〔그림 3-2〕 Freer Gallery of Art / Arthur M. Sackler Gallery, Smithsonian Institution. 〔그림 3-3〕 © The Trustees of the British Museum. All rights reserved. 〔그림 5-1〕 Private Collection / J. T. Vintage / Bridgeman Images. 〔그림 7-1〕 Fitzwilliam Museum, University of Cambridge, UK / Bridgeman Images. 〔그림 7-2〕 Universal History Archive / UIG / Bridgeman Images. 〔그림 7-3〕 De Agostini Picture Library / Bridgeman Images. 〔그림 7-4〕 Bibliothèque Nationale, Paris, France / Archives Charmet / Bridgeman Images. 〔그림 7-5〕 Peabody Essex Museum, Salem, Massachusetts, USA / Bridgeman Images. 〔그림 8-1〕 Saint Louis Art Museum, Missouri, USA / Bridgeman Images.

CHAPTER 1

세계의 이주 문제

디르크 회르더
Dirk Hoerder

아프리카-아시아-유럽에 한정해서 보자면, 15세기 중반 3대 사건이 있었다. 모두가 거대한 정치적 사건이었지만 서로 연관성은 없었다. 이후 3대 사건은 모두 세계적으로 대규모 이주와 권력의 변화에 큰 영향을 미쳤다. 첫 번째는 중국 정화(鄭和) 함대의 대양 항해였다. 1403년에서 1433년 사이 정화 제독은 외교 임무를 띠고 "서양(西洋)"으로 항해했으며(당시 중국 문헌에서 서양은 인도양을 의미), 멀게는 당시 번성한 동아프리카의 주요 항구까지 진출했다. 그러다가 중국 황제의 칙령에 따라 항해가 중단되었다. 두 번째는 포르투갈 왕실의 항해 지원이었다. 중국과 달리 포르투갈 왕실은 직접 선단을 파견하지 않고, 상인들의 아프리카(대서양 연안) 탐험을 지원함으로써 외연을 확대하고자 했다. 세 번째는 신흥 오스만 제국의 중개무역이었다. 지중해 동부와 중앙아시아 서부는 세계무역의 요충지였다. 지중해의 도시국가들-인도양-중국을 오가는 무역은 그곳을 거쳐야 했다. 신흥 오스만 제국은 이미 그곳에서 활동하고 있던 아랍 상인과 베네치아 상인의 사이를 비집고 들어갔다. 1490년대에 이르러 이베리아반도의 상인들은 풍요로운 "인도양"을 찾아 항해에 나섰다. 가는 도중에 "아메리카"라고 하는 예기치 못한 장벽에 부딪혔을 때 네 번째 중요한 변화가 시작되었다. 바로 인구학적 변화였는데, 인종 학살에 가까운 인구수 감소와 재정착의 과정이 이어졌기 때문이다. 유럽인에게 "신세계"인 그곳은 기존에 살고 있던 원주민에게는 전혀 새롭지 않은 익숙한 공간이었다. 오히려 그들에게는 이베리아반도에서 건너온 종교와 물질적 요구가 신세계였다.

이와 같은 변화가 초래한 이주의 결과는 매우 많았지만, 그중 핵심만 들자면 6가지가 있다. 첫째, 동남아시아 지역에 중국인 디아스포라가 형성되었다. 둘째, 이베리아반도를 비롯한 유럽의 대서양 연안과 아시아를 잇는 무역 및 이동에 새로운 패턴이 등장했다. 셋째, 이베리아반도의 사람들은 막대한 수의 아프리카 노예를 수입했다. 넷째, 새로운 예속의 패턴으로 동산(動産) 노예(chattel slavery)의 대규모 강제 이주가 시행되어, 유럽인이 지배하는 새로운 플랜테이션 벨트로 투입되었다. 다섯째, 유럽 침략자들이 가져온 세균과 전쟁 및 수탈로 남북 아메리카 인구가 궤멸적으로 붕괴했고, 자유계약 유럽인이나 아프리카 노예가 들어와 그 자리를 메웠다. 여섯째, 이베리아와 네덜란드 사람들이 아프리카 전역에 진출했다. 아메리카와 달리 아프리카에서는 대규모 이주민이 밀고 들어가 정착하지는 않았지만, 그 대신 상인과 국가권력이 결탁해 새로운 정권을 수립했고, 사적 투자와 이익으로 공적 군대와 행정 관리 유지 비용을 충당했다. 이와 같은 세계화는 기존의 무역 관행을 바꿔놓았다. 즉 예전의 비무장 무역은 비용이 크지 않았지만, 무력을 동반하는 새로운 무역 관행은 강제노동, 난민, 기타 세계적 이주를 촉발했다.

여행자, 이주민, 피난민, 자유 혹은 예속 노동자 들이 처음 마주친 사회는 이미 기능적으로 나름 잘 돌아가고 있는 사회였다. 주변 생태 환경에 대한 지식이 있었으며, 사회-정치적 구조도 갖추고 있었다. 유럽에서 온 신참들은 "탐험가"라고 자처했다. 탐험가들은 그들이 속했던 사회에서 습득한 나름의 지식을 가지고 왔다. 그들은 부유한 "인도"를 꿈꾸었으며, "니그로(negro)"의 노동력을 원했다. 이런 생각은 모두 백인 몽상가들이 꾸며낸 이야기였다. 기존에 존재하던 다른 사회와 마주쳤을 때 그들은 선택을 할 수밖에 없었다. 공존할 것인가, 적응할 것인가, 아니면 폭력을 사용할 것인가? 각 집단의 "지식 창고"는 상호 보완적이거나, 모순되거나, 혹은 공존할 수도 있는 것이었다. 현실적으로는 총을 더 많이 가진 쪽, 더욱 공격적인 종교적·인종적·상업적 이념을 가진 쪽이 직접 통치자가 되거나, 그렇지 않으면 헤게모니를 장악하여 간접 지배를 했다. 비무장 무역상들과 현지 상인들은 중개인(남성)의 역할을 맡았다. 그러나 더 정확히 말하면 그것은 남성 개인의 활동이 아니라 가족 네트워크를 기반으로 하는 가족사업이었다. 두 가지 이상의 언어를 구사한 그들은 현지 생산자와 방문객 사이에서 통역 역할을 맡았다. 원거리 무역상이나 정복자로 찾아온 식민주의자들은 현지 언어와 거래 관습을 잘 몰랐다. 외부에서 이주해 들어온 남성은 현지 여성과 인연을 맺거나 결혼하는 경우가 많았다. 여성의 네트워크와 사회적 자본을 활용하기 위해서였다. 이런 식의 동업자 가정은 현지와 외지를 연결하는 역할을 했다. 부유한 유럽인은 향신료, 은, 금, 도자기, 비단, 플랜테이션 농장에서 생산된 설탕을 구하고자 했다. 그들의 수요는 생산과 노동력 수요를 자극했고, 또한 그 여파로 노동자와 전문 기술자의 이주가 촉진되었다. 새로 연결될 원거리 지역 간 교류로부터 소문이 전달되었다. 남녀를 막론하고 가난한 계층의 사람들은 그 소식에 솔깃했다. 먹고살기 어렵고 아이를 부양하기 쉽지 않은 사람들은 소문을 믿고 떠나기로 마음먹었다. 이른바 "자유 이주자(free migrants)"들은, 가혹한 경제와 지속 가능한 삶을 허용하지 않는 사회 속에서 만족스럽지 못한 "고향(가정)"을 떠나야 했다. 다른 곳에 정착하려면 적응의 과정이 필요했다. 농업이든 상업이든 기본 조건이 달랐기 때문이다. 기후적, 지리적, 공간적, 사회적, 정신적 조건이 모두 달랐다. 이주자의 문화적 혼합, 혹은 이주자의 능력과 한계에 대한 현지인의 이해 과정은 세계사의 활력이라는 측면에서 핵심 요인이었다.[1]

이주 문제에 관한 우리의 논의는 우선 세계의 거대 지역 단위로, 1500년 이전까지 (혹은 지역에 따라서는 그 이후까지도) 연속성과 변화의 과정을 요약하는 것으로 시작해보고자 한다. 그다음에는 중무장 유럽인이 카리브해, 남아메리카, 서아프리카, 인도양 연안, 섬동남아 지역 사회로 파고 들어가, 현지 주민(정착민 혹은 이동식 생활을 하는 사람들)을 대체하거나 지배하는 과정을 살펴볼 것이다. 이러한 일의 동기는 경제 문제였다. 북방에서는 모피에 대한 수요가 있었고, 동남아시아에서는 향신료, 중국에서는 사치품을 얻고자 했으며, 신흥 플랜테이션 지역에서는 설탕, 차, 커피 등 대량 생산 소비재가 목적이었다. 새로 들어온 유럽인은 강력한 힘을 가지고 있었지만, 정치 혹은 경제적으로 그들이 병합한 지역 사람들의 언어, 문화, 관습은 잘 몰랐다. 침략적 투자자와 그들을 지원하는 국가 공무원("식민지 행정 관료")은 광범위한 이주를 촉발했고, 대개는 강제 이주였다. 남녀 이주민은 유럽의 수요에 부응하는 상품 생산을

---

1 Jerry H. Bentley, *Old World Encounters. Cross-Cultural Contacts and Exchanges in Pre- Modern Times* (New York: Oxford, 1993); Dirk Hoerder, *Cultures in Contact: World Migrations in the Second Millennium* (Durham, NC: Duke University Press, 2002).

위한 노동력으로 투입되었다. 강제노동과 생산 체제는 자원 고갈로 이어졌으며, 생계 수단을 빼앗긴 원주민은 원래의 터전을 버리고 떠날 수밖에 없었다. 그다음으로는 유럽인의 이주 문제를 살펴볼 것이다. 유럽인도 생계가 어렵기는 마찬가지였다. 유럽 우월주의와 온갖 목격담은 유럽에 만연한 가난을 은폐하는 대신, 도시와 시골의 하층민이 유럽을 떠나도록 부추겼다. 이주자들은 식민지 열강의 지원을 받아 아메리카든 남아프리카든 혹은 오스트레일리아든 일단 도착하고 나면, 스스로를 원주민보다 우위에 있는 정착민으로 인식하고 "정착민 체제" 구축에 동참했다. 결론적으로 우리가 제시하고자 하는 바는 해당 시기 이주와 이주자에 대한 종합적 관점이다. 역사학자들은 오래도록 백인 남성 혹은 백인 여성의 장거리 이주 문제에 관심을 기울여왔다. 그러나 백인의 세계뿐만 아니라 세계의 모든 지역에서 이주 문제는 복잡다단하게 전개되었다.

거대 지역 단위 이주: 연속성과 변화

이주와 문화 교류는 사회를 구성하는 과정의 일환으로서, 대륙 혹은 국경의 범위 안에서만 이루어지는 것이 결코 아니었다. 크든 작든 지역 단위는 삶의 전망을 결정하는 경제적·문화적 선택의 기본 조건이다. 지역 단위의 특성은 자연적 측면과 인공적 측면이 결합되어 나타난다. 평원 지대, 연안 지대, 산악 지대, 계곡 지대가 서로 다르고, 연결 수단이 낙타나 말일 수도 있고, 강이나 바닷길을 이용하는 배일 수도 있고, 험준한 고갯길이나 사막을 가로지르는 육로를 이용해야 할 수도 있다. 대개 민족적·문화적 명칭으로 알려지는 사람들의 공동체는, 거리를 극복하고 천연자원을 활용할 수 있는 지식을 개발한다. 15세기 무렵에는 지구상의 모든 대륙이 서로 연결되었다. 인도양의 선원들은 이미 1500년 이전에 몬순의 패턴을 파악했다. 아프리카 북부의 아랍인과 사하라 이남의 흑인은 니제르강과 사하라 사막을 건너 서로 연결되었다. 북극 이남 지역에서는 노르드인(Norseman)이 서쪽으로 빈란드(Vinland)까지, 동쪽으로 볼가강을 거쳐 비잔티움까지 건너갔고, 노르망디와 시칠리아 및 팔레스타인 지역에서 국가를 건설했다. 13세기 중엽에서 14세기 중엽 사이, 기동성이 뛰어난 기마민족 몽골인은 침략과 파괴를 통한 팽창에 성공했고, 스텝 지역 전체를 아우르는 통치 체제를 구축했다. 그들이 이루어낸 팍스 몽골리카(Pax Mongolica)는 대륙 간 "실크로드" 무역을 보호했다. 3개 대륙이 만나는 지중해는 서양의 중심지였다. 1000년 무렵, 육지를 기준으로 서유럽, 중부 유럽, 동유럽이 지중해에 연결되었다. 아메리카 대륙에서는 1400년경 중앙집권식 제국 체제가 등장했다. 메소아메리카 고원 지대의 아즈텍 제국, 안데스산맥 남서부 산록의 잉카 제국이었다. 그들의 무역로는 북쪽으로 뻗어나가 북아메리카의 그레이트플레인스(Great Plains, 미국 대평원)와 이스턴우드랜드(Eastern Woodlands) 지역에 연결되었다.

아시아

아시아는 4개 권역으로 나눈다. 중국, 남아시아, 동남아시아, 일본이다. (시베리아가 다섯 번째에 해당하겠지만, 러시아 제국과 함께 살펴보는 것이 좋겠다.) 명나라와 청나라의 영토는 다른 모든 정치 단위가 그러했듯이 확장과 축소의 변동이 있었다. 고대의 핵심 지역인 황하강 유역에서 수백만 명의 농민 가족과 도시민이 남쪽의 비옥한 양자강 삼각주로 이주했고, 13세기에 오늘날의 광동성(廣東省) 지역이 형성되었다(1278년에 처음으로 광동도 선위사宣慰使가 임명되었다. – 옮긴이). 이들은 현지인을 흡수하고 현지의 독특한 토지 환경에 기존의 농업 기술을 접목했다. 이민족(이주민)인 몽골의 원나라(1271~1368년) 통치를 마감하고 한족 출신의 명나라(1368~1644년)가 들어섰지만, 다시 이민족(이주민)인 만주족의 청나라(1644~1912년)가 명나라를 계승했다. 청 제국의 영토는 사천(四川) 지역 서부까지 확장되었다. 그곳의 주민들과 남쪽에서 접근해 오는 이슬람 군대의 저지로 청 제국의 팽창이 저지되었다. 이후 막대한 규모의 문화 교류가 이어졌다. 남아시아에서 이주한 승려들이 종교적 변화를 주도했다. 남아시아에서 전파된 불교는 기존의 도교 및 유교 신앙과 공존했다. 청 제국은 끊임없이 이민족의 문화와 이주민을 받아들였으나, 북방의 유목민 침입자들은 배제하려 했다. "만리장성"의 건설 및 유지를 위해서는 노동자와 군인-농민 가족 등 내부적으로 막대한 인구의 이주가 필요했다. 한때 남송의 수도였던 항주(杭州)에는 다양한 이주 경로를 통해 들어온 타문화 인구가 1400년 무렵 200만 명에 달했다. 정화(鄭和) 함대는 콜럼버스 탐험대에 비해 규모가 30배나 컸다. 최대 2만 8000명이 승선한 정화 함대는 중국, 아랍, 아프리카의 상품을 교환했다. 보수적인 궁정 관료들은 혁신과 "이방인"의 물품 수입을 꺼렸고, 결국 해외 항해를 중단시켰다. 대신 토지 기반 인구를 중심으로 사회가 필요로 하는 모든 것을 생산하고자 했다. 이러한 제한에도 불구하고 남쪽의 복건성(福建省) 지역에서는 대륙동남아 및 섬동남아와 교류를 지속했다. 그 길을 따라 장인과 노동자 들이 퍼져 나갔고, 동남아시아에서 항구적인 화교 디아스포라가 형성되었다. 외지인 남성과 현지인 여성이 가정을 이루었고, 혼혈의 자녀가 태어나 성장했다. 가정을 꾸리지 못한 "장기 체류" 남성들은 결국 고향으로 돌아갔다. 아들이 조상의 영혼을 돌보아야 한다는 유교 교리를 지키기 위해서였다.[2]

동남아시아는 생산성이 높고 긴밀히 통합된 하나의 거대 지역이었다. 고도의 기술을 가진 해양 세력들이 말레이반도와 섬 지역을 연결해 주었다. 15세기 믈라카 해협의 항구도시에는 남아시아, 동아시아, 페르시아, 아랍 상인들과 인도네시아 섬 지역 무역상들이 들어와 있었다. 아랍인 이민자들은 이슬람을 전파했고, 자와의 무역 사절단이 중국 황실을 방문했으며, 전쟁의 폐허를 뒤로하고 떠나온 사람들이 모여 새로운 도시를 건설했다. 13세기 말엽 스리위자야(Srivijaya) 제국이 멸망한 뒤, 국가적 기반이 없는 상인들이 일본, 중국, 아프리카 출신의 이주자, 도망자, 범법자, 탈출한 노예 등을 모아 다른 상선이나 연안 지역을 공격하는 해적(pirates, 또는 buccaneers)이 되었다.[3] 이후 16세기 중엽까지도 항구도시의 무역이나 이동이 안전하지 못했다. 이처럼 동남아시아 지역에서 이주와 문화 교류의 성격은 특정 정치 단위의 세력에 따라, 혹은 중

---

2 Ping-to Ho, *Studies on the Population of China, 1368-1953* (Cambridge University Press, 1959); Morris Rossabi (ed.), *China Among Equals: The Middle Kingdom and Its Neighbors, 10th-14th Centuries* (Berkeley, CA: University of California Press, 1983).

3 "버커니어(buccaneer)"라는 어휘는 아라와크어에서 유래했다. 카리브해 원주민의 언어인 아라와크어에서는 고기를 훈제할 때 쓰던 나무 틀을 "bucán"이라 했다. 17세기 초엽 카리브해 지역에서 프랑스, 네덜란드, 잉글랜드를 비롯한 여러 지역 출신의 선원들이 해적 집단이 되어 스페인의 대형 선박을 공격했는데, 그들을 버커니어라 했다(실제로 그들도 카리브해식 나무 틀을 이용해서 고기를 훈제하기도 했다). 잉글랜드 왕실은 그들에게 합법적 공격 면허를 내주었다. 스페인 선박을 공격하기 위해 해군을 파병하는 것보다는 해적을 이용하는 편이 더 저렴했기 때문이다.

국 복건성이나 인도 구자라트 지역 거대 상인들의 투자 여부에 따라 시대적으로 독특한 면모를 띠게 되었다.[4]

1400년 무렵 일본의 통치자들은 북쪽의 홋카이도(北海道)와 남쪽의 류큐 열도(琉球列島) 최북단 섬에 군대와 이주민을 파견하여 병합을 시도했다. 또한 도시화가 진행되고 있었으므로 일본 내부 이주도 장려했다. 17세기 초엽 일본은 류큐 열도를 침략하여 완전히 병합하는 데 성공했다. 그러나 동남아시아와 달리 일본의 개발과 이주는 여전히 과거와 마찬가지로 육지 기반 성격이 강했고, 주변의 섬과 반도로 더 이상 확장해 나가지는 않았다.

남아시아는 지역에 따라, 또한 통치 방식이나 문화에 따라 내부적으로 매우 다양한 성격을 지니고 있었다. 주로 파미르고원을 넘어오는 침략자들에 의해 외부인의 이주와 혼종의 경험도 축적되어 있었다. 주로 구자라트 해안, 말라바르 해안, 남동부의 코로만델 해안에 남아시아의 상인들이 몰려 있었다. 이들은 아라비아, 동아프리카, 동남아시아의 항구 및 사람들과 연결되어 있었다. 몬순 기후의 주기 때문에 해외로 건너간 상인들은 장기 체류가 불가피했고, 자연스레 그들의 공동체가 형성되었다. 남아시아 내부적으로는 유동성도 있었지만 고정성도 강했다. 과거 무장 무슬림 이주자들이 인더스강 유역으로 진출한 적이 있었다. 16세기 초엽에는 무굴 제국의 통치자들(티무르 왕조 출신)이 북쪽에서 남아시아로 들어와 제국을 건설했다. 그들의 제국은 19세기까지 지속되었

---

4 Maria A. P. Meilink-Roelofsz, *Asian Trade and European Influence in the Indonesian Archipelago Between 1500 and About 1630* (The Hague: Martinus Nijhoff, 1962), pp. 13-26, 89-115.

다. 이외에도 순회 무슬림 수피 교단의 포교 활동이 있었다. 엘리트 계층이나 도시민들은 인도, 페르시아, 튀르크 문화가 혼재된 가운데 생활을 영위했다. 남아시아의 중남부 지역에서 비자야나가라(Vijayanagara) 제국이 형성되면서, 북서부에서 농민과 전사 가족 집단이 남쪽으로 이주했다. 남부 지역의 원주민은 타밀어를 사용했지만 이주자는 텔루구어(Telugu language)를 사용했다. 미얀마에서 서쪽으로 넘어온 이주자(아홈족)도 있었다. 이들은 브라마푸트라(Brahmaputra)강 유역에 아홈(Ahom) 왕국(1228~1826년)을 세웠다. 그런데 힌두교 교리에는 정결한 음식을 먹어야 한다는 규정이 있었고, 이것은 여행을 어렵게 만들었다. 여행을 하면 불가피하게 정결하지 못한 음식을 섭취할 수밖에 없기 때문이다. 또한 가족의 거주 구역에 분리된 여성의 공간(purdah)이 있어야 한다는 규정은 여성의 이동을 제한했다. 한편 사회적 관계에 대한 독특한 관념 때문에 한 마을이 전부 친인척으로 구성되는 경우가 많았다. 결과적으로 여성은 결혼을 하면 기존 공동체를 떠나 이웃 공동체로 단거리 이주를 하고 그곳에 적응해야 했다. 전반적으로 연안 지역에서 멀리 떨어진 내륙의 사람들은 기껏해야 단거리 이동을 하는 경우가 많았다. 도시의 문화적 융합은 그들에게 거의 영향을 미치지 못했다. 다만 그곳으로 들어가는 이주민, 세력의 팽창, 종교적 개종은 그들에게도 영향을 미치지 않을 수 없었다.[5]

---

5 Jagadish N. Sarkar, *Studies in Economic Life in Mughal India* (Delhi: Oriental Publishers, 1975); Kirti N. Chaudhuri, *Trade and Civilization in the Indian Ocean: An Economic History from the Rise of Islam to 1750* (Cambridge University Press, 1985).

아프리카

　남아시아 서부와 아프리카 동부는 무역과 이주의 끈으로 연결되어 있었다. 마다가스카르(Madagascar)섬에는 아프리카 이주민과 인도네시아 이주민이 모두 정착했다. 아프리카 일부 지역에서는 매우 강한 이동성의 증거가 발견되었다. 이집트의 나일강 유역, 지중해 연안, 사하라 이남의 동부·중부·서부 지역 등이었다. 지중해 연안의 동쪽에서부터 아랍어 사용자들이 정착했고, 나일강 북부의 이집트인과 남부의 누비아인이 서로 교류했으며, 반투어군(Bantu languages)에 속하는 농경민은 남쪽으로 이동해서 코이산 제어(Khoisan languages) 사용자들과 접촉했다. 동아프리카에서는 도시 정주민과 이동 상인의 결합으로 무역에 특화된 사회가 구성되었다. 이들은 스와힐리어를 공용어로 사용했으며, 14~15세기에 전성기를 맞이했다. 사바나의 서쪽으로 이동하는 공동체가 이슬람을 전파했고, 무슬림 엘리트 계층은 정령신앙을 가진 목축민 혹은 농경민과 교류했다. 이미 1400년 이전에 복잡한 경쟁 관계에 놓인 여러 국가가 등장했다. 통치 구조 내지 사회 구조가 바뀔 때마다 기회와 제약도 달라졌고, 가족 혹은 공동체 단위로 강제 이주를 당하거나 그 방향으로 유도되었다. 메카로 향하는 무슬림의 성지순례는 몇 년이 걸리는 일이었다. 그래서 여정 중에 무역 활동을 통해 비용을 충당해야 했다. 순례는 그 자체로 일시적 이주와 비슷한 양상이었다. 스와힐리어와 하우사어 사용자들은 상업적 디아스포라를 건설했다. 동아프리카 해안에서 니제르강에 이르기까지, 그 사이의 도시들은 규모나 복잡한 구조 면에서 유럽의 도시들과 비교할 만했다. 대서양 연안 아프리카에서는 오늘날의 세네갈에서 나이지리아에 이르기까지 수많은 언어 사용자 집단이 이동하며 서로 뒤섞였다. 그중에서 크루(Kru)족은 연안 항해에 특화된 부족으로 성장했다.

아프리카에서는 여러 가지 형식의 예속 관행이 있었다. 가난한 친척이나 채무자는 부유한 사람들에게 개인적으로 예속되었다. 그런 사람들 중에서 농사일을 잘 아는 여성들은 시골에서 노동력으로 가치를 인정받았다. 그와 달리 남성 전쟁 포로는 원거리 무역을 통해 멀게는 지중해 아랍 권역까지 노예로 팔려 갔다. 예속의 종류는 여러 가지였다. 인신매매부터 단거리 교역과 원거리 무역에 이르기까지 거래 방식도 다양했다. 14세기에는 매년 약 1만 명의 남성이 노예로 팔려 북쪽으로 강제 이주를 당했다. 강제 이주뿐만 아니라 자유로운 이주, 지역의 특성에 따른 이주도 있었다. 서아프리카와 짐바브웨로 가는 제철 및 금 세공 인력이 있었고, 도시 중심부로 이주하는 서비스 직종의 인력이 있었으며, 1400~1600년 이슬람 교육 중심지였던 팀북투로 공부하러 가는 학생도 있었다. 1430년대 중반에는 포르투갈인이 도착해서 기니 해안을 따라 요새를 건설하고 무역 거점으로 활용했다. 그들은 금, 직물, 노예를 비롯하여 여러 가지 가치 있는 물품을 사들였다. 1500년 무렵 포르투갈의 수도 리스본 인구의 약 10퍼센트가 아프리카 출신이었다. 처음에는 노예도 정착하여 이베리아 지역의 여성과 결혼할 수 있었다. 이주민은 신앙도 함께 가지고 갔다. 기독교 선교사들은 남쪽으로 이동했고, 블랙 마돈나(Black Madonna) 숭배를 받아들이는 경우도 있었는데, 그 기원은 서아프리카의 다산(fertility) 숭배 혹은 이집트의 이시스(Isis) 숭배 문화였다. 어디서나 마찬가지겠지만, 예컨대 풀베(Fulbe), 월로프(Wolof), 반투(Bantu) 등의 민족 명칭이 지속적으로 사용되기 때문에 공동체의 변화가 잘 드러나지 않는 면이 있다. 실제로는 이주, 추방, 분쟁, 혹은 공동체의 승인을 거친 이방인 남성과 공동체 여성의 결혼 등으로 공동체의 실체는 끊임없는 변화를 거쳤다.⁶

지중해 주변

지중해에 접하는 아프리카 북부 해안은 홍해를 거쳐 인도양으로, 또 한 흑해와 페르시아를 거쳐 아시아를 횡단하는 실크로드로 연결되었다. 제노바와 베네치아뿐만 아니라 아말피(Amalfi)와 그리스인이 건설한 나폴리 등 유럽 연안은 경제력이 뛰어나 이주민을 유혹했고 실제로 많은 이주민이 그곳으로 들어갔다. 예컨대 카파(Kaffa, 즉 테오도시아) 등 그리스인이 건설한 흑해 연안의 식민지는 이주와 교류의 중심 거점이 되었다. 아랍, 구자라트, 튀르크의 상인들은 바닷길을 통해 지중해와 연결되었다. 알렉산드리아는 무역과 문화의 중심지로서 수많은 이방인이 거주했다. 그곳에는 이집트인 도시민, 이집트의 시골에서 올라온 사람, 여러 방면에서 이주해 온 아랍인, 오스만 제국의 행정 관리와 군인, 구자라트의 상인, 이스탄불의 상인, 유대인 무역상과 지식인, 그리고 기독교인이 있었다. 기독교인 중에는 시칠리아의 노르만인과 피사, 팔레르모, 나폴

---

6 Toyin Falola and Okpeh Ochayi Okpeh, Jr. (eds.), *Population Movements, Conflicts and Displacement in Nigeria* (Trenton, NJ: Africa World Press, 2008); J. F. A. Ajayi and Michael Crowder (eds.), *History of West Africa*, 2 vols. (1st edn., 1974; London: Longman, 1987); George E. Brooks, *Landlords and Strangers. Ecology, Society, and Trade in Western Africa, 1000-1630* (Boulder, CO: Westview, 1993); Hoerder, *Cultures in Contact*, chaps. 5.3 and 6; Bartolomé Bennassar and Pierre Chaunu (eds.), *L'ouverture du Monde, xive-xvi e Siècles* (Paris: Colin, 1977), 76-84.

리, 리보르노, 제노바, 베네치아에서 온 무역상뿐만 아니라 프랑크인과 잉글랜드인 거주자도 있었다. 알렉산드리아의 프랑크인은 십자군에 참여하여 동방으로 이주했고, 그 뒤로 베네치아에서 모집한 패키지 순례 여행객이 그들의 자리를 대신 채웠다. 그런 순례 여행은 메카 순례 여행 (hajj)과 마찬가지로 엄밀한 의미에서 이주라고 할 수 없지만, 그 과정에서 문화 교류가 수반되고 기간도 몇 년 동안 지속되었다. 신앙의 종류와 상관없이 순례객은 여행 중 겪은 새로운 경험과 동부 지중해 문화에 대한 새로운 이미지를 가지고 고향으로 돌아갔다.

서아시아 레반트-아나톨리아-비잔티움(콘스탄티노폴리스, 이스탄불)의 교류 지역으로는 튀르크어를 사용하는 유목 전사들이 이주해 들어왔다. 그들은 기존의 이동 생활을 버리고 정주 생활을 선택했으며, 1280년경 강력한 오스만 제국을 건설했다. 중앙아시아에서 건너온 그들은 이슬람을 받아들였고, 비잔티움의 기독교 제도도 수용했다. 1400년에 이르러 오스만 제국은 유럽의 남동쪽 "발칸(Balkan, 오스만튀르크어로 숲 지대를 의미 - 옮긴이)" 삼림 지대와 이집트까지 팽창했다. 오스만은 몽골 이주민 전사들과 함께 제국 건설을 위해 분투했으며, 베네치아와 제노바의 식민지 개척자들과 맞서거나 때로 협력했다. 제국의 지도부는 민족적 정체성을 넘어서는 체제를 구상했고, (때로는 강제성을 띠었지만) 자유로운 이주를 장려하며 다종교·다문화 정치를 발전시켰다.[7]

오스만 제국의 교역로는, 동방으로 베네치아/제노바-트라페준타(현

---

7 Reşat Kasaba, *A Moveable Empire: Ottoman Nomads, Migrants, and Refugees* (Seattle, WA: University of Washington, 2009).

재의 트라브존)-사마르칸트-중국으로 이어지는 길이 있었고, 파미르고원을 관통하여 인도의 무굴 제국, 페르시아의 사파비 제국과 연결되는 길이 있었다. 이들은 모두 경제적, 문화적, 군사적으로 강력한 제국이었다. 오스만 제국의 군인은 대개 튀르크어 사용자였다. 조지아인은 원래 살던 곳에서 추방되어 다시 정착해야 했고, 도시에 살던 아르메니아인은 막대한 인구 손실을 겪은 뒤 (사파비 제국의 명령에 따라) 수도 이스파한 근처 뉴줄파(New Julfa)에 재정착했다(1605년). 페르시아의 유럽 비단 무역을 담당한 아르메니아 이주민은 가족 단위로 베네치아를 비롯한 다른 상업 중심지에 정착했다. 도시가 확장되면서 이주자를 위한 숙소, 인프라 시설, 모스크와 궁전 등이 필요했다. 그에 따라 대개는 다른 사회로부터 상당수의 전문 기술자 이주민을 받아들여야 했다. 사파비 제국은 사치품 무역에 종사하는 장인과 예술가를 모집하고자 했다. 그래서 새로 병합한 지역에서 학자, 서예가, 화가 들을 선발하여 수도로 불러들였다. 예컨대 중국 도자기 수입량을 줄이기 위해 도자기 산업을 새롭게 일으켰고, 이를 위해 숙련공이 필요했다. 또한 비단과 카펫을 생산하여 유럽으로 수출하고자 했기 때문에 비단이나 카펫 생산 기술자들은 가족 단위로 한 지역에 모여 살도록 했다. 유럽 방문객도 사파비 제국을 찾아왔고, 그중 기독교 수도사나 대포 제조 기술자 들은 영구 정착하기도 했다. 현지 기술 혁신, 군사력 확장, 장거리 무역을 위해서는 이주가 핵심이었다.[8]

서부 지중해 지역에서는 아랍인과 카빌(Kabyl)인이 지중해 연안 곳

---

8 Francis Richard, *Le Siècle d'Ispahan* (Paris: Gallimard, 2007), pp. 31-59.

곳에다 고도로 발달한 도시를 건설했다. 그곳에서는 인구 구성의 변화가 빈번하게 일어났다. 유대인 공동체나 무슬림 장인들도 그곳에서 삶의 터전을 마련했다. 무슬림 장인들은 대개 오스만(과거에는 비잔티움)과 유럽의 시장에 내다 팔 상품을 생산했다. 사하라 사막을 오가는 카라반의 종착지가 그들의 도시였다. 그래서 사하라 이남 사바나 지역으로부터 만데(Mande)인 가죽 장인 가족 같은 이주민이 들어오기도 했다. 수요가 증가 혹은 감소할 때마다, 통치자가 바뀌고 새로운 궁전이 들어설 때마다, 유럽과 새로운 교역의 통로가 만들어질 때마다 새로운 장인 가족들이 도시로 들어왔고, 일자리를 잃은 사람들은 다른 곳으로 가서 생계를 꾸려야 했다. 프랑크인 기독교도가 이베리아반도를 정복한 뒤 무슬림 피난민은 아프리카로 건너가 공동체를 형성했다. 이들은 가난했지만 자신들만의 기술과 원거리 무역 네트워크를 보유하고 있었다. 1492년 그라나다가 합병된 이후 무슬림이 추방되었고, 1492년과 1498년 스페인과 포르투갈에서 모든 유대인이 추방되었다. 그 여파로 당시 활발했던 아프리카의 마그레브 지역과 이집트의 도시로 피난민이 몰려들었다. 오스만 제국에서는 유대인 피난민을 적극적으로 유치해 그들의 인적·사회적 자본을 활용했다. 기독교 근본주의자들의 박해로 빚어진 이베리아반도의 경제적 손상은 경제활동의 중심지가 대서양의 항구 쪽으로 돌아서면서 어느 정도 회복되었다. 예를 들어 지중해에서 일자리를 잃은 어느 제노바의 선원은 새로운 일자리를 찾아 번성하던 대서양으로 발길을 돌렸다. 그의 이름이 바로 콜럼버스였다. 작은 나라 포르투갈은 인구를 먹여 살리기 어려워 국가의 자원과 상업 이익을 결합하는 전략을 선택했다. 포르투갈의 함선은 1430년대부터 서아프리카 해안을 따라 무역에 나섰다. 상인들은 서아프리카로 이주하여 요새를 건설했고, 이를 무역 거점으로 활용했다. 포르투갈 왕실은 유대인을 상투메(São Tomé, 서부 아프리카의 섬)로 강제 이주시켜 플랜테이션 농장과 노예무역 물류 거점을 건설하도록 했다.[9]

유럽과 러시아

유럽 내부의 정치·경제적 세력 균형의 중심은 1400년대에 이르러 지중해에서 북서부 해양 국가로 이동했다. 1492년부터 대서양 횡단이 시작되었고(아랍 자료에 따르면 아프리카에서 먼저 건너간 적이 있다고도 하지만), 대서양 연안에 대규모 정착지가 건설되었으며, 식민지 건설을 통한 이주가 세계 곳곳으로 확산되었다. 학계의 연구나 대중의 기억 속에서는 식민지 이주가 강조된 나머지 당시 유럽 내부에서 일어났던 이주와 문화적 변화는 상대적으로 주목을 받지 못하는 경향이 있었다. 중세에도 이동이 있었고, 르네상스 시기와 초기 근대(early modern)에도 이동이 있었지만, 이동의 방향이 서로 반대였고, 이주의 성격도 어느 정도 변화가 있었다.[10]

15세기 말엽에 이르러 러시아, 폴란드-리투아니아, 헝가리 등을 비롯한 동유럽에서는 오래도록 이어져온 장거리 이주의 경향이 막을 내렸

---

9 Hoerder, *Cultures in Contact*, chaps. 5-7.
10 Michael Borgolte, "Migrationen als transkulturelle Verflechtungen im mittelalterlichen Europa. Ein neuer Pflug für alte Forschungsfelder," *Historische Zeitschrift* 289 (2009): 261-85, and Borgolte, *Europa Entdeckt Seine Vielfalt: 1050-1250* (Stuttgart: Ulmer, 2002).

다. 노르드인(Nordmän, 북게르만족)은 세력을 팽창하며 동유럽에 식민지를 건설했지만 이후 현지인에 동화되었다. 독일어 사용자인 농민들도 이웃한 동유럽 지역으로 건너갔는데, 원래 그곳에는 슬라브어 사용자들이 살았지만 인구밀도가 낮았다. 게르만어와 이디시어를 사용하는 유대인이 아슈케나즈(Ashkenaz) 문화 공동체(독일 유대인 공동체)를 형성하고 있었는데, 이들도 추방되어 동유럽으로 이주했다. 중동부 유럽에서는 소작농이 귀족에 속해 있었다. 그래서 통치자는 수입이 별로 없었고, 귀족들이 도시 부르주아지의 부상을 막고 있어 통치자의 입장에서는 물품 생산과 상업을 장려하기 어려운 형편이었다. 이 문제를 해결하기 위해 통치자들은 피난민과 자유 이주민을 불러들였다. 그래서 독일어를 사용하는 도시 출신 유대인과, 또한 도시 출신 기독교인에게 특권을 허락했다. "편입된" 중산층은 주변의 시골 사람들 혹은 귀족과 사용하는 언어가 달랐고 문화도 달랐다. 이들의 차이는 19세기까지도 극복되지 못했다. 새로운 민족주의 이데올로기가 출현하면서 이방인의 충성심과 문화적 관습에 대한 의문이 다시금 불거지기 시작했다.[11]

14세기 중엽에서 17세기 말엽 사이 유럽에서는 몇 차례에 걸쳐 인구 재앙이 벌어졌고, 대규모 이주가 이루어졌다. 우선 생존자들은 흩어져서 경제활동, 결혼(재혼), 후손 생산이 가능한 새로운 정착지를 만들어야 했다. 이후 인구가 다시 증가하면 폐허가 된 지역에 다시 사람들이 들어가서 정착했다. 최초의 재앙은 "흑사병"으로, 1340년대 말엽부

---

11 Inge Blank, "A Vast Migratory Experience: Eastern Europe in the Pre- and Post- Emancipation Era (1780-1914)," in Dirk Hoerder et al., *Roots of the Transplanted*, 2 vols. (New York: Columbia University Press, 1994), 1, pp. 201-51.

터 유럽의 막대한 지역을 초토화했다. 두 번째 재앙은 가톨릭 전체주의였다. 그들은 다양한 방식의 조사를 거쳐 개인을 처형했으며, 사상과 이단이 의심되는 집단 전체를 몰살하기도 했다. 남부 프랑스에서는 "십자군"이 카타리파(Cathari, 알비파Albigenses라고도 한다) 가톨릭과 개신교 발도파(Waldenser)를 모두 처형했고, 이와 함께 랑그도크(langue d'oc) 문화도 사라졌다. 북동부 유럽 발트해 지역에서도 "십자군"은 고대 프로이센어 사용자들과 기타 발트해 연안 민족들을 "북방의 사라센"이라는 이유로 쓸어버렸다. 침략자였던 군사 조직 튜턴 기사단(Teutonic Knights)은 여러 지역 출신으로 구성되었는데, "성지(Holy Land)" 예루살렘에서 무슬림 세력에게 쫓겨난 뒤 활동 무대를 북쪽으로 옮겼다. 세 번째 재앙은 1517년의 종교개혁이었다. 이후 가톨릭, 프로테스탄트, 메노파(Mennonites)를 비롯하여 어느 쪽이든 일시적으로 승리를 거머쥐면 그에 따라 피난민이 생겨났고, 그러한 파괴 행위가 누적되어 삼십년전쟁(1618~1648년)이 되었다. 이러한 대량 탈출과 이주 및 재정착은, 네덜란드가 개신교 신앙을 지키기 위해 가톨릭 스페인-합스부르크 통치에 대항해 싸운 80년 투쟁과도 관련이 있다. 대량 이주를 촉발한 네 번째 사건은 발칸 지역에서 벌어진 합스부르크-오스만 전쟁이었다. 오스만 제국의 무슬림 세력은 농민 가족들의 봉건적 의무(대부분 기독교 지역)를 해방시켰다. 무슬림 통치의 장점을 이해한 유럽의 사회-종교 및 정치적 엘리트 계층은 그에 맞서기 위해 "튀르크인"을 피에 굶주린 이교도라고 선전했다. 그에 따라 유럽 무슬림의 이주가 이어졌다. 오늘날의 보스니아 무슬림은 유럽에 남은 마지막 무슬림이었다. 합스부르크 가문이 다시 정복한 헝가리는 가톨릭의 수중에 들어갔고, 헝가리의 프로테스탄트

교도는 망명의 길을 떠나야 했다.

  도시의 성장과 상업 네트워크의 발달로 유럽 전역에 걸쳐 농촌에서 도시로의 이주가 발생했다. 증가하는 수요를 기대하며 생산자들도 기꺼이 이주에 나섰다. 프랑크푸르트(Frankfurt)/마인(Main) 혹은 크라쿠프(Krakow) 같은 내륙의 물류 거점뿐만 아니라 대서양의 항구도시에서도 인구가 대규모로 성장했다. 시골에서 도시로, 혹은 전쟁으로 황폐화한 지역으로 이주가 발생한 것은 시골 지역의 인구 증가가 부양 능력을 넘어섰기 때문이다.

  육지로 둘러싸인 러시아 지역의 교통로는 동-서로 초원, 남-북으로는 강줄기였다. 중세의 러시아 지역은 다방면으로 연결되어 있었지만 초기 근대에 들어 그 패턴에 변화가 있었다. 스칸디나비아와 비잔티움을 연결하는 강줄기를 따라 노르드인(Nordmän)이 내려와 키예프 루스(Kievan Rus')가 형성되었고, 러시아인, 핀란드인, 발트인, 투르코만인이 그들의 지배 아래 놓였다. 비잔티움의 그리스인과 유대인 상인들, 그리고 동방기독교 선교사들이 키예프로 들어와서 교역을 담당했다. 이들의 융합으로 기독교 정교회의 슬라브 버전이 만들어졌다. 러시아의 귀족은 비잔티움의 통치 가문과 혼인 관계를 맺었으며, 나중에는 서유럽 왕조와도 통혼했다. 전쟁과 경쟁에도 불구하고 러시아의 귀족은 (상인들처럼) 유럽 전역을 돌아다녔다. (13~15세기 몽골은 이동성이 뛰어난 국가 체제를 건설하고 유라시아의 문화를 바꿔놓았다. 다민족 제국이었던 몽골은 스텝 민족들은 물론 외국의 엘리트 계층을 흡수하여 그들에게 군사, 행정, 상업의 임무를 맡겼다.) 러시아인은 먼저 이주를 통해 세력을 확장했고, 이후 북방 지역과 시베리아 남부를 탐험했다. 러시아의 대륙 횡단 탐험은 이

베리아 사람들의 대서양 횡단보다 한 세기 늦게 시작되었다.[12]

아메리카

아메리카 대륙에서는 북아메리카, 메소아메리카, 남아메리카의 생활양식이 각기 달랐다. 북아메리카의 생활 경제는 북극 지방과 북부 평원의 유목 생활, 북동부의 정주 농경 생활, 북서부의 정주 어로 생활, 남서부의 촌락(pueblo) 생활로 나뉘어 있었다. 메소아메리카의 경우, 남북 아메리카를 연결하는 지협(地峽)과 안데스산맥의 태평양 측 사면에서는 복잡한 구조의 국가 및 제국이 형성되었다. 그곳에는 유럽인이 도착하기 훨씬 이전부터 거대 지역 및 남북 대륙 간 무역과 이주 네트워크가 갖추어져 있었다. 일부 자료에 따르면 유럽인 이전에 아시아인이나 아프리카인이 아메리카에 접촉했다고 하나, 그 자료 자체에 논란의 소지가 있을뿐더러 설사 접촉했다 하더라도 장기 지속적 영향을 미치지는 못했다. 메소아메리카의 메사(mesa, 꼭대기가 평평하고 가장자리는 벼랑인 지역으로, 멕시코 주변에서 흔히 볼 수 있다. – 옮긴이) 지대에서 남쪽으로 내려온 톨텍인(Toltecs)에게는 농업 기술과 학문적 지식이 있었다. 이들은 믹스텍인(Mixtecs)과 사포텍인(Zapotecs) 등 남쪽의 여러 민족과 결합해서 아즈텍(Aztec) 문명을 건설했다. 잉카 제국과 아즈텍 제국은 전쟁 포로와 범죄자를 강제 이주시켜 이동식 예속 노동력으로 활용했다. 이웃 민족을 습격해 잡아 온 사람들로 예비 노동력을 충당했고, 포로 중 고위층은 의례의 희생물로 삼았던 것 같다. 스페인 사람들은 정복지의

---

12 Hoerder, *Cultures in Contact*, chap. 5.2, 11, 12, 13.

모든 문헌을 파괴하고 스페인어 기록만 남겨 역사적 기억의 패권마저 차지했다. 스페인어 자료에 따르면, 니카라과와 유카탄의 사람들이 노예가 되어 온두라스와 과테말라 지역으로 팔려 갔고, 잉카 사람들은 고향을 떠나온 사람들을 데려다 장거리 운송 노동자(tamemes)로 활용했다.[13] 메소아메리카 북쪽에는 소노라(Sonora) 사막이 가로놓여 있는데, 사막을 가로질러 캘리포니아의 푸에블로 지역에서부터 미시시피강을 따라 우드랜드 북부 지역까지 이어지는 무역로가 있었다. 많은 지역의 사람들이 이 무역로를 이용했으며, 이를 통해 거래된 의례 용품과 사치품이 서로 멀리 떨어진 문화들 사이에 영향을 미쳤다. 공동체 전체가 이주하여 재정착하는 경우도 있었다. 일부는 북극권에서 남아메리카 중부까지 이동하기도 했다.

그러다가 15세기에 이르러 동반구와 서반구 사이의 이주, 문화 교류, 문화의 확산이 시작되었다. 초기 근대에도 이주, 적응, 변화가 지속되면서 1400년 이전부터 이어온 패턴이 더욱 확장되었다. 잉카 제국의 일부 지역과 서유럽이 도로와 우편을 통해 이어졌고, 동부 지중해에서 대륙을 가로질러 일본까지 연결되었다. 아랍의 우편 전문가, 이탈리아 상점의 점원, 이베리아반도의 유대인 지도 제작자, 중국인 조사 요원 등의 손을 거쳐 이러한 네트워크가 기록으로 옮겨졌고 또한 그 지식이 널리 전파되었다. 중국에서는 도로와 강 이외에도 운하 시스템을 통해 이

---

13 Nicolás Sánchez-Albornoz, *The Population of Latin America: a History*, trans. W. A. R. Richardson (Berkeley, CA: University of California Press, 1974); William L. Sherman, *Forced Native Labor in Sixteenth-Century Central America* (Lincoln, NB: University of Nebraska Press, 1979), pp. 15-19.

동이 가능했다. 중국과 잉카를 비롯한 일부 국가의 통치자들은 국가적 차원에서 창고를 건설하여 식량을 저장하고 기근을 대비했으며, 결과적으로 기근 때문에 빚어지는 이주를 막고자 했다. 이주자들은 기존에 형성된 길을 따라 움직였다. 중간에서 휴식을 취하는 동안(야영지, 카라반세라이, 호스텔 등) 이주자들은 다양한 언어와 관습을 지닌 사람들을 만났다. 새로운 곳으로 이주한 농민 가족들은 현지인으로부터 정보를 얻고 그들에 동화되었다. 관례상 이주자는 주로 남성이었고, 이주의 여정에서 그들에게 필요한 것을 제공하는 사람들은 여성이었다. 이들 사이에 합의나 지불 혹은 폭력에 의해 성적 접촉이 생길 경우 아이들이 태어났고, 그 아이는 어머니의 문화권에서 자랐다. 아버지도 그곳에 정착하면 문화적으로 새로운 집단이 형성되고, 민족의 발생으로 이어질 수도 있었다.

세계적 이동의 연결과 변화: 무장 유럽인의 등장

1500년 무렵 포르투갈은 아프리카의 서해안, 스페인은 카리브해로 진출했고, 다른 유럽인도 인도양으로 진출했다. 세계경제의 판도가 바뀌었고, 그에 따라 이주의 과정 또한 서서히 바뀌기 시작했다. 새로 이주한 사람들이 현지에 미친 영향은 한편으로 제한적이었다고 볼 수 있다. 이주민의 거주지가 해안선을 따라 건설된 무장 무역 거점이나, 혹은 항구도시 안에서 분명하게 나뉜 구역으로 한정되었기 때문이다. 예컨대 북아메리카의 경우 뉴펀들랜드에 있었던 바스크인 포경 선원들의 여름 정착지나, 1600년 이후 모피 무역상들이 거주했던 세인트로렌스강 하구의 타두삭(Tadoussac) 마을 등 몇몇 사례를 제외하면 거의 접촉이 없었다. 그러나 다른 한편으로는 아메리카 대륙의 경우 이베리아반도에서 건너온 사람들이 예기치 않게 세균을 전파하게 되었고, 새로 들어온 세균에 면역력이 부족했던 카리브해와 메소아메리카 원주민 인구가 궤멸적으로 붕괴했다. 더욱이 아라와크인(Arawaks)과 타이노인(Tainos)을 비롯한 다른 원주민도 과도한 노동력 착취로 많은 인구를 잃었다. 아프리카에서는 약 1200만 명이 노예로 팔려 갔는데, 남성 대 여성의 비율이 2 대 1이었다. 더욱이 침략의 과정에서 많은 사람이 살해되었고, 잡혀간 노예들도 한창 후손을 생산할 연령대여서 인구 고갈이 더욱 심각해졌다.

아메리카와 아프리카의 인구 고갈 이외에도 네 가지 측면의 발전이 이후 역사적으로 오래도록 이주의 경향에 영향을 미쳤다. 첫째, 유럽의 영토 국가들이 국가권력과 상업을 결합시켰다. 즉 세금으로 운영되는 군대와 이후에는 행정기관까지, 상인들의 투자와 수익 전략에 직접적으로 개입하여 영토 범위를 넘어서는 상업적 연결을 추구했다. 이는 기존의 무역 관행을 바꿔놓았다. 기존의 무역에서는 무장 병력이 포함되지 않았으며, 그래서 거래 비용이 상대적으로 낮았고, 국가와 상인, 공적 영역과 사적 영역이 분리되어 있었다. 새로 출범한 국가-상업 복합 조직은 세계 전역에서 영향력을 행사했다. 전통적인 비무장 무역 상인 공동체, 예를 들면 중국의 복건(福建) 상인, 유대인, 파르시(Parsees, 인도의 조로아스터교도), 아르메니아 기독교인, 무슬림 하우사(Hausa)인 등의 활동 영역은 일부 지역으로 국한되었다. 둘째는 수요의 증가였다. 고위도 지역의 모피와 중국의 도자기를 막론하고 전반적으로 수요가 증가했다. 수요 증가에 부응하기 위해 수많은 생산자가 이주했고, 더불어 생산지에서 도매시장 혹은 소매시장까지 이어지는 운송 경로에 종사하는 노동자도 늘어났다. 셋째는 강제노동 체제였다. 열대 및 아열대 지역에서 유럽인 투자자들이 영토를 차지하고 플랜테이션 대량생산 체제를 구축했지만, 이주 노동자를 끌어들이기 위해 임금을 지불하기보다는 몇 가지 다른 방법을 통해 강제노동력을 사용했다. 예를 들면 현지인의 이동을 제한하고 노동력을 착취하는 동남아시아의 네덜란드 모델이 있었고, 대양을 건너 아프리카 노예를 데려오는, 포르투갈을 비롯한 대서양 열강의 플랜테이션 식민지 모델이 있었다. 스페인 사람들은 아메리카 원주민을 인디오(Indio)라 했는데, 그들에게 부여한 강제노동 체제로 "레파르티미엔토(repartimiento)"와 "엔코미엔다(encomienda)"가 있었다. 일정한 수의 원주민을 강제로 지역 이동을 시켜 광산 노동에 투입하거나(레파르티미엔토), 혹은 거주 지역에 묶어두고 농업 노동이나 기타 노역에 동원하는 방식(엔코미엔다)이었다. 영국과 프랑스 왕국도 스페인의 체제를 배웠다. 식민지 개척자들을 세계 곳곳에 파견하여 식민지 노동력을 강제 노역에 동원했다. 넷째, 한 세기 남짓이 지난 뒤 유럽의 시골에서 충분한 생계 수단을 확보하지 못한 사람들은 이주에 나섰다. 국가적 차원에서 일부 인구를 강제로 보낸 경우도 있었고, 여행 경비를 스스로 지불하고 자발적으로 가는 사람들도 있었으며, 제3자가 통행료를 지불하는 계약 제도도 있었다. 그래서 광산 개발 식민지와, 설탕 같은 식료품 대량생산 플랜테이션과 병행해서 농업 정착 식민지도 함께 발달했다.

 식민지 개척자들의 팽창과 권력 장악은, 과거 유럽 중심주의 역사학자들의 주장처럼 발달한 중심지에서 저개발 지역으로 움직인 것이 아니었다. 아시아와 지중해 동부 지역에서도 경제적으로 유럽과 상관없이 독자적으로 자본주의가 발달했다(그 결과 생산자들의 이주 현상도 나타났다). 특히 아시아 관통 무역선이나 아프리카 사하라 관통 무역선상에 위치한 지역에서 일어난 일이었다. 유럽의 국가적 상업 조직이 해상무역 노선과 일부 지역을 장악했을 때, 인도양 연안과 아시아의 해안 지역 상인들은 지역 간 연결 노선의 일부를 빼앗겼지만 경제적 활력에는 변함이 없었다.[14] 서양의 학자들이 오래도록 "발견과 탐험"의 시대라고 일컬은 시기는, 사실 더 많은 무장을 갖춘 세력이 상대적으로 무장이 약한 사람들에게 제국 체제를 강요한 시기였다. 예컨대 콜럼버스는 카리브해의 사람들을 학살했으며, 바스쿠 다 가마는 동아프리카와 남아시아 항구에서 잔혹한 짓을 저질렀다. 코르테스(Cortés)와 피사로(Pizarro)의 폭력 행위도 있었고, (19세기) 영국은 중국 내 마약 유통을 보장하기 위해 아편전쟁을 일으켰다. 오늘날 그와 같은 폭력의 역사는 과거 식민지였던 지역에서 교과서에 등장하는 등 집단적으로 기억되고 있다. 공격적이지만 소수에 불과했던 이주민 남성들은 기독교 신앙을 강조했고, 점차 흰색 피부를 우월성의 근거로 내세웠다. 오늘날에도 국가 간, 인종 간의 차별 구조가 여전히 남아 있다. 과거 식민지였던 곳에서 본국으로 건너가는 21세기의 이주자들은 과거 식민지의 역사를 기억하고 있다.

---

14 Janet L. Abu-Lughod, *Before European Hegemony: The World System A.D. 1250-1350* (New York: Oxford University Press, 1989); Alan K. Smith, *Creating a World Economy. Merchant Capital, Colonialism, and World Trade 1400-1825* (Boulder, CO: Westview, 1991); Kenneth R. Andrews, *Trade, Plunder and Settlement: Maritime Enterprise and the Genesis of the British Empire, 1480-1630* (Cambridge University Press, 1984).

중개인과 강제 이주 및 이주 제한 노동 체제

국가-상업 협력 투자 체제에서는 주로 비자발적 강제 이주 노동에 의존한 산업이 성장했고, 개인적으로 이주한 중개인들이 사업을 수행했다. 대표적인 산업은 세 가지였다. 즉 세계적 플랜테이션 농업 생산 벨트, 소규모지만 세계적으로 흩어져 있는 광산, 북방 한계 지역의 모피 채집 벨트였다.

중개인

식민지 이주자들이 현지에 도착했을 때, 역량의 측면에서 그들은 식민지의 자연조건, 문화, 언어에 대한 지식이 없었다. 그래서 중개인이 필요했다. 남아시아에서는 구자라트, 말라바르, 코로만델 해안의 이동 상인들, 그리고 동남아시아에서는 남부의 중국 상인 디아스포라, 무역상과 장인 등이 모두 중개인 역할을 했으며, 기존에 하던 사업을 계속하고 있었다. 서아프리카 연안에서는 남성 전사 중심 국가들이 출현했다. 이들은 내륙 지역을 습격하여 유럽인의 무역 거점에 팔아넘길 노예를 잡아왔다. 또한 수입품 거래는 항해 기술이 있는 크루족(Kru) 선원들이 담당했는데, 이들은 유럽의 대형 선박과 수심이 얕은 연안 지역 사람들 사이를 중개했다. 상품을 내륙 지역으로 유통하기 위해 일부 유럽인은 아프리카 내륙 깊숙한 곳에 위치한 사회까지 진출했으며, 현지에서 무역 업무를 담당할 역량을 갖춘 여성과 협력 관계를 구축했다. 현지인, 특히 하우사인도 중개와 원거리 무역에 종사했다. 그래서 그들의 전통적인 이동성이 더욱 강화되었다.

이주에 따른 문화 교류에서는 중개인이 중심적 역할을 담당했다. 남성(식민지 체제의 유럽인이나 동남아시아 무역 거점의 중국인 등)이 임시적 혹은 "제2의" 가정을 꾸려 수용 문화권 여성과 협력 관계를 결성했다. 이와 달리 단순히 물건이나 동식물의 교환을 중개하는 사람들도 있었다. 콜럼버스의 교환 체제에 따라 유럽과 아메리카의 교환이 이루어지면서 서로 다른 사회와 대륙을 연결해줄 중개인이 필요했다. 이들은 모두 "중간 지대(middle ground)"(Richard White의 개념)에 거주했다. 아메리카에서 중간 지대는 브라질이었다. 브라질을 예로 들면, 앨리다 메트칼프(Alida Metcalf)는 세 가지 유형을 구분했다. 첫째, 사회와 사회를 물리적으로 오가는 중개인. 이들이 병원균을 전파할 수도 있었다. 둘째, 거래 중개인. 번역가, 협상가, 앞에서 언급한 문화적 브로커 등이다. 셋째, "대표성"을 지닌 중간자. "현지인"이 보기에는 유럽을 대표하는 것 같지만 유럽인이 보기에는 "이국적인" 사람들(중국 궁정을 대표하는 사람들도 마찬가지 패턴이었다). 이들의 강력한 이미지는 진부한 클리셰와 담론을 만들어냈다. 여기에 서아프리카의 사례를 덧붙이면 넷째 유형이 된다. 즉 "지주-이방인 협력 관계"다. 여기에 속하는 사람들 혹은 남성 권력자들은 현지 여성과의 결혼이 허용되며, 공동체의 일원으로 편입되는 특권을 얻는다. 이 경우 혼혈 후손이 태어나 제3의 집단을 형성하거나 모계 문화에 흡수된다. 이상과 같은 패턴의 과정은 세계 곳곳에서 확인되었다.[15]

---

15 Alida C. Metcalf, *Go-Betweens and the Colonization of Brazil, 1500-1600* (Austin, TX: University of Texas Press, 2006); George E. Brooks, *Landlords and Strangers. Ecology, Society, and Trade in Western Africa, 1000-1630* (Boulder, CO: Westview, 1993).

모피 채집 벨트는 스칸디나비아에서 동쪽으로 시베리아를 거쳐 알래스카까지, 서쪽으로는 래브라도(Labrador)와 제임스만(James Bay)을 거쳐 로키산맥까지 이어졌다. 모스크바, 암스테르담, 파리, 런던에 있는 투자 회사는 남성들을 현지 공동체로 파견했다. 예를 들어 스코틀랜드인은 허드슨베이 컴퍼니(Hudson's Bay Company) 소속으로 북아메리카로 들어갔고, 프랑스인은 노스웨스트 컴퍼니(Northwest Company)를 통해 캐나다 지역으로 진출했다. 지형이나 문화, 사냥 환경 등에 익숙하지 않은 그들은 "현지 관습"에 따라 현지 여성과 협력 관계를 맺었고, 언어, 네트워크, 사냥꾼 인맥 등 현지 여성들이 가진 전문성을 연계하여 원거리 무역을 수행했다. 평화로운 상업 이주는 현지의 물질문화와 젠더 관계를 바꿔놓았다. 기존에는 동물 뼈를 도구로 동물 가죽을 손질했지만, 유럽인이 전해준 철제 도구를 이용하면서 여성의 노동은 더 단순해졌다. 그러나 가족들의 수요량을 넘어 시장에 내다 팔 물량을 준비하려면 결국 여성의 업무량은 더 늘어났다. 그들의 협력 과정에서 프랑스어-현지어 혹은 영어-현지어 혼합어가 등장했다. 사냥의 목적이 현지 수요에서 원거리 시장 수요로 바뀌면서 부족 간 경쟁도 생겨났다. 주변 자원이 고갈된 곳의 주민들은 내륙으로 더 깊이 이주했다. 기존에도 이동식 생활을 하던 원주민에게 이주의 변수가 더욱 강화된 셈이었다.[16]

중개업자들은 활동에 따라 이익을 얻었지만, 유럽인의 강요로 노동에 투입된 현지인에게는 수익이 없었다. 원주민의 생활수준은 대개 최

---

16 Susan Sleeper-Smith, *Indian Women and French Men: Rethinking Cultural Encounter in the Western Great Lakes* (Amherst, MA: University of Massachusetts Press, 2001).

저 생계 수준으로 떨어졌다. 과로와 영양 부족으로 사망하는 사람들이 많았다.

노동 체제

식민지 개척자들이 구축한 노동 체제는 대개 강제 이주, 특히 노예 체제를 동반했다. 이주의 원인은 다양한 형태로 나타났다. 거주지를 제한하여 남녀 노동자를 동원하는 방식, 장·단거리 강제 이주를 시키는 방식, 아예 다른 지역의 플랜테이션 농장이나 광산 등 착취 경제의 현장으로 보내는 방식 등이었다. 처음에는 무장한 포르투갈의 상인들이 인도양의 다른 선박을 장악하고, 아랍과 오스만 지역 항구의 무역(나아가 베네치아와 제노바로 가는 무역)을 가로막고 아프리카를 우회하여 리스본으로 무역로를 돌리고자 했다. 1590년대부터 네덜란드의 식민지 개척자들은 플랜테이션 생산 체제를 만들었다. "남해(South Sea)의 향료제도"에서 현지 인력을 동원하여 섬에서 섬으로 단거리 강제 이주를 시키거나, 혹은 플랜테이션 노예 농장(이른바 "들판 공장")에 이들을 투입했다. 그 뒤 유럽 국가들의 직접적 지원에 힘입어 유럽의 투자자들을 위한 대량생산 체제가 가동되었다. 이를 위해 서아프리카와 중부 아프리카의 막대한 인구(특히 월로프인, 만딩카인, 요루바인, 송가이인, 하우사인 등)가 강제 이주를 당했고, 동아프리카 인구도 일부 포함되어 있었다. 1500년부터 노예무역이 종식된 1870년대에 이르기까지 380만 명 이상의 노예가 영국령, 프랑스령, 네덜란드령 카리브해로 이주당했고, 브라질로 360만 명, 스페인령 아메리카로 160만 명, 영국령 북아메리카로 40만 명이 팔려 갔다. 강제 이주 인원수를 시기별로 정리하면 1450~1600년 12만

5000명, 그다음 세기에 130만 명, 1701~1810년 600만 명, 그 이후부터 법적으로 노예무역이 금지된 1870년대까지 190만 명이었다. 노예무역 전성기에는 매년 6만 명의 남녀 아프리카인이 납치되었다. 일부는 여러 차례에 걸쳐 연이어 강제 이주를 당했다. 미국이 아직 영국의 식민지였을 당시, 카리브해의 노예를 데리고 미국으로 밀고 들어오는 일이 있었다. 나중에 미국 해안 지역의 토양이 고갈되자 다시 미시시피강을 따라 새로운 농경지를 조성하여 노예를 이주시켰다. 브라질에서는 북동부 지역의 농장이 쇠락하자 그곳에서 일하던 노예를 남부 상파울루의 플랜테이션 농장이나 내륙의 광산으로 재배치했다. 노예제는 미국에서 1863/65년에, 브라질과 쿠바에서 1880년대에 종료되었다(러시아 제국의 농노제는 1861년 폐지되었다). 노예 해방 이후, 대부분의 경제 부문에서 인종주의가 배척되었다. 이후 대륙 전체에 산재했던 아프리카계 아메리카인은 서서히 플랜테이션 농장 지역을 벗어났다. 노예는 종신제였지만, 그들은 극심한 제약 속에서도 살아남아 자녀를 사회화하기 위해 자신들만의 독특한 문화를 발달시켰다. 독특한 노예 문화는 브라질에서 가장 뚜렷한 편이었다. 브라질은 아프리카에서 건너올 때 비교적 거리가 짧았고, 같은 아프리카 문화권 출신의 사람들이 브라질에서도 가까이 살았기 때문이다. 그들은 종교 및 사회 제도를 수립했고, 인원수도 많아서 포르투갈인과 협상을 벌일 여지가 있었다. 노예에서 해방되거나, 혹은 자발적으로 브라질에 들어온 아프리카인 자유민도 있었다. 이들이 노예 문화에 활력을 더해주었다.[17]

---

17 Philip D. Curtin, *The Atlantic Slave Trade. A Census* (Madison, WI: University

처음에 아시아 출신 노예는 스페인령 마닐라를 거쳐 스페인령 아메리카로 들어왔다. 대서양 횡단 이주는 1570년대부터 1590년대 사이 짧은 기간에 끝났다. 이후 아메리카로 건너간 중국인은 기존의 중국 관습에 그들만의 디아스포라를 만들었다. 페루의 리마 혹은 멕시코시티 등지로도 아시아 출신 이주민이 들어갔다.

광산은 세계 각지에서 다양한 이주 패턴을 만들어냈다. 페루의 은광, 특히 포토시(Potosí)에서는 1550년대부터 노동력 수요가 상승했다. 새로 조성된 도시 포토시는 잠시나마 아메리카 최대 도시였고, 17세기 인구는 12만~16만 명이었다. 1574년부터 미타(mita) 시스템이 가동되었다. 원주민에게 일정 기간 강제 노역을 부과할 수 있도록 한 제도였다. 광산 노동에 활용하기 위해 길이 1400킬로미터, 폭 400킬로미터에 이르는 지역에서 원주민을 이동시켰다. 몇 달씩 걸리는 여정에서 미타에 동원된 사람들은 가족을 동반하고 식량과 기타 보급품을 가져가야 했다. 미타 데 플라자(mita de plaza)는 성인 남성이 지역 내에서 혹은 인근 지역에서 노역에 종사하도록 한 제도였다. 미타는 파괴적 제도였고, 포토시의 미타는 특히 치명적이었다. 노동 인구는 불과 수십 년 사이에 8만 1000명에서 1만 600명으로 줄어들었다. 반대로 말레이반도에서는 조건부로 중국인 노동자를 활용했는데, 일정한 비용을 내면 자유의 몸이 될 수 있는 사람들이었다. 그들은 중국인 투자자와 중국 시장을 목표로 일했지만, 16세기 말엽부터 유럽인 원석 무역업자가 고객이 되었다.

of Wisconsin Press, 1969). 커틴의 수치는 이후 수십 년 동안 약간만 수정되었다. Kátia M. de Queiros Mattoso, *To Be a Slave in Brazil, 1550-1880* (1986; 4th edn., New Brunswick: Rutgers, 1994).

광산에 종사하는 노동자는 대부분 남중국의 복건성 지역 출신이었고, 몇 개월 혹은 몇 년 동안 거주하며 벌어들인 돈으로 고향에 있는 가족을 부양했다. 유럽에서는 광산 노동이 자유로웠지만, 광산이 고갈되면 새로운 광산을 파기 위해 먼 거리를 이동해야 했다.[18]

유럽인 정착 이주와 원주민의 추방

백인 정착민은 대개 가족 단위로 유럽의 식민지로 들어가 농사를 지었으며, 점차 해안의 엔클라베(enclave)를 넘어 영토를 확장했다. 이주민은 16세기 말엽부터 스페인령 아메리카로 들어갔고, 17세기 초엽부터는 북아메리카와 포르투갈령 아메리카로도 들어갔다. 뿐만 아니라 남아프리카에도 들어갔는데, 그곳은 유럽에서 동남아시아로 가는 길목에 보급 기지로 건설된 곳이었다. (농민의 이주로 그 이전에 사하라 이남 아프리카나 중국에서 훨씬 많은 인구가 이동한 사례가 있었다. 그러나 이 경우는 국가권력과 정복의 과정이 개입되지 않았다.) 로마노프 왕조와 합스부르크 가문이 발칸 지역에서 오스만을 밀어낸 뒤, 그쪽에서도 이주민을 불러들였다. 이주자가 도착할 때마다 그들은 (혹은 본국의 군대가 와서) 원주민을 몰아냈다. 예컨대 과거 오스만 제국이었던 지역에서는 이슬람 신앙을 가진 농민을 강제로 추방했다. "아메리카 식민(植民, peopling)"이란 사실은 아메리카 인구 대체를 의미했다. "최초의" 주민은 쫓겨나고 그

---

18 *Cambridge History of Latin America* (ed.) Leslie Bethell, 9 vols. (Cambridge University Press, 1984–2008): Charles Gibson, "Indian Societies Under Spanish Rule," vol. ii, chap. 11, and Peter Bakewell, "Mining in Colonial Spanish America," vol. ii, chap. 4.

자리에 "두 번째" 주민, 주로는 피난민이 대거 유입되었다. "두 번째 주민"은 식민지 개척자로서 겉으로는 다 같은 사람들처럼 보였지만 내부적으로 차이가 있었다. 투자자, 개인적인 식민지 개척자, 자비로 건너온 "자유" 이민자도 있었지만, 대부분은 계약에 따라 이주 비용을 부채로 떠안고 오거나 본국에서 추방된 사람들이었다.

기존 연구에서는 백인 우월주의 이데올로기 탓으로 유럽인 "정착민"이 강조되었지만, 1830년대 이전까지 아메리카에는 유럽보다 아프리카에서 건너온 사람들이 더 많았다. 그러나 아프리카인은 치명적인 노동과 가족 구성 금지의 여파로 출산율이 낮았다. 그래서 백인 이민자 인구가 더 빨리 증가했다. 결국 백인이 무력과 통치 권력을 장악했고, 카리브해와 브라질을 제외하고는 수적으로도 백인이 우위에 놓였다.

또한 1800년경까지는 유럽 이주민의 2분의 1 내지 3분의 2가 계약에 종속되어 있었다. 즉 일시적으로 자유가 제한되어 있었다. 출신국 법령에 따라 그들은 이주비를 갚기 위해 3년 내지 7년 동안 노동을 해야 했다. 당시 동남아시아에서 계약 이주자인 중국인은 몇 개월 혹은 3년을 일하면 빚을 갚을 수 있었다. 결국 유럽인의 아메리카 이주가 중국인의 동남아시아 이주보다 종속 계약 기간이 더 길었다. "머슴 계약"의 의무를 다하고 자유를 되찾는 것을, 그들 스스로 "구원받은 자(redemptioner)"라고도 했다.

유럽 이주의 또 다른 측면은 비자발적 망명이었다. 영국 식민주의자들이 기근 때문에 아일랜드인 수백만 명을 이주시킨 "아일랜드의 망명(exile from Erin)" 사건에 관해서는 많은 연구 성과가 축적되었다. 또 다른 사례는 유럽인 남성과 "유색인" 여성이 합의에 따라 결혼하는 경우였다. 이 경우 남성과 그의 가족은 고향으로 돌아갈 수 없었다. 예컨대 남아프리카에서 정착민은 유럽과 아시아를 오가는 선박에 신선식품을 공급하며 돈을 벌었다. 동남아시아 식민지에서 고향으로 돌아가던 네덜란드 남성은 유색인 아내와 혼혈 아이들을 데리고 남아프리카에 정착해야 했다. 네덜란드의 인종차별 법제가 그들의 입국을 불허했기 때문이다. 남아프리카의 "네덜란드" 정착민 중에는 네덜란드에서 온 사람들과 네덜란드령 동남아시아에서 온 사람들이 모두 포함되어 있었다. 오스트레일리아의 경우는 그와 달랐다. 최초의 정착민은 당시 영국 법에 저촉되어 추방된 사람들이었다(대개는 음식을 훔친 경범죄에 불과했다). 캐나다 등 대영 제국에 속하는 다른 지역에서 정치적 이유로 추방된 사람들도 있었다. 미국 독립전쟁 이후 대영 제국에서 더 이상 "범죄자"를 북아메리카로 추방할 수 없게 되자, 그때부터 오스트레일리아 정착이 시작되었다. 이렇게 정착을 시작한 이주민은 남아프리카에서는 코이족(Khoi)을, 오스트레일리아에서는 원주민을 노예로 부렸다. 국가 정책에 따라 이주가 시작되었고, 이후 정착한 주민은 국가적 지원에 힘입어 더욱 광범위하게 이동성을 확대해갔다.

대영 제국 시절 캐나다, 오스트레일리아, 뉴질랜드 등은 "화이트(white)" 식민지라고 불리며 이주 문제와 인종차별 문제가 밀접하게 얽혀 있었다. 농업 정착 이주의 역사를 연구한 역사학에서도 인종차별이 내재화되었다. 서유럽이나 북아메리카에서 성장한 역사학자들은 미국의 원형인 13개 영국 식민지에 연구의 초점을 맞추었고, 아메리카로 건너온 아프리카인의 수가 축소되었다. 아프리카에서 노예로 끌려온 사람들 중 북아메리카에 정착한 인구는 상대적으로 적었기 때문이다. 더욱이 역사학자들은 북아메리카 동해안의 영국 식민지를 강조하면서 북아메리카의 유럽인 정착이 스페인 사람들부터 시작되었다는 사실도 간과하는 경향이 있었다. 1565년에 스페인 사람들이 플로리다의 도시 세인트오거스틴(St. Augustine)을 처음 세웠다. 스페인 정착민이 뉴멕시코로 들어온 때는 1598년으로, 영국인 정착민이 버지니아의 제임스타운(Jamestown)으로 들어온 시기에 비하면 거의 20년 전이었다. 당시 뉴멕시코는 이미 푸에블로 원주민이 500년 전부터 이주해 들어와서 살고 있었다. 영국 식민지에만 초점을 맞추다 보니 또한 16세기 말엽부터 태평양 연안에 러시아의 식민지가 건설된 사실, 그리고 1604년에 프랑스 이주민이 세인트로렌스와 미시시피강 유역에 정착한 사실도 주목받지 못했다. 심지어 13개 영국 식민지에도 단순히 영국인만 거주한 것은 아니었다. 영국인 외에도 스코틀랜드인, 아일랜드인, 웨일스인, 프랑스어 사용자, 독일어 사용자, 스페인어 사용자 이주민이 들어와 있었고, 벨기에인, 네덜란드인, 스웨덴인, 노르웨이인, 덴마크인, 핀란드인도 있었다. 스페인 사람들이 정착한 플로리다에서는 미노르카(Minorca), 리보르노(Livorno), 그리스 등지에서 건너온 사람들이 가정을 꾸렸다. 경건주의자(Pietists), 모라비아 형제회(Moravians), 위그노파(Huguenots), 아미시파(Old Order Amish) 등의 종교적 난민이 유럽 각지에서 건너왔다. 독일 팔츠(Pfalz) 지역의 루터교인은 전쟁의 참상과 인구 과밀 혹은 가톨릭의 프로테스탄트 박해를 피해 아메리카로 건너왔다. 학문적으로 북아메리카를 영미권(Anglo-America) 혹은 그 비슷한 것으로 단순화하는 것은, 말하자면 동남아시아의 도시와 광산을 모두 "중국"이라고 말하는 것과 같을 정도로 지나친 처사가 아닐 수 없다. 다양성을 하나의 집단 이미지로 축소함으로써, 백인종은 우월하거나 주도적이고 "황인종"은 열등하거나 중간층이라고 보는 것과 다를 바 없다.

소수와 다수: 이주에 대한 종합적 이해

이번 장에서는 초기 근대에 나타난 주요 이주, 즉 무장한 유럽인의 이주, 특히 아프리카에서의 강제 이주, 그리고 원주민을 축출한 대서양 횡단 농업 정착민의 이주를 강조하는 조감도를 제공했다. 그러나 사실 "정착민"이란 피난민을 쫓아내고 그 땅에 재정착한 사람들이었다. 조감도를 보다 보면 자칫 세계의 모든 사회에서 일어나는 수많은 이주를 왜곡할 위험이 있다. 또한 대개는 이동성이 높았던 원주민을 본질적으로 열등한 문화 집단 혹은 유전자 집단으로 일반화할 위험도 있다. 사실 사람들은 피부색에 상관없이 생계를 위해, 전쟁의 폭력, 엘리트 계층이 부과하는 세금 혹은 노역, 생태 환경의 제약에서 벗어나기 위해 이주했다. 그들이 기대한 바는 생활환경 개선이었다. 이 문제에 대한 연구는 역사적으로 선택의 폭이 어떠했는지를 밝히는 데 중점을 두며, 영웅적 개척자나 백인의 대규모 이주 설화와는 관점 자체가 다르다.

전 세계 어디서나 마찬가지겠지만, 만약 어느 한 가족의 생계를 지탱할 만한 농지가 있다면 (부모가 사망했다는 가정 아래) 이론상 그 농지에서는 단 두 명의 자녀만 생계를 이어갈 수 있을 테고, 나머지 자녀들은 다른 곳으로 떠나야 한다. 인구밀도가 낮은 다른 농촌에 가서 정착할 수도 있고, 도시로 들어가 임금노동자가 될 수도 있을 것이다. 가내수공업(옷감 짜기, 레이스 수놓기, 생활 용구를 만드는 소규모 대장간 등)을 곁들인다면 더 많은 가족을 먹여 살릴 수 있다. 그러나 생산의 집중화 시대가 도래한 이후로는 지방의 그런 소득 창출도 불가능해졌다. 그래서 양자강 유역, 라인강 상류 슈바르츠발트(Schwarzwald, 검은 숲) 지대, 혹은 말레이 지역 시골 농가는 피난처가 될 수 있었지만 생계의 제한이 있었다. 생계를 위한 농지가 부족할 때는 도시가 더 많은 선택지를 제공했다. 시골에서 도시로 이주한 사람들은 배고픔을 면할 수 있었고, 선택의 기회를 누릴 수 있었다. 역사학자들이 개개인의 무수히 많은 이주를 모두 들여다볼 수는 없다. 그러나 도시의 성장과 쇠락, 사망률, 중심지 확장에서 이주민의 비율 같은 인구 자료를 통해 불완전하나마 선택의 방향을 파악해볼 수 있다. 사회적 전통과 관습(영적-종교적 규정, 사회계층, 자연환경의 제약 혹은 기회)이 이주를 제한했지만, 다른 지역에서 제공하는 선택지를 감안하면 새로운 삶의 경로나 계획 혹은 전망을 그릴 만한 여지가 있었다. 도시는 사람들을 끌어들였고, 경기가 위축될 때는 몰아내기도 했다. 주로 부모의 그늘에서 벗어나려는 남녀 청소년이 도시를 향해 떠났다. 이는 런던이나 코르도바, 이스파한, 사마르칸트, 팀북투, 알렉산드리아, 북경, 교토, 테노치티틀란, 쿠스코 등 어디서나 마찬가지였다. 이슬람의 도시들을 비롯하여 일부 도시에서는 목욕이 의례에 포함되어 있어서 시골 지역보다 건강한 환경을 제공했다. 이와 달리 유럽의 도시는 비위생적 환경으로 사망률이 높았으며, 마치 인구학적 블랙홀이라 할 정도였다. 무슬림 도시가 성장하는 동안 기독교 도시는, 규모의 쇠퇴를 막기 위해 끊임없이 새로운 이주민을 끌어들이는 수밖에 없었다.

무역상이나 통치자는 요지를 선정하여 상업 거점이나 도시를 건설했다. 경제적 발전 혹은 왕조의 이익을 도모하기 위해서였다. 예를 들면 상트페테르부르크가 그런 경우였고, 에도(江戶)도 마찬가지였다. 에도는 나중에 도쿄(東京)가 되었다. 상트페테르부르크는 1703년 건설되었고, 그로부터 20여 년이 지난 뒤 이 도시의 인구는 4만 명이 되었다. 15세기 중엽 해안의 한 마을이었던 에도의 인구는 18세기 초엽 100만 명을 넘었다. 도시 이스탄불이 성장하자 식량 공급 문제를 해결해야 했다. 그래서 국가적 차원의 강제 혹은 지원을 통해 농민 인구를 데려와 도시 주변 지역에 정착시켰다. 이런 도시는 연결망이 필요했다. 중국에서는 운하를 건설했고, 잉카에서는 도로를 건설했다. 이를 위해 토목 사업에 동원되는 노동자들의 대대적인 이주가 필요했다. 일단 토목 사업에 성공하면 지역 간 식량 공급이 원활해졌고, 식량 문제 때문에 강요되는 이주도 줄어들었다.

도시는 전쟁 혹은 추방령으로 파괴되지 않는 한 성장과 발전적 활력의 이미지를 유지했고, 여기에 매력을 느낀 이주민을 불러들였다. 반대로 시골 지역은 문화적으로 정체되고(머나먼 옛날부터 전해 내려오는 격언처럼), 경제적으로 낙후 및 침체된 지역으로 간주되었다. 그러나 마을 단위의 사회사를 분석해보면 다른 이야기가 드러난다. 예를 들어 프랑스에서는 같은 장소에서 3대 이상 세대를 이어온 가정을 찾기가 쉽지 않다. 한편 중국에서는 농지가 부족하여 젊은이들이 마을을 떠나 주변의 언덕에서 자리를 잡고 토지를 개간했다. 이와 같은 단거리 이주와 개간의 패턴은 이미 과거 북아메리카 남서부의 푸에블로 원주민이나 지중해 연안 알프스 산록에서도 나타났다. 1550년대부터 1800년대 초엽까지는 이른바 소빙하기가 오래도록 지속되었다. 이 시기의 시골 사람들은 새로운 곡물을 심거나 식량 소비를 줄이고 경작지를 늘리는 등 위기에 대처하기 위해 노력해야 했고, 그도 안 되면 이주를 할 수밖에 없었다.

농촌-도시의 단순한 이분법 이외에 지역 간 경제적 격차도 이주의 원인이 되었다. 항구도시, 광산, 목재 생산 지대로 전문 기술 인력이 모여들었다. 광부의 집안에서 태어난 사람이 항구도시로 가서 항해에 종사하기는 쉽지 않을 것이다. 그러나 출생지 혹은 교육받은 지역에서 다른 지역으로 일하러 가게 되는 경우, 항구를 경유할 수는 있었다. 예컨대 독일어권 지역에서 16세기 베네수엘라로 갔던 인력, 혹은 19세기 오스트레일리아로 갔던 인력도 모두 그런 경우다. 항구 같은 교통 요지는 문화 교류의 장소였으며, 혹은 다음 단계의 이주를 위해 자금을 마련하는 곳이었다. 민족 개념은 19세기 민족국가의 패러다임에 의해 만들어져 오늘날까지 사용되고 있는데, 민족 개념으로 이주자를 분석하면, 주로 생산 기술이나 종교에 근거하는 현실적 문화 교류의 내용이 포착되지 않는다. 예를 들어 18세기 초엽 신생 도시 상트페테르부르크에서는 아르메니아인 사제, 독일인 목사, 그리고 독일, 영국, 프랑스 출신의 장인 들이 하나의 대형 건물에서 함께 일했다. 1544년 페루 리마에 도착한 어떤 배의 선주는 코르시카인이었고, 선장은 그리스인이었으며, 선원은 제노바인, 코르시카인, 그리스인, 슬라브인이었다. 선원은 민족보다 기술에 따라 선발되었다. 도시의 숙련공이나 상인은 주로 외국인인 경우가 많았다. 예컨대 상트페테르부르크에서 은 세공인이나 재단사는 플랑드르 도시 지역 출신이 많았고, 무역상으로는 영국인이나 프랑스인이 활동했다.

이처럼 물리적 환경과 자연조건은 정착 혹은 이동의 원인을 제공했고, 엘리트 계층이 부과하는 규제나 개발 프로젝트는 사람들을 내쫓거나 끌어들였으며, 사회적 규범뿐만 아니라 정신적 규범도 이주를 결정하는 데 영향을 미쳤다. 유교와 기독교를 비롯한 종교적 규범은 여성이 이주를 선택하기 어렵게 만들었다. 그러나 규범에도 예외는 있기 마련이었다. 기독교인은 현세의 조건을 받아들여야 천국에 갈 수 있다고 했지만, 현세에서 더 좋은 조건에 살면 어떻게 되는지는 설명하지 못했다. 다른 장소로 이주한다고 해서 그곳이 천국은 아니었지만, 적어도 더 많은 빵을 얻을 수는 있었다. 그들은 어떤 추상적이고 관념적인 개념, 즉 중국이나 잉글랜드 같은 추상적 의미의 국가 공동체를 벗어나고자 한 것이 아니었다. 그보다는 구체적으로 어떤 이념적, 종교적, 정치적, 사회계급적 차원에서 굴레를 벗어나고자 했던 것이다.

농업 정착민이나 도시 상공인 이주자는 도착 직후 생계 문제를 해결해야 했다. 그래서 지역을 선택할 때 인적 자본이나 기술 혹은 본인들을 필요로 하는 곳을 미리 알아보면 공백 기간 없이 바로 일을 할 수 있었다. 기존에 속했던 공동체나 그 주변에서 미리 이주한 사람들이 목적지에 가서 중개인 역할을 맡았다. 이들은 정치 단위가 아니라 경제 단위로 지역을 연결했고, 유명한 도시보다는 기술의 전파 경로를 따랐다. 인적 자본에는 네트워크, 다시 말해 사회적 자본이 필요했다. 그래서 이주할 때는 같은 동료 기술자가 있는 곳, 친인척이 이미 정착한 곳을 선택했다. 그들의 이주 범위는 국가 내지 지역 단위를 넘어섰다. 중국이나 오스만, 프로이센, 페르시아 등 상업이 활발한 나라에서는 이주민을 끌어들이기 위한 자금 지원을 제공하기도 했다. 그러나 인력 유입은 국가적 차원이 아니라 지방이나 기술 혹은 농업 생산 차원에서 이루어졌다. 19세기 미국의 팽창주의자들은 무궁무진한 기회를 선전했지만, 이주자들이 그보다는 현실적인 선택지를 중요시했다. 그래서 구조적 한계에서 벗어나 선택지가 있는 곳으로 이주했다. 이를 위해서는 단거리 혹은 중장거리 이주가 필요할 수도 있었고, 멀리 갈수록 비용이 증가했다.[19]

1776~1821년 미국에서 독립전쟁이 벌어지는 동안, 농민 가족과 식민지 개척자의 이주가 모두 주춤했다. 유럽에서는 혁명 세력과 제국주의 반혁명 세력의 전쟁이 벌어지고 있었다. 계몽주의와 혁명 사상은 인간의 실존과 가치 개념을 바꿔놓았다. 그에 따라 경제적 비용 계산법도 바뀌었고, 19세기에는 강제노동 체제와 이주의 패턴에도 변화가 있었다.[20]

---

19 Christiane Harzig, Dirk Hoerder with Donna Gabaccia, *What is Migration History?* (Cambridge: Polity, 2009).
20 Hoerder, *Cultures in Contact*, chaps. 7.5, 8.5, 9.3-9.5.

더 읽어보기

Abu-Lughod, Janet L., *Before European Hegemony: The World System A.D. 1250-1350* (New York: Oxford University Press, 1989).

Ajayi, J. F. A. and Michael Crowder (eds.), *History of West Africa*, 2 vols. (1st edn., 1974; London: Longman, 1987).

Andrews, Kenneth R., *Trade, Plunder and Settlement: Maritime Enterprise and the Genesis of the British Empire, 1480-1630* (Cambridge University Press, 1984).

Bakewell, Peter, "Mining in Colonial Spanish America," *Cambridge History of Latin America* (ed.) Leslie Bethell, 9 vols. (Cambridge University Press, 1984-2008), vol. ii, chap. 4.

Bennassar, Bartolomé and Pierre Chaunu (eds.), *L'ouverture du monde, xive-xvie siècles* (Paris: Colin, 1977).

Bentley, Jerry H., *Old World Encounters. Cross-Cultural Contacts and Exchanges in Pre-Modern Times* (New York: Oxford University Press, 1993).

Blank, Inge, "A Vast Migratory Experience: Eastern Europe in the Pre- and Post- Emancipation Era (1780-1914)," in Dirk Hoerder et al., *Roots of the Transplanted*, 2 vols. (New York: Columbia University Press, 1994), vol. i, pp. 201-51.

Borgolte, Michael, *Europa entdeckt seine Vielfalt: 1050 - 1250* (Stuttgart: Ulmer, 2002).

Borgolte, Michael, "Migrationen als transkulturelle Verflechtungen im mittelalterlichen Europa. Ein neuer Pflug für alte Forschungsfelder," *Historische Zeitschrift 289* (2009): 261-85.

Bosma, Ulbe and Remco Raben, *Being "Dutch" in the Indies: A History of Creolisation and Empire, 1500-1920*, trans. Wendie Shaffer (Singapore: NUS Press, and Athens, OH: Ohio University Press, 2008).

Brooks, George E., *Landlords and Strangers. Ecology, Society, and Trade in Western Africa, 1000-1630* (Boulder, CO: Westview, 1993).

Chaudhuri, Kirti N., *Trade and Civilization in the Indian Ocean: An Economic History from the Rise of Islam to 1750* (Cambridge University Press, 1985).

Crosby, Alfred W., *The Columbian Exchange: Biological and Cultural Consequences of 1492*. 1973, new edn. (Westport, CT: Praeger, 2003).

Curtin, Philip D., *Cross-Cultural Trade in World History* (Cambridge University Press, 1984).

Curtin, Philip D., *The Atlantic Slave Trade. A Census* (Madison, WI: University of

Wisconsin Press, 1969).
Curto, José C. and Renée Soulodre-La France (eds.), *Africa and the Americas: Interconnections during the Slave Trade* (Trenton, NJ, and Asmara: Africa World Press, 2005).
Falola, Toyin and Okpeh Ochayi Okpeh, Jr. (eds.), *Population Movements, Conflicts and Displacement in Nigeria* (Trenton, NJ: Africa World Press, 2008).
Falola, Toyin and Paul E. Lovejoy (eds.), *Pawnship in Africa. Debt Bondage in Historical Perspective* (Boulder, CO: Westview, 1994).
Gibson, Charles, "Indian Societies Under Spanish Rule," *Cambridge History of Latin America* (ed.) Leslie Bethell, 9 vols. (Cambridge University Press, 1984-2008), vol. ii, chap. 11.
Harzig, Christiane, Dirk Hoerder with Donna Gabaccia, *What is Migration History?* (Cambridge: Polity, 2009).
Ho, Ping-to, *Studies on the Population of China, 1368-1953* (Cambridge University Press, 1959).
Hoerder, Dirk, *Cultures in Contact: World Migrations in the Second Millennium* (Durham, NC: Duke University Press, 2002).
Kasaba, Reşat, *A Moveable Empire: Ottoman Nomads, Migrants, and Refugees* (Seattle, WA: University of Washington, 2009).
Kuhn, Philip A., *Chinese among Others. Emigration in Modern Times* (Lanham, MD: Rowman and Littlefield, 2008).
Meilink-Roelofsz, Maria A. P., *Asian Trade and European Influence in the Indonesian Archipelago between 1500 and about 1630* (The Hague: Martinus Nijhoff, 1962).
Metcalf, Alida C., *Go-Betweens and the Colonization of Brazil, 1500-1600* (Austin, TX: University of Texas Press, 2006).
Parthasarathi, Prasannan, *The Transition to a Colonial Economy: Weavers, Merchants and Kings in South India 1720-1800* (Cambridge University Press, 2001).
Queiros Mattoso, Kátia M. de, *To Be a Slave in Brazil, 1550-1880* (1986; 4th edn., New Brunswick, NJ: Rutgers, 1994).
Reid, Anthony, *Southeast Asia in the Age of Commerce: The Lands Below the Winds* (New Haven, CT: Yale, 1988).
Richard, Francis, *Le siècle d'Ispahan* (Paris: Gallimard, 2007).
Rossabi, Morris (ed.), *China among Equals: The Middle Kingdom and Its Neighbors, 10th-14th Centuries* (Berkeley, CA: University of California Press, 1983).
Saad, Elias N., *Social History of Timbuktu: The Role of Muslim Scholars and Notables, 1400-1900* (Cambridge University Press, 1983).

Sánchez-Albornoz, Nicolás, *The Population of Latin America: A History,* trans. W. A. R. Richardson (Berkeley, CA: University of California Press, 1974).

Sarkar, Jagadish N., *Studies in Economic Life in Mughal India* (Delhi: Oriental Publishers, 1975).

Sherman, William L., *Forced Native Labor in Sixteenth-Century Central America* (Lincoln, NE: University of Nebraska Press, 1979).

Simkin, C. G. F., *The Traditional Trade of Asia* (Oxford University Press, 1968).

Sleeper-Smith, Susan, *Indian Women and French Men: Rethinking Cultural Encounter in the Western Great Lakes* (Amherst, MA: University of Massachusetts Press, 2001).

Smith, Alan K., *Creating a World Economy. Merchant Capital, Colonialism, and World Trade 1400-1825* (Boulder, CO: Westview, 1991).

Thornton, John K., *Africa and the Africans in the Making of the Atlantic World, 1400-1800*, rev. edn. (Cambridge University Press, 1998).

CHAPTER 2

전쟁의 패턴, 1400~1800년

제레미 블랙
Jeremy Black

전쟁은 언제나 중요한 문제였다. 사회를 변화시켰고, 국가의 형태를 만들었고, 공동체를 파괴했으며, 가족의 경험에도 깊은 영향을 미쳤다. 현상으로서도 전쟁은 복잡한 사건이었고, 동원되는 기술과 수단도 다양했다. 그래서 역사가들은 전쟁의 전모를 소개할 때 대개 하나의 논지를 설정했다. 즉 별개의 군사적 사건, 환경, 문화, 전개 등을 일관된 주제 혹은 초월적 구조로 묶는 편을 선호했다. 이런 식의 접근 방식이 일관된 주제를 선명하게 설명하기에 유리했기 때문이다. 예컨대 "군사 혁명"이라든지 "화약 제국" 혹은 "재정-군사 국가" 같은 개념이 그렇게 해서 나왔다. 그러나 여기에는 많은 의문이 뒤따르기도 했다. 현실에는 기술 결정론이나 서구의 세계 지배, 중앙집권 관료 체제 같은 줄거리만 있었던 것이 아니라, 이런 줄거리를 약화할 만한 사건 혹은 과정 들도 없지 않았기 때문이다.

더욱이 역사란 복잡한 과정이었다. 기존의 근대화 논리는 기병의 쇠퇴와 대비되는 보병, 포병, 진지 구축의 강화를 강조했다. 그러나 우리가 세계적 분쟁의 다양성을 이해하면 할수록 기존의 잘 짜인, 하지만 지나치게 단순화된 근대화 논리를 수정할 필요성이 커진다. 더욱이 역사적 사건의 성공과 실패는, 그 "저변에 깔린" 특정 기술 혹은 구조의 장점을 반영하기보다는 당시 현지 상황의 조건과 필요에 따른 결과였을 뿐이다. 이런 측면들을 고려하면 사건의 주역이 가졌던 능력을 설명하기가 더욱 어려워진다. 동시에 무언가 새로운 접근 방식의 필요성이 강조된다. 특히 동남아시아, 중앙아시아, 사하라 이남 아프리카, 1750년 이후 이란을 설명할 때는 새로운 접근 방식이 더욱 절실하다. 경우에 따라서는 심각한 자료 부족이 문제가 되기도 한다. 그러나 더 깊이 조사할 수 있는 가능성, 그래서 일반론에 연결될 기회는 언제나 열려 있다.

1400년에서 1550년 사이 중국의 명나라와 몽골 사이에 중요한 분쟁이 있었고, 무굴·사파비·오스만·합스부르크 제국이 성립되었다. 18세기에 이르러 중국은 주변의 타민족 지역으로 세력을 크게 확장했지만, 무굴(인도) 제국과 심지어 사파비(페르시아) 제국도 무너졌다. 또한 영국과 프랑스가 경쟁하던 북아메리카의 운명이 대체로 결정되고, 마찬가지로 인도에서도 그들의 경쟁이 거의 마무리되었다. 보급에 문제가 있으면 전략적 목표 달성이 거의 불가능하다는 이론은, 실제 군사행동의 역사와는 맞지 않았다. 적어도 승리를 거두고 영토를 정복한 사례에 비추어서는 더더욱 그랬다. 러시아는 거대 세력이 되었고, 튀르크는 유럽을 뒤로 물렸으며, 1790년대 서유럽에서 프랑스의 헤게모니는 일시적이나마 회복되었다. 18세기에는 전쟁을 통해 수많은 강대국이 부상했다. 아프가니스탄의 두라니(Durrani) 부족, 버마의 영웅 알라웅브야(Alaung-hpaya), 네팔의 구르카(Gurkha) 등이 그러한 전쟁의 주역이었다. 이들은 활용 가능한 자원을 동원해 필요한 결과를 많이 얻어냈다.

당시 군사행동의 결과는 오늘날까지도 일부 영향을 미치고 있다. 북아메리카 정치 문화가 영국 문화에서 파생된 이유는, 그 당시 북아메리카에서 영국이 프랑스를 이겼기 때문이다. 만약 프랑스가 대서양 양안을 지배했다면 가톨릭, 대륙법(civil law), 프랑스의 언어와 문화가 확산되었을 테고, 영국과는 다른 방식의 대의민주제(representative democracy)와 정치 개념이 자리 잡았을 것이다.

모든 시대와 모든 지역에서, 전쟁을 일으킨 분쟁의 유형과 구체적인 맥락은 저마다 달랐다. 그러나 모든 시대와 모든 지역에 걸쳐 공통된 전쟁의 기본 요소들이 있었다. 즉 전반적으로 군사행동의 기본 원칙 같은 것이 있었다. 일정한 규모의 문제가 있었고, 정치적 발전, 사회적 특성, 환경의 제약 등이 서로 얽혀 있었다. 이것이 결과적으로 세계 전역에 걸쳐 유사성을 만들어냈다.

첫째, 무엇보다 가장 뚜렷했던 점은, 그래서 너무 당연시되어 거의 언급조차 되지 않았던(지금도 그렇지만) 점은 모든 사회에서 전쟁 수행이 남성의 의무였다는 사실이다. 물론 여성도 분쟁에 긴밀히 연결되어 있었다. 여성의 농업 노동은 전쟁 시기 해당 사회의 경제적 생존에 결정적 역할을 했다. 또한 여성은 전쟁의 피해자로 육체적·정신적·사회적·경제적 손상을 직간접적으로 입었다. 특히 여성에 대한 강간과 노예화는 전쟁과 침략에서 늘 일어난 일이었다. 그럼에도 불구하고 여성 전사의 직접적 전투 참여는 어디까지나 예외적인 경우였다.

둘째, 비교적 낮은 수준의 기술이 전쟁 패턴을 결정했다. 이는 세계 어디서나 마찬가지였고, 심지어 가장 발달한 사회도 예외는 아니었다. 그래서 전쟁 패턴은 환경과 물리적 한계에 종속되어 있었다. 인간과 동물의 전염병 및 병원균에 대한 실질적 이해가 없는 상태였고, 낮은 농업 생산력과 제한적 산업 생산 활동 때문에 근대 국가와 비교하면 세계 어디에서나 인구나 생산성 수치가 현저히 낮았다. 1900년을 기준으로 비교하더라도 초기 근대에는 동원 가능한 전사 인력이 더 적었다. 또한 세계 경제를 농업이 주도한 시대였기 때문에 전쟁을 하려면 수확기를 피해야 했다. 그러나 오늘날과 비교하면 군대의 규모는 초기 근대가 더 큰 경우가 많았고, 전체 인구에서 차지하는 군인의 비중도 그때가 더 높았다.

셋째, 동력자원의 한계였다. 동원되는 인력 혹은 축력은 대체로 잘 먹지 못해 영양이 부족한 상태였다. 이는 군사 작전, 특히 신속한 이동에 커다란 제약이 되었다. 기타 동력자원도 천연자원이거나 고정적이었다. 수력, 풍력, 목재를 이용한 화력 등은 부피가 크고 이동할 수 없는 것들이었다. 우리가 검토하는 시대에는 동력자원의 변화가 없었다. 당시의 동력자원은 군대와 함께 혹은 배에 실어서 옮길 수가 없는 것이었다. 그 때문에 기동성은 상당히 제한적이었다. 그러므로 군사작전 도중에, 즉 가는 길에 동력을 확보할 수밖에 없었다. 배는 바람에 의지해서 움직였고, 식량과 동물의 사료는 기부나 징발을 통해 확보했다.

넷째, 해로나 육로를 막론하고 신속한 소통 수단이 없었다. 이는 계획과 작전 모두에 영향을 미쳤다. 병사의 이동, 보급, 정보의 전달은 19세기 증기기관과 전신의 발명 이후와 비교하면 현저하게 느렸다. 정보는 우편과 선박을 통해 전달되었으므로 속도가 문제였고, 제때 회신을 받기도 어려웠다. 그러므로 정보와 지침의 확인도 쉬운 일이 아니었다.

'작은' 전쟁과 '큰' 전쟁

전통적으로 정주 사회와 유목(반유목) 사회를 구분해왔듯이, 전쟁의 조직과 규모 면에서도 양자는 뚜렷한 대조를 보인다. 인구가 부족하고 정부 구조가 정교하게 발달하지 못한 유목(반유목) 사회는 대개 농업 사회(목축 농업 혹은 화전 농업)에 의존했다. 유목(반유목) 사회의 사람들은 군사적 전문성, 특히 요새 구축이나 포위 공격 같은 전술을 발달시키지 않았다. 정주 농업 사회에서는 잉여생산물과 세금 기반이 있었기 때문에 전문 상비군을 유지했으며, 물류 보급 구조가 발달했다. 그러나 유목 사회에서는 대개 그런 군대가 없었고, 물류 체계도 훨씬 더 허술했다. 북아메리카, 동남아시아 고산지대, 뉴기니와 보르네오섬의 대부분에서도 사정은 대개 유목 사회와 마찬가지였다.

전문화가 부족하다고 해서 주변 환경에 대응하는 능력이 원시적 수준은 아니었다. 이들을 비롯하여 명확한 국가 체제를 갖추지 못한 사람들은 대개 기습 전략을 선호했고, 일반적인 전투는 피하려 했다. 그럼에도 마을 간, 부족 간의 폭력이 만연해 있었다. 북아메리카 사회는 이를 극명하게 보여주는 사례였다. 그래서 정주 사회에서는, 다 그런 것은 아니지만 요새를 건설하는 경우가 많았다.

대부분의 전쟁사 연구에서는 이런 식의 분쟁을 취급하지 않았다. 부분적으로는 비(非)농경 사회의 문헌 부족 때문이기도 하겠지만, 전쟁사가 워낙 국가 간 전쟁과 전문화된 군부대 상호 간의 전투에 초점을 맞춘 것도 그 원인이었다. 그러다 보니 기존의 전쟁사 논의에서는 "작은 전쟁", 즉 기습전, 소규모 접전, 작은 충돌 같은 사건이 대부분 누락되었다. 유목(반유목) 사회와 정주 사회의 상비군을 막론하고 사실은 "작은 전쟁"이 훨씬 더 흔한 전쟁의 양상이었다. 더욱이 "작은 전쟁"은 "큰 전쟁"의 중요한 구성 요소였다. "작은 전쟁" 때문에 "큰 전쟁"의 승리가 훼손되거나 결과가 뒤집힐 수도 있었다. 작은 전쟁 단계에서는 기병과 경무장 보병의 기동성이 특히 중요했으며, 대규모 전장에서 사용되는 느리게 움직이는 진형(陣形)이나 전술은 그다지 중요하지 않았다.

지금까지 "작은 전쟁"을 체계적으로 혹은 세계적 범위에서 연구한 종합적 성과는 없었고, 전투에 참여한 정규군과 비정규군의 구분도 명확하지 않았다. 비정규군이라고 해서 항상 규모가 작은 것은 아니었고, 독립 국가의 성격을 가진 단체도 많았다. 중국은 신강(新疆) 지역의 준가르(Zunghar)를 멸망시키고 러시아는 크림 칸국을 정복했지만, 그 지역에 살던 코사크인은 18세기에 가서야 러시아에 흡수되었다. 세계적으로 19세기와 20세기 초엽에 코사크처럼 남아 있던 세력들이 강대국에 흡수되었지만, 그 이전 시기에 펼쳐진 그들의 전투가 "첨단" 전투에 비해 덜 효과적이었다고 볼 수는 없다.

그러나 기습전에 대한 기존의 평가는 주로 오리엔탈리즘의 시선, 즉 다른 식의 군사 문화를 구축한 외부인의 시선에 의해 과도하게 단순화되는 경향이 있었다. 그래서 군국주의/무저항(militarism/passivity), 정교함/원시성(sophistication/primitivism), 혁신/보수(innovation/conservatism) 등의 잘못된 학문적 범주가 만들어졌다. 전쟁은 특정 사회의 문화적 성격에 따라 일어나는 것이었다. 예컨대 17세기 일본의 경우 기본적으로 사회·문화적 호전성은 유지했지만 전쟁은 포기했던 것처럼, 전쟁의 사회·문화적 측면은 그 성격이나 표현 양상이 시대에 따라 바뀔 수도 있었다.

군사적 역량과 군사행동은 목표와 가능성에 따라 결정되었다. 즉 정치·군사적 맥락에 따라 임무 혹은 목표가 주어졌으며, 또한 그에 따라 달성 가능성을 고려해야 했다. 전략, 전술, 작전에는 목표와 가능성이 모두 반영되어 있었고, 목표와 가능성이 서로를 추동하는 역학 관계가 포함되어 있었다.

이른바 "군사 혁명"

초기 근대 서유럽의 군사적 변화를 설명하는 가장 유명한 개념은, 아마도 마이클 로버츠(Michael Roberts)가 처음 제기한 "군사 혁명(Military Revolution)"일 것이다. 신무기(특히 화약 무기), 새로운 전술, 군사 규모의 확대가 결합된 혁명이었다. 또한 이 같은 혁명이 서유럽에서 발생한 이후 외부로 확산되었다는 것이 마이클 로버츠의 주장이었다. 그러나 이러한 개념 설정에는 문제가 있었다. 초기 근대 서양의 군사 혁명을 규정하기 위해 동원된 많은 변화, 예를 들면 규모 확대, 군비 지출 증가, 새로운 전술 등은 모두 중세 시대에 전례가 있었다. 여러 가지 유형의 무기가 한 전장에서 사용된다고 하는, 이른바 "복합 무장 전술"도 군사 혁명의 한 요소였다. 그러나 이는 군사기술의 훈련 과정에서 논의하기는 쉽겠지만, 팽팽한 전장에서 성공적으로 활용하기란 쉽지 않은 일이었다(그림 2-1). 게다가 16~17세기의 머스킷총(musket), 장창(pike), 기병(cavalry), 대포(cannon) 등의 무장은 전투적 특성이 달랐고, 특정 상황에서 각기 다르게 작동했다. 그러므로 이들의 협동과 조율은 간단한 일이 결코 아니었다. 또한 상당수의 장군과 장교가 이러한 무장의 특징과 그 문제점을 제대로 이해하지 못한 점도 승리를 가로막는 장애물이었다.

조율의 문제를 고려해보면, 1600~1700년대 무기의 변화가 가진 의미를 이해하는 데 도움이 될 것이다. 그 이전에는 총을 든 병사와 창을 든 병사가 각각 전투에 참여했지만, 이후에는 총기에 대검을 장착하는

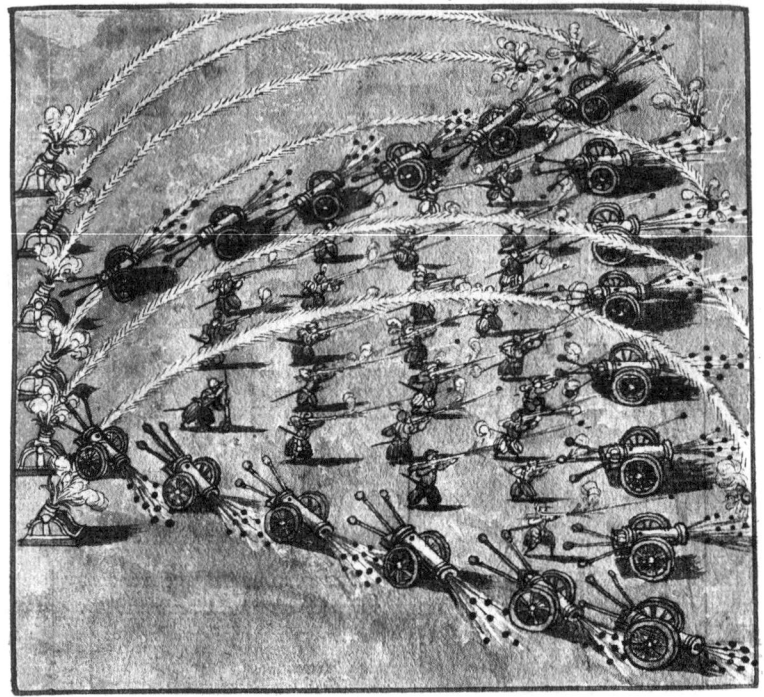

〔그림 2-1〕 전술교범《포병술》 삽화, 16세기 말엽(저자는 Wolff de Senftenberg)

방식으로 넘어가 보병 대부분이 비슷한 무기를 소지했다. 이 무렵 소총 자체도 화승총(火繩銃, matchlock)에서 수발총(燧發銃, flintlock)으로 넘어가, 기병이나 보병의 공격을 방어할 때 총병의 신뢰성이 높아졌다. 서양 군대의 이러한 변화는 과거 화약 무기 자체의 변화보다 더 큰 영향을 미쳤을 것이다.

어쩌면 화약 무기는, "군사 혁명" 이론에서 말하는 것과 달리 영향력이 그리 크지 않았을 수도 있다. 화약 무기 자체가 세계의 군사 환경이 매우 다양하고 변화무쌍한 시기에 도입되었다. 이러한 상황이 화약 무기의 사용에 (결정까지는 아니더라도) 영향을 미친 것은 사실이었고, 그에 따라 화약 무기가 전략, 전술, 작전의 차원에 개입될 수 있었다. 나아가 화약 무기 혁명이란 주제는 또 다른 문제 제기를 낳았다. 특히 세계적 차원의 비교 연구에서 문제가 더욱 뚜렷하게 두드러졌다. 서양에 앞서 화약 무기가 도입된 중국에서는 왜 혁명적 변화가 일어나지 않았는가? 서양의 상황은 무엇이 달랐는가? 혹은 왜 다르다고 평가해야 하는가? 육상과 해상에서 모두 화약이 휴대용 발사체 무기나 대포의 기반이 되었지만, 대량 발사체 무기 그 자체가 새로운 기술은 아니었다. 굳이 15세기 서구에서 부활한 고전기 그리스나 마케도니아 혹은 로마의 사례를 언급하지 않더라도, 중국에서 만들어진 질서정연하게 훈련된 대규모 보병 부대는 이후 무기 사용법 발달의 기반이 되었다. 전쟁에서 화약 무기는 변화의 원인이라기보다 상황 변화에 따라 나타난 결과물이었다. 교범이나 문화적 관습(사용법)의 변화가 없었다면 무기(기술)의 변화는 아무런 의미가 없었다.

 초기 근대에 과연 군사 혁명이 일어났는지를 평가하려면 변화의 시기와 정도도 중요한 문제다. 군사 혁명 이론에서는 기본적으로는 세 번의 혁명이 있었다고 본다. 1550~1560년 첫 번째 혁명이 있었고, 이후 불분명한 정체의 시기가 이어지다가, 1775년 미국독립전쟁이 벌어지면서 두 번째 혁명이 일어났고, 이것이 세 번째인 1815년 프랑스혁명 전쟁으로 이어졌다는 가설이다. 그러나 만약 군사 혁명이라고 한다면, 서양에서 1560~1815년 시기는, 각종 함선과 전장에서 화약 무기를 도입한 16세기 초엽 혹은 조직과 기술에 대대적 변화가 있었던 19세기 후반 시기에 비할 바 아니다. 만약 주요 기술 혁신이 1500년 이전에 일어났다면, 그리고 19세기에 이르기까지 변화가 점진적으로 느리게 이루어졌다면, 그러한 변화의 속도를 두고 혁명이라고 부르기는 어려울 것이다.

    더욱이 서양의 군사 혁명이 하나의 모델로서 확산된 지역은 그리 많지 않았다. 세계적으로 유럽 이외 지역에서 유럽의 군사기술 일부를 차용한 사례는 있었다. 예를 들면 16세기 일본이나 18세기 말 북인도 지역이었다. 그러나 군사적 진보의 패러다임 확산 가설, 즉 구체적으로 하나의 이상적 모델을 상정하고 그것을 모범으로 삼아 시스템이 확산되었다고 하는 이론은, 군사력의 우열을 단순하게 나누었다는 점에서 매우 심각한 문제가 있다. 서양의 모델은 다른 지역에서 기존의 관행과 무력 구조, 그와 관련된 문화적 전제에 비추어 알맞을 때만, 또는 그렇게 보일 때만 차용되었을 뿐이다. 어느 정도 알맞은 경험을 하게 되면, 초기 근대에는 상징적 차원에서 외국 관습의 차용을 권장했을 뿐, 19세기 말의 일본이 그랬던 것처럼 군사적 시스템 전체의 변화까지는 나아가지 않았다. 예컨대 17세기 중국에서, 특히 포병 전문가인 페르디난트 페르비스트(Ferdinand Verbiest) 같은 예수회 선교사들이 대포 기술을 제공했지만, 그러나 이는 기본적으로 기존의 구조와 관행에 병렬적으로 추가되는 형태였을 뿐, 중국식 전쟁 수행 방식의 성격을 바꿔놓지는 않았다. 더욱이 병렬적 추가는 확산의 가장 흔한 방식이었으므로, 확산의 과정이 성공했던 이유를 이해하는 데에도 도움이 된다. 이외에도 서유럽의 전투에서 사용되었던 근접 전투 전술은 세계 다른 지역의 맥락에서는 잘 들어맞지 않았다. 그래서 사파비 제국이나 우즈베크인도 화약 무기를 사용했지만, 군사 혁명 이론에서 중요하다고 내세웠던 그러한 전술은 사용하지 않았다.

군사 혁명이 서구의 세력 확장에 어느 정도로 도움이 되었는지도 의문이다. 세력 확장에는 군사적 측면 이외에도 중요한 역할을 한 다른 요소들이 있었다. 예를 들면 스페인 사람들이 아즈텍 제국을 정복할 때, 아즈텍은 분열이 심했으며 아즈텍의 지방 세력이 스페인 사람들을 도왔다. 서양 이외의 다른 세력이 화약 무기를 이용해서 팽창할 때도 이런 사례는 얼마든지 있었다. 특히 16세기 무굴 제국이 인도를 정복할 때, 지방 세력인 라지푸트(Rajput)의 도움이 컸다. 서유럽이 군사적으로 인도를 압도하기 시작한 때는, 1750년대 이전이라고 보기는 대단히 어렵다. 아마도 1790년대나 1800년대가 되어서야 서유럽의 우위가 드러났을 것이다. 중국의 경우도 서유럽의 군사적 우위가 뚜렷하게 나타난 시기는 빨라야 1830년대 이후, 보다 확실하게 말하자면 1860년대 이후였다. 그 이전 시기는 군사력의 비교가 보다 복잡하고, 우연적이며, 다양했다는 점을 감안할 필요가 있다. 또한 지역에 따라서는 비군사적 요소에 비중을 두어야 성공 여부가 설명되는 경우도 있다. 세계적으로는 반드시 서양식 군사 혁명이 아닌, 다른 측면에서 성공한 역동의 세력들이 있었고, 그들의 발전 정도 또한 서양에 못지않았다. 세계적 차원에서 찾아볼 수 있는 공통적 패턴은 연속성이었다. 초기 근대에는 과거의 상황 혹은 관행이 상당한 정도로 지속되는 경향을 보였다. 만약 군사 혁명이 군사력이나 조직 혹은 목표의 급격한 변화 내지 근본적 발전을 의미한다면, 그런 식의 혁명은 말처럼 그렇게 흔히 일어나는 일이 아니었다. 그보다는 오히려 상황에 따른 점진적 변화가 일어나는 경우가 훨씬 더 많았다.

오스만

16~17세기에 유의미한 군사적 변화가 일어난 곳을 서유럽 이외에서 찾는다면, 단연 오스만 제국이었다. 그들은 매우 효율적인 군사 시스템을 만들어냈다. 1600년의 오스만 제국 군대는, 더더욱 그들의 해군은 1450년과 비교해서 완전히 달라져 있었다. 오스만의 전쟁 수행 방식은 지속적 변화를 거쳐왔다. 오스만은 포르투갈이나 스페인처럼 원거리 군사 원정을 떠나지 않았으나, 육로를 통한 오스만의 원정 규모는 다른 어떤 세력과도 비할 바가 아니었다. 오스만의 주적은 사파비와 합스부르크였다. 술탄 쉴레이만(Süleyman) 대제(재위 1520~1566년)는 열세 차례의 원정을 직접 지휘했고, 실용주의적 노선으로 적들의 도전을 제압했다. 오스만이 상대한 적국의 목록에는 베네치아, 몰도바, 몰타, 포르투갈이 포함되어 있었고, 내부적으로 반란군을 상대한 적도 있었다.

오스만의 군사력은 거대 제국의 자원, 특히 이집트와 중동을 기반으로 했다. 또한 무슬림의 입장에서 불신자들에 맞서 싸워야 한다는 이데올로기, 효율적으로 전쟁을 수행할 수 있는 사회 구조도 도움이 되었다. 정교한 정보 분석과 정치적 선택에 기초하여 거대한 전략을 수립하고 그에 따라 군대를 배치했으며, 놀라울 정도로 잘 짜인 보급 체계를 구축했다. 오스만 군대의 핵심은 예니체리(yeniçeri)였다. 이는 튀르크어로 "새로운 군부대"라는 의미였다. 처음에는 정복 지역에서 전쟁 포로 가운데 비-무슬림 인력을 선발해서 전문 군사 집단을 만들었는데, 나중에는 술탄 치하 그리스나 발칸 지역 기독교인 백성 중에서도 병력을 선발했다(그림 2-2). 예니체리에 선발된 소년들은 어린 나이에 가족을 떠나 튀르크 입양 가정에서 자랐고, 군사학교에 가거나 각종 훈련에 참여했다.

[그림 2-2] 오스만 예니체리, 1522년의 로도스섬 포격 장면, 궁정 연대기
(Süleymanâme) 수록 삽화

그들의 법적 지위는 술탄의 노예였지만, 복무 여하에 따라 권력이나 고귀한 신분을 얻기도 했다. 능력이 뛰어난 사람은 장교나 대사는 물론 제독이나 장군의 자리에까지 오를 수 있었다. 예니체리 출신이 올라갈 수 있는 최고위직은 대재상(Sadrazam 혹은 Vizier), 즉 술탄 아래 2인자로, 이런 경우가 드물지 않았다. 전쟁이 일어나면 예니체리를 주력으로, 전국

에서 유급으로 모집한 지원 병력이 추가되었다. 16세기 초엽 술탄 쉴레이만은 매년 거대 공성포(攻城砲)를 갖춘 15만의 원정군을 파병했다.

오스만 병력의 행군 규율과 조직 편제에 관해서는 수많은 서양인의 목격담이 남아 있다. 그들의 효율성에는 총병의 조직과 총기의 사용 문제가 포함되어 있다. 16세기가 되어서야 대다수의 예니체리 병력이 총기를 소지하게 되었지만, 그들의 머스킷 총열은 서구의 그것보다 정확성이 뛰어났다. 서양의 머스킷 총열은 직선 장선이었지만, 오스만의 그것은 강철판을 나선형으로 감아 만들어서 더욱 강도를 높였다. 1565년 몰타 공성전에서 확인되었듯이, 그들의 머스킷총은 기독교 병력의 소총보다 더 정확했다. 조직 편제의 측면을 보자면, 오스만 군대는 포수와 포차 운반 병력을 분리해둠으로써 포격전에서 집중력과 연속성을 확보할 수 있었다. 당시 서양 군대 편제에서는 이런 방식을 거의 볼 수 없었다. 더욱이 오스만은 화약 무기 기술 인력과 생산에 필요한 원재료를 모두 자급자족할 수 있었다. 그래서 오스만은 이슬람 화약 무기 기술의 원천이었다. 인력과 자원 공급이 가능했기 때문에 오스만은 인도양에서 해군 강화를 위한 획기적 계획을 시도할 수 있었다. 기존에는 이것을 당시 포르투갈 세력의 팽창에 따른 세계적 대응의 일부로 설명했지만, 세계적 대응이라고 하는 것이 과연 어느 정도였는지는 아직도 의문으로 남아 있다.

공격 기술의 변화에 따라 16세기에는 방어 진지 구축 전략에도 변화가 있었다. 그러나 이러한 변화가 얼마나 효과적이었는지는 불분명하다. 예컨대 오스만 제국과 합스부르크 가문 사이의 13년전쟁 (1593~1606년) 당시 오스만은 수많은 요새를 획득했다. 1594년 죄르

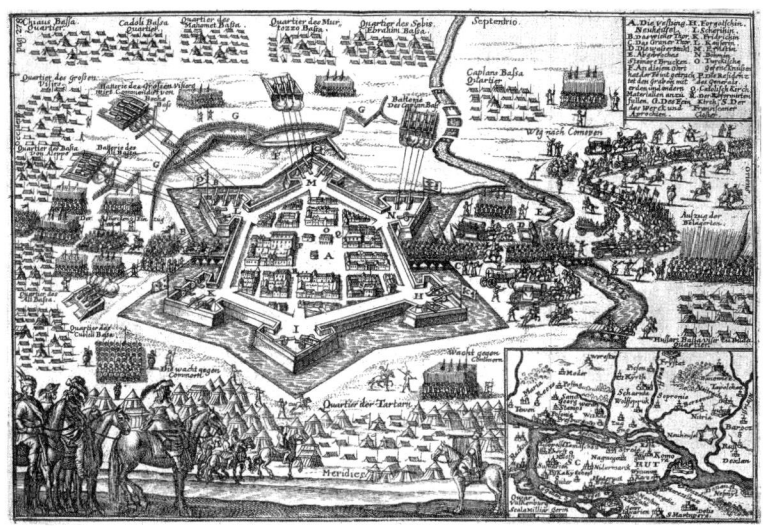

〔그림 2-3〕 슬로바키아의 도시를 포위한 오스만 군대, 1663년 슬로바키아 노이하우젤(Neuhausel, 오늘날 Nové Zámky)

(Györ), 1596년 에게르(Eger), 1600년 카니사(Kanissa), 1605년 에스테르곰(Esztergom) 등이었다. 그런데 이들은 모두 가까운 시기에 이탈리아의 최첨단 기술을 이용하여 개량한 요새였다(그림 2-3). 그러므로 요새화의 발전 정도만 가지고 기독교 국가 방어 패러다임의 변화(혹은 혁명)를 말하기는 어렵다. 요새화 또한 방어 병력이나 보급 능력과 비슷한 정도로 발달했을 뿐이다. 다른 모든 요인도 마찬가지겠지만, 요새화의 발전 역시 특정 상황을 전제로 평가해야 할 것이다. 오스만 제국에는 이탈리아에서 개발했던 별 모양 요새(星形要塞, trace italienne)나, 오스트리아가 통치한 헝가리 혹은 나폴리와 시칠리아 해안에서 바바리언 방어를 위해 구축했던 방어성에 필적할 만한 성채가 없었다. 그러나 이는 오스

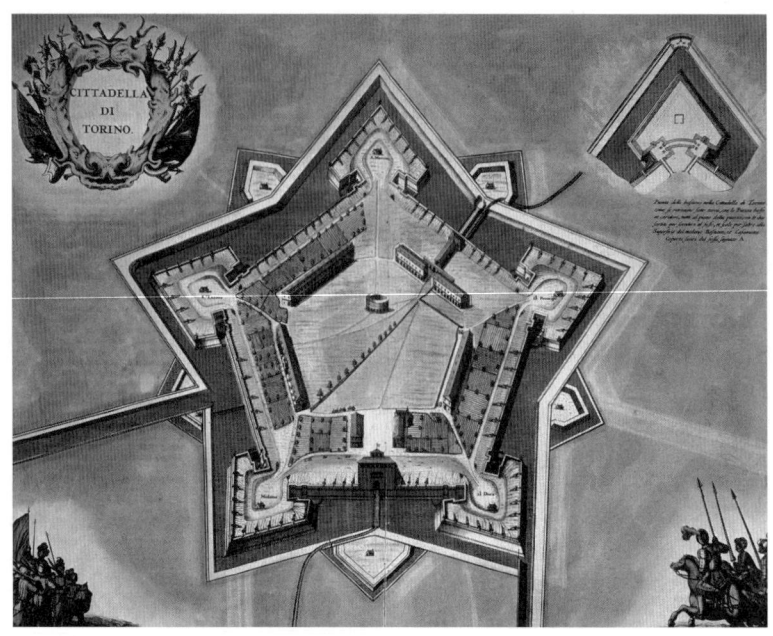

[그림 2-4] 1664년 토리노(Torino) 요새 평면도
대포 공격을 견딜 수 있도록 별 모양으로 설계되었다.

만이 그러한 공격을 받은 적이 없었기 때문에 굳이 그런 시설을 구축하지 않았을 따름이다. 그들은 적군의 잠재력과 공격력을 현실적으로 파악하고 있었고, 굳이 그렇게 정교한 요새가 필요치 않다고 판단했던 것이다(그림 2-4).

그렇다고 일정 부분 균형에 변화가 없었다고 보기는 어렵다. 오스트리아의 경우 화력과 요새화의 결합은 특히 효과적이었다. 13년전쟁 당시 오스트리아의 대포를 노획한 오스만 측의 보고서에 따르면, 그 무렵 이미 대포 주조 기술의 차이가 벌어지기 시작했음을 짐작할 수 있다. 기존에는 오스만이 대형 대포 제작에 주력했다고 알려져 있었지만, 최근 연구 성과에 따르면 소형 내지 중형 대포가 그들의 주력이었다. 또한 오스만 측에서는 충분한 화약 제조가 가능했다는 점도 최근 연구를 통해 밝혀졌다.

당시 오스트리아에서는 독일 제국 및 합스부르크 가문 통치 지역으로부터 자금 이체를 정례화하고, 오스만의 공격에 본격적으로 대비하기 시작했다. 예컨대 무기고는 군수공장으로 바꾸었다. 국경수비대의 장군이 담당했던 군사 건축은 1569년 이후 요새건축위원회에서 파견하는 건설 감독관이 직접 지휘했다. 헝가리에서는 보급 총책임자(Chief Provisions Supply Officer)라는 직책이 신설되었다. 1577년 빈에서 열린 군사 회의에서는 국경 요새 관리 및 강화 방안이 만들어졌다.

그러나 오스트리아의 군사력은 오스만에 비할 바가 못 되었다. 상비군이 부족했고, 중앙 행정과 전시 물자 지원은 지방 영주들(의회)에게 지나치게 의존하고 있었다. 그에 비해 오스만은 훨씬 더 강했다. 이미 헝가리 정복을 통해 오스만의 능력은 유감없이 발휘되었다. 이후 오스트리아는 오스만의 공격을 막기 위해 엄청난 노력을 해야 했다. 13년전쟁이 진행되는 동안 오스만 제국의 국경 지대, 예컨대 왈라키아(Walachia, 루마니아 남부) 등에서 지속적으로 보급이 이루어졌다. 1680년대에 오스트리아 동맹군이 오스만을 물리치기 전까지, 육상에서는 뚜렷한 군사적 우위가 보이지 않았다. 그러므로 그때까지만 하더라도 육상 전투에서 서구 전쟁 문화의 변화가 있었다고 장담하기 어렵고, 당시 유럽이 다른 패권 세력을 물리칠 정도로 팽창 능력이 있었다고 과장해서는 안 될 것이다. 더욱이 16세기 마지막 20여 년 동안 무슬림 세력의 기독교 국가 공격이 현저히 둔화된 원인은 주로는 오스만이 사파비 제국과의 전쟁에 중점을 두었던 탓이고, 부차적으로는 모로코가 사하라 이남 팽창을 시도하는 중이었기 때문이다. 17세기 초엽 오스만은 오스트리아나 폴란드가 아니라 페르시아 때문에 심대한 군사적 굴욕을 겪었다. 페르시아의 승리는 구조적·물질적·전략적 우위에서 비롯되었다기보다 샤 아바스(Shah Abbas)의 매우 탁월한 군사적·정치적 기량 덕분이었다. 핵심은 압박에도 불구하고 전투를 지속할 수 있는 능력이었다. 구체적으로는 경험 많은 군대, 화약 무기 이외의 다른 전투 수단, 리더십, 단결력이 필요했다. 이 모든 것이 합쳐져서 당일의 상황, 특히 지형과 날씨뿐만 아니라 적군의 움직임에도 적절히 대응할 수 있는 것이다. 무슬림의 공격은 1645년 베네치아 공화국이 통치하는 크레타섬에 침입함으로써 재개되었다. 뒤이어 오스트리아와 우크라이나를 공격했다. 당시의 원정은 기존의 세계사에서 흔히 이야기하는 서구의 팽창과는 전혀 다른 맥락을 보여주는 사건이었다.

해전

유럽 권역에서 가장 의미심장했던 변화는 영국의 제해권 장악과 그 활용이다. 그것이 가장 극명히 드러난 사건은 스페인계승전쟁(1702~1713년)이었다. 이 전쟁 때문에 영국이 주로 저지대 국가들(오늘날 벨기에, 네덜란드와 그 주변 – 옮긴이)에 주둔했고, 스페인과 서부 지중해에서도 대대적으로 개입했다.

오스트리아계승전쟁 당시에는 영국 해군이 유럽 해역에 집중했다. 1744년 프랑스의 영국 침략 시도가 있었고, 1745~1746년에도 프랑스가 침략을 준비했기 때문이다. 영국으로서는 여기에 대응하지 않을 수 없었고, 부분적으로는 그것이 영국 해군력 강화의 원인이 되었다. 그러나 영국 해군의 우위가 분명하게 확인된 시기는 1747년 이후의 일이었다. 두 차례에 걸친 카보 피니스테레(Cabo Finisterre) 전투에서 영국 해군은 프랑스를 상대로 확고한 승리를 거두었다. 이후 프랑스 해군은 더 이상 장거리 무역을 보호할 수 없다는 사실이 명확해졌다. 과거 영국 해군은 스페인과의 전쟁이나, 이후 프랑스와의 전쟁(1739~1748년)에서 기대를 충족시키지 못했지만, 1747년 이후에는 실질적인 전략 부대로 인정받았다. 당시 프랑스는 저지대 국가에서 세력을 확장 중이었고, 영국의 국가적 관심과 해군 작전의 중점도 거기에 맞춰져 있었다.

1746~1755년 프랑스와 스페인의 왕가는 모두 부르봉(Bourbon) 가문이었다. 그들은 많은 전함을 건조하여 영국의 입지에 도전했다. 그러나 영국의 입장에서는 다행스럽게도 스페인이 1762년까지는 7년전쟁(Seven Years' War, 1756~1763년)에 참여하지 않았다. 당시 스페인의 동맹인 프랑스는 해전에서 영국에 심각한 패배를 겪었다. 결정적 전투는 1759년에 벌어졌다. 프랑스의 고위 장관 슈아쇨(Choiseul)은 영국 침공을 위한 전함 집중 전략을 수립했다. 이후 1805년 나폴레옹이 세운 전략의 초안이 바로 슈아쇨의 전략이었다. 그러나 프랑스 해군 기지는 브레스트(Brest)와 툴롱(Toulon)에 있었다. 양쪽의 거리가 너무 멀었기 때문에 집중 전략은 쉽지 않았다. 덕분에 영국 해군은 라고스(Lagos, 포르투갈령)와 퀴베롱만(Baie de Quiberon, 프랑스 브르타뉴 지방)에서 프랑스의 소함대를 과감히 공격하여 격파했다. 이후 프랑스의 영국 침공 가능성은 완전히 사라졌고, 영국은 해양 강국을 자처했다. 이제 영국 해군의 해외 진

출에 거리낄 것이 없었다. 1762년 영국 해군은 당시 서인도제도의 스페인 해군 및 군사 거점인 하바나에서 대규모 상륙작전을 감행했다.

영국 해군의 우수성은 전함의 수적 우위, 효율적인 행정 체제, 공공 재정의 힘, 훌륭한 운항 리더십에서 나왔다. 영국은 능력주의 승진제도를 운용했으며, 프랑스에 비해 통일된 해군 전통을 가지고 있었다. 또한 국가의 자원을 육군보다 해군에 더 많이 투입했는데, 이는 무역의 중요성과 국가적 성격을 고려한 정치적 선택이었다. 프랑스의 금융 시스템은 제도적 힘과 안정성 면에서 영국에 비해 뒤떨어졌다. 그것이 특히 1759년 전투 당시 해군 재정에 나쁜 영향을 미쳤다. 또한 프랑스에는 효율적인 해군 통합 지휘 체계가 없었다. 프랑스 정부 및 정치 문화에서 무역의 중요성도 영국과 비교하면 더 약한 편이었다.

영국 해군의 보호 덕분에 영국의 상업적 입지도 강화되었다. 무역 라이벌을 파괴할 수 있는 능력은 제국 체제를 무력화하고 경제에 큰 타격을 입힐 수도 있었다. 그렇게까지 하지 않더라도 이미 보험료, 선원들의 위험수당, 호위대 등 기타 방어 수단의 필요성이 모두 높아지면서 무역수지를 악화시킬 수 있었다. 전함과 사략선(적국의 무역선을 포획할 수 있는 면허를 획득한 개인 사업자의 선박. 국가 공인 해적선 – 옮긴이)이 무역선을 포획했다. 사략선은 군함보다 크기가 작고 무장도 가벼웠지만, 기동성이 뛰어나고 흘수가 낮아 상선을 습격하기에 적합했다. 특히 생말로(St. Malo)와 됭케르크(Dunkerque)에 있는 프랑스의 사략선 기지는 봉쇄하기가 쉽지 않았다. 영국 상선은 사략선의 공격으로 고통을 겪어야 했다. 그러나 영국이 프랑스와 스페인 사략선을 상대로 비교적 승리를 거둘 수 있었던 것은 영국 해군의 규모가 컸던 덕분이다.

유럽에서 해군의 전체적 규모는 나라마다 달랐지만 사용한 전함과 무기의 종류는 비슷했다. 영국의 역사학자 에드워드 기번(Edward Gibbon)은 무기의 유사성 때문에 유럽에서 어느 누구도 헤게모니를 장악하지 못했다고 주장했지만, 해상 전력의 경우에는 그의 주장이 정확하다고 보기 어렵다. 또한 영국과 프랑스의 대양 경쟁 측면에서도 마찬가지다. 예컨대 1755년부터 1771년까지 영국 해군에서 설계사로 복무한 토머스 슬레이드 경(Sir Thomas Slade)은 74문의 대포를 탑재할 수 있는 2층 전함(74門艦)을 잇달아 설계했는데, 74문함은 근접전에서도 동시에 2열의 포를 발사할 수 있는 장점이 있었다. 그의 작업은 1740년대 해전에서 나포한 프랑스와 스페인의 전함을 기초로 응용한 설계였다(그림 2-5). 전함 설계 변경 등에 힘입어 영국 해군은 원양에서도 당시 유럽의 경쟁국들과 비슷한 무기 및 전술을 사용할 수 있었다. 영국 해군이 경쟁국들에 비해 우월한 점도 있었다. 핵심은 우수한 포병 전력이었다. 영국은 기술과 산업 생산 능력에서 우위를 점하고 있었을 뿐만 아니라 항해술에 뛰어난 조종 인력과 충분히 훈련된 포병 인력을 보유했기 때문에 막강한 화력을 발휘할 수 있었다.

18세기, 서양의 패권과 동양의 패권

군사 혁명 관련 논의에서는 그다지 주목하지 않는 편이지만 사실 18세기는 굉장히 중요한 시기였다. 이 무렵 세계적으로 서양의 상대적 위치가 결정되기도 했지만, 동시에 동서양의 패권도 결정되었다.

서양에서는 영국과 프랑스(그리고 스페인)의 경쟁에 논의가 집중되었다. 특히 북아메리카에서 서아프리카, 서인도제도에서 필리핀, 유럽에

〔그림 2-5〕 영국 전함에 항복하는 프랑스인, 프랑스계 영국인 도미닉 세레스(Dominic Serres, 1722~1793년, 영국 왕 조지 3세가 임명한 해군 전담 화가)의 유화 작품

서 인도에 이르기까지 전개되었던 7년전쟁(1756~1763년)은 흔히 최초의 세계 전쟁으로 일컬어진다. 그러나 이런 식의 논의에서는 동아시아가 누락되었다. 인구 비중으로 보면 당시 동아시아가 세계에서 차지하는 비중이 유럽보다 훨씬 컸다. 그런데도 동아시아를 제외하고 논의한다면 과연 타당성이 있을지 모르겠다. 더욱이 인도에서 핵심적 이슈는, 영국과 프랑스의 대결 혹은 벵골 지역에서 영국의 팽창이 아니라 아프간 확장이었다. 초점을 영국과 프랑스에 맞추고 보면 서구의 시각, 특히 영국의 시각에서는 해양의 차원을 강조하고 아시아의 육상 전쟁을 간과하게 된다.

실제로 1750년대는 육상 전쟁의 정점이었다. 당시 중국을 지배한 만주인은 마침내 신강(新疆) 지역에서 준가르(Zunghar)를 상대로 승리를 거두었고, 중앙아시아의 무슬림 지역까지 정복하기 위해 박차를 가하는 중이었다. 이 갈등은 전쟁사에서 대개 제대로 평가받지 못하는 경향이 있으며, 7년전쟁 논의에서는 완전히 도외시되었다. 그러나 당시 영국과 중국의 전쟁은 흥미로운 비교 대상이 아닐 수 없다. 가장 중요한 측면은 정교한 조직 편제와 보급 역량의 역할이었다. 중국이 중앙아시아로 진출하려면 보급이 특히 중요한 문제였다. 정주 농경 지역에서 인구가 더 적은 내륙 유목 지역으로 식량을 운반해야 했기 때문이다.

  영국의 경우 물자 운송과 전력투사(戰力投射, power projection)의 특성이 중국과 달랐다. 대양을 건너가 해군과 상륙부대가 연합작전을 펼쳐야 했기 때문이다. 즉 영국의 경우 무력 사용의 핵심 과제는 원거리 전개의 문제였다. 원거리 전개는 세계적 차원의 분쟁에서 매우 중요한 요소였다. 영국은 육상 전쟁과 비교할 수 없을 정도의 지리적 범위를 감당해야 했다. 그러므로 1710년대 이후 영국이 신대륙으로 전력을 투사했던 일과, 중국이 중앙아시아로 혹은 러시아가 오늘날의 독일과 발칸 지역으로 진출했던 일은 뚜렷이 대비되는 측면이 있다.

  7년전쟁이 세계대전은 아니었다고 한다면, 구체적으로 유럽 안팎에서 그 범위가 어디였는지를 확인해볼 필요가 있다. 유럽 안에서는 7년전쟁의 여파로 포르투갈에서 러시아에 이르기까지 다양한 분쟁이 나타났다(그림 2-6), 그렇다고 해서 유럽 전체가 7년전쟁에 휘말렸다는 의미는 아니다. 예컨대 이탈리아의 국가들은 17세기에서 18세기 전반기 유럽에서 중요한 역할을 담당했지만, 7년전쟁에서는 그렇지 않았다. 이탈

[그림 2-6] 7년전쟁 도중 1757년 프로이센 군대의 프라하 포격, 영국 판화가 피터 베나제크(Peter Benazech)의 작품

리아가 제외된 것이 별문제 아니라고 볼 수도 있겠지만, 당시 이탈리아의 위상은 이후의 근현대 시기와 현저히 달랐다. 또한 7년전쟁 이전 2세기 동안 덴마크와 스웨덴 간 갈등도 빈번했지만, 정작 7년전쟁에서 그들은 분쟁에 연루되지 않았다. 마찬가지로 오스만 제국도 7년전쟁에서 별다른 역할이 없었다. 당시 오스만의 대재상은 평화 정책을 기조로 제국을 운영했다.

영국의 입장에서는 해군력 덕분에 유럽 바깥 지역으로 전력투사가 용이했을 수도 있다. 그러나 영국 정부가 북아메리카에 적극적으로 진출하기로 결정한 시기는 1759년 영국의 해군 우위가 명확해지기 이전이었다. 정부의 정책에 따라 영국은 북아메리카에 공세적 전략을 선택했고 주력군을 파견했다. 정부의 정치적 분위기는 영국의 상업적 이익을 보호하자는 쪽이었다. 그래서 1755~1757년 북아메리카에서 영국이 주춤했지만, 이는 철수가 아니라 오히려 더욱 적극적인 개입을 불러일으켰다. 따라서 영국의 정치적 우선순위는 그들의 전쟁이 세계적 차원으로 확장될 때 매우 중요한 요소였다. 특히 세계적 판도에서 펼쳐진 7년전쟁에서도, 영국이 전쟁의 주도권을 쥐었기 때문에, 영국 정치의 역동성, 긴급한 필요성 및 우발적 상황이 그대로 반영되었다. 북아메리카에 중점을 둔 영국의 선택은 결코 불가피한 선택이 아니었다. 실제로 북아메리카에 대대적으로 원정군을 투입한 이후에도 영국의 입장은 변함이 없었다. 유럽 안팎을 막론하고 매 단계에서 영국은 얼마든지 다른 선택을 할 수 있었다.

그 결과도 불가피한 것이 아니었다. 1815년의 영국은 세계를 호령하는 최강 제국이었지만 그로부터 70년 이전에는 사정이 전혀 달랐다. 어린 왕자 찰리(Charles Edward Stuart)가 이끄는 자코바이트(Jacobite) 반란군이 잉글랜드 중부의 도시 더비(Derby)까지 진출했으며, 그들을 진압하러 간 정부군이 오히려 궤멸되기도 했다. 당시 영국 정부는 프랑스의 잉글랜드 남부 침공을 우려했는데, 침공 계획은 실제로 수립되었다. 1815년의 영국은 인도에서 가장 강력한 군사력을 보유하고 있었으나, 1746년의 영국은 마드라스(Madras, 첸나이)를 프랑스에 내주었다. 당시에는 프랑스가 인도에서 가장 강력한 서구 세력이었으며, 인도 통치자의 협조를 이끌어낼 가능성도 매우 높았다. 만약 1745~1746년 자코바이트의 반란이 성공했더라면 세계에서 영국의 지위는 완전히 달라졌을 테고, 이른바 "서양"의 성격과 정치적 순위뿐만 아니라 대중문화, 경제적 이익, 사회적 역학 관계 등 모든 것이 달라졌을 것이다.

　아시아의 전쟁에서도 선택의 문제가 있었다. 특히 "동양의 패권"과 관련된 선택이었다. 가장 중요한 선택은 중국의 팽창을 어느 방면에서 어디까지 밀고 나갈 것인지를 결정하는 문제였다. 동양 패권의 문제는 다른 시대에 비해 사실 그렇게 첨예한 문제가 아니었다. 당시 중국이 단일 대오로 통일되어 있었기 때문에 현실적으로 도전자가 나오지 않았다. 그러나 만주 제국의 경우는 사정이 좀 달랐는데, 몽골 동부 지역에서 준가르는 만주인(청)의 통치를 위협하고 있었다. 1750년대에 청 제국은 준가르를 상대로 완전한 승리를 거두었고, 이로써 스텝 유목 세력의 도전과 주변 문제는 안정 국면에 들어섰다. 당시 일본은 국제 관계에서 완전히 물러선 상태였고, 1590년대에 그들이 한국(조선)을 침략했던 사태 같은 위기 상황은 더 이상 일어나지 않았다.

　남아시아는 훨씬 더 심오한 변화를 겪었다. 특히 18세기 무굴 제국이 완전히 무너진 이후 변화의 폭이 더 컸다. 16~17세기 무굴, 오스만, 사파비 제국은 서로 국경 지역을 연결하고 무역로를 안정적으로 관리했지만 18세기의 도전에는 적절히 대응하지 못했다. 1740년에 이르러 마라타인이 인도에서 주요 세력으로 부상했지만 주변으로 세력을 확장하거나 인도 전역을 장악하지는 못했다. 1800년에도 그들은 핵심 전력을 유지했으나, 이미 인도의 동부와 남부에 영국 세력이 들어오고 있었다. 1799년 영국은 인도 남부 마이소르(Mysore) 술탄국의 티푸 술탄(Tipu Sultan)을 상대로 완승을 거두었다. 이는 군사력의 변화 양상을 극명하게 보여준 사건이었다. 1740년 이후, 특히 1780년대 초엽 이래로 영국은 마이소르 정복 과정에서 기병의 압박을 심하게 받았다. 기병대는 여전히 파괴력이 있었다. 마찬가지로 1779년에 마라타인도 인도 서부에서 영국군을 상대로 심각한 타격을 입힌 적이 있었다.

사건의 중요성을 판단하려면 당대에 차지하는 비중과 후대에 미친 영향력의 측면을 동시에 고려해보아야 할 것이다. 티푸 술탄을 상대로 영국이 거둔 승리는 1790년대의 중요한 발전 과정 중 한 사건에 불과했다. 가령 중국에서는 백련교(白蓮敎)의 난이 있었고, 러시아는 폴란드의 독립 요구를 탄압했으며, 생도맹그(St-Domingue, 아이티)에서 봉기가 성공하여 프랑스의 지배를 물리쳤다. 또한 1792년 서유럽에서는 프랑스혁명 전쟁(프랑스혁명에 반대하여 서유럽 왕국 동맹이 프랑스를 상대로 일으킨 전쟁—옮긴이)이 일어났다. 18세기 말엽의 세계에는 효율성이 높고 역동적인 군사 시스템이 다양하게 산재했다. 1800년 시점에서 마라타인의 체제나 프랑스혁명 후 나폴레옹 체제가 그렇게 빨리 무너진 것은 결코 불가피한 일이 아니었다. 중국인은 1860년경에 이르러 무언가 근본적인 변화가 필요하다는 사실을 느꼈지만, 그 이전 1800년 시점에서는 그렇게 분명하게 느끼지는 못했다.

그러나 1700년 무렵의 영국과 러시아는 분명 강국이었고, 1800년 무렵에는 더욱 강해져 있었다. 그들과 중국은 모두 18세기 군사적 성공의 주역이었다. 미국이 영국을 계승하여 해양 패권 세력으로 등장하기는 했지만, 여전히 세계는 영국·러시아·중국의 3파전이었다. 이들이 일련의 도전을 막아내고 당시의 핵심적 변화에 적절히 대응해가고 있었다.

그래서 18세기의 세계는 실질적으로 다양한 군사적 상황이 펼쳐져 있었던 마지막 세기라는 점뿐만 아니라 근대 세계 체제가 출발했던 세기라는 점에서 흥미로운 시기가 아닐 수 없다. 중국이나 서양의 국가들과 달리 튀르크 제국, 페르시아 지역 사파비 제국의 후계자들, 무굴 제국의 후계자들은 모두 안정적인 정치적 구조와 민군 관계 구축에서 뒤처져 있었다. 오스만튀르크가 기존 체제 유지에 실패했던 점은 특히 주목할 만하다. 그 결과 18세기 후반기에는 지방 총독들이 저마다 반란을 일으킬 준비가 되어 있었다. 궁정의 정치 문화와 공공 재정 또한 군사력 강화를 뒷받침하지 못했다.

초기 근대(early modern)를 통틀어 세계 곳곳에서 전쟁이 상당히 효율적으로 기획되고 또한 실행되었다. 그중 상당 부분은 서양식의 전술, 기술, 정치와 관련이 없었다. 또한 서구 세력과 비-서구 세력의 전쟁은 상호 혁신의 기반이 되었고, 그것이 이후 시대 전쟁의 형태를 만들어갔다.

더 읽어보기

Ágoston, Gábor, *Guns for the Sultan: Military Power and the Weapons Industry in the Ottoman Empire* (Cambridge University Press, 2005).
Andrade, Tonio, *Lost Colony: The Untold Story of China's First Great Victory over the West* (Princeton University Press, 2011).
Barfield, Thomas J., *The Perilous Frontier: Nomadic Empires and China, 221 BC to AD 1757* (Oxford: Wiley-Blackwell, 1989).
Baugh, Daniel A., *The Global Seven Years War 1754-1763* (Harlow: Routledge, 2011).
Black, Jeremy, *Beyond the Military Revolution. War in the Seventeenth-Century World* (Basingstoke: Macmillan, 2011).
_____, *War and Technology* (Bloomington, IN: Indiana University Press, 2013).
_____, *War in the Eighteenth-Century World* (Basingstoke: Macmillan, 2013).
_____, *War in the World, 1450-1600* (Basingstoke: Macmillan, 2011).
Contamine, Philippe (ed.), *War and Competition between States* (Oxford University Press, 2000).
Dai, Yingcong, *The Sichuan Frontier and Tibet: Imperial Strategy in the Early Qing* (Seattle, WA: University of Washington Press, 2009).
Davies, Brian L., *Warfare, State and Society on the Black Sea Steppe, 1500-1700* (London: Routledge, 2007).
Glete, Jan, *War and the State in Early Modern Europe* (London: Routledge, 2001).
_____, *Warfare at Sea, 1500-1650: Maritime Conflicts and the Transformation of Europe* (London: Routledge, 1999).
Gommans, Jos, *Mughal Warfare: Indian Frontiers and Highroads to Empire 1500-1700* (London: Routledge, 2002).
_____, *The Rise of the Indo-Afghan Empire, c.1710-1780* (Leiden: Brill, 1995).
Hall, Bert S., *Weapons and Warfare in Renaissance Europe: Gunpowder, Technology, and Tactics* (Baltimore, MD: Johns Hopkins University Press, 1997).
Harding, Richard, *Seapower and Naval Warfare, 1650-1830* (London: Routledge, 1999).
Imber, Colin, *The Ottoman Empire, 1300-1650*, 2nd edn. (Basingstoke: Macmillan, 2009).
Lorge, Peter A., *The Asian Military Revolution* (Cambridge University Press, 2008).
Lynn, John A., *Women, Armies, and Warfare in Early Modern Europe* (Cambridge University Press, 2008).

Mortimer, Geoff (ed.), *Early Modern Military History, 1450-1815* (Basingstoke: Macmillan, 2004).
Murphey, Rhoades, *Ottoman Warfare* (New Brunswick, NJ: Rutgers University Press, 2000).
Parker, Geoffrey, *The Military Revolution: Military Innovation and the Rise of the West, 1500-1800*, 2nd edn. (Cambridge University Press, 1996).
Parrott, David, *The Business of War: Military Enterprise and Military Revolution in Early Modern Europe* (Cambridge University Press, 2012).
Peacock, A. C. S. (ed.), *The Frontiers of the Ottoman World* (Oxford University Press, 2009).
Perdue, Peter C., *China Marches West: The Qing Conquest of Central Eurasia* (Cambridge, MA: Harvard University Press, 2005).
Rogers, Clifford J. (ed.), *The Military Revolution Debate: Readings on the Military Transformation of Early Modern Europe* (Boulder, CO: Westview Press, 1995).
Ruff, Julius, *Violence in Early Modern Europe, 1500-1800* (Cambridge University Press, 2001).
Starkey, Armstrong, *European and Native American Warfare, 1675-1815* (Norman, OK: University of Oklahoma Press, 1998).
Stevens, C. B., *Russia's Wars of Emergence, 1460-1730* (London: Routledge, 2007).
Storrs, Christopher (ed.), *The Fiscal-Military State in Eighteenth-Century Europe* (Farnham: Ashgate, 2009).
Tallett, Frank and D. J. B. Trim (eds.), *European Warfare, 1350-1750* (Cambridge University Press, 2010).
Thornton, John, *Warfare in Atlantic Africa, 1500-1800* (London: Routledge, 1999).
Trim, D. J. B. and Mark Fissel (eds.), *Amphibious Warfare, 1000-1700: Commerce, State Formation and European Expansion* (Leiden: Brill, 2006).
Waley-Cohen, Joanna, *The Culture of War in China: Empire and the Military under the Qing Dynasty* (London: I. B. Tauris, 2006).

CHAPTER 3

타문화 사이의 대화, 1400~1800년

존 윌스 주니어
John E. Wills, Jr.

기원후 1400년의 시점에서 타문화 간 교류는 이미 복잡하고 오랜 역사를 지니고 있었다. 그러나 진정 글로벌한 문화 교류라 할 만한 것은 없었는데, 당시 유라시아와 아프리카의 어느 누구도 아메리카인과 교류한 적이 없었기 때문이다. 이와 달리 1800년 즈음에는 유럽 및 아프리카 출신의 사람들이 자신의 문화를 가지고 이미 아메리카에 들어가 있었고, 그들과 아메리카 원주민 사이에 형성되었던 복잡하고도 유익한 상호적·창의적 관계를 추적해볼 수 있다. 그러나 그보다 한참 전인 1400년대부터 문화 교류의 측면에서 과연 무슨 일이 있었는지를 추적하려면 아메리카보다는 다른 곳, 문화 교류의 역사가 가장 오래도록 이어져온 내륙아시아(Inner Asia)에서 우리의 논의를 시작하는 것이 좋을 듯하다. 이 글에서는 먼저 중국, 이슬람, 남아시아, 지중해를 중심으로 문화 교류의 측면을 살펴본 다음, 유럽인과 위대한 아메리카 문명의 교류를, 또한 아프리카와 아메리카에서 펼쳐진 아프리카인과 유럽인의 교류를 살펴보고자 한다.

티베트, 몽골, 만주
   몽골이 이라크, 페르시아, 중국을 정복할 때, 지대가 높고 건조하며 인구가 희박한 티베트에는 특별히 관심을 두지 않았고 군사적 위협으로 간주하지도 않았다. 그러나 몽골과 티베트의 교류는 정치적 이익과 문화적 차원의 논리가 있었다. 티베트에는 고립된 불교 사찰들이 많이 산재했고, 저마다 불보살의 화신을 주장했으며, 서로 전쟁을 벌이는 일이 잦았다. 그래서 무역로나 농경지를 어지럽히고, 좋은 목초지에서 유목민을 내쫓기도 했다. 이런 상황에서는 소박한 규모의 몽골 군대만 개입하더라도 티베트 안에서 특정 종파나 라마의 우월성 주장에 힘을 실어 줄 수 있었다. 반면 몽골의 경우 통치권자의 계승 시기마다 분파가 나뉘어 분열할 가능성이 언제나 잠재했다. 후계 경쟁의 와중에 초자연적인 힘과 화려한 시각적 권위를 과시하는 라마가 어느 후보자를 방문한다면, 특히 그를 칭기즈 칸의 환생으로 인증해준다면, 그 후보자는 후계 경쟁에서 유리한 위치에 설 수 있었다. 양측은 교류의 초기 단계부터 이와 같은 논리를 받아들였다. 1244~1245년 저명한 티베트의 승려가 자신의 조카 두 명을 대칸의 아들이 이끄는 몽골군의 진영으로 데리고 갔다. 그는 다른 티베트 지도자들에게 몽골에 복종하라는 편지를 보냈고, 조카들은 몽골군 진영에 남겨두었다. 큰아이 팍파(Pakpa)는 9살이었고, 동생은 7살이었다.[1] 두 소년을 지도할 뛰어난 티베트인 스승도 함께 있었

---

[1] 팍파는 Phagspa라고도 하고 또 다른 식으로 표기하기도 한다. 티베트 인명 표기는 Johan Elverskog, *Buddhism and Islam on the Silk Road* (Philadelphia, PA: University of Pennsylvania Press, 2010)에 나온 간략화된 형태를 따랐다. 또한 Susan Naquin, *Peking: Temples and City Life, 1400-1900* (Berkeley, CA: University of California Press, 2000)의 표기법을 따른 사례도 하나가 있다. 팍파 관련 사건에 대한 기본 자료는 다음과 같다. Morris Rossabi, *Khubilai Khan: His Life and Times* (Berkeley, CA: University of California Press, 1988), pp. 40-2, 119, 143-6, 155-60; Herbert Franke, "Tibetans in Yüan China," in John D. Langlois, Jr. (ed.), *China Under Mongol Rule* (Princeton University Press, 1981), pp. 296-328; Luciano Petech, "Tibetan Relations with Sung

던 것 같다. 팍파는 1253년 쿠빌라이의 진영에 합류했고, 1256년 불교 승려로서 완전한 수계를 받았다. 1261년 쿠빌라이 칸(재위 1260~1294년)은 팍파를 국사(國師)로 모셨다. 몽골 치하 모든 지역의 불교도를 지도할 수 있는 화려한 자리였다. 팍파는 새로운 문자 체계를 만들었는데, 지금까지도 그 문자를 팍파 문자라 일컫는다. 몽골 치하의 모든 언어를 표기할 수 있도록 고안된 것이었지만, 아마도 철자의 구별이 쉽지 않은 탓인지 널리 보급되지 못했다.

원나라의 뒤를 이은 명나라의 초기 지도자들도 티베트 불교와 몽골 관계의 중요성을 알고 있었다. 그러나 이를 효과적으로 활용하지는 못했다. 몽골의 지도자들은 자신이 칭기즈 칸의 혈족임을 입증하는 동시에 위대한 라마로부터 승인도 받아야 했다. 몽골-티베트 관계가 그다음 단계로 발전하게 된 계기는 1578년 서몽골의 통치자 알탄 칸(Altan Khan, 1507~1582년)과 티베트 불교 황모파(黃帽派)의 지도자 소남 갸초(Sonam Gyatso, 1543~1588년)의 만남이었다. 소남 갸초는 알탄 칸을 만난 자리에서 자신이 예전에 돌아가신 라마의 환생이라고 선언했고, 알탄 칸은 그에게 달라이 라마(Dalai Lama, 바다와 같은 지혜의 라마)라는 호칭을 선사했다. 소남 갸초 이전 2대에 걸쳐 달라이 라마를 추증(追贈)했기 때문에 소남 갸초는 제3대 달라이 라마가 되었다. 한편 달라이 라마(소남 갸초)는 당시 71세인 알탄 칸을 차크라바르틴(轉輪聖王)으로, 달라이 라마 공양의 공양주(Alms-Master)로,[2] 또한 칭기즈 칸의 환생으로 승

China and with the Mongols," in Morris Rossabi (ed.), *China Among Equals: The Middle Kingdom and its Neighbors, 10th-14th Centuries* (Berkeley, CA: University of California Press, 1983), pp. 173-203.

인했다.

중앙집권 세력으로 이어진 칭기즈 칸의 후예 중에서는 사실상 마지막 칸인 릭단 칸(Ligdan Khan, 1588~1634년)은 1632년 홍타이지(皇太極)에 의해 무너졌다.³ 당시 떠오르던 만주 세력의 지도자 홍타이지는 이미 티베트 불교와 관계를 맺고 있었다. 만주족은 당연히 칭기즈 칸의 혈통을 주장할 수 없었다. 그래서 그들은 달라이 라마와의 관계를 통해 몽골 전체 지배의 정당성을 확보하고자 했다. 1642년 몽골의 구시 칸(Gushi Khan)은 내전 중인 티베트로 군대를 보내 제5대 달라이 라마(1617~1682년)를 중부 티베트의 임시 통치자로, 그리고 라사(Lhasa)를 수도로 지정했다. 만주인은 청나라를 세우고 북경으로 들어가 있었다. 그들이 달라이 라마의 문제를 앉아서 보고만 있지는 않았다. 1653년 달라이 라마는 북경으로 초청되어 대대적인 환영을 받았지만 조공국의 지위를 분명히 했다. 같은 해에 북경에서는 달라이 라마의 거처를 마련하기 위해 최초의 티베트식 불교 사찰이 새롭게 건설되었다. 나중에는 북경의 티베트 불교 사찰이 32개로 확대되었다. 그중 가장 유명한 사찰은 오늘날까지도 주요 관광지로 유명한 옹화궁(雍和宮)으로, 전성기에는 몽골과 만주 및 티베트의 승려 500~600명이 거처했다.⁴ 또한 티베트어 경전의 번역과 인쇄를 지원하기 위한 중요한 국책 사업이 시행되었다.

---

2 "Alms-Master"는 Elverskog의 표현이다. 다른 학자들은 "patron"이나 "teacher"로 표현했다.
3 Gertraude Roth Li, "State Building Before 1644," in Willard J. Peterson (ed.), *Cambridge History of China* (Cambridge University Press, 1986), vol. ix, pp. 9-72.
4 Naquin, *Peking*, pp. 584-91.

17세기 중앙아시아에서 준가르 칸국이 부상하자 티베트를 장악하기 위한 청 제국의 노력은 한층 강화되었다. 달라이 라마는 준가르의 통치자에게도 칭호를 내려주었지만 청 제국에서는 티베트 불교가 부여한 준가르의 정통성을 전혀 인정하지 않았다. 1717년 준가르는 라사를 침공하여 달라이 라마의 후계 문제에 개입하려 했지만, 1720년 청 제국은 티베트에서 준가르를 축출했다. 1750년에는 1500명의 주둔군을 거느린 청 제국의 세력이 확고히 자리 잡았다. 몽골인은 팔기군(八旗軍)이라고 하는 청 제국의 체제로 편입되었다. 이는 가구(家口) 등록과 군대 편제를 총괄하는 체제였다. 1700년대의 몽골이 청 제국에 위협이 되지 못하고 쇠락한 또 한 가지 중요한 원인은, 당시 몽골 남성의 30퍼센트가 사찰에서 승려로 생활했다는 데 있다.[5]

청 제국에 편입된 몽골이라는 새로운 현실은 확고해졌고, 그 속에서 티베트 불교가 차지했던 위력은 건륭제(乾隆帝, 재위 1736~1796년) 시기에 건설된 피서산장(避暑山莊)의 건축 양식에 극명하게 드러나 있다. 황제의 여름 궁전이었던 피서산장은 북경에서 북동쪽으로 만리장성 너머에 위치한 승덕(承德, 청더)이라는 곳에 지금도 보존되어 있다.[6]

---

5 Evelyn S. Rawski, *The Last Emperors: A Social History of Qing Imperial Institutions* (Berkeley, CA: University of California Press, 1998), pp. 244-63, and Johan Elverskog, *Our Great Qing: The Mongols, Buddhism, and the State in Late Imperial China* (Honolulu: University of Hawaii Press, 2006).

6 일부 고문헌에서 이곳은 온천이 나기 때문에 열하(熱河, 르허)라고 하며, 서양 고문헌에서는 음역으로 "Jehol"이라고 표기하기도 했다. 관련해서 가장 뛰어난 연구로는 다음을 참조하라. Philippe Forêt, *Mapping Chengde: The Qing Landscape Enterprise* (Honolulu: University of Hawaii Press, 2000), and James A. Millward (ed.), *New Qing Imperial History: The Making of Inner Asian Empire at Qing Chengde* (London: Routledge Curzon, 2004).

건륭제는 개인적으로 독실한 티베트 불교 신자였다. 그는 롤페 도제(Rolpay Dorje)라는 이름의 마음 맞는 티베트 승려를 곁에 두었는데, 팍파('phags-pa) 이래로 다언어와 다문화에 능통한 학승의 계보를 잇는 인물이었다. 롤페 도제는 북경 황궁의 황자들을 위한 학교에서 교사로 일했으며, 50년이 넘도록 북경에 머물렀다. 청 제국에서 롤페 도제를 통해 초청하고자 한 티베트의 최고위 인사는 판첸 라마(Panchen Lama)였다. 그는 티베트 불교에서 달라이 라마 다음으로 지위가 높은 인물이었다. 그러나 1780년 판첸 라마가 천연두로 사망하는 바람에 그를 북경과 피서산장으로 초청하려던 계획은 중단되고 말았다.

중국과 그 주변부

명나라 초기 중국 엘리트 문화의 특징이라 하면 오랜 신유학 운동의 최종적 승리였다. 신유학은 중국 고전에서 인정하는 가치와 관습을 따르자는 주장이었다. 몽골 시기 원나라의 통치 가문은 근본적으로 이방인 출신이었고, 외국의 인재들이 폭넓게 등용되는 와중에 중국 전통 유학자들에게 주어지는 기회의 폭은 그만큼 제한적이었다. 그때의 트라우마 때문에 전통적 가치와 제도를 강화하자는 신유학의 주장은 더욱 열렬한 지지를 얻었다. 과거 시험을 통한 "성공의 사다리"는 세 단계(鄕試, 會試, 殿試)로 체계화되어 있었다. 이것이 야망을 지니면서도 이상주의적인 순응주의자를 대규모로 재생산하는 제도적 핵심이었다. 그러나 특히 1500년경부터 상업이 활성화되고 상업적 인쇄 기술이 확산되자 전통 유학자들 사이에서도 혁신과 반론의 공간이 확대되었다. 동시에 평민 사이에서는 불교에, 궁중에서는 도교에 관심이 높아졌다. 그것이 삼교합일(三敎合一, 유교, 불교, 도교가 하나로 통한다는 의미)의 정신으로 이어져, 유교에서 벗어난 도시적 생활양식과 기타 다양한 유행을 인정했다. 그러나 이 모든 것은 명 제국 내부의 일일 뿐, 외부의 유행으로부터 크게 자극받은 일은 없었다.

신유학 이론에 따르면 외국의 모든 통치자는 잠재적으로 천자에게 조공을 바칠 대상이었다. 결국에는 이방인이 중국 전통문화를 존경하며 그 영향을 받아들일 것이라는 믿음이었다. 그래서 외국에서 사절단을 보내면 이와 같은 원칙으로 대접했다. 이러한 태도에서는 제국을 벗어나는 타문화에 그다지 관심을 두지 않았다. 그렇지만 명나라 시기에도 국경을 넘어서는 문화 교류가 없지 않았다. 중국에서는 평민부터 지방 엘리트나 고위 관료에 이르기까지, 이슬람이나 로마 가톨릭 같은 명백한 이방인의 교리에 지적·정서적으로 충실하더라도, 그래서 정신적으로 그것에 전념한다 할지라도 유교 전통의 핵심에 위배될 일은 없으며, 당국과 별다른 마찰을 빚을 일도 없었다. 그러나 한국과 일본에서는 신유학에 열광적이며 또한 교조적인 태도를 보였다. 특히 일본에서는 신유학이 반(反)기독교 사상과 결합했다.

중국이 처음으로 외국의 교리에 눈을 돌린 시기를 추적해보자면, 기원후 700년 혹은 그 이전부터 특히 서아시아를 상대하는 육상 및 해상 무역 거점에 무슬림 거주민이 있었고, 1000년경 최초의 모스크가 건립되었던 흔적이 나타난다. 특히 원나라 시기 몽골 치하에서 무슬림의 수가 많았고 영향력도 컸다. 외국의 무슬림은 아마도 외교 사절과 함께 들어와 몇 년 동안 머물면서, 혹은 영구 정착하여 무역 사무를 보았던 것 같다. 명나라 시기의 무슬림은 이미 대다수가 중국어를 모국어로 구사하는 사람들이었다. 수많은 중국의 무슬림은 기본적인 기도문 이외에는 아랍어나 페르시아어를 할 줄 몰랐다. 이는 언제나 이방인으로 남아 있었던 가톨릭 선교사들과는 정반대다. 중국에 정착한 무슬림은 스스로를 중국인으로 느꼈다. 어떻게 훌륭한 무슬림인 동시에 훌륭한 중국인이 될 수 있는가 하는 질문에는 단순하게 답하기 어렵다.[7] 1500년대 중엽부터 이슬람의 주요 경전을 중국어로 번역하고, 또한 나중에 이맘(imam, 무슬림 지도자)이 될 사람뿐만 아니라 일반 소년 소녀를 모스크 부설 학교에서 교육하려는 노력이 곳곳에서 시도되었다. 호등주(胡登洲)라는 학자는 서안(西安, 시안) 지역에서 출발해서 메카와 메디나로 몇 년에 걸쳐 오래 여행하고 서책들을 가지고 돌아왔으며, 많은 학생이 그의 연구를 계승했다. 교사-학생의 계보를 신중하게 기록하는 것은 물론 이슬람에서나 다른 중국의 전통, 유교나 불교에서 모두 중요시되었다.

1600년경에 이르러 이와 같은 교육 문화가 중국 동부의 대도시로 확산되었다. 인쇄된 책자가 풍부한 그곳에서는 소비가 과열될 지경이었으며, 유교뿐만 아니라 심지어 예수회에 이르기까지 다양한 가르침이 존재했다. 이런 분위기에서 무슬림 또한 자신의 유산을 확고히 축적하고자 하는 의지를 갖게 되었을 것이다. 1635년경 교사-학생의 방대한 "계보"가 편찬되었다. 여기에는 다소 기적적으로 발견된 미지의 문헌들, 기억력이 뛰어났던 학자들, 주요 번역 사업들에 관한 수많은 이야기도 함께 수록되었다. 무슬림 교육의 주요 중심지로 부상한 남경(南京, 난

---

7   이어지는 내용은 다음 연구를 따랐다. Zvi Ben-Dor Benite, *The Dao of Muhammad: A Cultural History of Muslims in Late Imperial China* (Cambridge, MA: Harvard University Asia Center, Harvard University Press, 2005).

징)에서는 수많은 페르시아 수피교 경전이 번역되었다. 그곳의 많은 무슬림 학자는 중국 고전 교육을 충분히 습득한 인물들이었다. 특히 명-청 교체기 유학자들이 대거 이주할 수밖에 없고 또한 등용의 기회를 충분히 얻지 못하는 사이, 그들에게 무슬림 학자들의 학문적 연구는 상당히 매력적으로 다가왔다. 당시의 일부 학자들은 이슬람의 기본 교리를 가지고 유교의 주류 사상을 보완하는 글을 쓰기도 했다. 마주(馬注)라는 학자는 몽골의 운남(雲南, 윈난) 지배를 공고히 한 인물의 후손이자 그 자신이 사이드(Sayyid, 예언자 무함마드의 직계 혈통)이기도 했는데, 이슬람의 기본 교리를 담은 《청진지남(淸眞指南)》이라는 자신의 저술을 들고 오랜 시간에 걸쳐 중국 내 무슬림의 주요 중심지를 모두 순회했고, 가는 곳마다 현지의 학자와 교사 들에게 환영을 받았다. 그다음 세대의 학자 유지(劉智, 1660~1739년)는 무슬림의 신앙, 제도, 예언자 무함마드의 생애를 담은 세 권의 저술을 남겨 많은 독자를 얻었다.

이런 책들과 그 뒤에 나온 몇몇 저술에서도 무함마드는 예언자가 아니라 성인(聖)으로, 이슬람은 도(道)로, 모스크는 예배당이 아니라 교육과 학문의 기관으로 언급되었다. 성인과 예언자는 공통적으로 신이 아닌 인간이 도달할 수 있는 위치였지만, 양자 사이에는 대단한 차이가 있었다. 즉 성인은 예전 성인들의 행동과 가르침을 바탕으로 자신의 도덕적·정신적 실천을 이어가며 도(道)라고 하는 일련의 가치와 사회적 관습을 만들어나가는 인물이지만, 예언자는 신의 말씀과 명령을 사람들에게 전달하는 인물이다. 성인은 때와 장소에 따라 사람들의 도덕적 잠재력을 일깨울 수 있는 많은 도(道)를 만들어내지만, 결국 그것은 모두 하나의 도(道)로 통한다. 고전에서 중요한 스승으로 등장하는 맹자(孟子)

는, 고대의 성인 통치자들이 동과 서에서 오셨지만 그들의 길은 옥부(玉符, 반을 쪼개어 나누어 가졌다가 나중에 맞추어보며 진위를 확인하는 신표)를 맞추듯이 딱 들어맞았다고 했다. 그러므로 무함마드의 도(道) 또한 궁극적으로 그의 시대와 장소에서 나타났던 도(道)이며, 중국에서도 유학의 핵심적 도리를 훼손하지 않고 무함마드의 도를 실천할 수 있다는 것이 유지(劉智)의 주장이었다. 실제로 그의 저술에는 유용한 부록이 실려 있었는데, 특히 우주의 기원과 본성에 관한 내용이었다. 이와 같은 학자들이 재구성한 무함마드의 도(道)가 1700년대 내내 번성했다. 때로 중국의 무슬림은 그들이 이용한 핵심 저술을 한 키탑(Han Kitab, 漢克塔布)이라 했다. 한(漢)나라 이래로 이어져온 중국의 전통을 이어간다는 의미에서 한(漢)과, 아랍어로 "책"을 의미하는 키탑(Kitab, 克塔布)을 결합한 말이었다.

청 제국 치하에서 티베트 불교를 신봉한 몽골인은 과거 그들의 일부 조상과 달리 무슬림과의 대화에 그다지 관심이 없었다. 1700년대 말엽 서쪽의 일부 지역에서 무슬림이 연루된 반란이 빈번하고 압박이 거세지자, 동쪽 지방의 고위 관리들이 무슬림의 한문책 일부를 황제에게 바치며 위험한 이단 사상이 담겨 있다고 보고했다. 그러자 황제는 차분하게, 그 책들은 훌륭한 스승을 찬양한 책이며, 변방의 무리가 아니라 중원의 무슬림 학자들이 저술한 책이라고 말했다.

중국에는 무슬림뿐만 아니라 기독교인도 오래전부터 거주하고 있었다. 처음에는 동방전례 기독교(Eastern rites Christians), 그리고 나중에는 정교회(Orthodox) 일부 종파와 로마 가톨릭(Roman Christian)의 수도사들이 중국으로 들어온 적이 있었다. 16세기 중엽에는 예수회 선교사가 최초로 중국에 도착했는데, 처음에는 중국의 섬으로 들어갔다가 1580년대에 육지로 진출했다. 그들이 도착했을 때가 가장 좋은 시절이었다.[8] 당시 중국의 많은 사상가는 양심적인 학문과 공적 이익보다 사치와 부정부패가 판치는 현실 때문에 중국의 전통적 가치가 훼손되고 있다고 믿었다. 일부 중국인 학자들은 예수회 수도사들과 친분을 쌓았고, 그들의 두 가지 실체(實)로부터 깊은 인상을 받았다. 하나는 고향을 떠나 머나먼 이국땅까지 오게 된 이타적 헌신이었고, 또 하나는 천문과 지리 등을 비롯하여 방대하면서도 견고한 그들의 지식과 실용성이었다. 예수회 수도사 마테오 리치(Matteo Ricci, 1552~1610년)는 명민한 이탈리아인으로, 도덕적 문제에 관한 학자들의 문제 제기를 존중했으며, 기독교의 가르침이 유교의 가르침을 지지 내지 보충할 수 있다고 주장하는 한편, 불교에서 비롯된 "무책임"한 경향성을 비판했다. 예수회 수도사들은 많은 시간을 들여 중국어를 공부했고, 중국의 일부 학자들은 그들을 통해 천문학과 지도 기술에 관심을 갖기도 했다. 예수회 수도사들은 한문으로 중국 고전을 공부한 뒤, 중국 고대의 성인들은 진정한 도를 알고 있었으나 불교의 영향 때문에 그것을 잃어버렸다고 주장했다.

  이 모든 과정을 거치는 동안 예수회 수도사들은 몇몇 탁월한 학자-관료의 제자가 되었으며, 그들 중 몇몇은 기독교로 개종했다. 가장 중요

---

8 Willard J. Peterson, "Learning from Heaven: The Introduction of Christianity and Other Western Ideas into Late Ming China," and John W. Witek, S. J., "Catholic Missions and the Chinese Reaction to Christianity, 1644-1800," in John E. Wills, Jr. (ed.), *China and Maritime Europe, 1500-1800: Trade, Settlement, Diplomacy, and Missions* (Cambridge University Press, 2011), pp. 78-182.

한 인물은 서광계(徐光啓, 1562~1633년)였다. 그는 농업기술에 관한 백과사전적 저술을 편찬한 중요한 학자였다. 1620년대 후반 서광계가 고위직에 오르자, 그는 예수회 수도사들이 궁정에서 천문 관측 기술을 선보일 수 있는 기회를 제공했다. 당시 중국 정부에서는 천문 역법 계산이 매우 중요한 업무 중 하나였다. 예수회 수도사들이 선보인 방법은 당시 중국의 방식보다 더 정교했다. 그래서 1630년대부터 1700년 이후까지 예수회 수도사들이 궁정의 천문 관련 부서에 채용되었다. 1692년 이전에는 공식적으로 기독교가 허용되지 않았지만, 그들이 관직에 임명됨으로써 중국에 들어와 있던 선교사들과 지방의 기독교 신자들도 정치적 부담을 덜 수 있었다. 1644년 청나라가 명나라로 들어와 왕조가 교체되었고, 이후 청 제국의 강희제(康熙帝)는 예수회 수도사들로부터 직접 약간의 천문과 수학 지식을 배웠다. 예수회 수도사들의 지위는 18세기 초엽 중국인 개종자들의 제사 의례를 규제하려 한 로마 교황청의 잘못된 시도(이른바 "중국의례논쟁")에도 그대로 유지되었지만, 청 제국에서는 시골에 많이 남아 있던 신도를 포함해서 중국인의 기독교 신앙을 전면적으로 금지했다.

의례와 가족은 중국 문화에서 중심적 가치였다. 그런 점을 감안할 때 중국인 개종자들의 장례 풍습에서 가톨릭과 중국 전통의 복잡한 "결합"은 흥미로운 면이 있었다. 그런데 복건성 복안(福安, 푸안)의 선교사들은 당시 마닐라에 있던 스페인 도미니코 수도회의 영향을 받아, 예수회 수도사들과 달리 중국 전통을 거부했다. 복안의 공동체는 1720년대부터 1850년대까지 이어진 박해의 시기에도 살아남았다. 보고에 따르면 최근에도 중국 국가가 지원하는 천주교애국회(天主教愛國會)에 소속되지

않은 채 독자적으로 유지되고 있다고 한다.⁹

눈을 돌려 중국의 유교가 중국 바깥 지역으로 퍼져나갔던 문제를 살펴보자. 1400년대와 1500년대 조선의 왕을 비롯한 고위 관료들은 가문의 주요 상속자를 결정하기 위하여 오랜 시간 격렬한 논쟁을 벌여야 했다. 주요 상속자가 되면 경제적 이점도 있었지만, 그보다 더 중요한 문제는 엄격한 계층 사회에서의 지위는 물론 관직에 진출할 수 있는 더 좋은 기회를 얻었다는 점이다. 논쟁의 과정을 거치면서 조선에서는 정교한 중국식 가족제도를 받아들였는데, 이는 송나라 시기 신유학 운동의 영향으로 만들어진 제도였다. 중국 문헌들이 꾸준히 참조되었으며, 한국 전통의 잔재는 개탄의 대상이 되었다. 가장 사적인 관계를 규정하기 위해 외국의 패턴을 힘겹게 받아들인 당시 조선 엘리트 계층의 사례는 역사상 가장 기이하면서도 연구할 만한 문화 교류의 사례가 아닐 수 없다. 그 결과 엄격한 친족 시스템과 엄밀한 중앙집권 귀족 국가 체제가 공존하게 되었다. 이러한 체제는 1900년까지 그대로 이어졌고, 오늘날까지도 한국의 정치와 사회에 영향을 미치고 있다. 신유학 방식의 가족 패턴은 1392년 조선 왕조의 건국과 함께 시작되었다. 몽골 치하 원나라에 거의 전적으로 종속되어 내부적 혼란이 200여 년 동안 이어진 뒤의 일

---

9 Nicolas Standaert, *The Interweaving of Rituals: Funerals in the Cultural Exchange Between China and Europe* (Seattle, WA: University of Washington Press, 2008). See also Liam Matthew Brockey, *Journey to the East: The Jesuit Mission to China, 1579-1724* (Cambridge, MA: Harvard University Press, 2007), and Eugenio Menegon, *Ancestors, Virgins, and Friars: Christianity as a Local Religion in Late Imperial China* (Cambridge, MA: Harvard University Asian Center, Harvard University Press, 2009).

이었다. 조선 건국 당시 일부 귀족은 이미 신유학 텍스트를 연구하는 중이었다. 그들은 자신의 정치적 주도권을 인정받고 국가권력을 강화하는 동시에, 불교 사찰이 소유한 권력과 부를 축소하며 사상과 관습을 주도하는 불교의 영향력을 줄이는 일이 시급하다고 생각했다. 중국의 신유학 텍스트에는 형이상학에서 장례 절차에 이르기까지 반불교 이데올로기를 뒷받침할 내용이 풍부하게 담겨 있었다. 당시 조선에서는 신유학의 문화 및 학문적 쇄신과 정치 질서의 재건을 위한 강렬한 시도가 "동시에" 이루어져 놀라운 변화가 만들어졌다.[10]

일본에서 이른바 "기독교의 시대"는 1459년 예수회 수도사 프란치스코 하비에르(Francisco Javier)가 우연히 일본에 도착하면서 시작되었다.[11] 도덕적·정치적 혼란이 가중되던 땅에 가톨릭 설교의 씨앗이 떨어진 것이다. 일본인이 전해 들은 외국 신의 말씀은 처음에는 불교의 여러 보살 가운데 하나의 이야기로 들렸다. 당시 일본에서는 온 힘을 다해 보살을 숭배하는 사람들이 있었다. 물론 보살 신앙 또한 일본에서는 외래 신앙이었다. 황제도, 사무라이도, 부처도, 신토(信道)도, 어느 누구도 자비로운 세상을 만들지는 못했다. 지방의 통치를 담당한 서일본 지역의 영주들은, 새로운 신앙을 받아들이면 그들의 항구에 포르투갈의 상선이 들어올 가능성이 높다는 사실을 눈치챘다. 영주 휘하의 사무라이

---

10 Martina Deuchler, *The Confucian Transformation of Korea: A Study of Society and Ideology* (Cambridge, MA: Council on East Asian Studies, Harvard University, Harvard University Press, 1992).

11 Jurgis Elisonas, "Christianity and the Daimyo," in John Whitney Hall (ed.), James McClain (asst. ed.), *The Cambridge History of Japan* (Cambridge University Press, 1991), vol. iv, pp. 301-72.

와 평민은 복종과 기회주의와 확고한 신념이 혼합된 다양한 이유로 영주를 추종하고 있었다. 기독교가 전면 허용되는 도시 혹은 지역을 만들어보려는 중에 몇 차례 아찔한 순간이 있었다. 그러나 1587년, (오다 노부나가에 이어) 새로운 정치 질서를 만든 두 번째 위인인 히데요시는 기독교를 불교의 한 종파와 다름없다고 보았다. 사무라이의 권위와 모든 위계질서를 거부한 불교는 그들에게 가장 위협적인 종교로, 1560년대에는 불교 세력이 사무라이 세력과 맞붙어 크게 패한 적도 있었다. (기독교도 불교처럼 문제를 일으키기 전에 미리 차단하고자 한) 히데요시는 나가사키 항구에서 적용되는 예수회의 특권을 회수하고 선교사들의 일본 입국을 금지했다. 1612년부터 가톨릭 박해는 철저하고도 잔인했다. 많은 선교사와 수천 명의 일본인이 신앙을 이유로 목숨을 잃었고, 때로 끔찍한 고문을 당하기도 했다. 순교자들은 가톨릭 교리가 일본의 풍요로운 토양에 충분히 뿌리내렸음을 증명했고, 예수회 수도사들이 자신이 무슨 일을 하는지 인식하고 있었음을 입증했다. 그러나 1640년 무렵의 일본에서는 이미 극소수 가톨릭의 후예들이 깊이 숨어 살고 있었다. 포르투갈인은 일본에서 쫓겨난 뒤였고, 외국에서 가톨릭과 접촉을 시도할지도 모른다는 생각에 일본인의 출국도 금지되었다.

기독교가 금지될 무렵의 일본에서는 중국식 정부 형태에 관심이 높았고, 이를 뒷받침하는 가치와 세계관이 급속히 성장했다. 유교는 분명 외래 사상이었지만 그 이론은 정치적 위계질서를 적극 옹호했다. 일부 다이묘(大名, 지방 영주)가 유교에 관심을 보였고, 새로운 중앙집권 체제를 만들고자 한 도쿠가와 가문의 쇼군(將軍, 일본을 통치한 군부 독재자)은 유교의 핵심 후원 세력이 되었다. 더욱 중요한 문제는 새로운 교육

수요의 급증이었다. 사무라이 계급이 기존의 생활양식에서 벗어나 새로운 시대에 적응해야 했다. 통치자의 입장에서는 그들이 검술을 잊지 않고 목숨을 바치는 충성심을 버리지 않은 채, 이제는 질서를 유지하고 기록을 관리하는 임무를 맡아주기를 원했다. 1700년 무렵에는 거의 모든 사무라이가 글을 읽을 수 있게 되었다. 사무라이에게 글을 가르친 교사들은 영주로부터 지원을 받아 생활하기도 했지만, 경우에 따라서는 상업적으로 대단히 큰 성공을 거두었다.[12]

수백 혹은 수천 명의 학생을 모았으며, 많은 저술을 남겼고, 일본 지성인의 분위기를 만들어갔던 유명한 스승들의 계보를 추적할 수 있다. 그들은 1800년대는 물론 1900년대 초엽까지도 중요한 위치에 있었다. 1860년 무렵까지도 이와 같은 임무를 담당했던 교사들은 중국을 방문한 적이 없었다. 일부 한문 서적을 구하는 데 어려움을 겪기도 했지만, 일반적으로 중국과 나가사키 사이의 무역을 통해 명·청 사상가들의 사상이 폭넓게 유입되었다. 한문 서적을 읽고 일본의 지식인들이 보인 반응은 놀라울 정도로 다양했고 감정적 밀도도 높았다. 중국 주요 도시의 고급문화 속에서 교류하는 것보다 일본에서는 고독한 독자의 정신을 유지하기가 더 쉬운 편이었다. 예를 들어 이토 진사이(伊藤仁斎, 1627~1705년)는 유명한 신유학 사상가들이 위계와 의례적 세부 사항, 그리고 송나라 학자 주희의 형이상학에 집착하는 태도를 거세게 비판했다. 그는 주희나 송나라 혹은 명나라 유학자들의 요약본이 아니라 중국

---

12 1600년 전후 일본에서 일어났던 변화와 이 글에서 논의된 지성계의 발전을 잘 요약한 책이 있다. Conrad Totman, *Early Modern Japan* (Berkeley, CA: University of California Press, 1993).

고전과 고대사를 직접 읽어보아야 한다고 주장하며, 고대 중국의 성인들이 타인의 필요와 감정에 열린 마음으로 반응하는, 이타심에 기초한 사회의 본보기를 제시했다고 평가했다. 그가 운영하는 수업에는 한때 200명이 넘는 학생이 참가했으며, 그의 뒤를 이어 그의 아들이 계속 강좌를 이어나갔다.[13]

이토 진사이를 비롯한 일본의 학자들은 자신의 학문을 실학(實學)으로 자처했는데(일부 중국 학자들은 예수회 선교사들의 학문에서 같은 취지로 실학의 미덕을 발견하기도 했다), 이는 불교나 신유학 같은 허학(虛學)의 반대 개념이었다. 야마자키 안사이(山崎闇齋, 1618~1682년)는 이토 진사이 못지않게 맹렬한 학자였다. 그의 비판 대상은 불교였다. 그가 관심을 가지고 실제로 연구한 실학의 범위는 천문에서 빈민 구제에 이르기까지 매우 방대했다. 그가 설립한 학교에는 한때 6000명의 학생이 재학했다고 한다.[14] 오규 소라이(荻生徂徠, 1666~1728년)는 중국 고전 연구가 한두 세대 진척된 뒤의 인물이었다. 그의 시대에는 일본 정치·경제의 "근본 문제"가 시급했고 그 해결책은 모호했다. 중국 고대 문헌이 보여주는 세상은 음악과 의례를 통한 조화로운 사회였다. 그가 살던 시

---

13 Totman, *Early Modern Japan*, pp. 179-82; Wm. Theodore de Bary, "Sagehood as a Secular and Spiritual Ideal in Tokugawa Neo-Confucianism," pp. 127-88; and Minamoto Ryōen, "Jitsugaku and Empirical Rationalism in the First Half of the Tokugawa Period," pp. 375-469, both in Wm. Theodore de Bary and Irene Bloom (eds.), *Principle and Practicality: Essays in Neo-Confucianism and Practical Learning* (New York: Columbia University Press, 1979).
14 Totman, *Early Modern Japan*, pp. 161-75; Okada Takehiro, "Practical Learning in the Chu Hsi School: Yamazaki Ansai and Kaibara Ekken," in de Bary and Bloom, *Principle and Practicality*, pp. 231-305; and Herman Ooms, *Tokugawa Ideology: Early Constructs, 1570-1680* (Princeton University Press, 1985), pp. 194-286.

대의 일본과는 너무나 달라서 그가 보기에는 도저히 돌이킬 방법이 없을 것 같았다. 그러나 일본에는 소박한 의례와 음악으로 표현되는 고유의 정신이 있고, 고대 중국과 마찬가지로 봉건 체제가 갖춰져 있었다. 그래서 그는 성곽 도시에서 큰 비용을 소모하는 사무라이를 내쫓아 시골에 살게 한다면, 도덕과 경제의 안정성을 회복할 수도 있으리라고 생각했다.[15]

일본 지식인과 외국 문화의 가장 놀라운 교류는 난학(蘭學, 란가쿠)이었다. 난학은 홀란트(Holland, 오늘날 네덜란드 주변)를 의미하는 한자 화란(和蘭)의 난(蘭)과 학문을 의미하는 학(學)의 합성어로, 초기 근대 문화 교류의 가장 대표적인 사례다.[16] 학문적 태도는 중국의 유교를 받아들일 때와 크게 다를 바가 없었다. 사무라이 출신의 학자들은 시골에서 평화롭게 살아갈 자신의 미래와 나라의 운명을 걱정하고 있었다. 소소한 관심에서 출발한 그들은 네덜란드어 서적을 해석하기 위해 고군분

---

15 Totman, *Early Modern Japan*, pp. 283-91; de Bary, "Sagehood as a Secular," in de Bary and Bloom (eds.), *Principle and Practicality*, pp. 154-72; and Samuel Hideo Yamashita, "Nature and Artifice in the Writings of Ogyū Sorai (1666-1728)," in Peter Nosco (ed.), *Confucianism and Tokugawa Culture* (Princeton University Press, 1984), pp. 138-65.
16 이 주제에 관해서는 영어권의 많은 연구 성과가 있지만, 기본적인 것은 다음과 같다. C. R. Boxer, *Jan Compagnie in Japan, 1600-1817: An Essay on the Cultural, Artistic and Scientific Influence Exercised by the Hollanders in Japan from the Seventeenth to the Nineteenth Centuries*, 2nd rev. edn. (Oxford, Tokyo, and New York: Oxford University Press, 1968); Donald Keene, *The Japanese Discovery of Europe, 1720-1830*, rev. edn. (Stanford University Press, 1969); Marius B. Jansen, "Rangaku and Westernization," *Modern Asian Studies*, vol. XVIII, No. 4 (1984), pp. 541-53; Grant K. Goodman, *Japan and the Dutch, 1600-1853* (London: Curzon, 2000).

투했다. 서적에는 과학, 기술, 의학에 관한 실용적 정보와, 스스로 고립을 선택한 일본을 때때로 위협하던 복잡한 세계정세에 관한 내용이 담겨 있었다. 고립감에 대한 경계심도 네덜란드 서적에 대한 관심을 더욱 심화시켰다. 네덜란드인이 나가사키로 가져와 파는 물건들 중에서 외부 세계에 대한 단서가 될 만한 것을 구하기는 어렵지 않았다. 그래서 몇몇 지방 영주나 쇼군조차 본격적인 수집에 나서, 책이나 지도뿐만 아니라 망원경, 현미경, 정전기 발전기, 환등기(幻燈機, magic lantern) 등을 사들였다. 교류의 핵심에 의학(醫學)이 있었는데, 구체적으로 두 가지 경우였다. 나가사키 앞바다의 네덜란드 무역 특구인 데지마(出島)에서 근무하는 의사에게 나가사키의 일본인이 치료를 부탁하는 경우와, 연례 조공사절로 에도를 방문하는 사절단에 소속된 의사가 쇼군의 궁정에서 주요 인물을 치료하는 경우였다. 1774년 일본 학자들은 유럽의 해부학 서적을 손에 들고 사형수의 해부 장면을 지켜보다가 그 책의 내용이 눈앞의 장면과 정확히 일치한다는 사실을 알게 되었다. 그들은 수년에 걸쳐 그 책을 일본어로 번역했고, 그 책에 수록된 해부학 지식은 한 세대가 지나기 전에 일본에서 널리 인정되었다.

당시 일본은 네덜란드라는 좁은 창으로 넓은 세계를 바라보았고, 그 영향은 소수의 학문 엘리트에게만 미쳤다. 일본 정치·사회·문화의 기본 구조는 1800년 이후 강력한 압박을 받았고, 특히 러시아가 일본 북방 지역의 바다를 탐사하자 시급한 논쟁이 벌어졌다. 그 자리에서 난학전문가들은 탁월한 지식을 바탕으로 일본의 당면한 위기를 설파했다. 1800년대 중엽 세계를 향해 일본을 적극적으로 개방한 개화 인사 중에는 난학전문학교 출신자들이 포함되어 있었다.

무슬림과 이교도

이슬람은 정복군의 모습으로 세계 무대에 등장했다. 그러나 수 세기가 지나도록 무슬림 권역에서 정복민을 강제 개종시키는 일은 일어나지 않았다. 특히 책의 사람들(People of the Book, 이슬람에서 유대인과 기독교인 등 이교도를 지칭하는 말)은 무슬림과 공통되는 기반, 즉 셈족의 유일신교(Semitic monotheism) 배경을 공유했다. 공동체의 장로들은 자율적으로 상세한 규정에 따라 결혼이나 상속 등의 행정 문제를 안정적으로 관리했다. 그것을 무슬림 통치자들이 굳이 마다할 이유는 없었다. 기독교인과 유대인은 군역에서 면제되었고, 그 대신 지즈야(jizya)라는 별도의 세금을 내야 했다. 불신자를 이슬람으로 개종시키는 것은 무슬림의 관심사가 아니었다. 그보다는 무슬림이 이교도의 통치 아래 놓여서는 안 된다는 생각을 가지고 있었다.

1400년 무렵 평화적인 수단에 의해 무슬림의 통치 아래 들어간 지역이 많았다. 그러나 무슬림이 이교도의 통치 아래 들어갈 수밖에 없는 경우도 없지 않았다. 특히 장거리 무역에 관계된 지역에서 그러했다. 그런 곳의 무슬림은 이교도 통치자와 협상을 통해 일정 정도 자율성을 확보하고자 했다. 그러한 이슬람 공동체에서는 가능하면 기도를 인도할 지식인, 이슬람 율법을 집행할 행정관, 다음 세대에게 아랍어와 쿠란을 가르칠 교사를 양성하고자 했다. 이런 일자리를 찾아 모험을 떠나는 사람들은 흔히 있었다. 북아프리카의 위대한 여행가 이븐 바투타(Ibn Battuta)의 생애가 바로 그 사례였다. 할 수만 있다면 모든 무슬림은 메카로 성지순례(hajj)를 해야 했다. 메카에서는 전적으로 이슬람 율법에 따른 권력과 엄격한 생활양식을 경험할 수 있었는데, 비교하자면 중앙집권식 로마 가톨릭교회보다 훨씬 효과적으로 전통을 강화하는 방식이었다. 주변 이웃들이 이슬람으로 개종하거나, 혹은 무슬림 남성이 현지 여성과 결혼하고 아이들을 쿠란 교육 학교에 보내는 등의 과정을 거치면서 무슬림 공동체 또한 규모가 성장했다.

이교도 세계까지 이슬람이 전파된 것은 이른바 수피즘(Sufism)이 널리 확산된 덕분이었다. 결국 수피의 계보와 거점(숙소) 네트워크는 엄청난 규모로 성장했다.[17] 쿠란에는 예언자가 하늘로 여행한 사례처럼 신성한 빛(Divine Light)과 관련된 구절들을 비롯하여, 단순한 복종보다 신과 더욱 내밀하고 생생한 교감을 암시하는 대목들이 포함되어 있다. 여기에서 영감을 얻은 신도들은 스승을 찾아 나서거나, 혹은 집을 떠나 몇 년 동안 방랑의 시간을 보내기도 했다. 스승은 스스로의 모든 경험과 학생의 모든 문화적 유산으로부터 교훈을 이끌어냈다. 학생들 중에는 그리스인, 페르시아인, 심지어 힌두인과 아프리카인까지 포함되어 있었다. 학생들이 더 높은 영적 차원을 기대하고, 나중에는 그들 또한 스승이 되기도 하면서 수피 교단에는 황홀경의 노래와 춤을 포함하는 색다른 관습이 축적되어갔다. 새로운 도시로 수피즘이 전파되면 일단 거점이 될 만한 숙소를 구했다. 위대한 스승의 영적 능력은 전설이 되어 전해졌고, 그의 무덤에서는 기적이 일어나기도 했다. 수피 성자의 무덤이 교육과 축제 및 순례의 장소가 되었다.

900년대부터 시작된 수피 교단의 막대한 조직력은 특히 이슬람의

---

17 Marshall G. S. Hodgson, *The Venture of Islam: Conscience and History in a World Civilization*, 3 vols. (University of Chicago Press, 1974), vol. ii, pp. 201–54.

변방 지역에서 꾸준히 지속되었다. 수피의 연대와 여행자를 위한 숙소는 신(神)을 찾고자 하는 모든 이에게 개방되었다. 그들은 지역 관습과 이슬람이 공존할 수 있는 길을 끈질기게 모색했다. 예컨대 말레이반도, 수마트라, 자와 등지의 항구도시나, 인구밀도가 높은 벼농사 평원 지역으로 이슬람이 확산될 때 수피는 대단히 중요했다.[18] 자와섬에 이슬람이 전파된 전설이 하나 전해 내려온다. 지나가는 이슬람 성직자가 재물에 워낙 관심을 두지 않는 태도를 보고 감명을 받은 한 남자가 스승의 교단에 들어갔고, 이후 10여 년을 영적 상태(trance, 황홀경)로 머물렀는데, 그 뒤 그 성직자가 돌아와 그대가 나보다 더 많은 것을 알고 있다고 말해주었다고 한다. 수피 교리에서 영적 체험(황홀경)을 통해 얻는 지식과 권능은 물론 이슬람 세계와 연결되는 내용이지만, 또한 여기에는 인도-자와 문화의 분위기도 뚜렷하게 엿보인다.[19] 1800년대 초엽 네덜란드 지배에 맞서 반란을 이끌기도 했던 자와의 고행자 디파느가라(Dipanegara) 왕자는 동굴에 들어가 오래도록 철야 기도를 하던 중 자와의 수호신을 보았다고 하는데, 그럼에도 그는 당시 오스만 제국 술탄의 이름을 따서 팡에란 압둘하미트 왕자(Pangéran Ng Abdulhamit)로 불리기를 고집했다.[20] 한편 이슬람 권역 반대편의 세네갈에서는 수피 교단 계보가

---

18 이 지역 이슬람 확산에 수피즘이 얼마나 큰 역할을 했는지는 전문가들 사이에서도 논쟁이 있다. M. C. Ricklefs, *A History of Modern Indonesia Since c. 1300*, 2nd edn. (Stanford University Press, 1993), pp. 10-13 참조. 유명 수피 교단의 이름은 1800년 이후가 되어서야 확인되지만, 보다 넓은 범위의 개인적·신비주의적 성향은 많은 전설 속에서 분명하게 드러나 있다.
19 Clifford Geertz, *Islam Observed: Religious Developments in Morocco and Indonesia* (University of Chicago Press, 1968), pp. 27-9.
20 Peter Carey, *The Power of Prophecy: Prince Dipanagara and the End of an Old*

1500년 혹은 그 이전까지 거슬러 올라간다.[21] 사하라 사막을 건너 이슬람을 가지고 들어온 위대한 수피 지도자의 무덤이 오늘날 말리 팀북투에 있다. 그곳은 오래도록 성지순례의 장소였으나, 2012년 봄 수피를 진리를 오염시킨 이교도로 간주하는 이슬람 극단주의자들의 공격으로 일부 유적이 파괴되었다.[22]

수피즘과 시크교

1400~1800년 이슬람은 인도 북부 평원의 대부분을 통치하며 남쪽으로 세력을 확장하고 있었다. 델리 술탄국의 경우 통치자는 무슬림이었지만 백성은 대부분 힌두교를 신봉했다. 얼핏 이슬람과 힌두교는 문화 교류의 상대가 되기 매우 어렵게 보일지도 모른다. 이슬람은 엄격한 일신교였으며, 활기찬 다신교인 힌두교의 수많은 성상(聖像)을 금지했기 때문이다. 그러나 실제로는 이슬람과 힌두교 사이에서 엄청나게 많은 대화가 진행되었다. 그 결과로 나타난 것이 시크교였다. 힌두교 입장에서는 바크티(bhakti) 운동에 의해 일부 대화의 조건이 만들어졌다. 다양한 언어 및 종교적 배경을 토대로 남인도에서 시작된 바크티 운동은 신과의 합일에 이르는 무아지경에 초점을 맞추었다. 그 내용이 산스크리트어가 아닌 세속어 노래로 표현되는 경우가 많아서 카스트나 학력에

Order in Java, 1785-1855 [Verhandelingen van het Koninklijke Instituut voor Taal-, Land-, and Volkenkunde] (Leiden: KITLV Press, 2007), pp. 150-2.
21 Ira M. Lapidus, *A History of Islamic Societies* (Cambridge University Press, 1988), pp. 506-8.
22 *The Economist*, July 7-13, 2012, p. 47.

상관없이 누구나 바크티에 접근할 수 있었다. 과거 토착 왕조에서는 브라흐민이 종교와 교육을 주도했기 때문에 바크티 운동이 번성하기 어려웠지만, 무슬림의 통치 아래에서는 바크티 운동이 지속적으로 확산되었다. 또한 바크티 운동의 지도자가 무슬림 통치자의 승인을 얻은 적도 있었다. 전설에 따르면, 바크티 운동에 속하며 오늘날까지 왕성한 활동을 펼치고 있는 "하레 크리슈나(Hare Krishna)" 운동을 창시한 전설적인 지도자 스리 크리슈나 카이타냐(Sri Krishna Caitanya)는 통치자까지 크리슈나(Krishna)에 귀의하도록 이끌었다고 한다.[23]

다양한 감정이 개인의 신앙에 혼재된 모습은 수피즘의 특징이기도 한데, 수피즘은 델리 술탄국에서 매우 중요한 역할을 했다. 예를 들어 비자푸르(Bijapur)에서는 아랍어권이나 페르시아에서 공부를 마치고 돌아온 수피교 스승들이 새로운 계보를 형성했고, 무슬림 통치자의 궁정에서도 수피가 환영받았다. 그들은 세속어로 설교, 노래, 시를 제작하여 신도를 이끌고 신을 향한 길로 인도했다. 수피교에 동참하는 힌두교 신자도 많았다. 이후 점차 이슬람의 가르침을 받아들여 결국 이슬람으로 개종한 사람들도 있었다. 수피는 스스로가 신과 친밀한 관계이며, 제자들과 신의 사이를 중재한다고 주장했다. 가장 헌신적인 수피는 대부분 여성이었다. 그런 점에서 수피교의 스승들은 정통 이슬람의 한계 혹은 그 너머로 나아가는 사람들이었다. 그들의 무덤은 숭배와 순례의 중심지가 되었다. 그들의 영적인 힘과 그들을 추종한 신자들, 그리고 통치자가 그

---

23 John E. Wills, Jr., *The World from 1450 to 1700* (Oxford University Press, 2009), pp. 54–8 and bibliography on p. 161.

들에게 하사한 토지 등은 그 아들에게 상속되었다.[24]

 이슬람 전통과 힌두 전통의 교류가 절정에 달한 때는 무굴 황제 아크바르(Akbar, 재위 1556~1605년) 통치 시기였다. 아크바르는 관심의 폭이 넓어서 다양한 종교적 분파의 대표자들을 불러 논쟁을 듣고자 했다. 수니파, 시아파, 수피즘, 온갖 종류의 힌두교, 기독교 등을 비롯해서 포르투갈이나 이탈리아에서 건너온 예수회 선교사들도 불렀다. 고아(Goa)에 근거지를 마련한 예수회는 아크바르와 그의 아들 살림(Salim, 훗날 자한기르Jahangir 황제)의 궁정에서 가톨릭 회화, 조각, 장식 미술에 대한 그들의 안목과 찬사를 발견했다. 쿠란에서 경건한 존재로 등장하는 동정녀 마리아는 특히 소중하게 여겨졌다. 예수는 수피의 가장 위대한 스승으로 대접받았다. 아크바르는 딘일라히(Dīn-i Ilāhī, 성스러운 신앙)라고 하는 통합종교를 만들고 그 스승이라고 자처하며 직접 궁정의 고위직 신하들을 교육했다. 그러나 딘일라히를 궁정 바깥으로까지 전파하는 데는 관심을 두지 않았다.[25]

 무굴 제국의 황제들과 고위 관료들은 궁정으로부터 멀리 떨어진 곳에서 위대한 종교적 운동이 성장하는 것을 목격했다. 시크교 최초의 구루(guru, 위대한 스승)인 나나크(Nanak)는 북인도 지역에서 성장했다. 힌두교 환경에서 자란 나나크는 책을 좋아하지 않았다. 그의 노래와 가르침은 평범한 사람들의 삶에서 이끌어낸 이미지와 그들의 삶을 드러내

---

24 Richard M. Eaton, *Sufis of Bijapur, 1300-1700: Social Roles of Sufis in Medieval India* (Princeton University Press, 1978).
25 Gauvin Alexander Bailey, *Art on the Jesuit Missions in Asia and Latin America, 1542-1773* (University of Toronto Press, 1999), pp. 112-43.

는 의례로 가득했다. 이슬람이 그의 주위를 에워싸고 있었지만, 그에게 이슬람은 종교적 통찰일 뿐만 아니라 정복과 억압의 원천이기도 했다. 1496년 그는 깊은 종교 체험을 하고 선언했다. "힌두교도도 없고 무슬림도 없다." 그는 초기 제자들을 이끌고 북인도를 여행했다. 엘리트 계층 중에서도 지지자들이 있었는데, 그들은 낮은 카스트의 친구들과 머물기를 좋아했다. 카스트 사회에서는 다른 집단의 사람들과 음식을 나누는 관습이 엄격했다. 그러나 나나크는 여기에 직접적으로 도전해서 어느 누구와도 함께 먹었으며, 자선 주방을 열어 배고픈 사람 누구에게나 음식을 제공했다. 신도들이 함께 모여 식사를 나누는 관행은 시크교 가르침의 핵심 중 하나로 남아 있다. 위대한 구루의 계보가 이어졌고, 많은 구루가 단순한 언어로 시와 노래를 제작했는데, 힌두교나 이슬람교의 어휘도 함께 사용되었다. 힌두교에서는 일상생활에서 벗어나 영적 탐구에 혼신을 다 바쳐야 한다고 믿는 사람이 많았지만, 나나크 이후 시크교에서는 가족과 사업을 돌보는 평범한 일상이 최고의 종교적 삶이라고 가르쳤다. 시크교의 가르침에는 무슬림 판사나 사이비 힌두교 성직자 등 부패 권력에 대한 날카로운 비판 의식이 가득했다.

1600년대 말엽, 구루의 마지막 계승자 고빈드 싱(Gobind Singh)은 신도들에게, 한가로운 숲속이 아니라 바쁜 도시에서 "신성한 지혜를 스승으로 삼아 자신의 영혼을 밝히라"고 가르쳤다. 당시는 황제 아우랑제브의 이슬람 정통주의와 마라타인의 힌두교 회복주의가 극단적으로 대립한 시대여서, "힌두교도도 아니고 무슬림도 아닌" 사람들의 설 자리가 점점 좁아지는 시기였다. 고빈드 싱은 신도들에게 칼을 드는 것이 정당하다는 확신을 심어줄 필요가 있었다. 1690년대에 이르러 시크교는 무굴 제국과 전면전을 치르게 된다. 그들은 인도 최고의 전사이자 최고의 사업가였다. 그리고 그들에게는 또 하나의 구루가 생겼는데, 바로《그란트(Granth)》라고 하는 책이었다. 1600년경 집성된 이 책은 과거 구루들의 노래와 가르침 모음집이었다. 고빈드 싱은 앞으로 이 책이 시크교도들의 스승이 될 것이라고 선언했다. 그렇게 만들어진 전통은 오늘날까지도 그대로 이어지고 있다.[26]

성서와 과학, 동부 지중해 지역

동부 지중해 지역은 15~16세기 세계에서 이른바 "문명의 충돌"이 가장 극적으로 일어났던 곳이다. 패권 세력으로 떠오른 오스만 제국은 1400년 무렵 남동부 유럽의 대부분 지역을 장악했다. 1453년 콘스탄티노폴리스(오늘날 이스탄불)를 최종 점령한 사건은 서구 기독교 사회에 커다란 충격을 안겨주었는데, 아마도 그들은 계시록에서 말하는 적그리스도의 시대가 눈앞에 닥쳐왔다고 믿었을 법하다. 무슬림 입장에서는 정반대였다. 그들은 콘스탄티노폴리스 정복 이후 로마(서구)의 멸망, 이슬람 세계의 도래, 최후의 시대로 이어질 것이라 믿었다. 또한 기독교력으로 1591~1592년이 히즈라(Hijrah) 이후 1000년이 되는 해라는 것은 분명 의미 있는 일이었다. 일부 유대인, 특히 세파르딤(Sephardim)이 1492년부터 스페인과 포르투갈 지역에서 추방된 사건은 무슬림에게 임박한 메시아의 재림을 알리는 신호로 해석되었다. 그럼에도 불구하고

---

[26] W. Owen Cole and Piara Singh Sambhi, *The Sikhs: Their Religious Beliefs and Practices* (London: Routledge, 1978).

일부 상인, 장인, 학생, 자연학과 성서 연구자 들은 나름대로 무역의 통로를 찾고, 친구를 만들고, 서로에게서 필요한 내용을 배웠다. 외국의 도시에 정착한 사람들, 외국어와 문화를 배운 사람들, 개인적 인연을 맺은 사람들은 무역이나 협상에서 중요한 중개인의 역할을 담당하게 되었다. 그들 가운데 일부는 다른 종교로 개종하는 경우도 있었다. 이스탄불에서는 그들을 "드라고만(dragoman)"이라 했는데, 자신의 출신지와 이스탄불을 연결하는 무역 혹은 협상의 업무를 하는 사람들이었다. 베네치아에서는 드라고만 제도를 차용하여, 이슬람에서 개종한 사람들에게 무슬림 상인들과의 무역을 중개하는 일을 맡겼다. 그들의 개종, 임명, 특권과 중개 수수료에 관한 논쟁 등을 살펴보면, 지성의 연결 이면에는 복잡한 개인적 인연의 네트워크가 형성되어 있었음을 짐작할 수 있다.[27]

베네치아를 비롯한 이탈리아 항구의 무역상들은 오래도록 콘스탄티노폴리스, 알렉산드리아, 그리고 지중해 극동부의 기타 항구도시를 수입의 핵심 거점으로 여겨왔다. 향신료와 비단 등 멀리 아시아에서 나는 상품은 모두 그곳에서 구했다. 지중해 동부 도시들로부터 대량의 향신료, 고급 직물, 러그 등 여러 상품을 구입한 이력은 1400년 이후의 문헌에서 쉽게 찾아볼 수 있고, 그곳의 풍경을 그린 일부 회화 작품에는 사치품, 이국적인 동물, 독특한 옷차림을 한 사람들의 모습이 풍성하게 담겨 있다. 서구 기독교 세력이 무슬림에게 대항할 수 있는 반대 논리는, 콘스탄티노폴리스 자체가 그리스와 로마의 유산이며 오스만이 지배하는 땅

---

27 E. Natalie Rothman, *Trans-Imperial Subjects Between Venice and Istanbul* (Ithaca, NY: Cornell University Press, 2012).

의 상당 부분이 원래 기독교 세력의 것이었다는 주장이었다. 정복자 메흐메트(Mehmet) 2세는 콘스탄티노폴리스를 포위하고 있는 동안에도 정기적으로 그리스 문학 작품의 구절을 읽어달라고 하여 들었고, 정복에 성공한 뒤에는 1490년부터 시작된 톱카프 궁전 건설에 이탈리아의 건축 기술자들을 불러 고전 양식의 기둥과 아치를 제작할 수 있게 되었다고 기뻐했다.[28] 베네치아의 통치자들은 기꺼이 그에게 화가를 빌려주었고, 젠틸레 벨리니(Gentile Bellini)와 조반니 벨리니(Giovanni Bellini)는 콘스탄티노폴리스로 건너가 메흐메트의 초상화를 그렸다. 이탈리아 화가들의 유화(oil painting) 제작 기술은 오스만의 화가들보다 뛰어났다. 이탈리아 화가들은 알하젠(Alhazen, 본명은 Abu Ali al-Hasan Ibn al-Haytham, 이라크 바스라 태생의 과학자, 1041년 이후 사망)의 명암과 원근법 이론을 라틴어 번역본(《광학의 서De Aspectibus or Perspectiva》)으로 공부하여 깊이와 음영 효과에 정통했기 때문이다.[29] 1480년 이전 어느 무렵, 젠틸레 벨리니 혹은 나폴리의 궁정화가 코스탄초 다 페라라(Costanzo da Ferrara, 이스탄불에 임대해준 화가 중 한 명)가 그린 작품이 남아 있는데, 화려한 옷을 입은 즐거운 표정의 무슬림 서예가를 그린 그림이다. 작품의 우측 상단에는 서예가가 쓴 매우 세련된 아랍어 글귀가 더해져 있다. 그 뒤 어느 시점에 오스만 제국의 어느 화가가 그 자세와 태도를 모방한 작품을 그렸다. 이 작품에서도 마찬가지로 화려한 옷을 입은 인물이 등장하

---

28 Jerry Brotton, *The Renaissance Bazaar: From the Silk Road to Michelangelo* (Oxford University Press, 2002), pp. 48-52, plate 2.
29 Hans Belting, *Florence and Baghdad: Renaissance Art and Arab Science* (Cambridge, MA: Belknap Press of Harvard University Press, 2011), esp. ch. 3.

〔그림 3-1〕 앉아 있는 서예가, 1479~1481년작(종이에 펜과 갈색 잉크, 수채 물감, 금을 사용)

〔그림 3-2〕 오스만 제국의 초상화 화가, 15세기 말엽

지만, 그는 서예가가 아니라 초상화가였다(그림 3-1, 그림 3-2).[30]

오늘날 남아 있는 문헌이나 예술 작품은 그리 많지 않지만, 적어도 1400~1600년대의 문화 교류를 추적할 수 있을 정도의 자료는 남아 있다. 이를테면 기독교도, 무슬림, 유대인의 천문학 및 지리학 자료와 고대 문헌 등이다.[31] 신앙의 차이를 넘어 개인적 인연을 맺을 수 있었던 이유는, 특히 모든 종교의 지식인들이 "문헌에 근거한 추론"이라는 공통된 방식을 염두에 두고 있었기 때문이다. 또한 성서에 기록된 천지창조와 종말의 정확한 날짜를 알려면 천문역법 자료가 중요했다. 무슬림 천문학자들은 그리스 문헌에 등장하는 이론과 데이터를 꾸준히 점검하고 또한 발전시켰다. 그중 가장 뛰어난 기록이라면, 프톨레마이오스(Ptolemaios) 등의 주석에 다시 주석을 단 형태의 저서들이었다.[32] 사마르칸트에 있던 울루그 베그(Ulugh Beg) 천문대에서 1420년대에 관측한 천문표(天文表, astronomical tables)가 당시 최상급 자료에 속했다. 코페르니쿠스 또한 그 자료를 이용했다. 프톨레마이오스 천문학의 약점은 모두가 알고 있었고, 또한 덴마크의 천문학자 튀코 브라헤(Tycho Brahe)나 코페르니쿠스가 발표한 천체 시스템의 위험성도 익히 알려져 있었다. 〈욥기〉 9장 6절의 내용처럼, 과연 신이 "지진을 일으키어 땅을 밑뿌리에서 흔드시고, 땅을 받치는 기둥을 흔드는"(새번역 구약 참조 – 옮긴이) 것

---

30 Brotton, *Renaissance Bazaar*, pp. 137-43, plates 7 and 8.
31 Avner Ben-Zaken, *Cross-Cultural Scientific Exchanges in the Eastern Mediterranean, 1560-1660* (Baltimore, MD: Johns Hopkins University Press, 2010).
32 George Saliba, *Islamic Science and the Making of the European Renaissance* (Cambridge, MA: MIT Press, 2007), pp. 1-72.

일까? 어쩌면 가장 오래된 성서 사본이 나타날 수도 있다. 예를 들면 랍비의 구술 전통을 거부하고 엄격한 문헌에 근거하는 카라이트(Karaite)파 유대인이 그런 성서 사본을 발굴할 수도 있다. 그러면 움직이지 않는 지구 이론을 부정한 코페르니쿠스의 입장을 오히려 지지하는 내용이 등장할 수도 있다.

지식의 상호작용은 인도의 고아(Goa)에서부터 네덜란드의 암스테르담까지 연결되어 있었다. 피에트로 델라 발레(Pietro della Valle)는 1623년 인도의 고아에서 크리스토포로 보리(Christoforo Borri, S.J.)라는 인물을 만났다. 델라 발레는 나폴리에서 코페르니쿠스와 "피타고라스" 이론에 관심을 가진 부유한 지식인들의 후원을 받던 예수회 선교사로, 오늘날 베트남 중부 지역에 선교 기관을 설립하고 돌아가는 길이었다.[33] 델라 발레는 라틴어판 불가타(Vulgata) 성서나 랍비의 구전 자료보다 더 오래된, 그래서 더욱 신뢰할 만한 구약성서 사본을 찾는 중이었다. 그 과정에서 이스파한(Isfahan) 근처 라르(Lār)라는 곳에서 무슬림 및 유대인 학자들의 환영을 받고 함께 여가를 보내며 배움의 시간을 가져 특히 즐거웠다고 한다. 크리스토포로 보리는 당시 예수회에서 받아들인 튀코 브라헤의 우주론이 베트남 지식인들의 개종에 기여한 바 있다고 주장했다. 델라 발레는 크리스토포로에게 들은 설명을 요약해서 능숙지 못

---

33 보리(Borri) 또는 보루스(Borrus)가 코친차이나, 즉 오늘날 베트남 중부에서 활동한 것에 대해서는 다음을 참조. Samuel Baron and Christoforo Borri, *Views of Seventeenth-century Vietnam: Christoforo Borri on Cochin China and Samuel Baron on Tonkin* (Ithaca, NY: Cornell University Southeast Asia Publications, 2006), pp. 15-73 and 85-185.

하나마 페르시아어로 번역하는 작업에 착수했다. 그리고 라르에서 만난 학자들 중에서 천문학에 관심이 높을 법한 우수한 인물에게 결과물을 보내주었다. 그가 보낸 텍스트에는 망원경을 통해 유럽인이 새롭게 관찰한 성과와 갈릴레오의 사상 일부가 포함되어 있었지만, 갈릴레오라는 이름은 언급되지 않았다. 그리고 라르에 있는 유대인 친구들에게 고대 성서 사본, 특히 〈욥기〉를 구할 수 있는지 다시 물어보라고 요청했다. 어떤 과정을 거쳤는지는 알 수 없지만, 이 텍스트는 오늘날 바티칸 궁정 도서관에 보관되어 있다. 당시 이 텍스트가 라르에 있는 누군가에게 영향을 미쳤는지, 또한 라르까지 제대로 도착했었는지조차 지금으로서는 알 수 없다.[34]

 지식인들의 다양하고 개방적인 교류를 증언해줄 또 하나의 책이 있다. 크레타섬 출신의 유대인 조셉 솔로몬 델메디고(Joseph Solomon Delmedigo)가 히브리어로 저술한 《세페르 엘림(Sefer Elim)》이다. 1629년 암스테르담에서 랍비 메나세 벤-이스라엘(Menasseh Ben-Israel)에 의해 출간된 이후 유대인 전통에 관심을 가진 많은 기독교 지식인이 이 책을 찾았다. 스피노자도 한때 델메디고의 제자였다. 델메디고는 이탈리아의 파도바(Padova) 대학교에서 갈릴레오와 함께 연구했고, 동부 지중해의 무슬림 지역으로 널리 여행을 다니기도 했다. 오늘날의 학자들은 당시 새로운 천문학에도 기여한 그가, 고대 유대인의 모호한 전통, 카라이트파의 성서, 유대교 신비주의 사상인 카발라(Cabala) 등에도 그토록 열정적인 관심을 기울였다는 사실을 의아하게 여긴다. 그러나 당시의 학

---

34 Ben-Zaken, *Cross-Cultural Scientific Exchanges*, pp. 47-75.

문적 대화에 참여한 지식인들의 입장에서는 천문학을 바로잡아 천지창조와 종말의 시기를 정확히 파악하는 것과, 새로운 천문학을 뒷받침해 줄 고대의 성서 사본을 찾는 일이 서로 못지않게 중요한 일이었다.[35]

놀라운 문화 교류의 대미는 코페르니쿠스 이론이다. 프톨레마이오스 이론의 문제점을 해결하기 위해 많은 이론이 제시되었고, 코페르니쿠스 이론도 그중 하나였다. 코페르니쿠스는 진동운동으로 관측되는 천체가 사실은 원운동을 하고 있다고 주장했다. 1543년에 발표된 코페르니쿠스의 천체도는 나시르 앗딘 알투시(Nasīr al-Dīn al-Tūsi, 사망 1274년)의 천체도와 정확히 일치한다. 그림에 들어간 철자까지 똑같은데, 다만 알투시가 아랍어 알리프(alif)로 표기한 철자는 대문자 A로, 아랍어 바(bā)로 표기한 철자는 대문자 B로 바꾸는 정도였을 따름이다. 당시 코페르니쿠스가 아랍어를 알고 있었다는 증거는 없다. 그리고 오늘날까지 알투시의 저서가 이탈리아에 전해졌다는 증거도 없다. 아마도 당시 코페르니쿠스가 알투시의 저서를 읽을 수 있도록 누군가가 도와주었을 것으로 추정된다.[36]

당시 문명의 충돌이 계속되는 가운데 존재했던 상호 존중과 학습은 중요한 사례가 아닐 수 없다. 그러나 그것이 지속적이지 못한 연약한 관계였다는 사실도 간과해서는 안 된다. 브라헤, 케플러, 심지어 뉴턴에 이르기까지 중요한 과학의 선구자, 그리고 그들의 연구를 지원한 통치자와 귀족은 대개 천문학과 계시록의 의미에 관심이 높은 경우가 많았다.

---

35 Ben-Zaken, *Cross-Cultural Scientific Exchanges*, pp. 76-103.
36 Saliba, *Islamic Science*, pp. 196-201.

오스만 제국에서는 점성술에 대한 뿌리 깊은 적대감이 있었다. 특히 쉴레이만 대제 이후 통치자의 세력이 약해지면서 우려는 더욱 커졌다. 이런 분위기가 결합되어 1580년 콘스탄티노폴리스의 천문대가 철거되는 사건으로 이어졌다. 인물이나 장소 혹은 자연을 그릴 때 사용된 원근법 등의 새로운 기법은, 유럽에서는 기존의 "문헌에 근거한 추론" 문화를 대체하여 경험 중시 문화를 만들어냈지만, 그것이 알하젠(알하이삼) 등의 이론에 뿌리를 둔 기술이었음에도 불구하고 무슬림 세계에서는 별다른 관심을 불러일으키지 못했다.[37]

스페인, 아즈텍, 잉카

1518~1522년 멕시코 평원에서는 완전히 다른 문화를 가진 민족들이 대충돌하는 역사적 장면이 펼쳐졌다. 그 결과 아즈텍 제국은 산산이 흩어졌고, 테노치티틀란의 거대한 사원과 궁전은 파괴되었다. 그러나 그 폐허 위에서 가장 오래도록 지속될 문화 융합이 생성되었다. 그때 시작된 문화는 오늘날까지 여전히 이어져오고 있다. 필자가 글을 쓰는 남부 캘리포니아에서는 과달루페의 성모상(Virgin of Guadalupe)을 그린 벽화를 어렵지 않게 찾아볼 수 있다. 과거 아즈텍의 여신을 모시던 사원 유적에서 원주민 후안 디에고(Juan Diego)라는 사람에게 성모마리아가 모습을 나타냈다는 놀라운 전설의 진위는 대단히 의심스럽지만,[38] 1522년 이후 열정적이고 이상주의적인 수도사들이 멕시코 평원의 원주민을 개

---

37 Ben-Zaken, *Cross-Cultural Scientific Exchanges*, p. 133.
38 Peter Bakewell, *A History of Latin America*, 2nd edn. (Malden, MA: Blackwell, 2004), pp. 254-5.

종시키려는 노력을 시작했다. 그들은 많은 원주민이 신성한 장소의 힘을 믿고 있으며, 성스러운 여성성에 이끌린다는 사실을 틀림없이 이해하고 있었다. 선교사들은 나우아틀어를 완전히 습득했고, 라틴어 알파벳으로 나우아틀어를 표기하여 방대한 저술을 남겼다. 멕시코 평원에 살던 사람들의 역사와 신앙에 관한 내용도 다수 포함되었다. 그리고 주요 인사의 아들들에게는 스페인어가 아니라 라틴어와 나우아틀어를 교육시켰다. 그들로부터 새로운 신앙을 배운 세대가 이후 지역 차원의 원주민 정치를 관할하게 되었다. 선교사이자 성직자, 그리고 새로운 세대를 도운 인사들은 고대 멕시코 여신의 축제일 명칭을 가톨릭 축제일 혹은 가톨릭 성인(聖人)의 날로 바꾸는 데 전혀 거리낌이 없었다. 지역 주민들은 계층을 막론하고 전통 양식과 기술로 새로운 신앙을 표현한 예술 작품을 반가워했다. 선교사들이 지역 예술가 양성에 교육의 중점을 둔 것도 인상적인 일이 아닐 수 없다.[39] 베르나르디노 데 사아군(Bernardino de Sahagún)은 원주민 학자와 예술가 들을 초빙하여 12권 분량의 《일반 역사(Historia general)》를 편찬했다. 이 책에는 정복 이전의 과거에 대한 내용이 상당 분량 담겨 있으며, 아메리카 원주민과 유럽의 예술 전통을 이어받은 삽화도 수록되어 있다. 깃털로 만드는 모자이크화 작품(feather-work)도 삽화로 남겨두었는데, 놀랍기 그지없는 장면이다. 이후 지역 공동체 지도자들은 "티툴로스(titulos)"라는 제목 아래 현지의 신화와 역사를 수집하여 공동체의 토지 소유권을 주장할 때 근거로 활용했

---

39 Gauvin Alexander Bailey, *Art of Colonial Latin America* (London: Phaidon, 2005).

다.⁴⁰ 공간의 구조 방식은 강력한 융합의 결과로 나타났다. 스페인 사람들과 아즈텍 사람들이 건설한 도시의 구조는 격자형으로 동일했다. 또한 개방형 예배 공간을 설치해서 지역 축제 전통을 수용할 수 있도록 배려한 교회가 많았다. 특히 과거 오랜 전통의 성지 위에 세워진 교회가 많았다. 가장 인상적인 교회는 도시 촐룰라(Cholula)에 있던 아메리카 최대 피라미드 위에 건설된 구원의 성모(Nuestra Señora de los Remedios) 성당일 것이다.

멕시코 평원에서는 수많은 지역 내 갈등이 있었고, 이단을 처형하는 사건도 간혹 있었으며, 스페인 통치 지역의 경계에서 좀 더 많은 충돌이 빚어지기도 했다. 마야 문명 지역과 잉카 제국의 고산지대에서는 더욱 극적인 충돌 양상이 빚어졌다. 마야에는 고도로 발달한 우주론과 시간 이론이 있었고, 그들은 스페인의 정복을 나름의 우주론으로 설명했다. 그리고 과거의 신들을 몰래 섬겼는데, 지형상 이를 숨길 곳은 부족하지 않았다. 1560년대에 은둔의 신앙이 발각되자 최소 158명이 목숨을 잃었고, 무자비한 고문 끝에 불구가 된 사람은 훨씬 더 많았다.⁴¹ 그러나 오늘날에도 매우 복잡한 종교적 융합 의례에 매료된 관광객들이 유카탄 반도나 과테말라 고산지대를 여행하곤 한다.

스페인 사람들과 잉카 사람들의 첫 만남은 대단히 폭력적이었다. 제국의 수도 쿠스코(Cuzco)에 있는 여러 사원과 의례의 관습이 여지없이 파괴되었다.⁴² 그러나 코르푸스 크리스티(Corpus Christi) 대축일(聖體

---

40 Bakewell, *History of Latin America*, p. 252.
41 Inga Clendinnen, *Ambivalent Conquests: Maya and Spaniard in Yucatan, 1517-1570* (Cambridge University Press, 1987).

聖血大祝日)이 잉카의 인티라이미(Inti Raimi) 대축제(태양의 축제)와 같은 날이라 다행으로 여기는 사람들도 없지 않았다. 구아만 포마(Guaman Poma)나 가르실라소 데 라 베가(Garcilaso de la Vega) 등 몇몇 지식인은 종합적인 새로운 방식에 과거의 전통이 보존될 수 있기를 바랐다. 쿠스코를 비롯한 주요 도시에서 기존의 관습과 문화를 근절하려는 스페인 사람들의 노력은 지속적으로 강화되었다. 그러나 도시에서 멀리 떨어진 지역에서는 전통적인 생활 방식이 여전히 남아 있었다. 원주민 성직자와 조상의 미라는 숭배 대상이었다. 스페인 사람들은 이를 발견할 때마다 파괴해버렸으나, 미라를 숨기기란 그리 어렵지 않았다. 미타(mita, 노역)에 동원되어 광산에 투입되는 노동은 혹독했다. 외곽에 멀리 떨어진 지역에서는 노역 징발에 대한 저항이 일어났다. 마지막 사건은 1780~1781년 티티카카호 주변에서 일어난 투팍 아마루(Tupac Amaru) 2세의 투쟁이었는데, 메스티소나 전통 귀족은 그를 지지하지 않았다. 문화 교류의 긴장과 모순이 정치적 격변으로까지 이어지지는 않았다.

유럽과 아메리카에서는 성모마리아를 그린 수많은 회화 작품이 제작되었다. 널찍한 삼각 구도로 화려하게 장식된 복식은 성모마리아의 위엄을 나타낸다. 초기 근대 세계사에서 매우 중요한 장소 중 하나인 포토시(Potosí)에서도 그와 같은 성모마리아상이 제작되었다. 기독교뿐만 아니라 아메리카식의 위엄을 표현해준 작품이었다. 그림 전면에 그려진 제작 후원자(왕과 주교와 성직자)는 모두 유럽인이다. 성모마리아의 머리

---

42 Sabine MacCormack, *Religion in the Andes: Vision and Imagination in Early Colonial Peru* (Princeton University Press, 1991).

에 왕관을 씌워주는 성부와 성자의 발아래로 그려진 거대한 갈색 삼각형 모양은 포토시의 산(山) 세로리코(Cerro Rico)다. 산속에 오솔길과 터널 입구가 보이며, 그 아래로 원주민의 인사를 받는 잉카 왕실 복장의 작은 인물상이 그려져 있다.[43]

콩고에서 브라질까지, 새로운 아프리카 문화

"검은 대서양(Black Atlantic)" 역사의 중심에는 세계사 최악의 무서운 이야기가 놓여 있다. 이른바 "대서양 중부 횡단 항로(middle passage)"(아프리카와 아메리카 노예무역 노선이었던 대서양 중부 무역로 – 옮긴이)와 사탕수수 농장 노예의 가혹한 노동, 그들의 짧았던 기대 수명 같은 이야기다. 그러나 그 와중에 크레올어가 생겨나 21세기에도 여전히 살아 숨 쉬고 있다. 또한 아프리카화된 기독교에서부터 쿠바의 산테리아(Santería), 아이티의 보둔(Vodun), 브라질의 칸돔블레(Candomblé) 등 아프리카 색채가 명백한 종교적 표현, 룸바에서 포스트모던 재즈까지 대중음악의 흥행이 만들어졌다.[44] 사람들은 어떻게 그토록 엄혹한 상황에서도 이렇게 많은 것을 만들어냈을까? 여기에 대답하려면 우선 대서양 양안의 교류에 초점을 맞춰보는 것이 중요할 것이다.[45]

---

43 Bailey, *Art of Colonial Latin America*, p. 96. 이 이미지는 허가를 얻지 못하여 책에 수록하지 못했다. 그러나 웹에서 "Virgin of Cerro Rico"를 검색하면 쉽게 찾을 수 있다.
44 Joseph M. Murphy, *Working the Spirit: Ceremonies of the African Diaspora* (Boston, MA: Beacon Press, 1994).
45 John Thornton, *Africa and Africans in the Making of the Atlantic World*, 2nd edn. (Cambridge University Press, 1998), and John Thornton, *A Cultural History of the Atlantic World* (Cambridge University Press, 2012), pp. 60-99, 209-11, 248-63, and 386-96.

첫걸음은 놀랍고도 교훈적이었다. 포르투갈이 콩고의 왕들과 관계를 맺은 것이 그 시작이었다. 당시 콩고의 왕위 계승자가 가톨릭으로 개종했다. 어쩌면 그가 경쟁자들을 물리치고 1506년 왕위에 오를 때 포르투갈의 도움을 받았을 수도 있다. 그를 비롯하여 가톨릭을 받아들인 사람들은 선교사들이 전통 종교의 신전을 파괴하고 포르투갈 석공들을 데려와 석조 건물을 짓고, 특히 군인들이 화약 무기인 총을 쏘는 것을 목격했으니, 그들이 알지 못하는 어떤 힘을 포르투갈이 가지고 있다고 생각했을 것이다. 콩고의 가톨릭 왕 동 아폰수(Dom Afonso)는 40년이 넘도록 왕위에 머물렀다. 그는 포르투갈의 왕과 많은 서신을 교환했으며, 교황은 포르투갈에서 교육받은 그의 왕자들 중 한 명을 콩고의 주교로 임명했다. 이 관계를 매우 신중하게 고려한 포르투갈 왕실은 고문관, 석공을 비롯한 여러 장인, 더 많은 선교사를 파견했다.

그러나 동 아폰수가 1545년 사망하기 이전부터 이미 암울한 현실이 조금씩 드러나 자발적 개종과 문화적 변화의 꿈을 깨트려버렸다. 노예무역과 침략이 내륙 곳곳에 침투하여 왕국의 통일성을 약화시켰다. 포르투갈의 콩고 내전 개입으로 1660년대 이후 콩고의 가톨릭 왕국은 완전히 무너졌다. 콩고인이 개종했다고 해도 당연히 전통 신앙이나 관습을 완전히 버리지는 않았다. 일반인은 징조, 꿈, 초자연적인 힘에 의지한 치유에도 여전히 많은 관심을 가지고 있었다.

콩고의 토속신들은 종종 가톨릭 성인(聖人)과 동일시되었다. 콩고인은 어떤 식으로든 저승 세계와의 관계를 유지했다. 그들에게 기억 속 최근 조상들과의 관계는 특히 중요했다. 한편 가톨릭은 오래전 과거의 사건에 권위가 있었다. 현재의 위계질서는 과거의 사건이 신과 성인의 편인지 악마의 편인지를 구분하는 판단 위에 서 있는 것이었다. 그러나 선교사들은 우상과 영혼의 집을 파괴했고, 지역 정체성과 성인을 연결하는 사고를 결코 용납하지 않았다. 어느 젊은 여성 예언자가 나타나 성 안토니우스(St. Antonius)의 말씀을 전한다고 주장하고 많은 신도를 확보했을 때, 이와 같은 정체성의 위기는 극에 달했다. 그녀는 1706년 말뚝에 묶여 화형당했다.[46] 콩고인의 종교적 혼합주의는 이탈리아의 프란치스코회 수도사들이 개입하면서 더욱 강화되었다. 그들은 포르투갈과 상관없이 콩고로 들어왔다. 그들이 콩고인의 종교적 관습을 근절하기 위해 남겨둔 기록이 오늘날 우리가 당시의 상황을 연구할 때 최고의 자료로 활용되고 있다. 당시의 관습과 갈등은 멀리 무대를 옮겨 브라질까지 전파되었다.[47]

1600년대 브라질에서는 많은 노예가 혹독한 노동 조건과 질병으로 불과 몇 년 사이에 목숨을 잃는 일이 즐비했다. 노예 대부분은 오늘날의 앙골라 지역에서 건너온 지 얼마 안 된 사람들로, 그들과 함께 앙골라 지역 음분두(Mbundu)족의 언어와 문화가 대서양을 건너와 수 세대에 걸쳐 그대로 보존되었다. 그들의 치유와 점술 관습이 특히 상세하게 기록으로 남아 있다. 로마 가톨릭 성직자의 눈에는 그 모든 게 악마의 일로 보였지만, 극히 일부의 백인은 치료와 점술이 다급할 때 그들을 찾기도 했다. 노예뿐만 아니라 백인도 목에 부적함(포르투갈어로 bolsa, 유

---

46 John Thornton, *The Kongolese Saint Anthony: Dona Beatriz Kimpa Vita and the Antonian Movement, 1684-1706* (Cambridge University Press, 1998).
47 James H. Sweet, *Recreating Africa: Culture, Kinship, and Religion in the African-Portuguese World* (Chapel Hill, NC: University of North Carolina Press, 2003).

럽의 여러 언어에서는 주로 fetish)을 걸고 다녔다. 그 속에는 약초와 재, 그리고 아마도 기독교 기도문이 들어 있었을 것이다.[48] 공식적으로는 개종한 노예들도 유럽의 성직자들에게 개혁을 요구했다. 예컨대 성인의 유골을 담은 석재 상자는 성찬례에서 필수 불가결한 요소로 간주되었으며, 성찬례에서 축성된 돌 조각 혹은 빵 조각은 부적함에 넣을 수 있었다. 그러나 이와 같은 혼합주의적 관습은 성직자는 물론 농장주나 관리들도 반대했다. 다수의 노예를 동원할 수 있는 그들의 관습을 두려워했기 때문이다. 아프리카 전통의 주술사로부터 치료를 받으려는 사람들은 대부분 여성이었고, 백인은 극소수에 불과했다. 도밍구스 알바르스(Domingos Álvares)라는 이름의 유능하고 카리스마 넘치는 아프리카 주술사의 모험을 추적할 수 있는, 600페이지에 달하는 종교재판 기록이 남아 있다. 그의 노력은 폄훼되었고, 결국 포르투갈로 추방되는 것으로 이야기가 끝나는데, 포르투갈에는 아프리카인의 공동체가 없었기 때문에 그의 주술을 필요로 하는 사람을 찾기가 쉽지 않았을 것이다.[49]

가톨릭 성인과 강력한 영혼 혹은 조상신을 동일시하는 관습은 이미 콩고에서 등장한 바 있었다. 또한 고향과 혈연으로부터 이탈한 노예에게 종교는 강력한 사회적 연대의 틀을 제공했다. 특히 도시에서 남성들은 특정 성인을 섬기는 형제단을 결성하여 축제 때 음악과 춤을 곁들이며 행진했는데, 이는 아프리카 문화의 영향이 매우 뚜렷한 관행이었다.

---

48 Sweet, *Recreating Africa*, pp. 179-83, and James H. Sweet, *Domingos Álvares, African Healing, and the Intellectual History of the Atlantic World* (Chapel Hill, NC: University of North Carolina Press, 2011), pp. 62-3.
49 Sweet, *Domingos Álvares*.

형제단 가입이 아프리카의 출신지나 언어를 공유하는 사람들로 제한되는 경우도 흔했다. 성모를 위한 묵주기도가 특히 유행했는데, 부적함처럼 목에 거는 묵주(Rosario)는 신앙의 표식이자 외부 세계의 잔인함과 위험을 막아주는 방어 수단이었다. 1700년대에 이르러 노예무역에서 앙골라가 쇠퇴하자, 노예 대부분은 오늘날의 토고, 베냉, 나이지리아 지역에서 건너왔다. 그들과 함께 새로운 언어와 신이 브라질로 들어왔고, 이는 다시 브라질과 카리브해 연안의 활발한 문화를 만들어가게 되었다.

유럽과 세계

이와 같은 타문화의 만남이 당시 유럽에 어떤 활력을 불어넣거나 다원적 중심을 형성하는 데 도움이 되었는지 묻는다면, 그와 관련된 다양한 주제와 연구 성과를 소개만 하려 해도 이 글과 같은 또 한 편의 논문이 필요할 것이다. 그와 같은 문화적 전파는 (전부는 아니지만) 대부분 인쇄술의 확산을 매개로 이루어졌다. 판화가, 화가, 인쇄공의 기술로 뛰어난 작품이 만들어졌다(그림 3-3). 우리가 연구한 바에 따르면, 유럽을 벗어난 세계의 다른 지역에서 사정은 그렇지 않았다. 심지어 지중해 지역에서도 필사본에 의존하는 경우가 많았고, 특히 아메리카에서는 완전히 구술에 의한 교류였다. 이슬람에서는 1800년 이후까지 인쇄술을 적극적으로 거의 활용하지 않았다. 그럼에도 불구하고 무슬림이 다양하고 창의적인 교류에 참여할 수 있었던 배경은 여러 가지가 있다. 일단 유라시아와 아프리카에 걸쳐 있다는 이슬람 권역의 지리적 위치와, "책의 사람들"에 대한 원칙적 관용과 양가적이긴 하지만 힌두교에 대한 포용도 그 배경이었다. 그리고 수피즘 지도자들의 이교도적 우주론과 영혼 및

〔그림 3-3〕《세상 모든 종교 의례와 관습(Cérémonies et coutumes religieuses de tous les peuples du monde)》표지, 1723~1743년, 베르나르 피카르(Bernard Picard)의 도판화
세계의 종교적 관습을 기록한 판화로, 유럽의 인쇄본에는 이처럼 타문화를 담은 내용이 텍스트뿐만 아니라 삽화로도 많이 수록되어 있다.

체험의 표현을 개방적으로 대했다. 이 모든 사례를 연구하면서 우리는 우연적 인연의 놀라운 결과를 목격했다. 나이 어린 팍파를 몽골군 진영에 남겨두고 떠나기로 한 결정, 코페르니쿠스가 고작 철자를 변경했을 뿐인 아랍의 천체도 등이 모두 마찬가지였다. 그러나 모든 경우에는 나름의 논리가 숨어 있었다. 티베트와 몽골의 우호 관계, 무슬림과 기독교 자연철학자들의 공통된 문제의식과 사고방식 등이었다. 넘어설 수 없는 문화적 차이의 장벽 같은 것은 발견할 수 없었다. 자연의 세계는 몇 가지 개방성을 포함했다. 치료, 축제의 장소, 하늘 등이 그런 사례였다. 무엇보다도 우리는 강렬한 감정과 영적인 힘을 느낄 수 있었다. 브라질에서 등장한 아프리카의 신들과 주술사, 지중해 지역에서 벌어진 계시록의 열정적 해석, 라르(Lār) 지식인들의 삶에 매력을 느낀 피에트로 델라 발레가 그랬다. 이런 분위기는 잠재적으로 이 글이 집필되는 2013년까지도 세계의 대부분 지역에 전해 내려오고 있다. 오늘날에도 저마다 각기 다른 전통의 유산을 물려받은 수많은 사람이 사상과 영적 교류를 통해 서로를 이해하는 다리를 만들고자 한다. 훗날 시크교의 구루가 된 나나크(Nanak)도 처음에는 자신이 "힌두교도도 아니고 무슬림도 아닌" 길을 가게 될 줄은 몰랐을 것이다.

더 읽어보기

Bailey, Gauvin Alexander, *Art of Colonial Latin America* (London: Phaidon, 2005).
_____, *Art on the Jesuit Missions in Asia and Latin America, 1542–1773* (University of Toronto Press, 1999).
Bakewell, Peter, *A History of Latin America*, 2nd edn. (Malden, MA: Blackwell, 2004).
Belting, Hans, *Florence and Baghdad: Renaissance Art and Arab Science* (Cambridge, MA: Belknap Press of Harvard University Press, 2011).
Ben-Dor Benite, Zvi, *The Dao of Muhammad: A Cultural History of Muslims in Late Imperial China* (Cambridge, MA: Harvard University Asia Center, Harvard University Press, 2005).
Ben-Zaken, Avner, *Cross-Cultural Scientific Exchanges in the Eastern Mediterranean, 1560–1660* (Baltimore, MD: Johns Hopkins University Press, 2010).
Brockey, Liam Matthew, *Journey to the East: The Jesuit Mission to China, 1579–1724* (Cambridge, MA: Harvard University Press, 2007).
Brotton, Jerry, *The Renaissance Bazaar: From the Silk Road to Michelangelo* (Oxford University Press, 2002).
Carey, Peter, *The Power of Prophecy: Prince Dipanagara and the End of an Old Order in Java, 1785–1855* [Verhandelingen van het Koninklijke Instituut voor Taal-, Land-, and Volkenkunde, 249] (Leiden: KITLV Press, 2007).
Clendinnen, Inga, *Ambivalent Conquests: Maya and Spaniard in Yucatan, 1517–1570* (Cambridge University Press, 1987).
Cole, W. Owen, and Piara Singh Sambhi, *The Sikhs: Their Religious Beliefs and Practices* (London: Routledge, 1978).
De Bary, Wm. Theodore, and Irene Bloom (eds.), *Principle and Practicality: Essays in Neo-Confucianism and Practical Learning* (New York: Columbia University Press, 1979).
Deuchler, Martina, *The Confucian Transformation of Korea: A Study of Society and Ideology* (Cambridge, MA: Council on East Asian Studies, Harvard University Press, 1992).
Eaton, Richard M., *Sufis of Bijapur, 1300–1700: Social Roles of Sufis in Medieval India* (Princeton University Press, 1978).
Elisonas, Jurgis, "Christianity and the Daimyo," in John Whitney Hall (ed.), James McClain (asst. ed.), *The Cambridge History of Japan* (Cambridge University Press, 1991, vol. iv, pp. 301–72.

Elverskog, Johan, *Buddhism and Islam on the Silk Road* (Philadelphia, PA: University of Pennsylvania Press, 2010).

_____, *Our Great Qing: The Mongols, Buddhism, and the State in Late Imperial China* (Honolulu: University of Hawaii Press, 2006).

Forêt, Philippe, *Mapping Chengde: The Qing Landscape Enterprise* (Honolulu: University of Hawaii Press, 2000).

Hodgson, Marshall G. S., *The Venture of Islam: Conscience and History in a World Civilization*, 3 vols. (University of Chicago Press, 1974).

Lapidus, Ira M., *A History of Islamic Societies* (Cambridge University Press, 1988).

MacCormack, Sabine, *Religion in the Andes: Vision and Imagination in Early Colonial Peru* (Princeton University Press, 1991).

Menegon, Eugenio, *Ancestors, Virgins, and Friars: Christianity as a Local Religion in Late Imperial China* (Cambridge, MA: Harvard University Asian Center, Harvard University Press, 2009).

Millward, James A. (ed.), *New Qing Imperial History: The Making of Inner Asian Empire at Qing Chengde* (London: Routledge Curzon, 2004).

Murphy, Joseph M., *Working the Spirit: Ceremonies of the African Diaspora* (Boston, MA: Beacon Press, 1994).

Ooms, Herman, *Tokugawa Ideology: Early Constructs, 1570-1680* (Princeton University Press, 1985).

Peterson, Willard J., "Learning from Heaven: The Introduction of Christianity and Other Western Ideas into Late Ming China," in John E. Wills, Jr. (ed.), *China and Maritime Europe, 1500-1800: Trade, Settlement, Diplomacy, and Missions* (Cambridge University Press, 2011), pp. 78-134.

Saliba, George, *Islamic Science and the Making of the European Renaissance* (Cambridge, MA: The MIT Press, 2007).

Standaert, Nicolas, *The Interweaving of Rituals: Funerals in the Cultural Exchange Between China and Europe* (Seattle, WA: University of Washington Press, 2008).

Sweet, James H., *Domingos Álvares, African Healing, and the Intellectual History of the Atlantic World* (Chapel Hill, NC: University of North Carolina Press, 2011).

_____, *Recreating Africa: Culture, Kinship, and Religion in the African-Portuguese World* (Chapel Hill, NC: University of North Carolina Press, 2003).

Thornton, John, *A Cultural History of the Atlantic World* (Cambridge University Press, 2012).

_____, *Africa and Africans in the Making of the Atlantic World*, 2nd edn. (Cambridge University Press, 1998).

_____, *The Kongolese Saint Anthony: Dona Beatriz Kimpa Vita and the Antonian Movement, 1684-1706* (Cambridge University Press, 1998).

Totman, Conrad, *Early Modern Japan* (Berkeley, CA: University of California Press, 1993).

Wills, John E., Jr., *The World from 1450 to 1700* (Oxford University Press, 2009).

Witek, John W., S.J., "Catholic Missions and the Chinese Reaction to Christianity, 1644-1800," in John E. Wills, Jr. (ed.), *China and Maritime Europe, 1500-1800: Trade, Settlement, Diplomacy, and Missions* (Cambridge University Press, 2011), pp. 135-82.

CHAPTER 4

법의 교류와 국제법의 기원

로렌 벤튼 Lauren Benton
애덤 클룰로 Adam Clulow

1636년, 네덜란드 동인도회사에서 일한 요스트 스하우턴(Joost Schouten)은 아유타야(Ayutthaya), 즉 시암(Siam) 왕국을 소개하는 글을 집필하기 위해 책상에 앉았다. "보통재판소(ordinary Justice)"라는 제목의 장에서 그는 자신이 목격한 그 나라의 법률 체계를 설명했다. 이국적이면서도 대단히 생소한 그 나라의 법은 과도한 독재와 이해할 수 없는 관습이 특징이라고 했다.[1] 그가 그린 전반적인 그림은, 당시 유럽인이 남긴 수십 건의 다른 기록물과 마찬가지로, 자신 같은 네덜란드인 체류자와 원주민 사이에는 도저히 건널 수 없는 법적 상식의 차이가 있다는 주장이었다. 그러나 그와 다른 입장을 드러내는 자료도 없지 않았다. 예컨대 아유타야 왕국에 있었던 네덜란드 공장의 역사 관련 자료를 검토해보면 전혀 다른 이야기가 드러난다. 무수히 많은 법률적 상호 관계의 사례 중에는 일부 통하지 않는 과정도 있었지만, 대부분은 비교적 원만하게 법적 토대를 공유했다. 이번 장에서 우리의 목표는 이와 같은 상반된

---

1 François Caron and Joost Schouten, *A True Description of the Mighty Kingdoms of Japan and Siam* (London, 1663), p. 131. 본 연구의 일부는 Fung Global Fellows Program of Princeton Institute for International and Regional Studies의 지원을 받았음을 밝혀둔다. 저자 애덤 클룰로는 Michael Gordin, Helder De Schutter, David Kiwuwa, Priti Mishra, Brigitte Rath, Ying Ying Tan께서 제공해주신 많은 유익한 조언에 감사를 표한다.

입장을 화해시키는 것이다. 이를 위하여 초기 근대 세계에서 타문화 사이의 교류, 갈등, 협상의 과정에 법률이 어떻게 개입되었는지를 구체적으로 검토해보고자 한다.

세계사 연구에서 법이라는 주제는 비교적 더디게 발전해왔다. 첫 번째 이유는 법의 역사 연구가 대개 단일 국가의 역사적 틀 안에서 다루어졌기 때문이다. 두 번째 이유는 국제법의 역사 검토가 주로 유럽사 중심으로 진행되었기 때문이다. 최근에서야 역사학자들은 세계적 관점에서 초국가적인 법적 절차나 제국의 법률을 분석하는 데 주목하기 시작했다. 그러나 그 과정에서 유럽의 비중을 줄이고 시공간적 범위를 "국제적"으로 확대하는 일은 결코 단순하지 않았다. 알렉산드로비치(C. H. Alexandrowicz)의 연구도 이러한 연구 사례 중 하나였다. 오늘날까지 자주 언급되는 1967년 연구에서 그는, 후고 그로티우스(Hugo Grotius, 또는 Hugo de Groot) 등 유럽 학자들이 주로 만들었지만 아시아의 관습을 광범위하게 참조한 만국공법(universal international law)이 이미 초기 근대에 존재했다고 주장했다.[2] 이러한 혼합적 법체계 덕분에 유럽과 아시아의 열강들은 문화적 차이를 넘어 사업 운영에 필요한 법적 개념을 공유할 수 있었으며, 이를 바탕으로 조약이나 기타 법적 문서를 이해할 수 있었다는 주장이다. 그러나 이를 비판하는 학자들은 타문화 간 법적 소통에 대한 지나치게 낙관적인 해석에 근거가 부족하다고 지적하며, 알렉산드로비치 논문의 논리적 약점을 비판했다. 그들은 만국공법을 형성한 유럽

---

2 C. H. Alexandrowicz, *An Introduction to the History of the Law of Nations in the East Indies* (Oxford University Press, 1967), p. 229.

의 법학자들이, 특히 공해의 자유(freedom of the seas) 같은 핵심 법적 개념을 과연 아시아의 관습에서 가져왔는가에 대해 의문을 제기했다.[3]

최근의 학자들은 다른 방향에서 국제법의 역사를 추적했다. 지리적 범위는 예전에 비해 포괄적이지 못하지만, 국제법 형성의 핵심이 식민지 현장에서 일어난 타문화 간의 접촉에서 비롯되었다는 견해를 기본적 전제로 한다. 그들의 주장에 따르면, 당시 유럽의 법학자들은 유럽과 유럽의 식민지로 변해가는 외지에서 발생하는 "차이의 역학(dynamic of difference)"을 설명하고자 했고, 그런 의도에서 제국의 지배 아래 일어나는 여러 가지 문제에 관심을 집중하게 되었다.[4] 사실 유럽과 식민지 사이의 법적 관계는 수 세기 전부터 꾸준히 논의된 바 있었다. 중세 말기의 기독교인은 이교도의 법적 지위에 관해 논쟁을 벌였고, 16세기 스페인의 학자 프란시스코 데 비토리아(Francisco de Vitoria)는 스페인의 서인도제도 정복에 대한 법적 근거를 논했으며, 19세기에는 국민국가의 주권을 바탕으로 하는 세계 시스템과 기존 제국 체제의 지속이 서로 모순되지 않도록 하기 위해 법학자들이 노력을 기울였다.[5]

이번 장에서 우리는 기존과 다른 제3의 접근법을 제시하고자 한다. 우리의 논의는 여러 국가를 포괄하는 만국공법이 존재했다는 알렉산드

---

3 알렉산드로비치의 그로티우스 해석에 이의를 제기한 최근 연구에 대해서는 다음을 참조. Peter Borschberg, *Hugo Grotius, the Portuguese and Free Trade in the East Indies* (Singapore: NUS Press, 2011).
4 Antony Anghie, *Imperialism, Sovereignty, and the Making of International Law* (Cambridge University Press, 2007), pp. 3-4.
5 James Muldoon, *Popes, Lawyers, and Infidels: The Church and the Non-Christian World, 1250-1550* (Philadelphia, PA: University of Pennsylvania Press, 1979); Anghie, *Imperialism*.

로비치의 결론을 받아들이지 않지만, 부분적으로는 그의 통찰에 기반을 두고 있다. 또한 국제 질서에서 제국의 중요성은 인정하되, 당시 유럽 바깥 지역에서 불거진 법과 주권의 문제가 서구의 법학자나 국제법학자가 해결할 문제라고 생각하지는 않는다. 우리는 1400년에서 1800년 사이 여러 유형의 정치 공동체에서 공통적으로 나타난 관행을 분석했다. 이를 토대로 서로 다른 정치 공동체들 사이에 맺어진 관계의 구조를 밝히고자 했다. 연구 결과 이러한 관행들이 국가를 초월하는 만국공법을 구성하는 요소라고 보기는 어려웠다. 다만 "조잡한 병렬식 형태"의 실체는 있었고, 정치 공동체들은 저마다 그중에서 몇 가지 기본적인 특성을 공유했다. 그래서 법적 행위자들이 다른 민족 혹은 다른 정치 공동체에 참여할 때, 타문화의 이해라는 모호한 개념보다는 공통된 기본 성격을 기초로 유추하여 서로를 이해할 수 있었던 것이다.[6]

당시 세계에서는 이른바 "국제관계법(interpolity law)"의 기본 요소가 존재했다. 즉 대부분의 지역에서 여러 다양한 집단이 이용할 수 있는 목록의 범위가 형성되어 있었다. 당시 어느 문화권에 속하든 정치 공동체라면 서로 간에 "합당하고 평화로운 관계"를 구축하고자 했다. 그렇게 되려면 일단 의사소통이 가능해야 했고, 상대방의 반응과 동기를 어느 정도는 짐작할 수 있어야 했다.[7] 이 글에서는 글로벌 확장에 따라 발생

---

6 Sanjay Subrahmanyam, *Courtly Encounters: Translating Courtliness and Violence in Early Modern Eurasia* (Cambridge, MA: Harvard University Press, 2012), xiv, pp. 24-5.
7 Leonard Andaya, "Treaty Conceptions and Misconceptions: A Case Study From South Sulawesi," *Bijdragen tot de Taal-, Land-en Volkenkunde* 134: 2/3 (1978): 284.

한 문제를 살펴보되, 법학 이론이나 학문적 문제보다는 공통적으로 나타난 법적 관습에 초점을 맞춰보려 한다. 당시 서로가 상식적으로 기대할 만한 요소들이 모여서 그러한 관행이 만들어졌을 것이다. 초기 근대(early modern)의 지역 질서 혹은 국제 질서는 당시 세계적으로 널리 퍼진 법적 관습에 따라 만들어졌으므로, 우리는 그중에서 세 가지 범주 혹은 그것을 대표하는 세 가지 항목의 대강을 논의해보려 한다. 그 세 가지란 의전(protocol), 사법관할(jurisdiction), 보호(protection)다. 이외에 지역 간 혹은 정치 공동체 사이에 통용된 법적 행위의 다른 범주들도 있었다. 예컨대 전쟁이나 계약 혹은 재산을 둘러싼 법적 관습 등이었다. 그러나 의전, 사법관할, 보호의 주제는 특히 폭넓게 확산된 패턴이었다. 의전에 따라 외교적 협상의 구조가 만들어졌고, 낯선 지역에서 법적 주장을 내세울 때도 의전이 기본적인 안내선이 되었다. 사법관할은 상인 공동체가 사건을 처리할 때나, 국가 혹은 지역 간의 관계를 유지할 때도 기본 조건이 되었다. 그리고 보호 협정은 통치자들 사이에 법적 권위를 공유할 수 있는 대표적 방식이었다.

이러한 범주들의 합이 곧 알렉산드로비치가 자신 있게 주장한 만국공법과 일치하지는 않으며, 유럽인이 바깥 세계 전체에 강요한 법적 실체도 아니었다. 그보다는 이러한 범주들에 따라 일정한 관습이 만들어졌고, 그것이 정치 공동체의 상호작용에 느슨하나마 발판이 되어주었다. 여기에는 아주 다양한 참여자가 개입되었다. 일부 유럽인도 있었지만 다수는 유럽인이 아니었다. 그 결과 탄생하게 된 국제관계법의 기본 틀은 세계적인 범위로 그 영향을 미쳤지만 지역마다 일관되게 적용되지는 않았다. 과연 유럽이 이와 같은 관행의 선구자였는지는 논외로 하더라도, 그 관행의 수혜자였다는 사실은 의문의 여지가 없다. 초기 근대 유럽의 해외 진출 성공은 부분적으로는 당시 유럽인이 기존의 법 개념을 잘 활용할 줄 알았고, 법적 기반을 만들고 유지하기 위해 애썼기 때문이다. 처음에 국제관계법의 요소들은 어디서나 통용될 수 있는 법적 장치의 일부로 간주되었다. 그러나 시간이 지나면서 그 성격이 달라졌다. 즉 국제관계법은 유럽인이 분리된 혹은 멀리 떨어진 지역이나 민족을 통치할 때 활용할 수 있는 통치 수단으로 점차 변질되어갔다.

의전

내부 권력 생성의 핵심은 의례에 달려 있었다. 능력 있는 통치자라면 명확히 규정된 의례를 적절한 방식으로 공개적으로 거행할 수 있어야 했다. 이런 관습은 대내적으로뿐만 아니라 대외적으로도 의미가 있었다. 초기 근대 세계에서 외교 의례, 즉 의전(儀典, protocol)은 정치 교류의 기본이었다. 의전이란 대단히 양식화된 복잡한 행위 절차의 총합으로, 외교의 목적을 달성하려면 의전이 제대로 지켜져야 했다. 간단히 말해 어떤 상황에서도 권위를 확정하려면 미리 정해진 절차에 따라, 정해진 시간에, 정해진 장소에서, 정해진 방식대로 의례를 거행해야 했다. 적어도 대다수의 관계자가 여기에 동의했다(물론 올바른 의례의 내용이 무엇인지에 관해서는 이견이 있을 수 있었다). 이러한 기대는 단순해 보일지 모르지만 실제 교류에 효용이 있었다. 관계의 형식적 절차와 암묵적 기준이 정해져 있었기 때문이다. 이러한 관습의 전부는 아닐지라도 대부분은 법과 관련이 있었고, 이를 통해 법적 권위를 확립하거나 법적 주장을 뒷받침할 수 있었다. 특히 국가의 주권을 뒷받침하는 외교와 관련된 의전, 그리고 사법관할의 행사와 관련된 의전은 매우 중요했다. 제국의 외교관들은 이를 통해 토지와 주민을 통제하고 있다는 권위를 과시할 수 있었기 때문이다.

외교는 의전에 긴밀히 결부되어 있었고, 지금도 물론 그러하다. 유럽에서는 외교와 관련된 "예의와 의식"이 세세히 규정되고, 기나긴 매뉴얼이 준비되어 있었다.[8] 인도의 무굴 제국과 중국의 명 제국 등 위계질서가 고도로 발달한 궁정에서는 외교 관계의 세부 규칙이 복식에서부터 행위 절차의 모든 순간에 이르기까지 명확히 지정되어 있었다. 일본에서는 17세기 초엽 도쿠가와 막부 초기의 쇼군들이 해외 교류를 통제하고자 "의례 규범"을 제정했다.[9] 아메리카에도 이에 못지않게 복잡한 시스템이 존재했다. 지역별 차이가 두드러지긴 하지만 외교 관계는 "특정 장소에서 특정 행위 절차에 따라 수행되어야 한다"는 전제가 정치 공동체 사이에 폭넓게 인정되고 있었다.[10] 의전에 대한 이와 같은 의식은 원주민과 유럽인 사이에서도 통용되었고, "외교적 상호주의(diplomatic reciprocity)"에 의해 더욱 강화되었다.[11]

의전을 따르지 않은 대표자들은 신변에 재앙을 초래했다. 샌드위치

---

8 Abraham de Wicquefort, *The Embassador and His Functions* (London, Lintott, 1716), p. 127.
9 Ronald Toby, *State and Diplomacy in Early Modern Japan: Asia in the Development of the Tokugawa Bakufu* (Stanford University Press, 1991), p. 170.
10 Jenny Pulsipher, "Gaining the Diplomatic Edge: Kinship, Trade, and Religion in Amerindian Alliances in Early North America," in Wayne Lee (ed.), *Empires and Indigenes: Intercultural Cooperation and Conflict in the Early Modern World* (New York University Press, 2011), p. 23.
11 Daniel Richter, *Facing East from Indian Country* (Cambridge, MA: Harvard University Press, 2001), p. 87.

섬(오늘날 하와이)에서 쿡 선장의 죽음은, 원주민이 외국인을 신으로 간주했음에도 불구하고 외국인이 지정된 의례를 따르지 않으면 어떤 일이 벌어지는지 명확하게 보여준 사례였다.[12] 외국으로 대사가 파견되었을 때, 그 나라에서는 파견된 대사의 의전 수행 능력을 보고 대사를 파견한 주권자의 부와 권력을 평가했다. 뿐만 아니라 그것이 곧 파견 주권자의 정통성을 인정하는 주요 지표이기도 했다. 17세기 외교사 전문가 아브라함 판 비케보르트(Abraham van Wickevoort)는 "대사 파견이나 접견보다 더 우월한 주권의 표시는 없었다"고 주장했다.[13]

지리적 거리는 대사 혹은 대리인이 의전과 의례를 제대로 수행하기 어려운 제한 조건이었다. 초기 근대에 새로운 바닷길이 열리면서 낯선 곳으로도 외교관이 파견되었고, 그곳에서 본국의 지위는 뚜렷하게 인정받지 못했다. 그럼에도 불구하고 대사나 외교관은 여러 다양한 통치자나 관리 들과 어떻게든 접촉하라는 명령을 받았다. 그들은 앞으로 자신에게 벌어질 상황을 예상하며 긴장을 늦출 수 없었다. 오스만 제국의 수도로 파견된 영국의 어느 외교관은 외국에서 제대로 인정받기 위해 상황을 준비하고 연습에 돌입했다. 그래서 동료에게 설명하며 의견을 구했다. 궁정의 문에 들어설 때 "양측 문지기 앞에 서면, 두 손을 가지런히 모아 몸에 바짝 붙인다." 그리고 안내에 따라 "황제의 앞으로 나아가면… 반드시 그의 무릎이나 늘어뜨린 옷자락에 입을 맞추어 경의를 표해야 한다."[14]

---

12 Marshall Sahlins, *How "Natives" Think: About Captain Cook, For Example* (University of Chicago Press, 1995).
13 Abraham de Wicquefort, *The Embassador*, p. 6.

의전 관련 지식이나 행동이 헷갈리거나 잘못되면, 문제는 금세 심각하게 악화될 수 있었다. 일찍이 인도의 무굴 제국에 파견된 영국의 외교관 미스터 에드워즈(Mr. Edwards)는 "대사의 직책과 직위를 제대로 수행하지 못해 호위병들에 의해 궁 밖으로 쫓겨났다. 그 결과는 회복할 수 없는 국가와 왕실의 명예 실추였다."[15] 의전이라는 리트머스 시험지를 통과하지 못할 우려는 누구에게나 있었다. 새로 관계를 맺으려는 유럽인뿐만 아니라, 기존에 오랜 세월 동안 외교 관계를 맺어온 나라의 외교관도 마찬가지 처지였다. 1634년 시암의 왕이 일본에 파견한 사신이 바로 그런 경우였다. 나가사키에 도착한 사신은 너무 거만한 태도를 보였고, 현지 관리에게 충분한 설명을 하지 않았다. 그래서 일본인 관리는 "쇼군에게 전하는 시암 왕의 친서 수령을 거절했고, 사신을 본국으로 돌려보냈다."[16] 외교 사절의 실패에 의한 금전적 손실도 상당했지만, 그에 따른 법적 피해는 이후 몇 년 동안 이어질 수도 있었기 때문에 전체적으로 손해가 막심했다. 통치자가 정통성을 잃어버리면 그에 속한 백성의 지위와 보호 조치도 박탈당하는 결과를 가져올 수 있었다. 그렇게 되면 선원은 해적이 되고 군인은 강도로 변했으며, 외교관은 자유 신분의 대리인에 불과한 신세가 되었다. 심지어 일본의 어느 관리는 네덜란드 사신들이 의전을 제대로 수행하지 못하는 것을 보고는 화가 나서, 의미 없는 종

---

14 Theodore Bent (ed.), *Early Voyages and Travels in the Levant* (London: Hakluyt Society, 1893), p. 65.
15 William Foster, *Early Travels in India* (Oxford University Press, 1921), pp. 229-30.
16 Iwao Seiichi, "Reopening the Diplomatic and Commercial Relations Between Japan and Siam During the Tokugawa Period," *Acta Asiatica* 4 (1963): 8.

이 쪼가리나 들고 온 "사기꾼"이라고 몰아붙였다는 이야기도 있다.[17]

무역 특권 기업 등의 조직체는 이런 문제에 더욱 취약했다. 유럽의 왕실은 특정 기업에게 국가에 준하는 권한을 부여했다. 그들은 독자적으로 전쟁을 수행할 권리도 있었고, 외국의 통치자와 협정 체결도 가능했다. 이런 기업들은 흔히 외교, 해양 무력, 영토 지배 등의 사업에 공격적으로 진출했다. 아시아를 비롯한 세계의 여러 지역에서 그들의 성공 비결은 해당 지역 통치자들의 승인을 지렛대로 삼아 기존의 국가들에 못지않은 주권을 행사하는 데 있었다. 그러나 그들이 의전을 숙지하지 못하면 현지에서 자유롭게 활동할 허가를 받지 못했다. 실제로 그런 일이 가끔 일어났다. 그 결과는 외교적 냉각기로 이어졌고, 그 사이에는 다양한 전략이 시도 또는 폐기되었다. 이렇게까지 되면 일부 기업은 외교의 해결사를 초빙했다. 유럽의 외교적 의전을 잘 아는 전문가로서, 그들이 아시아의 의전도 막힘 없이 잘할 거라는 기대가 있었다. 아마도 가장 유명한 인물은 토머스 로(Thomas Roe)였을 것이다. 영국 동인도회사는 그를 기용하여 대사의 지위를 회복할 임무를 맡겼다. 그것은 "그동안 그토록 많은 사람이 맡았지만 아무도 성공적으로 임무를 수행하지 못한 난해한 직책"이었다.[18] 동인도회사는 "용모가 탁월하고 존경받는 아주 특별한 외교관"이 필요하다는 결론을 내리고 토머스 로를 파견했다. 그

---

17 14 October 1627, Daghregister van de reijse gedaen bij Pieter Nuijts ende Pieter Muijser, oppercoopman, als ambassadeurs aen den keijser ende rijcxraden van Japan van 24 Julij 1627 tot 18 Februarij 1628, VOC 1095: 472v.

18 Thomas Roe, *Embassy of Sir Thomas Roe to India, 1615-19*, (ed.) W. Foster (London: Hakluyt Society, 1899), p. 45.

는 "충분한 실력을 갖춘 신사"였고, 그러므로 그는 (이론적으로는) 영국 왕실과 가까운 인맥과 오랜 궁중 정치 경험을 바탕으로 수수께끼 같은 무굴 제국 의전의 미로를 성공적으로 헤쳐나갈 것이었다.[19]

이와 다른 방식으로 대처하는 유럽의 기업도 있었다. 그들은 이와 같은 난관에 직면했을 때 새로운 방법을 배우기보다 속이는 쪽을 선택했다. 전반적인 외교 전략의 일환으로 네덜란드 동인도회사(VOC)는 직원들에게 기업에 속해 있다고 말하지 말고 "홀란트의 왕"이 파견한 사신을 자처하라고 요구했다. 이는 경쟁자와 같은 수준의 지위를 인정받기 위한 전략이었다.[20] 그들의 전략은 단순했다. 의전에서 본국이 군주국이어야 한다면, 그들은 군주가 있는 것처럼 제시했다. 또 어떤 경우에는 상대방이 판단을 내릴 수 없도록 애매모호하게 만드는 것이 전략이었다. 그래서 기괴한 대표단을 구성하여 외교적 의전에 대응했다. 1649년 그들은 그야말로 기괴한 사절단을 일본에 보냈다. 대표를 맡은 대사가 임종을 앞두고 있어, 아마도 일본에 도착하기 전에 사망할 것으로 예상되었다. 사절단의 임무나 지위가 무엇인지 일본인이 질문하더라도 대사는 대답을 할 수 없는 상황이 될 것이었다. 마침내 대사가 세상을 뜨자 대사대리는 약과 향신료 주머니를 시신에 꿰매어 매달라는 지시를 내렸다. 도쿠가와 막부의 관리들에게 시신을 보여주며 의전이 완료되었다는 끔찍한 증거물로 보여줄 참이었다.[21]

---

19 Roe, *Embassy of Sir Thomas Roe to India*, iv.
20 "홀란트의 왕"에 관한 보다 자세한 논의는 다음을 참조. Adam Clulow, *The Company and the Shogun: The Dutch Encounter with Tokugawa Japan* (New York: Columbia University Press, 2014).

의전에 대한 기대치를 이용하거나 악용하는 것이 기만의 유일한 전술을 아니었다. 사절단은 때로 그들이 받은 모욕을 되갚아주기 위해, 혹은 심지어 폭력을 유발하기 위해 통치자를 알현하는 중에 모욕적인 행동을 하기도 했다. 16세기 데칸에서는 사절단을 통해 모욕을 주는 행위가 외교의 방식이었고, 그것이 빈번했던 전쟁의 촉매이기도 했다.[22] 오랜 접촉의 역사가 없어 미묘한 모욕을 퍼붓기 어려운 곳에서는 대표자들이 때때로 외교에 대한 거부 의사를 표명할 방법을 찾았다. 피사로(Pizarro)가 잉카의 황제 아타우알파(Atahualpa)에게 선물을 바친 뒤, 아타우알파는 피사로의 군대가 주둔한 카하마르카(Cajamarca)를 방문했고, 몇몇 연대기에 따르면, 그곳에서 아타우알파가 성경책(혹은 기도서)을 땅바닥에 던졌다고 한다. 비록 당시 언어적 소통에 어려움이 있었고 스페인 사람들이 낯선 존재였다는 사실을 감안하더라도, 아타우알파의 행동은 스페인 사람들에게 모욕을 주기 위한 행동이었다는 것 말고 다른 식으로 해석하기 어렵다. 혹은 스페인 사람들이 예의를 제대로 갖추지 않아 모욕을 느꼈고, 그래서 스페인 사람들에게 모욕을 주기 위해 그랬을 수도 있다.

제국의 외교관들은 법적 의전의 핵심 요소들을 습득하고자 노력했다. 그들이 보기에는 그것이 새로운 영토의 정복 혹은 통제권을 뒷받침해줄 수 있을 것 같았다. 해외 탐사나 식민지 개척의 임무를 띠고 탐험

---

21 Reinier Hesselink, *Prisoners from Nambu: Reality and Make-Believe in Seventeenth-Century Japanese Diplomacy* (Honolulu: University of Hawaii Press, 2002), p. 144.
22 Subrahmanyam, *Courtly Encounters*, p. 80.

에 나선 유럽인의 본국은 왕정 체제였으며, 왕의 위엄을 알리는 법적 의례가 주기적으로 거행되었다. 공개 재판, 공개 처형, 전하의 최고 주권을 과시하는 사면 등이 그러한 사례였다. 이와 같은 관습에 익숙한 유럽인은 가는 곳마다 비슷한 일들을 벌였다. 그들의 정치 공동체는 본국에서 멀리 떨어져 상대적으로 취약했지만, 법적 의례를 통해 공동체를 더욱 단단히 결속시켰으며, 또한 탐험대의 지도자 혹은 식민지 관리의 정치적 힘을 원주민 앞에 과시할 수도 있었다. 대서양 항해 초기에 포르투갈인, 스페인인, 프랑스인, 영국인은 모두 반역자를 처형함으로써 그들이 멀리 떨어져 있지만 강력한 군주의 대리인임을 효과적으로 과시했다.[23] 1609년 뉴프랑스 탐험 당시 사뮈엘 샹플랭(Samuel Champlain)은 열쇠 수리공 장 뒤발(Jean Duval)을 교수형에 처하라는 명을 내렸다. 그는 요새를 바스크인 혹은 스페인 원양어업자에게 넘기려 했다는 혐의로 고발된 인물이었다. 샹플랭은 법적 절차에 따랐지만, 처형은 무력보다 정치적 권위를 과시하는 행사였다. 프랑스의 왕이 그의 권위를 보장하고 있었다. 또한 행사 자체로 참관하는 많은 사람에게 명확한 메시지를 전달할 수 있었다. 구경꾼 중에는 프랑스 군인뿐만 아니라 다른 유럽인과 원주민도 있었다.[24]

법적 관할을 명확히 하고 법적 절차와 형을 집행하는 행위는 모두 세력을 겨루는 경쟁 상대에게 제국의 힘을 과시하는 방편이었다. 유럽

---

23 Lauren Benton, *A Search for Sovereignty: Law and Geography in European Empires, 1400-1900* (Cambridge University Press, 2010), Chapter 2.
24 Henry Percival Biggar (ed.), *The Works of Samuel de Champlain*, 6 vols. (Toronto: Champlain Society, 1922), ii, p. 33.

인은 융통성을 발휘하면서도 비교적 안정적인 의례 절차를 통해 원하는 영토의 소유권 혹은 정복의 범위를 표시했다. 즉 로마법에 따른 방식으로 영토 획득의 근거를 마련하고자 했다.[25] 소유권을 표시하는 상징으로는 예컨대 정착지 건설, 지도 제작, 약간의 흙과 식물을 놓고 거행하는 의례 행사, 석조 혹은 목조 건물 건축 등이 있었다. 소송을 제기하거나 판결을 내리는 것 자체가 영토 주권을 뒷받침하는 상징적 행위였다. 16세기 초엽에 후안 디아스 데 솔리스(Juan Díaz de Solís)는 탐험을 떠나 라플라타강(Rio de la Plata) 지역에 정착지를 건설했다. 그가 출발에 앞서 왕을 알현했을 때 왕이 그에게 내린 지시 사항에 "그대가 점유하게 될 모든 영토 안에서 누군가 그대에게 고소장을 제출하면, 그대는 선장이자 재판관으로서 선고를 내리라"는 내용이 포함된 것은 당시로서 당연한 일이었다.[26] 대만 식민지 시기 네덜란드가 원주민 마을에 대한 영향력을 놓고 중국인 거주민과 오랜 투쟁을 벌이는 상황에서 "[중국인] 도둑 트와캄(Twakam)"의 사형 집행은, 섬의 종주권이 네덜란드 동인도회사에 있다는 점을 분명히 알리기 위해 "이미 소식을 알고 있는 대만 원주민이 보는 앞에서 적절하게 집행되어야" 했다.[27]

외교 의전과 마찬가지로 법적 의례도 효과를 발휘하려면 오래도

---

25 Lauren Benton and Benjamin Straumann, "Acquiring Empire by Law: From Roman Doctrine to Early Modern European Practice," *Law and History Review* 28:1 (2010): 1-38.

26 Arthur Schopenhauer Keller, Oliver James Lissitzyn, and Frederick Justin Mann, *Creation of Rights of Sovereignty through Symbolic Acts, 1400-1800* (New York: Columbia University Press, 1939), p. 39.

27 Tonio Andrade, "Political Spectacle and Colonial Rule: The Landdag on Dutch Taiwan, 1629-1648," *Itinerario* 21: 3 (1997): 74.

록 널리 알려져야 하며, 제대로 절차를 거쳐 수행되어야 한다. 포르투갈인은 서아프리카 해안에서 포르투갈의 존재를 나타내기 위해 파드랑(Padrão, 석조 혹은 목조 기둥)이라는 의례적 기념물을 건설했는데, 바스쿠 다 가마가 동아프리카 해안에 도착했을 때도 파드랑을 세우려 했지만 쉽지 않은 일이었다. 포르투갈인이 파드랑을 세우고 나면 그다음 날 원주민이 몰려와서 "기둥과 기둥 꼭대기의 십자가까지" 모두 허물어버렸다. 그래서 아프리카 동부 해안에서는 먼저 원주민을 인질로 잡은 뒤에 포르투갈인이 해안에 상륙해서 파드랑을 세웠다.[28] 아프리카 동해안뿐만 아니라 어디서라도 이와 같은 법적 의례가 가지는 의미는, 유럽 다른 나라의 경쟁자뿐만 아니라 다른 사람들도 알아보았다. 지방의 통치자들은 그와 같은 행위를 눈감아주곤 했는데, 해석의 여지가 열려 있고 장차 자신의 지위와 주장을 강화해줄 수도 있었기 때문이다. 예컨대 1482년 포르투갈인이 상 조르즈 다 미나(São Jorge da Mina) 요새(동아프리카 가나 엘미나에 위치 – 옮긴이)를 건설했을 때, 그 지방의 통치자는 건설 기념식에 참가하고 요새 구역만 따로 포르투갈에 양도하는 상징적 의미에 동의했지만, 포르투갈이 주장했던 확장된 의미까지 받아들이지는 않았다.[29]

---

28 Alvaro Velho, Vasco da Gama, and João de Sá (trans. Ernest George Ravenstein), *A Journal of the First Voyage of Vasco Da Gama, 1497-1499* (New Delhi: Asian Educational Services, 1995), p. 13.
29 John Vogt, *Portuguese Rule on the Gold Coast 1469-1682* (University of Georgia Press, 1979), pp. 20-7; Lauren Benton, "Possessing Empire: Iberian Claims and Interpolity Law," in Saliha Bellmessous (ed.), *Native Claims: Indigenous Law against Empire, 1500-1920* (Oxford University Press, 2011), pp. 19-40.

이와 같은 사례들로 보건대, 의전을 따르는 능력은 정치 공동체 사이의 관계에 도움이 되었지만, 그것이 반드시 문화적 상호 이해로 해석될 수는 없다. 문화적 이해는 훨씬 더 어려운 일이었다. 오히려 의전을 위한 의례가 막대한 비용 및 위험과 때로 명백한 모순에도 불구하고 널리 받아들여진 이유는, 그것이 정치 교류의 기반이 되어주었기 때문이다. 외교나 법적 의례는 서로 다른 지침 때문에 혼란을 야기했음에도 불구하고 계속해서 유지되었다.

유럽이 세계적 강국으로 떠오르면서 유럽인은 더욱 자신감을 가지고 단일한 외교 담론과 행동 기준을 주도했고, 그것을 항구적인 국제적 지위의 지표로 삼고자 했다. 1763년 북아메리카에서 프랑스가 철수한 뒤 영국은 "수 세대를 이어온 원주민-유럽인 사이의 의전을 폐기"했다.[30] 유럽인은 원주민의 외교 및 전쟁을 조사하며 "야만성"의 증거를 점점 더 많이 수집했다.[31] 아시아에서도 비슷한 변화 양상이 나타났다. 1842~1843년 매우 극적인 변화의 계기가 있었다. 영국 동인도회사의 대표자(토머스 로의 후임자)가 무굴 제국의 황제를 알현할 때였다.[32] 그는 무굴 제국의 승인을 받으려면 그들의 "예의범절을 따라야 한다"는 조언을 듣고, 의례의 선물로 금을 가져갔다. 황제 앞에서 금을 내놓고 몸을 숙여 인사하자 황제는 그들에게 "명예로운 옷을 입고 머리에 터번을 두

---

30 Pulsipher, "Gaining the Diplomatic Edge," p. 39.
31 Peter Silver, *Our Savage Neighbors: How Indian War Transformed Early America* (New York: W. W. Norton and Company, 2008).
32 William Edwards, *Reminiscences of a Bengal Civilian* (London: Smith, Elder, and Co., 1866), pp. 55-7.

르라"고 명령했다. 사절단은 코끼리 등에 올라 "델리의 중심 거리를 행진하며 황제께서 기뻐하시는 손님"임을 만천하에 알렸다. 한 세기 전이었다면 이런 성과가 성공으로 여겨졌을 테지만, 인도 총독은 그 소식을 듣고 분노한 나머지 즉시 명령을 내려 앞으로는 영국의 대표자가 그런 의례에 참여하지 못하도록 금지 조치를 내렸다. 200년에 걸쳐 영국이 준수해온 무굴 제국의 의전도 이제 막을 내릴 때가 되었다.

사법관할

의전 수행은 사법관할의 설정 혹은 변경과 밀접하게 연관된 경우가 많았다. "사법관할(jurisdiction)"이란 넓은 의미로 법적 권위가 미치는 범위(사람, 장소, 행위 범주)를 의미한다. 초기 근대의 정치 공동체들은 전형적으로 복수의 사법관할, 즉 여러 사법관할의 중첩을 허용했다. 국가권력은 전권을 가졌지만 사법적 권위를 독점하려 하지 않았고, 사법관할이 나뉘어 서로 경쟁했다. 유럽의 경우 사법관할의 갈등이 지속된 사례는 주지하듯이 교회법과 세속법의 구분이었다. 교회에서는 성직자뿐만 아니라 고아, 과부, 나그네 등 주로 취약 계층과 특정 행위(결혼, 간통, 신성모독)에 대한 관할권을 주장하면서 일반적인 세속 권력이 교회와 교회 사업에 관여하지 못하도록 했다. 세계의 다른 지역에도 유사한 방식이 존재했다. 심지어 명백한 중앙집권 체제였던 중국의 경우에도 역사적으로 통일된 법적 체계를 갖추고 있었지만 다원적인 법 적용의 사례는 무수히 많았다.[33] 규모가 크고 다양한 민족을 포괄했기 때문

---

33 Pär Cassell, *Grounds of Judgment: Extraterritoriality and Imperial Power in*

에 중원의 제국들은 기본적으로 중첩적 사법관할의 성격을 내포했다. 원주민 혹은 지역의 법적 관행을 제거하기보다는 이를 중첩적으로 보충하는 식으로 중앙의 법제가 시행되었다. 결과적으로 최고 주권자가 특정 사안 내지 구성원에 대하여 허락한 사법관할의 범위에 따라 정치 공동체를 위한 공간이 만들어졌다. 간단히 말해서 사법관할의 중첩은 초기 근대 정치에서 전형적인 양상이었다. 리옹(Lyon)의 주교 아고바르두스(Agobardus)가 비꼬는 투로 "함께 앉아 있는 혹은 함께 걷고 있는 다섯 사람이 각자 다른 법을 따른다"고 한 말은 세계의 많은 지역에서, 아마도 대부분 지역에서 그리 이상한 일로 여겨지지 않았을 것이다.[34]

초기 근대에는 이전 시기에 볼 수 없었던 활발한 인구 이동 현상이 있었다. 세계 어디에서나 이미 사법관할이 중첩된 상황에서 외부인 집단이 유입되자 문제는 더욱 복잡해졌다.[35] 원거리 해상무역로가 열리고 그 범위가 점차 세계 전역으로 뻗어나가자 선원, 상인, 이주민 등 수많은 사람이 새로운 지역으로 모험의 길을 나섰다. 이들과 함께 법적 권위를 위임받은 사법 책임자들도 전 세계를 여행했다. 유럽의 선박은 바다 위에 떠 있는 영토였고, "법이 적용되는 섬(islands of law)"이었으며, 최고 주권자의 법적 권위를 세계의 대양으로 확대하는 "법의 운반자(vectors of law)"였다.[36] 해외에 나가 있는 동안 선박의 선장이나 군대의 사령관

Nineteenth-Century China and Japan (Oxford University Press, 2012).
34 Joseph Story, *Commentaries on the Conflict of Laws, Foreign and Domestic* (London: Hilliard, Gray, 1834), p. 4.
35 Lauren Benton, *Law and Colonial Cultures: Legal Regimes in World History, 1400-1900* (Cambridge University Press, 2002).

은 법적 권위를 위임받은 주체로서, 자신이 지휘하는 선박이나 요새에서 일어난 사건의 수사를 지휘하고 부하 가운데 범법자를 처벌하는 역할을 맡았다. 아시아에서 믈라카의 해양법은 선장에게 절대 권력을 부여했으며, 명확하게 소왕국의 왕으로 지명했다. "선장(Nakhoda)은 배에 오르면 왕이다. 조타수(Jurumudi)는 재상(Běndahara)이다. 닻을 내리거나 수심을 재는 선원(Jurubatu)은 경찰서장(Těménggong)이다."37

법률 전문가, 선장, 국왕의 고위 관료 들은 원거리 무역상, 해적, 사략선, 준해군 등이 뒤섞인 해양 공간에서 법적 지위를 확립하기 위해 고군분투했다. 언제나 핵심은 사법관할의 문제였다. 사법관할은 소유권과는 구별되는 개념이었다. 네덜란드의 법률 전문 저술가 후고 그로티우스(Hugo Grotius)는 1609년에 쓴 소논문 〈공해(公海)의 자유(Mare liberum)〉에서, 바다는 어느 누구도 소유할 수 없다는 점을 지적했다.38 그러나 바다를 소유하지 못하더라도 통제할 수는 있으며, 관할하는 거점을 통과하는 자국 선박뿐 아니라 타국 선박에 대해서도 사법권을 행사할 수 있다. 이와 같은 관점은 포르투갈이 인도양에서 운항하는 선박에 통행권(cartazes)을 판매했던 사례와 정확히 일치한다. 일본에서도 같은 의미에서 주인장(朱印狀, 면허증)을 발행했다.39 이와 같은 현실에서

---

36 Lauren Benton, "Legal Spaces of Empire: Piracy and the Origins of Ocean Regionalism," *Comparative Studies in Society and History*, October, vol. XLVII: 4 (2005): 704, 706.
37 Richard Winstedt and P. E. De Josselin De Jong, "The Maritime Laws of Malacca," *Journal of the Malayan Branch of the Royal Asiatic Society* 29: 3 (1956): 51.
38 Hugo Grotius, *The Free Sea*, trans. Richard Hakluyt, (ed.) David Armitage (Indianapolis, IN: Liberty Fund, 2004).

통행권을 발급하는 측의 선박은 본국의 권위를 등에 업은 이동식 전초기지였고, 동시에 통행권을 발급받는 선박은 예속된 지위로서 다른 잠재적 포식자의 먹이가 될 여지가 많았다. 예를 들어 1618년 네덜란드 함대는 봉쇄 조치에도 불구하고(당시 네덜란드 동인도회사는 스페인과의 갈등으로 마닐라를 여러 차례 봉쇄한 적이 있었다. ―옮긴이) 통행증을 소지한 일본 선박에 마닐라 통행을 허가했다. 스페인 사람들이 보기에 그들은 "일본국 왕의 차파(chapa, 면허증)를 소지했기 때문에 아무런 거리낌이 없었다."[40] 결과적으로 사법관할의 경로는 여러 측면으로 얽혔다. 복잡한 법적 관계는 개별 상인이 이런저런 연고를 주장하며 안전을 보장받을 수 있는 기회를 주기도 했지만, 동시에 사법관할의 빈틈을 노려 사냥을 해보려는 해상의 포식자들에게 습격의 빌미를 제공하기도 했다.[41]

육지에서는 사법관할이 조각보처럼 분절된 형태를 이루고 있었다. 대부분의 정치 공동체에서는 이방인 상인에 대하여 심각한 범죄나 기본 질서를 위협하는 경우가 아닌 한 그들의 공동체에서 자율적으로 통제하도록 맡겨두었다. 그 결과 믈라카 같은 다민족 항구도시에서는 법률적 다원주의가 확연했다. 당시 믈라카에는 놀라울 정도로 다양한 외국 상인이 들어와 있었다. 출신지를 열거하면 다음과 같다. "카이로(무어인), 메카, 아덴, 아비시니아, 킬와, 말린디, 호르무즈, 파르시(조로아스터교인), 루미(발칸반도인), 튀르크, 투르크멘, 아르메니아(기독교인), 구자

---

39 Clulow, *The Company and the Shogun*, pp. 56-7, 174-7.
40 Emma Blair and James Robertson (eds.), *The Philippine Islands, 1493-1803* (Cleveland, OH: A. H. Clark, 1902-9), vol. xviii, p. 229.
41 Benton, "Legal Spaces of Empire."

라트, 차울, 다브홀, 고아, 데칸 왕국, 말라바르, 인도네시아, 오디샤, 실론, 벵골, 아라칸(미얀마), 페구, 샴, 케다, 말레이, 파항, 파타니, 캄보디아, 참파, 코친차이나(베트남), 중국, 유구."[42] 상인 공동체가 자율적인 사법권을 가질 것으로 기대했기 때문에 상인들은 법적 문제를 염려하지 않고 새로운 지역으로 이동할 수 있었다. 포르투갈인이 서아프리카에 무역 거점을 건설할 때 해당 지역의 통치자는 그들에게 자율적 사법관할을 허용했다. 다만 권한의 범위가 그들의 정착지를 벗어나지 않으며 주변의 아프리카인에게까지 확장할 수 없다는 조건이었다.[43] 지중해 지역에서 아르메니아인 상인(기독교)과 유대인 상인(유대교)은 동일한 종교 공동체에 한해서 자율적 사법권을 인정받았는데, 이는 가톨릭 지역과 오스만 지역이 모두 동일하게 적용되었다. 인도의 항구도시 캘리컷에 입항하는 무슬림 상인들에 대해서는 "왕(힌두교)의 간섭 없이 무어인(이슬람교) 총독이 독자적으로 통제와 처벌을 할 수 있었다."[44]

다층적 법질서(다양한 사법관할이 중첩되어 있으며 동시에 서로 경쟁하는 현실)는 세계 어디서나 마찬가지였고, 그러한 공통성이 정치 관계를 조율하는 데 도움이 되었다. 사법관할의 협정은 주로 조약의 형태로 명문화되었다. 예컨대 인도양 연안 국가들은 네덜란드 동인도회사나 영국 동인도회사와 체결한 협정에서, "유럽인이 저지른 범죄는 유럽인이 형

---

42 Tomé Pires, *The Suma Oriental of Tomé Pires: An Account of the East, from the Red Sea to Japan* (London: Hakluyt Society, 1944), ii, p. 268.
43 Benton, *Law and Colonial Cultures*, Chapter 2.
44 Duarte Barbosa, *The Book of Duarte Barbosa: An Account of the Countries Bordering on the Indian Ocean and their Inhabitants* (London: Hakluyt Society, 1918-21), ii, p. 76.

벌을 집행"하도록 허락했다.⁴⁵ 이런 조항은 총구를 겨누고 강제로 포함한 내용이 아니었다. 오히려 대개는 자발적인 경우였다. 예컨대 일본은 당시 유럽의 가장 강력한 국가보다 더 큰 군사력과 경제력을 행사했지만, 도쿠가와 막부의 관리들은 기꺼이 그러한 내용을 포함했다.⁴⁶ 이와 같은 이유로 정복자들은 정복민이 공동체 안에서 독자적으로 사법권을 시행하도록 허락하는 경우가 많았고, 심지어 이를 권장하기도 했다. 뉴스페인에서 스페인 사람들은 정복 이후에도 아즈텍의 법정이 지속되기를 원했다. 그럼에도 상황이 변했던 것은 스페인 사람들이 원주민을 법적으로 통합하려 한 것이 아니라, 원주민이 스페인의 법정에 참여하고자 했기 때문이다.⁴⁷

사법관할 설정이 쉽게 협의되었다 하더라도 어떤 식으로든 분쟁이 발생하기 마련이었다. 기본적으로 널리 통용되는 사법관할의 범위를 지킬지 혹은 벗어날지에 대한 판단은 대개 매우 정치적인 결정이었고, 그에 따른 논란은 주로 격렬한 분쟁으로 이어졌다. 예를 들어 아유타야에 있는 네덜란드 동인도회사의 무역 거점에서 사법관할의 문제는 그리 두드러지지 않았지만, 1636년 술에 취한 두 명의 네덜란드 상인이 왕의 형제 가문에 소속된 하인들을 공격한 혐의로 체포된 것을 계기로 사법

---

45 Clements Markham, *The Voyages of Sir James Lancaster, Kt., to the East Indies* (London: Hakluyt Society, 1877), p. 84.
46 1613년, 일본 주재 영국 상관은 쇼군과 다음과 같은 협정을 체결했다. "영국인이 범죄를 저지르면 그 죄의 경중에 따라 형을 받을 것이나, 형벌의 판정은 영국 지휘관의 재량에 맡긴다." Derek Massarella and Izumi Tyler, "The Japonian Charters: The English and Dutch Shuinjo," *Monumenta Nipponica* 45: 2 (1990): 198.
47 Brian P. Owensby, *Empire of Law and Indian Justice in Colonial Mexico* (Stanford University Press, 2008).

관할이 중요한 쟁점으로 떠올랐다. 이 사건에 대한 보복은 신속하게 이루어졌다. 시암 왕국의 왕은 범법자들의 처벌을 네덜란드인에게 맡기지 않고 자신이 직접 처리하려 했다. 후폭풍이 만만치 않았지만 네덜란드 동인도회사의 현지 책임자는, 이후로 네덜란드인이 "현지의 모든 법과 관습을" 준수하겠다고 서약하고 상징적으로 유감을 표명하는 정도로 적절한 타협을 이끌어냈다.[48] 이 사건의 경우 현지에서 네덜란드 세력이 상대적으로 약세였기 때문에 네덜란드인은 하는 수 없이 아유타야의 법정에서 네덜란드인을 재판하는 것을 인정했다. 다만 차후로 힘의 균형이 네덜란드 쪽으로 기울 가능성을 염두에 두고 미래를 향해 문은 열어둔 상태였다.[49]

사법관할의 범위가 흔히 종교나 민족의 차이와 일치했기 때문에 그 자체로 불안정하며 분쟁의 소지도 있었다. 북아메리카의 페이당오(Pays d'en Haut, 뉴프랑스 소속의 지역명 – 옮긴이)에서 프랑스 무역상이 진출한 지역에는 단일한 권력 체제가 존재하지 않았으며, 분쟁 해결을 위한 외교 관계를 수립할 수 없었다. 이 경우 사법관할의 경계가 모호한 사안은 문화에 따라 즉석에서 서로 다른 법적 절차를 분리하는 방식으로 해결했다. 예를 들어 어느 원주민 집단이 프랑스인 두 명을 죽였는데, 그 장소는 알곤킨 부족연맹이나 프랑스 어느 쪽에도 명확하게 소속되지 않은

---

48 J. E. Heeres and F. W. Stapel (eds.), *Corpus Diplomaticum Neerlando-Indicum*, 6 vols. (Amsterdam: Martinus Nijhoff, 1907–55), i, p. 285.
49 이 사건이 일어난 시기는 새로운 조약 체결 이후였다. 1663~1664년 해상봉쇄 이후 새로운 조약이 체결되었고, 그 내용에는 VOC 인원의 범죄 행위가 고발되면 이를 바타비아 총독에게 회부하기로 하는 등 여러 가지 양보안이 포함되었다. Heeres and Stapel, *Corpus Diplomaticum Neerlando-Indicum*, 2: 280–5.

지역이었다. 알곤킨 부족연맹에서는 보상으로 노예를 제공하겠다고 했지만, 프랑스인은 공격에 가담한 모든 원주민을 처벌하라고 요구하면서 협상은 교착 상태에 빠졌다. 이후 양측은 법적 절차를 따르기보다 협상을 통해 원주민 두 명을 처형하는 것으로 사건을 마무리했다.[50] 다양한 법적 절차가 적용되는 지역에서는 교착 상태가 발생하기 마련이었다. 경쟁 집단 사이에 범죄자 인도가 불확실하고 처벌이 어려운 상황에서는 인질을 잡고 협상을 이끌어내서 문제를 해결하는 경우가 많았다.

사법관할에 영향을 미친 또 다른 변수로 외교관의 차별적 대응도 한몫했다. 이국땅의 백성을 감독하도록 본국의 주권자로부터 법적 권한을 위임받은 외교관의 열정과 행동은 경우에 따라 달랐다. 거대한 오스만 제국에서 "외교적 관습법"은 이방인 집단의 경우 그들만의 사법관할을 인정한다는 익숙한 원칙이 적용되었기 때문에, 현지에 파견된 외교관이 다원적 법질서의 적용 방식에 영향을 미칠 수 있었다.[51] 어느 비평가가 주목했던 것처럼, 영국의 외교관은 "자신의 권한에 의구심을 품었다. 권한 행사가 모호하고 당혹스러웠기 때문이다. 그래서 영국인의 불만을 제대로 해결하지 못하고 완전히 방치해두었다. 그러나 다른 나라의 외교관은 가장 독단적이고 용납하기 어려울 정도로 자신의 권한을 행사했다."[52] 그러나 법질서의 복잡한 현실을 모르지 않았으므로, 문서상의 문

---

50 Richard White, *The Middle Ground: Indians, Empires, and Republics in the Great Lakes Region, 1650-1815* (Cambridge University Press, 1991), pp. 78-80.
51 C. R. Pennell, "Treaty Law: The Extent of Consular Jurisdiction in North Africa from the Middle of the Seventeenth to the Middle of the Nineteenth Century," *The Journal of North African Studies* 14: 2 (2009): 235.

제로까지 나아가지 않는 편이 어쩌면 가장 좋은 방안이었을 수도 있다. 트리폴리(Tripoli)에 주재한 어느 외교관의 증언에 따르면, 서면 기록을 제출하고자 시도하면 "복잡하고 황당한 질문을 쏟아내서 불필요한 서류만 많아지고 오히려 문제가 복잡해졌다."[53] 그것은 내부자는 익히 알고 있지만 설명하기 어려운 법질서, 복잡한 사안에도 충분히 적용할 수 있을 정도로 분명하지만 자료와 때로는 처리 과정까지 취사선택을 허용하는 법질서, 조약에 따르지만 현지 행위자의 임시방편이 더욱 강력히 작동하는 법질서였다. 트리폴리의 외교관뿐만 아니라 다른 많은 외교관이 그와 같은 법질서의 모순을 익히 알고 있었다.

　종주권 개념 변화의 핵심에 사법관할의 정치적 의미가 중심에 자리 잡는 변화는 19세기부터 서서히 모습을 드러내기 시작했다. 초기 근대 사회의 복잡한 사법관할 체제는 주권의 분할이 가능하다는 관점에 바탕을 두고 있었다. 즉 당시의 주권이란 한정된 영역 안에서 독점하는 것이 아니라 불규칙하게 분포된 공간에 걸쳐 다양한 조합의 묶음으로 존재하는 것이었다. 세계 제국의 세력이 커짐에 따라 사법관할 분쟁도 증가했다. 이러한 현실에 근거하여 국가의 법적 권한이 사법관할의 위계에서 최상위에 위치한다는 관점이 강화되었다. 이러한 변화는 국민국가로 구성된 세계 질서보다는 제국 체제 안에서 발전했다. 식민지에 정착한 유럽인은 원주민 공동체와 법적 관할을 다투는 과정에서 영토의 관할과

52　Criminal Jurisdiction in the Levant, HC Deb, 14 March 1844, vol. lxxiii, cols. 1007-16.
53　Papers Relative to the Jurisdiction of Her Majesty's Consuls in the Levant (Parliamentary Papers 1845, lii), 53.

법적 헤게모니를 강화했다.[54] 치외법권(외국 영토에 거주하는 자국민의 사법관할)을 둘러싼 갈등이 세계 여러 지역에서 격화되자 막강한 군사력을 갖춘 제국의 입지가 유리해졌다. 이에 대응하여 지역 정권은 자신들의 영토 안에서 독점적인 법적 권한을 주장했다.[55] 이러한 변화는 미묘한 문제였으며, 대부분 지역에서 점진적으로 진행되었다. 그러나 사법관할 체제의 변화는 분명히 시작되었고, 그 여파는 막대했다.

보호

의전과 사법관할은 형식과 기능을 설명하는 범주다. 그렇다면 정치적 협상의 실질적 내용은 무엇일까? 정치 공동체 사이에 논의되는 내용은 대부분 보호(protection)와 관련된 것들이다. 예상되는 적의 침략으로부터 자국을 보호해달라는 요청, 혹은 외국 땅을 여행하거나 지나가는 자국민에 대한 보호 요청이었다. 초기 근대 세계에서 보호라는 주제는 조약, 비공식 협상, 제국 무역 거점의 무장, 타국의 침략에 대한 대응의 차원에서 널리 논의되었다.

교류가 거듭되면서 보호와 조공은 동전의 양면처럼 짝을 이루었다. 유럽에 있는 오스만 제국의 제후국들은 "복종"이나 "항복"의 대가로 "제국의 강력한 보호"를 받았다.[56] 왈라키아 공국(Wallachia, 루마니아 남부)

---

54 Lisa Ford, *Settler Sovereignty: Jurisdiction and Indigenous People in America and Australia, 1788-1836* (Cambridge, MA: Harvard University Press, 2010).
55 Benton, *Law and Colonial Cultures*, Chapter 6; Pär Cassell, *Grounds of Judgment*.
56 Lovro Kunčević, "Janus-faced Sovereignty: The International Status of the

과 몰다비아 공국(Moldavia, 오늘날 몰도바)은 조공(cizye 혹은 harac)과 보호(himayet 혹은 siyanet)를 교환했다. 그들의 협정 내용을 명확히 기록한 문서가 남아 있다. 1586년 오스만 제국의 황제 무라트(Murad) 3세가 왈라키아 공국에 보낸 문서에 "이 나라는 나의 보호 아래 있으며, 그 백성은 나에게 조공을 바친다"고 기록되어 있다.[57] 아시아의 반대편에서도 비슷한 제도가 활발히 시행되었다. 바로 중국의 조공 체제였다. 지리적으로 멀리 떨어진 나라도 제국의 핵심부에 청원할 수 있었는데, 정통성의 인정뿐만 아니라 (드물게나마) 직접적인 보호를 요청하는 경우도 있었다. 예컨대 1403년 믈라카 술탄국의 술탄은 복종의 대가로 명 제국의 인정을 요청했다. 이에 따라 황제로부터 "그 나라[믈라카]의 서쪽 산에… 금령을 내리고 그곳에 비석을 세우라"는 명령이 내려왔다.[58] 믈라카는 명나라의 보호 아래 번영을 계속했다. 멀리 떨어져 있었음에도 그 효과는 확실했다. 1419년 시암 왕국에서 믈라카를 공격하려 하자, 중국에서 "믈라카의 왕은 이미 내 조정의 신하(朝廷之臣)"라고 하는 강력한 경고가 전달되어 공격이 중단되었다.[59]

Ragusan Republic in The Early Modern Period," in Gábor Kármán and Lovro Kunčević (eds.), *The European Tributary States of the Ottoman Empire in the Sixteenth and Seventeenth Centuries* (Leiden: Brill, 2013), p. 94.
57 Viorel Panaite, "The Legal and Political Status of Wallachia and Moldavia in Relation to the Ottoman Porte," in Kármán and Kunčević, *The European Tributary States*, pp. 24-5.
58 Geoff Wade, trans., *Southeast Asia in the Ming Shi-lu: An Open Access Resource*, Singapore: Asia Research Institute and the Singapore E-Press, National University of Singapore, http://epress.nus.edu.sg/msl/entry/516, accessed 3 January 2014.
59 Wade, trans., *Southeast Asia in the Ming Shi-lu*.

보호 체제는 동남아시아 어디에나 존재했으며, 국가 간 위계질서의 확고한 논리가 확립되어 있었다. 개별 국가의 왕은 자신의 제후와 조공국에 권위를 주장했고, 조공국의 범위는 조공국이 영향권에 들어오거나 나가면서 "아코디언 악기처럼 확장 또는 축소"될 수 있었다.[60] 양측 모두 전략적으로 움직였다. 강력한 통치자는 언제나 권력을 뒷받침해줄 수 있는 조공국을 원했고, 세력이 약한 통치자는 위험한 세상에서 안전을 담보해줄 후원자를 찾았다. 개별 조공국은 동시에 여러 주군을 섬길 수 있었고, 그에 따라 법적·정치적 충돌 또한 심화되었다.

종주국과 조공국의 거래는 대개 상호주의였다. 더 작고 약한 국가는 능력 있는 주군과의 거래를 통해 이웃의 위험으로부터 보호를 받고자 했다. 그러나 이른바 보호자라는 존재로부터 스스로를 보호하기 위해 돈을 지불하는 경우도 많았다. 즉 외부로부터의 명백한 위협에 대응하는 것이 아니라, 오히려 보호를 제공한다고 나선 자가 스스로 만들어낸 위협 외에는 아무런 위험도 없는 경우를 말한다. 이런 보호 행위를 흔히 "억압적 보호(oppressive protection)" 혹은 "마피아식 보호(mafia-like protection)"라고 한다.[61] 어떤 경우든 보호는 양보를 전제로 했다. 그것이 물질적 비용일 수도 있고 주권의 부분적 포기일 수도 있었다. 이러한 협정의 가장 명백한 요건은 정치적 복종이었다. 이를 통해 종주국의 군주는 영토의 범위를 넘어 다양한 수준의 법적 문제에 개입할 수 있었고,

---

60 O. W. Wolters, *History, Culture, and Region in Southeast Asian Perspectives* (Singapore: Institute of Southeast Asian Studies, 1982), p. 17.
61 Thongchai Winichakul, *Siam Mapped: A History of the Geo-body of a Nation* (Honolulu: University of Hawaii Press, 1994), pp. 84, 88.

사법관할을 실질적으로 확대할 수 있었다.

유럽의 해외 진출 기업들은 보호라는 명분을 최대한 활용했다. 17세기 네덜란드인이 아시아에 도착했을 때, 그들은 탐욕스러운 이베리아 제국에 맞서 주권과 백성을 보호하기 위해 왔노라고 주장했다. 때로 네덜란드인은 상호 보호를 강조하면서, 필요한 경우 네덜란드 동인도회사가 동등한 형제의 입장에서 상대방을 지원하기로 했다. 그러나 그 관계에서는 흔히 위계가 만들어졌다. 강자가 약자에게 특정 사안에 대한 양보를 강요했기 때문이다. 특히 귀중한 향신료에 접근할 수 있는 권한 같은 것이었다. 네덜란드 동인도회사는 독점권을 얻고자 했다. 예컨대 1607년 트르나테(Ternate) 술탄국의 술탄은 네덜란드 동인도회사를 "보호자(beschermheer)"로 인정하는 대신, 네덜란드 이외의 어느 누구에게도 "정향을 팔지 않겠다"고 약속했다.[62] 이런 방식으로 보호는 권위를 공유하는 메커니즘을 만들어갔다. 그 과정에서 한쪽의 법적 권리는 강화되는 반면 다른 한쪽은 약화되었다.

이 경우를 비롯해서 아시아의 많은 사례를 볼 때 유럽인과 아시아 세력 사이에 보호 관계가 명확히 형성되었음을 알 수 있다. 아시아의 소규모 국가들은 주군을 섬기는 일에 익숙했다. 필요한 경우 보다 이국적인 주군과 기꺼이 거래했다. 16세기 초기 말레이반도 북단의 요충지에 위치한 크다(Kedah) 술탄국은 시암 왕국의 영향을 피해 믈라카의 보호를 받으려다가 수마트라섬의 강국 아체의 공격을 받고 결국 시암 왕국의 품으로 돌아갔다. 그 뒤 반란을 일으켜 새로운 보호자를 구했는데 네

---

[62] Heeres and Stapel (eds.), *Corpus Diplomaticum*, I, pp. 51-3.

덜란드 동인도회사가 있었다. 당시 네덜란드 동인도회사는 열심히 동맹국을 모색하고 있었고, 보호를 제공할 수 있는 작은 기회도 놓치지 않았다.[63] 18세기 후기 영국 동인도회사는 "종속 동맹(subsidiary alliances)" 정책을 시행했다. 이는 인도의 여러 소국에 영향력을 확대하기 위해 도입된 정책으로, 통치자가 비용을 지불하면 영국 동인도회사가 안전을 보장했다.

나중에는 "보호(protection)"가 점차 이중적 의미를 지니게 되었다. 즉 외부 적으로부터의 보호와 독재자의 자의적 권력 행사로부터의 보호, 두 가지를 의미했다. 이러한 변화에는 영국 노예폐지론자들의 역할이 있었다. 그들은 서인도제도에서 영국의 사법관할이 확대되기를 원했다. 그래서 식민지 엘리트 계층이 노예를 상대로 행사하는 권력을 견제하고자 했다. 예속 지위에 있던 사람들은 영국 법에 따라 "보호" 받는 시민으로 규정되었다.[64] 폭정 혐의로 고발된 통치자들을 상대로 전쟁을 벌이려는 관리들도 같은 논리를 사용했다. 예컨대 1785년 영국이 네덜란드로부터 스리랑카의 해안 지역을 접수했을 때, 영국의 관리들은 섬 내륙에 위치한 칸디(Kandy) 왕국을 병합하기 위해 정교한 논리를 개발했다. 총독들은 잇달아 런던에 편지를 보내 칸디의 왕이 폭군이라고 주장했다. 그리고 칸디 왕국의 일부 엘리트 계층을 적극적으로 설득하여, 백성의 대표로서 "영국의 보호"와 군사 개입을 청원하도록 부추겼다. 그래서 영

63 R. Bonney, *Kedah: 1771-1821: The Search for Security and Independence* (Oxford University Press, 1974), pp. 14-22.
64 Lauren Benton, "This Melancholy Labyrinth: The Trial of Arthur Hodge and the Boundaries of Imperial Law," *Alabama Law Review* 64 (2012): 91-122.

국의 침략을 유도하면, 결국 섬 전체를 대상으로 추진 중이던 개혁 플랜에 칸디 왕국도 포함시킬 수 있으리라는 계산이었다.[65]

19세기를 거치면서 의전이나 사법관할뿐만 아니라 국제적 보호 관계가 작동하는 방식도 변화해갔다. 19세기로 접어들 무렵 유럽 세력들이 체결한 조약문에는 보호의 내용이 특히 두드러졌다. 1774년 오스만 제국과 러시아 제국 사이에 체결된 퀴취크 카이나르자 조약(Treaty of Küçük Kaynarca)은 오스만 영토에 거주하는 러시아 기독교인의 법적 보호를 규정했다. 1815년 파리 조약(Treaty of Paris, 제2차)은 영국을 이오니아섬의 "보호 주권국"으로 지정했다. 문구의 내용이 워낙 애매해서, 과연 이오니아섬이 내부 조직의 관할인지 보호국의 관할인지를 두고 이후 10여 년 동안 분쟁이 이어졌다.[66] 이와 같은 협정문은 법적 갈등을 야기하고 제국의 정책 변화를 초래했다. 이후 국제 질서에서 "보호령(protectorate)"을 특정 범주로 지정하려는 시도가 있었고, 인도주의적 개입이라는 국제적 인식 또한 "보호 책임"을 인정하는 토대에서 나온 것이었다.[67]

---

65 Brownrigg to Bathurst, 20 March 1814, The British National Archives (TNA), CO 54/51, f. 175.
66 Bathurst to Maitland, 29 August 1816, TNA, CO 136/300.
67 James Onley, "The Politics of Protection in the Gulf: The Arab Rulers and the British Resident in the Nineteenth Century," *New Arabian Studies*, vol. vi (University of Exeter Press, 2004), pp. 30-92; Richard Drayton, "Beyond Humanitarian Imperialism: The Dubious Origins of 'Humanitarian Intervention' and some Rules for its Future," in Bronwen Everill and Josiah Kaplan (eds.), *The History and Practice of Humanitarian Intervention and Aid in Africa* (Basingstoke: Palgrave, 2013).

결론

초기 근대의 크고 작은 정치 공동체들이 이전 시대와 달리 강하게 또한 빈번하게 서로 맞부딪히면서, 예측 가능한 법적 행동의 공유를 바탕으로 국제 관계가 형성되었다. 기본적인 이해의 수준은 낮았지만 유연성을 발휘하여 갈등을 예방할 수 있었다. 그러나 때로는 사법관할의 범위가 새롭게 조정되거나, 의전 수행에서 결함이 드러나거나, 보호를 장담했으나 허구로 밝혀지는 등의 문제로 갈등이 빚어지기도 했다. 전체적으로 보자면, 앞에서 살펴본 세 가지 법적 행위의 기준(의전, 사법관할, 보호)은 다양한 정치 공동체가 상호작용하는 구조를 만들고 또한 유지하는 데 도움이 되었고, 이를 통해 지역 및 국제적 법률 시스템의 토대가 형성되었다.

19세기를 거치는 동안 법적 분쟁이 격화되었고, 그에 따라 세계 질서의 변화가 일어났다. 사법관할의 경계는 더욱 뚜렷해졌고, 그 결과 국가가 법적 권위를 독점하려는 의도가 점점 더 강화되었다. 오래도록 국제법의 특징이었던 치외법권은 유럽 및 미국의 세력 강화와 더욱 밀접하게 연결되었다. 또한 보호(protection)가 국제법의 한 요소로 인정되었는데, 처음에는 유럽의 보호령을 공식적으로 지정하기 위해 도입된 개념이었으나, 나중에는 모든 국가가 인권이라는 보편적 가치를 지켜야 한다는 주장으로 연결되었다. 1500년에서 1800년 사이 국제법의 토대가 형성된 과정을 고려하지 않고는 이러한 변화의 추세를 이해하기 어려울 것이다.

더 읽어보기

Alexandrowicz, C. H., *An Introduction to the History of the Law of Nations in the East Indies* (Oxford University Press, 1967).

Anand, R. P., *Confrontation or Cooperation? International Law and the Developing Countries* (New Delhi: Banyan Publications, 1984).

Anghie, Antony, *Imperialism, Sovereignty, and the Making of International Law* (Cambridge University Press, 2007).

Banner, Stuart, *Possessing the Pacific: Land, Settlers, and Indigenous People from Australia to Alaska* (Cambridge, MA: Harvard University Press, 2007).

Belmessous, Saliha (ed.), *Native Claims: Indigenous Law against Empire, 1500-1920* (Oxford University Press, 2011).

Benton, Lauren, *A Search for Sovereignty: Law and Geography in European Empires, 1400-1900* (Cambridge University Press, 2010).

_____, *Law and Colonial Cultures: Legal Regimes in World History, 1400-1900* (Cambridge University Press, 2002).

Benton, Lauren and Richard Ross (eds.), *Legal Pluralism and Empires, 1500-1850* (New York University Press, 2013).

Borschberg, Peter, *Hugo Grotius, the Portuguese and Free Trade in the East Indies* (Singapore: National University of Singapore Press, 2011).

Cassel, Pär, *Grounds of Judgment: Extraterritoriality and Imperial Power in Nineteenth-Century China and Japan* (Oxford University Press, 2012).

Clulow, Adam, *The Company and the Shogun: The Dutch Encounter with Tokugawa Japan* (New York: Columbia University Press, 2014).

Fassbender, Bardo and Anne Peters, *The Oxford Handbook of the History of International Law* (Oxford University Press, 2012).

Ford, Lisa, *Settler Sovereignty: Jurisdiction and Indigenous People in America and Australia, 1788-1836* (Cambridge, MA: Harvard University Press, 2010).

Ghachem, Malick, *The Old Regime and the Haitian Revolution* (Cambridge University Press, 2012).

Hair, P. E. H., *Africa Encountered: European Contacts and Evidence, 1450-1700* (Farnham, UK: Variorum, 1997).

Hulsebosch, Daniel, *Constituting Empire: New York and the Transformation of Constitutionalism in the Atlantic World, 1664-1830 (Studies in Legal History)* (Chapel Hill, NC: University of North Carolina Press, 2008).

Keene, Edward, *Beyond the Anarchical Society: Grotius, Colonialism, and Order in*

World Politics (Cambridge University Press, 2002).
MacMillan, Ken, *Sovereignty and Possession in the English New World: The Legal Foundations of Empire, 1576-1640* (Cambridge University Press, 2006).
Morgan, Philip and Molly Warsh, *Early North America in Global Perspective* (New York: Routledge, 2013).
Muldoon, James, *Popes, Lawyers, and Infidels: The Church and the Non-Christian World, 1250-1550* (Philadelphia, PA: University of Pennsylvania Press, 1979).
Muthu, Sankar (ed.), *Empire and Modern Political Thought* (Cambridge University Press, 2012).
Northrup, David, *Africa's Discovery of Europe* (Oxford University Press, 2013 [2002]).
Owensby, Brian, *Empire of Law and Indian Justice in Colonial Mexico* (University Press, 2008).
Pagden, Anthony, *Lords of All the World: Ideologies of Empire in Spain, Britain and France c.1500-c.1800* (New Haven, CT: Yale University Press, 1998).
Richter, Daniel, *Facing East from Indian Country* (Cambridge, MA: Harvard University Press, 2001).
Stern, Philip, *The Company-State: Corporate Sovereignty and the Early Modern Foundations of the British Empire in India* (Oxford University Press, 2011).
Subrahmanyam, Sanjay, *Courtly Encounters: Translating Courtliness and Violence in Early Modern Eurasia* (Cambridge, MA: Harvard University Press, 2012).
Suzuki, Shogo, Yongjin Zhang, and Joel Quirk, *International Orders in the Early Modern World: Before the Rise of the West* (New York: Routledge, 2014).
Tomlins, Christopher and Bruce Mann (eds.), *The Many Legalities of Early America* (Chapel Hill, NC: University of North Carolina Press, 2001).
Travers, Robert, *Ideology and Empire in Eighteenth-Century India: The British in Bengal* (Cambridge University Press, 2007).
Van Ittersum, Martine, *Profit and Principle: Hugo Grotius, Natural Rights Theories and the Rise of Dutch Power in the East Indies, 1595-1615* (Leiden: Brill Academic Publishers, 2006).
Ward, Kerry, *Networks of Empire: Forced Migration in the Dutch East India Company* (Cambridge University Press, 2008).

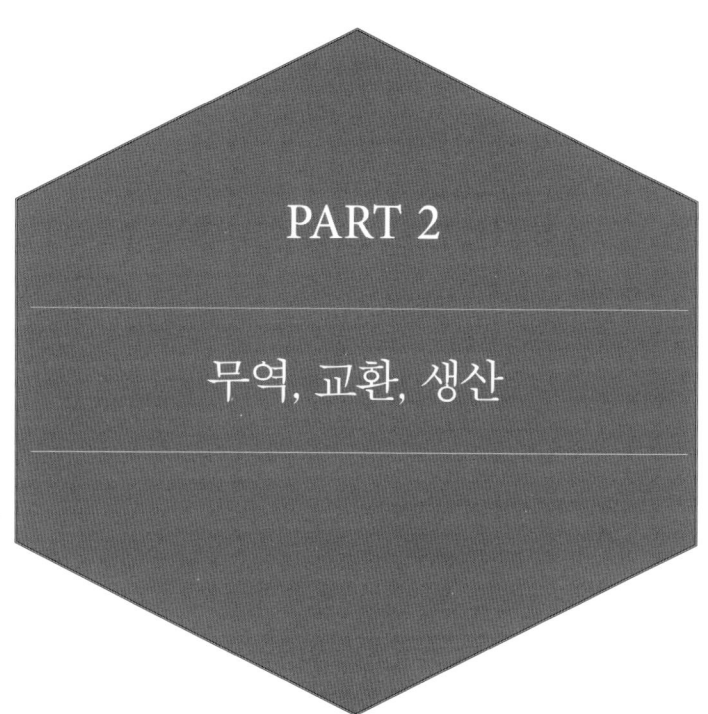

PART 2

무역, 교환, 생산

CHAPTER 5

콜럼버스의 교환

노블 데이비드 쿡
Noble David Cook

오늘날 널리 통용되고 있는 "콜럼버스의 교환(Columbian Exchange)"이란, 1492년 크리스토퍼 콜럼버스가 대서양을 건너 항해하던 중 유럽과 아시아 사이에서 미지의 땅을 "발견"한 이후로, 구세계와 신세계가 연결되면서 발생한 광범위한 생물학적 영향을 일컫는 말이다. 콜럼버스의 발견과 이후에 이어진 탐험 및 정착의 결과, 동식물이 대륙에서 대륙으로 전달(교환)되어 세계적 변화가 초래되었으며, 교통이 발달하면서 그 과정은 더욱 가속화되었다. 이 용어는 1972년 알프레드 크로스비(Alfred W. Crosby)의 학술서《콜럼버스의 교환: 1492년의 생물학적·문화적 결과(The Columbian Exchange: Biological and Cultural Consequences of 1492)》의 출간을 계기로 대중화되었다. 신세계(남북 아메리카)와 구세계(유럽, 아시아, 아프리카)의 교류로 발생한 질병, 식물, 동물의 전파와 그 영향을 중점적으로 다룬 책이었다.[1]

크로스비는 가장 두드러진 불평등 교환의 문제를 강조했다. 무엇보다 악명 높았던 사례는 급성 전염병으로, 막대한 수의 아메리카 원주민이 천연두(smallpox)와 홍역(measles)으로 목숨을 잃었다. 콜럼버스

---

1 Alfred W. Crosby, *The Columbian Exchange: Biological and Cultural Consequences of 1492* (Westport, CT: Greenwood Press, 1972). 이후 30주년 기념판이 출판되었다(Westport, CT: Praeger Publishers, 2003).

의 교환에는 긍정적 측면과 부정적 측면이 모두 포함되어 있었다. 아메리카 대륙에서 (신석기) 농업혁명은 구세계보다 조금 늦은 시기에 시작되었지만, 매우 다양한 식용작물이 개발되었다. 감자나 옥수수, 마니옥(manioc 혹은 yucca) 등 일부 작물은 단위면적당 칼로리 생산량이 구세계보다 훨씬 높아서 이후 인구 증가에 기여했다. 반대로 구세계에서는 더 많은 종류의 동물이 가축화되었다(가장 중요한 가축을 꼽자면 소, 말, 양, 염소, 돼지 등이다). 가축의 유입 또한 긍정적 영향과 부정적 영향을 모두 가져왔다. 유럽인, 아프리카인, 아시아인이 아메리카로 이동한 것도 콜럼버스 교환의 일부였다. 이주와 혼혈의 생물학적·문화적 결과는 엄청난 변화로 이어졌다. 크로스비는 첫 책에서 콜럼버스 교환의 초기 수십 년을 다루었지만, 이후 다른 글과 저서를 통해 20세기에 이르기까지 새로운 동식물과 전염병의 교환이 지속된 문제로 논의를 이어갔다.

 크로스비의 업적은 전문 학자들로부터 즉시 인정받지는 못했다. 그의 저서가 출간되었을 때 주요 언론에서는 서평을 싣지 않았다. 전문 영역에서 언급된 서평들도 대개는 비판적이거나 무관심한 반응이었다. 당시 역사학계는 여전히 전통적인 정치사, 위인의 전기, 제도사가 주류를 이루었고, 크로스비의 업적은 그중 어떤 범주에도 정확히 들어맞지 않았다. 그러나 지리학, 특히 역사지리학, 인구학, 의학사, 민족학에서는 유럽인의 해외 진출이 어떤 영향을 초래했는지 연구할 때 크로스비의 연구 업적을 신중히 검토하기 시작했다. 그 무렵 인류의 정착이 자연 생태계에 미친 영향에 대한 관심도 커져갔다. 1949년 미국의 자연학자 알도 레오폴드(Aldo Leopold)는 《샌드 카운티 연감(A Sand County Almanac)》이라는 저서에서 역사학자들에게 환경을 염두에 두고 과거를 검토해야 한다고 역설했지만, 그의 호소에 주목하는 역사가는 거의 없었다.[2] 이와 달리 유럽에서는, 특히 페르낭 브로델(Fernand Braudel)과 그의 제자 엠마뉘엘 르 르와 로드리(Emmanuel Le Roy Ladurie)를 비롯한 아날학파의 연구자들이 어떤 주제를 연구할 때 기후, 자연환경과 문화적 요인의 관계를 강조했다.[3] 미국에서도 현실적인 문제를 중심으로 전통적인 역사 연구를 재검토해야 한다는 목소리가 시작되고 있었다. 알프레드 크로스비는 제2차 세계대전과 냉전을 거치며 학문적 성숙기를 보냈다. 그의 연구와 관심 분야는 의학사에서 사회과학과 자연과학의 영역까지 광범위하게 확대되었다. 1987년 미국역사학회(American Historical Association)에서 발표할 소논문을 준비하던 크로스비는 애초의 주제에 콜럼버스의 교환이 초래한 경제적·영양학적·인구통계학적 결과까지 더해 지평을 넓혔다. 이러한 주제들은 방대한 세계사적 저술에서 상세히 다루어졌다. 그 책이 바로 《생태제국주의: 유럽의 생물학적 확장, 900~1900년(Ecological Imperialism: The Biological Expansion of Europe, 900-1900)》(1986년)이었다. 콜럼버스의 교환이 초래한 결과는 결국 전 세계적 범위를 포괄했다. 인구사뿐만 아니라 전염병, 영양, 건강, 질병의 역사 연구 성과를 바탕으로 한 크로스비의 저서는 이후 환경사와 세계사 연구를 촉진했다. 그래서 그는 근대 자연생태와 세계사 연구의 아버

---

2 John H. McNeill, "Foreword," in Crosby, *The Columbian Exchange, 30th Anniversary Edition*, p. xi.
3 Peter Burke, *The French Historical Revolution: The Annales School, 1929-1989* (Stanford University Press, 1991), and François Dosse, *The New History in France: The Triumph of the Annales* (Urbana, IL: University of Illinois Press, 1994).

지로 일컬어지고 있다.⁴

콜럼버스의 교환은 세계화의 첫 번째 물결에서 시작되었다. 15세기 중엽 스페인과 포르투갈의 주도로 시작된 그 시기는 17세기 중엽까지 이어졌다. 문화적 토대는 이미 14세기부터 마련되었다. 특히 이탈리아 북부, 즉 베네치아, 피렌체, 제노바 같은 도시들이 새로운 방향을 이끌었다. 그들의 역동성은 북중부 유럽과 레반트를 거쳐 아시아에 이르는 상업적 교역에 바탕을 두고 있었다. 막대한 부를 축적한 북부 이탈리아 도시국가의 상인이자 은행가인 사람들은 예술과 건축 및 새로운 지식의 후원자가 되어 거대한 영향력을 행사했다. 위험성이 높지만 성공하면 고소득을 보장하는 모험적 사업에도 충분한 자본을 제공할 여력이 있었다. 이런 식의 투자가 장거리 무역 탐험을 이끌었다. 마르코 폴로 가문도 그런 흐름에 속한 무역상이었다. 마르코 폴로의 모험과 부가 넘치는 중국 이야기는 더욱 적극적인 상업적 기획을 자극했다. 마르코 폴로를 비롯한 여행가들의 이야기는 유럽의 기술 발전에도 기여했다. 언제나 같은 방향을 가리키는 자석 바늘은 항해를 위한 나침반으로 활용되었다. 중국 화물선에 달린 방향타는 유럽의 선박 제조 공정에 도입되어, 대서양의 거센 폭풍을 견딜 수 있는 배가 만들어졌다. 중국인이 불꽃

---

[4] Crosby's more important books include, Alfred W. Crosby, *America, Russia, Hemp, and Napoleon* (Columbus, OH: Ohio State University Press, 1965); Alfred W. Crosby, *Influenza in America, 1918-1976: History, Science, and Politics* (New York: Prodist, 1977); Alfred W. Crosby, *America's Forgotten Pandemic: the Influenza of 1918* (Cambridge University Press, 1989); and Alfred W. Crosby, *Ecological Imperialism: The Biological Expansion of Europe, 900-1900* (Cambridge University Press, 1986).

놀이에 사용한 화약은 끊임없는 전쟁에 시달리는 유럽에서 군사 무기로 활용되어 대포와 화승총으로 재탄생했고, 전쟁의 양상을 바꿔놓았다. 상선에 화약 무기를 탑재한 덕분에 유럽인은 외국 항구에 들어가거나 상품을 본국으로 운송할 때 자신의 배를 보호할 수 있었다.

유럽 서쪽 끝의 이베리아반도는 지중해, 대서양, 아프리카, 유럽의 교차로에 위치했다. 8세기 이슬람의 팽창으로 이베리아반도까지 이슬람 세력이 몰려왔고, 당시에도 살아남은 소규모 기독교 왕국들은 이후 1492년에 이르기까지 느리지만 지속적으로 탈환(레콩키스타)의 과정을 거쳤다. 그 과정에서 포르투갈과 스페인은 유럽 최초로 강력한 군주 체제를 구축했다. 탄탄한 인구 기반, 활력 넘치는 경제, 전쟁 경험을 가진, 동원 가능한 대규모 젊은 인구, 오랜 레콩키스타 과정에서 다져진 십자군 정신과 대서양 항해 경험까지 갖춘 스페인의 군주들은 제노바 출신의 집요한 해양 모험가가 제시한 계획을 받아들일 준비가 되어 있었다.[5]

제1세대: 콜럼버스 교환의 시작(1492~1516년)

불과 한 세대 만에 카리브해의 운명은 완전히 바뀌었다. 1492~1493년에 진행된 콜럼버스 제1차 탐험의 영향은 그리 크지 않았다. 콜럼버스의 의도는 정찰이었다. 그는 대서양의 서쪽으로 항해하면 아시아에 도달할 수 있다고 주장했다. 그래서 자신의 주장이 틀리지 않았음을 증명하고자 했다. 가능하면 항로를 개척하고자 했고, 항해 중 발견하는

---

5 J. H. Parry, *The Age of Reconnaissance: Discovery, Exploration, and Settlement, 1450-1650* (Berkeley, CA: University of California Press, 1982).

땅에서 가능하면 스페인 군주를 위한 주권을 주장하고자 했으며, 즉시 무역할 만한 자원을 찾고자 했고, 현지의 통치자와 무역 관계가 가능한지 검토해보려 했다. 콜럼버스의 탐험대는 세 척의 배로 구성되었다. 배에는 선원을 위한 음식물 이외에도 혹시 만나게 될지도 모르는 사람들에게 선물하거나 거래할 상품도 실려 있었다. 대서양을 건너는 동안 배고픔이나 물 부족은 있었지만, 자주 건강이 안 좋다고 투덜대곤 한 콜럼버스를 제외하면 특별히 질병이 보고된 사례가 없었다. 그들이 거쳐 간 바하마(Bahamas), 쿠바 북동부 혹은 히스파니올라 해안에서 유럽인이 아메리카 원주민을 접촉했을 때도 질병에 대한 별다른 언급은 없었다. 그러나 앞으로 아메리카 대륙 전체가 경험하게 될 교류와 변화의 물결은 그때 이미 시작되고 있었다.

콜럼버스 교환에 포함되는 질병의 문제를 살펴보자면, 제1차 항해에서 의심되는 질병은 매독뿐이었다. 이는 트레포네마 팔리둠(*Treponema pallidum*)이라는 박테리아 때문에 발생하는 질병으로, 성관계와 비성관계에서 모두 전염 가능성이 있다. 제1차 탐험대원들의 귀환 이후 매독으로 추정되는 증상의 질병이 보고된 바 있다. 이탈리아에서 매독이 창궐한 시기는 1493년이었다. 시기적으로는 스페인의 가톨릭 군주가 교황에게 사절을 보내 콜럼버스의 발견을 보고하고, 새로 발견한 지역의 백성을 가톨릭으로 개종하는 일에 스페인의 특권을 부여해달라는 요청을 전한 때와 거의 겹친다. 이탈리아반도에서 문제가 된 질병은 빠르게 프랑스와 그 너머로까지 전파되었다. 전염병 역사를 연구한 학자들은 오래도록 전염병의 기원을 고민해왔다. 확실한 고고학적 성과도 있었다. 콜럼버스 이전 시기 아메리카 원주민 유골의 병변을 연구한 고병리

학에서 과학적 근거가 제시되었는데, 여기서 발견된 매독의 증거는 성
관계 이외의 경로에서 비롯된 것이었다. 그러나 매독의 원인이 되는 트
레포네마(treponema) 병원균(T. pertenue)은 구세계에서도 발견되었다.
요스병(yaws)을 일으킨 병원균이었다. 또한 일반적으로 핀타(pinta)라고
불리는 병원균(T. carateum)은 콜럼버스 이전에 이미 인간을 매개로 전
세계에 확산되어 있었다. 환경 요인, 의복, 위생 및 영양, 사회 관습, 자연
조건(풍토병과 전염병), 최초 감염 시기(유아기와 성년기) 등이 질병의 진
화에 영향을 미쳤을 것이다. 전문가들 사이에서 오랫동안 논쟁이 계속
되었고, 유전자 검사 등 신기술의 발달로 좀 더 만족스러운 결과가 도출
되고 있지만, 아직도 원인을 정확히 밝히기는 어렵다. 크로스비는 자신
의 저서 2003년판 서문에서, 매독이 천연두 확산에 따른 몬테수마의 복
수라고 한 주장을 사과했다(유럽인에게 복수하기 위해 아즈텍 제국 최후의
황제 몬테수마의 영혼이 유럽에 매독균을 전파시켰다는 은유적 표현이 오류
였음을 인정한 것 — 옮긴이).[6]

콜럼버스 제1차 탐험 시기에 이미 교환된 내용들이 있었다. 유럽인
은 선물, 물물교환, 혹은 훔치는 방식으로 앤틸리스제도(Antilles)에서 여
러 가지 동식물과 광물을 유럽으로 가져가 미래의 잠재적 가치를 보여
주고자 했다. 그중에는 앵무새, 깃털, 면직물, 파인애플로 추정되는 과

---

6 Alfred W. Crosby, "Preface to the 2003 Edition," in Crosby, *The Columbian Exchange, 30th Anniversary Edition*, p. x; William D. Phillips and Carla Rahn Phillips, *The Worlds of Christopher Columbus* (Cambridge University Press, 1992); and Consuelo Varela and Juan Gil (eds.), *Cristóbal Colón: Textos y documentos completos* (Madrid: Alianza Editorial, 1997).

일, 담배, 고무 등이 포함되었다. 또한 탐험의 성공을 증명하고 신뢰를 얻기 위해 루카야족 원주민 소년(바하마제도)과 타이노족 원주민 소년(히스파니올라섬)도 데리고 갔다. 더 나아가 이들을 교육시켜 나중에 통역사로 활용할 계획이었다. 1492년 크리스마스이브에 기함인 산타마리아호가 좌초되어 부서지는 사건이 일어났고, 나머지 소형 범선 두 척(핀타호와 니냐호)은 비좁아서 탐험대원 모두를 태울 수 없었기 때문에, 하는 수 없이 히스파니올라섬 북서쪽에 임시 요새를 건설하고 38명이 그곳에 남기로 했다. 당시의 사람들이 보기에 담배는 의약품으로 잠재력이 있을 것 같았지만, "연기를 내는 풀"로서 인기와 가치를 인정받기까지는 수십 년이 더 걸렸다. 덕분에 이후 다른 나라에서 온 정착민과 상인이 담배 사업에 뛰어들어 부자가 되었다.

　1493년 3월 15일 콜럼버스 탐험대가 팔로스(Palos) 항구에 도착하자 탐험의 소식과 금과 부를 얻을 수 있다는 소문이 급속도로 퍼져나갔고, 들썩이는 사람들의 희망에 불을 지폈다. 벼락부자가 될 가능성이 눈앞의 현실로 다가왔다. 그 땅은 서쪽으로 몇 주만 항해하면 닿을 수 있는 곳이라고 했다. 콜럼버스의 입장에서 제2차 탐험대원 모집은 전혀 어려울 것이 없었다. 지원자들이 대거 몰려들었다. 사회 각계각층의 사람들이었다. 무장을 갖춘 귀족, 농기구와 종자를 들고 온 농부, 도구를 챙겨 온 기술자, 광부, 상인 등이 포함되었고, 의사와 성직자도 있었다. 그들은 주저 없이 17척의 배에 나누어 탑승했다. 탐험대 인원은 1500명으로 대부분 남성이었다. 1493년 9월 25일 그들은 카디스(Cádiz) 항을 출발했다. 10월 첫째 주에 그들은 카나리아제도에 도착했다. 그곳에서 배를 점검하고 수리했으며, 필요한 식량(씨암퇘지 8마리 포함)과 물을 실었다. 제2차 탐험 당시 가져간 동식물의 목록이 남아 있다. 말, 노새, 돼지, 염소, 양을 비롯한 온갖 동물, 밀과 귀리, 그리고 다양한 종류의 나무와 과일 등이 포함되어 있었다.[7]

바람과 조류 모두 탐험대에 유리해 소(小)앤틸리스제도(Lesser Antilles)를 향한 항해는 순조로웠다. 11월 3일 첫 번째 섬이 눈에 들어왔다. 탐험대의 일부 배는 여기에 정박하고 음식과 물을 비롯한 보급품을 보충했다. 그리고 다시 히스파니올라섬을 향해 가다가 몇몇 섬을 간략히 정찰했다. 처음에는 탐험대가 누군가를 만났다는 기록이 거의 없었다. 그러나 탐험대가 히스파니올라섬 북쪽 해안에 도착한 11월 28일 이후부터는 상세한 기록이 남아 있다. 최근 콜럼버스의 제2차 항해일지(Relación del segundo viaje)가 발견되었다. 1493~1496년의 제2차 탐험을 기록한 자료다. 덕분에 우리는 당시 상황을 이전 세대의 선배들보다 더 구체적으로 이해할 수 있게 되었다.[8] 탐험대원들은 해안에 발을 딛는 순간부터 배고픔과 질병에 시달렸다. 또한 원주민 역시 큰 피해를 입었다. 왜 그랬을까? 유럽인은 항해에 필요한 식량만 싣고 왔기 때문에 여유분이 없었다. 아메리카 땅에 뿌리내리고 번성하기까지는 시간이 필요했고, 그때까지 그들도 먹고살아야 했다. 애써 가져온 귀중한 동물과 곡식의 종자는 보호해야 했기 때문에 먹을 수 없었다. 몇몇 사람들은 절박한 심정에 먹어버리기도 했지만, 그래도 문제가 해결되지는 않았다. 유럽인이 선택할 수 있는 방법은 현지 자원에 손을 대는 것뿐이었다. 그

---

7 Varela and Gil, *Cristóbal Colón*, pp. 235 and 250.
8 Noble David Cook, "Sickness, Starvation, and Death in Early Hispaniola," *Journal of Interdisciplinary History* 32 (2002): 349-86.

곳에는 풍부한 코누코(conuco, 경작지)가 있었다. 그것만 해도 1500명의 구세계 침략자들과 수십만 명의 타이노족이 충분히 먹고살 수 있었다. 그러나 스페인 사람들은 더 많은 걸 원했다. 그들은 금을 갈구했다. 애초 탐험대에 합류할 때부터 그들이 기대한 것은 금이었다. 아무도 그들을 통제할 수 없었다. 그들은 섬을 휩쓸고 다니며 타이노족을 괴롭히고 고문하며 어디 있는지도 모르는 금을 찾았다.

처음 몇 달 동안은 유럽인과 섬 주민 모두에게 재앙이었다. 일상적인 생계 활동이 중단되었고, 자원은 낭비되거나 파괴되었다. 스페인 사람들은 굶주리기 시작했으며, 타이노족도 마찬가지로 기아에 직면했다. 스페인 사람들은 새로운 음식을 소화하는 데 어려움을 겪었다. 가져온 포도주가 모두 떨어지자 그들은 섬의 물을 마셨다. 유럽인은 현지 물속 기생충에 내성이 전혀 없었다. 설사, 경련, 탈수, 탈진, 피로가 겹쳤다. 처음 몇 주의 시간은 외부 침략자들에게 잊을 수 없는 고통을 안겼다. 많은 사람에게는 치명적인 시간이기도 했다. 2년 만에 유럽인의 3분의 2가 낯선 카리브해 환경에 적응하지 못하고 목숨을 잃었다. 그사이 워낙 기력이 쇠약해져서 이미 구세계에서부터 잠재되어 따라온 질병이 발현되었던 것일지도 모른다. 대서양을 건너오기 전에 이미 안달루시아 지방의 풍토병인 말라리아에 걸린 사람들이 새로운 환경에서 신구 병원균의 합동 공세에 살아남을 가능성은 극히 희박했다. 반대로 초기 과정에서 "내성을 얻은" 사람들은 이후 아메리카 대륙의 원주민 제국을 정복하는 데 핵심 세력으로 참여할 수 있었다.

원주민 타이노족은 침략자의 공격과 그들이 가져온 병원균의 공격을 동시에 받았다. 잘 알려진 바와 같이 그들의 인구수는 급격히 감소했다. 불과 25년 만에 히스파니올라섬의 번성했던 원주민 인구는 거의 사라지고 극소수만 살아남았다. 당시의 정확한 인구 규모는 알 수 없다. 자료가 워낙 드물고 해석의 차이가 너무 크기 때문이다. 추정치는 최저 6만 명(Verlinden)에서 과장된 수치인 797만 5000명(Borah & Sherburne F. Cook)까지 다양하다. 합리적으로 추론했을 때 당시 원주민 인구는 아마도 20만 명에서 75만 명 사이였을 것이다. 역사인구학자 마시모 리비바치(Massimo Livi Bacci)는 20만~30만 명으로 추산했다. 그런데 그는 초기에 전염병이 확산되었다는 증거가 없다고 주장하지만, 당시 목격자들의 증언에 따르면 전염병이 존재했던 것으로 추정된다. 히스파니올라섬의 역사 연구에 평생을 바친 역사학자 프랭크 모야 폰스(Frank Moya Pons)는 타이노족 인구를 37만 7000명에서 60만 명 사이로 추산했다. 초기 몇 년 안에 일부 타이노족은 무참히 살해되었고, 침략자와 그들이 데려온 동물 때문에 농사를 망쳐 굶어 죽은 사람들도 있었다. 그러나 더 많은 인구가 목숨을 잃은 원인은 강제 노역이었다. 질병도 중요한 요인이었다. 의학사 전문가 프란시스코 게라(Francisco Guerra)는 제2차 탐험 당시 유럽인이 가져온 돼지를 통해 인플루엔자가 유입되었다고 주장했다. 그를 비롯한 다른 학자들도 일찍이 티푸스(typhus)가 유입된 것으로 보고 있다. 말라리아도 유입되었지만 아메리카 모기가 병원균의 운반체가 될 수 있었는지는 확실하지 않다. 천연두 유행 기록으로 가장 시기가 올라가는 것은 1518년이지만, 어쩌면 그보다 일찍 전염병이 유행했을 수도 있다. 1493년 제2차 탐험대가 스페인에서 출발할 당시 안달루시아 지방에 천연두가 존재했고, 이미 감염되었지만 이를 인식하지 못한 보균자들이 탐험대에 합류했을 가능성이 있다. 그들이 항해 기간 중 탐험대의 다른 사람들에게 천연두를 전염시켰을 수도 있지만, 그에 대한 기록은 없다. 제1차 탐험에서 귀환할 때 콜럼버스는 타이노족과 루카야족 소년 10여 명을 데리고 갔다. 그중 6~7명을 세비야에서 다시 바르셀로나의 궁정까지 데려가서 사람들에게 보여주었고, 나중에 카리브해로 돌아갈 때를 대비해서 통역사로 훈련시켰다. 최근에 발견된 콜럼버스의 제2차 항해일지에는 이렇게 기록되어 있다. "나는 [히스파니올라 북동쪽의 사마나Samana에서] 원주민 한 명을 배에서 내려주었다. 작년에 그곳에서 데려온 네 명 중 하나였다. 카디스(Cadiz) 항구를 떠나기 전에 천연두로 죽은 나머지와 달리 그는 살아남았다."[9] 어쩌면 1493년 제2차 탐험대가 출발할 때 천연두 바이러스도 함께 배에 올라 감염에 취약한 젊은이들에게 전파된 뒤 히스파니올라섬에 도착했을 수도 있다. 그러한 경로가 사실이든 아니든, 그로부터 한 세대가 지난 1518년 12월에는 앤틸리스제도에 천연두가 퍼져 있었다. 분명한 기록으로 남아 있듯이, 천연두는 타이노족 대부분을 휩쓸었으며, 금세 아메리카 대륙으로 전파되었다. 그 때문에 아메리카 원주민 인구가 급감했고, 그것이 나중에 스페인 사람들이 원주민의 제국을 정복할 때 큰 도움이 되었다.

---

9 Varela and Gil, *Cristóbal Colón*, p. 242: "que pusiese alli en tierra uno de los cuatro indios que alli avia tomado el año pasado el cual no se avia muerto como los otros de viruela a la partida de Cáliz." Noble David Cook, *Born to Die: Disease and New World Conquest, 1492-1650* (Cambridge University Press, 1998), p. 23; and Massimo Livi Bacci, "Return to Hispaniola: Reassessing the Demographic Catastrophe," *Hispanic American Historical Review* 83 (2003): 3-51.

질병

콜럼버스 교환은 구세계의 질병을 아메리카로, 또한 아메리카의 질병을 구세계로 전달했다. 질병의 도착 시기는 질병의 특성과 전파 방식에 따라 다양했다. 가장 이르게 도착한 것은 희생자에게 잠복 또는 활성 상태로 머물러 있다가 밀접 접촉, 호흡, 상처를 통한 혈액 간 전염으로 퍼지는 질병들이었다. 크로스비가 중요하게 언급한 이런 부류의 질병은 매독, 천연두, 홍역, 발진티푸스 등이었지만 다른 질병도 많았다. 선페스트, 폐렴성 페스트, 말라리아, 유행성이하선염, 성홍열, 백일해, 장티푸스 등이 포함되었다. 각 질병의 도착 연대를 정확히 파악하는 일은 쉽지 않다. 확인된바 1640년대에는 황열병이, 1830년대에는 콜레라가 처음 카리브해에 나타났다. 샤가스병, 오로야열병, 바르토넬라증(verruga peruana)은 신세계의 질병이었지만 쉽게 전염되지 않았다. 동반구와 서반구에서 서로 다른 변종이 발생한 질병이 많았다. 결핵, 매독, 리슈만편모충증(leishmaniasis), 출혈열 등이 그런 질병이었다.

천연두와 홍역은 공기나 접촉을 통해 사람 간에 직접 전염되는 질병이라 가장 먼저 피해를 입혔다. 구세계에서는 비교적 사망률이 낮은 아동기 질병이었지만, 이전에 노출된 적이 없는 지역에서 발병했을 경우 두 질병 모두 막대한 피해로 이어졌다. 사망률은 홍역의 경우 최대 30퍼센트, 천연두의 경우 최대 50퍼센트 이상이었다. 심지어 구세계에서도 한 세대 이상 발병하지 않다가 재발병하는 경우, 이환율과 사망률이 비슷한 정도로 나타났다. 구세계의 주민도 유전적 방어막은 없었지만 자주 발생하는 지역에 거주하는 사람들은 후천적 면역력을 가지고 있었다. 16세기 스페인 의사들은 질병의 징후와 진행 과정을 보고 홍역을 식별할 수 있었으나, 홍역 이외에도 피부 발진을 일으키는 질병이 많았기 때문에 홍역 진단에는 많은 실수가 있었다.[10]

또한 당시 스페인 사람들의 기록에 따르더라도 디프테리아, 유행성이하선염, 성홍열의 증상이 아메리카 지역에서 발생했다고 한다. 이들 질병은 보통 신체 접촉이나 기침 같은 밀접한 접촉을 통해 전염되지만, 성홍열은 오염된 우유를 통해서도 전파될 수 있다. 성홍열의 병원균은 A형 용혈성 연쇄상구균, 디프테리아는 코리네박테리아 디프테리아, 유행성이하선염은 바이러스다. 공통적으로 고열, 전신 불쾌감, 인후통과 부종을 동반했기 때문에 근대 이전에는 각각의 질병을 구분하기가 거의 불가능했다. 다만 디프테리아의 경우 목과 목구멍이 워낙 부어서 질식의 위험이 있었다. 성홍열의 경우 인후통과 두통이 심하고 3일 후부터 발진이 나타났다. 연쇄상구균과 박테리아 관련 질병에 감염된 경우 증상이 비슷했으므로, 이들의 발생 사례를 구분하는 것은 여전히 질병사 연구자들의 과제로 남아 있다.

티푸스, 페스트, 말라리아, 황열병 같은 곤충 매개 전염병도 사망률이 높았다. 구세계에서 신세계로 이주한 사람들도 이런 질병에 취약했고, 물론 사망 원인은 다양했지만 많은 사람이 죽었다. 절지동물(곤충) 매개 전염병은 주기적으로 구세계에서 신세계로 건너왔다. 그러나 전염병의 대규모 전파 사건이 일어나려면 병원균이 좋아하는 적당한 숙주가 있어야 했다. 말라리아가 가장 선호하는 모기는 아노펠레스

---

10 Kenneth F. Kiple (ed.), *The Cambridge World History of Human Disease* (Cambridge University Press, 1993).

전파 방식	바이러스성 질병	세균성 질병	원충성 질병
직접 접촉	인플루엔자	폐렴	
	홍역	성홍열	
	볼거리	백일해	
	풍진		
	천연두		
동물 매개	황열병	탄저병	말라리아
		흑사병	
		발진티푸스	

[표 5-1] 아메리카에 유입된 바이러스, 박테리아, 원생동물 매개체
출처: From Ann Ramenofsky, "Diseases of the Americas, 1492-1700," in Kiple, *World History of Human Disease*, p. 324.

(anopheles)로, 병원균을 전파하는 특별한 능력이 있는 모기였다. 말라리아 원충은 세 가지 종류가 있다. 그중 가장 치명적인 것은 열대열 말라리아(*P. falciparum*)로, 감염된 사람에게는 하루 간격의 간헐적 오한과 탈진의 증상이 나타나고 사망을 초래한다. 3일열 말라리아(*P. vivax*)는 3일 주기로 열이 나며, 사촌 격인 4일열 말라리아(*P. malariae*)는 4일마다 열이 난다. 치명적인 말라리아가 아니면 목숨을 잃는 경우가 드물었지만, 전반적으로 병약한 사람들이 많아졌다. 지중해 지역에서 말라리아가 흔한 질병이었다는 사실을 고려하면, 콜럼버스 제2차 탐험대가 탄배에 감염자와 모기가 함께 탑승했을 가능성은 충분하다. 말라리아가 카리브해 연안으로 확산되기까지 그리 긴 시간은 필요하지 않았다. 주요 항구인 카르타헤나(Cartagena), 놈브레 데 디오스(Nombre de Dios), 베라크루스(Veracruz), 아바나(Havana) 등은 말라리아 확산의 중심지가 되었다(표 5-1).[11]

황열병도 바이러스성 질병으로 모기가 매개체다. 병원균을 전파하는 주요 매개체는 흰줄숲모기(Aedes aegypti)다. 열대 지방에서 발견되는 이 모기는 덥고 습한 여름철이면 온대 지방까지 활동 범위가 넓어진다. 감염된 환자는 무기력해지고 열이 나며 맥박이 느려지고, 마지막에는 황달이 나타난다. 그래서 "황열병(yellow fever)"이라는 이름을 얻었다. 검은 피를 토하는 것은 사망이 임박했다는 징후다. 열대 아프리카 지역 대부분에서 황열병이 나타나며, 감염된 사람은 쇠약해진다. 사망률은 경우에 따라 다양하지만, 도시에서 유행할 때는 특히 높은 편이다. 아메리카 대륙에 일찍 전파된 것은 확실하지만, 최초로 잘 기록된 발병 사례는 1640년대 카리브해 지역에서 발생했다. 이후 점차 북아메리카 온대 해안 지역으로 확산되었고, 19세기에는 늦여름의 공포를 불러일으키는 치명적인 질병으로 알려져 있었다.

유행발진티푸스(epidemic typhus)는 초기 근대 유럽에서 흔히 발생하는 전염병이었다. 특히 전쟁 기간 중 도시나 군대 등에서 밀집된 공간에 수용된 사람들이 식량 부족과 열악한 위생 환경에 노출될 경우 치명적인 결과로 이어졌다. 이 병을 일으키는 병원균(Rickettsia prowazekii)은 인체에 기생하는 기생충(Pendiculus humanus, 몸이)을 매개로 전파되며, 피부에 난 상처를 통해 균이 인체 내부로 침입한다. 증상으로 발열, 두통,

---

11 Noble David Cook and W. George Lovell, "Unraveling the Web of Disease," in Noble David Cook and W. George Lovell, *"Secret Judgments of God": Old World Disease in Colonial Spanish America* (Norman, OK: University of Oklahoma Press, 2001), pp. 227-9, and Kiple, *Cambridge World History of Human Disease.*

불쾌감이 있고 4~6일 후에는 발진이 나타난다. 고열이 14일 이상 지속되면 대개 섬망에 이어 혼수상태로 접어들고 결국 사망에 이른다. 사망률은 어린이의 경우 5퍼센트로 비교적 낮지만, 노인은 최대 50퍼센트까지 올라간다. 발진이 홍역과 혼동되기도 하지만, 붉은 반점이 더 도드라지고 그 위치가 신체의 중앙 부위라서 스페인 의사들은 이 증상을 타바르드(tabard, 민소매 망토)라고 불렀고, 여기서 타바르디요(tabardillo)라는 병명이 비롯되었다. 그라나다(Granada) 전쟁은 레콩키스타의 마지막 단계였다. 이때 발진티푸스 전염병이 대거 확산된 적이 있었다. 콜럼버스의 제2차 탐험대가 출발한 시기는 그로부터 불과 2년 뒤였다. 당시에 발진티푸스가 히스파니올라섬으로 전파되었으리라고 추정하는 연구자도 일부 있지만, 당시 히스파니올라섬에 거주한 타이노족은 옷을 거의 입지 않았고 목욕을 자주 했으므로 전염병이 확산되었을 가능성은 거의 없다. 그러나 나중에 에르난 코르테스(Hernán Cortés)가 아메리카 대륙의 멕시코 지역을 정복했을 때는 발진티푸스도 뒤따라 그곳에 상륙했다. 1540년대 중엽 온대 지방인 멕시코 고산지대와 남아메리카 안데스 지역에서 전염병이 유행한 사례가 보고되었으며, 사망률은 건강한 성인 인구의 5~20퍼센트에 이르렀다.[12]

페스트(가래톳 페스트, 폐렴성 페스트)는 14세기 중엽 등장한 이후로 유럽에서 가장 무서운 전염병이었다. 페스트균(Yersinia pestis)의 매개체는 쥐벼룩(Xenopsylla cheopis)이다. 감염된 사람은 잠복기가 지난 뒤 림

---

[12] Cook and Lovell, "Unraveling the Web of Disease," in Cook and Lovell, "Secret Judgments of God," pp. 225-7.

프절이 호두나 소프트볼 크기로 부풀며, 패혈증이 나타나면 치명적이다. 가래톳 페스트(bubonic plague)에서 "bubonic"이라는 어휘는 "부풀어 오르다"는 의미의 그리스어에서 유래했다. 1346년 페스트가 처음 발생한 뒤 불과 2~3년 사이 이탈리아에서 사망률은 인구의 3분의 1에서 2분의 1까지 치솟았다. 도시 중심지의 사망률이 대체로 가장 높았다. 유럽에서 가혹한 페스트가 비켜 간 곳은 거의 없었고, 이후로도 3세기 동안 산발적으로 유행이 이어졌다. 콜럼버스 이후 한 세기 반 동안 대서양 무역의 주요 중심지인 세비야(Sevilla)에서도 주기적으로 페스트가 발병했다. 세비야의 의사들이 징후를 상세히 기록해두었기 때문에 발병 사실은 의심의 여지가 없다. 1649년에 발생한 페스트는 가장 치명적인 사례로, 인구의 절반이 사망에 이르렀다. 폐렴성 페스트(pneumonic plague)는 가래, 기침, 접촉을 통해 다른 사람의 폐로 직접 전염되었다. 짧은 잠복기를 거친 후 체온이 급격히 오르고 심한 기침을 하며, 폐에서 피를 토하며 죽음에 이르렀다. 폐렴성 페스트의 사망률은 100퍼센트에 육박했다. 천연두와 발진티푸스의 출혈 형태도 폐렴성 페스트와 비슷했기 때문에 근대 의학이 발달하기 전에는 정확한 진단이 어려웠다(표 5-2).[13]

---

13 최근 고고학 연구에서 페스트균(Yersinia pestis)의 DNA와 단백질 신호를 이용해 1347~1353년에 수백만 명을 희생시킨 흑사병이 실제로 이 질병이었음을 확인했으며, 유골의 분석 결과 유럽에서 이어진 후속 발병도 증명되었다. Stephanie Haensch, Rafaella Bianucci, et al., "Distinct Clones of *Yersinia pestis* Caused the Black Death," *PLos Pathog* 6 (2010), e1001134.doi:10.1371/ journalppat.100134. 또한 다른 연구팀은 희생자의 치아에서 페스트균 특이 pla 유전자를 검사하여, 541~543년에 발병한 유스티니아누스 역병은 이후 소멸한 균주였으며, 14세기의 흑사병은 오늘날까지 살아남은 별도의 페스트균 균주임을 밝혀냈다. David M. Wagner, Jennifer Klunk, et al., "*Yersinia pestis*

연도	질병	지역
1493-1498	인플루엔자(돼지독감?), 천연두(?), 말라리아(?)	히스파니올라
1498	매독 유행	히스파니올라
1500-1502	전반적 질병, 발열(말라리아?)	히스파니올라
1514-1517	인플루엔자(모도라)	파나마 지협
1518-1528	천연두 대유행	카리브해 → 본토
1530-1531	늑막염, 인플루엔자, 폐렴성 페스트	메소아메리카
1531-1534	홍역	메소아메리카 → 안데스
1538	천연두	메소아메리카
1545-1548	발진티푸스, 폐렴성 페스트	메소아메리카 및 안데스
1550	볼거리	메소아메리카
1557-1562	홍역, 천연두, 인플루엔자	안데스 아메리카
1559-1564	홍역, 인플루엔자, 볼거리, 디프테리아	메소아메리카
1557-1562	홍역, 인플루엔자, 천연두	안데스 아메리카
1566	코콜리스틀리(cocoliztli)	멕시코 중부
1576-1581	발진티푸스, 천연두, 홍역, 볼거리	메소아메리카
1585-1591	발진티푸스, 천연두, 홍역	안데스 아메리카
1587-1588	코콜리스틀리(cocoliztli)	멕시코 중부
1590	인플루엔자	멕시코 중부
1592-1597	홍역, 발진티푸스, 볼거리	메소아메리카
1597	홍역	안데스 아메리카

[표 5-2] 신세계의 주요 전염병, 1493~1600년
출처: Cook, *Born to Die*, p. 132.

and the Plague of Justinian 541-543 AD: a Genomic Analysis," *Lancet Infectious Disease* (2014), http://dx.doi.org/10.1016/S1473-3099(13)70323-2; Cook and Lovell, "Unraveling the Web of Disease," in Cook and Lovell, *Secret Judgments of God,*" pp. 224-5; and Alexandra Parma Cook and Noble David Cook, *The Plague Files: Crisis Management in Sixteenth Century Seville* (Baton Rouge, LA: Louisiana State University Press, 2009).

병원균의 유입과 반복된 재유입의 결과 아메리카의 인구는 급감했다. 1518년 천연두가 확산되어 히스파니올라섬에 남은 타이노족은 거의 몰살되었고, 그 이듬해 멕시코 중부로 전파된 전염병은 스페인 사람들이 아즈텍 제국을 상대로 승리하는 데 큰 도움이 되었다. 남아메리카의 안데스 지역에서는 잉카 제국의 마지막 황제 우아이나 카팍(Huayna Capac)이 전염병에 걸려 사망했고, 이후 내분이 일어나 스페인 사람들은 잉카 제국마저 손쉽게 정복했다. 대유행 기간 중 천연두가 발생지에서 얼마나 멀리까지 전파되었는지 확인하기는 쉽지 않은 일이다. 한편으로 토착 교역 네트워크가 전염병 확산의 통로가 되었지만, 또한 지역 전체가 전염병의 피해에서 벗어난 곳도 있었다. 천연두의 피해가 가장 큰 지역에서는 감염자의 30~50퍼센트가 사망했다. 새로운 질병의 유입은 피해를 더욱 크게 키웠다. 가령 홍역은 1530년대 초엽 메소아메리카에서부터 안데스 지역까지 휩쓸었고, 1557~1564년 재발하여 다시 한 번 전역으로 확산되었다. 1545~1548년 발진티푸스와 추측건대 폐렴성 페스트도 양쪽 지역을 모두 휩쓸었다. 말라리아, 인플루엔자, 유행성이하선염도 주기적으로 발생했다. 가장 치명적인 위기는 몇 가지 전염병이 동시에 발생한 때였다. 1576~1581년 메소아메리카와, 1585~1591년 안데스 지역에서 그런 일이 있었다. 1570년대부터는 교구 기록과 인구조사 기록이 남아 있기 때문에 사망률의 지속적인 영향을 구체적으로 파악할 수 있다. 어린이와 노인이 가장 큰 고통을 받았다. 생식 가능한 연령에 도달하는 어린이의 수가 워낙 적어서 인구 성장이 불가능했을뿐더러 현상 유지조차 어려웠다. 17세기 중후기에 이르러서야 전염병이 풍토병으로 자리 잡았고, 정기적으로 감염에 노출되면서 면역 체계가 형성되어

메소아메리카	
1604	홍역, 발진티푸스, 볼거리
1607-1608	발진티푸스
1613-1614	천연두, 홍역, 발진티푸스
1620-1630	천연두, "일반 전염병"
1631-1632	발진티푸스
1647-1649	황열병(카리브해 지역)
1650	"전염병"
안데스 지역	
1606	디프테리아
1611-1614	홍역, 발진티푸스, 디프테리아
1618	홍역
1630-1633	발진티푸스
1651	천연두
브라질 해안	
1611-1616	천연두
1616	천연두
1621-1623	천연두
1626	천연두
1630	전염병 및 기근
1637	전염병 및 기근
1641-1644	천연두
멕시코 북서부	
1601-1602	천연두, 홍역, 발진티푸스
1606-1607	천연두, 홍역
1612-1615	발진티푸스, 천연두?
1616-1617	천연두 및/또는 홍역
1619-1620	다양한 질병
1623-1625	천연두, 발진티푸스, 폐렴
1636-1641	천연두 및 기타 질병
1645-1647	열병(말라리아?)

(표 5-3) 신세계 주요 전염병 확산 지역, 1600~1650년
출처: Cook, *Born to Die*, pp. 168, 170, 191, 193.

비로소 아메리카 원주민 인구가 다시 증가하기 시작했다. 특히 덥고 습한 지역의 소규모 인구가 전염병에 더욱 취약했다. 인구 대부분이 병에 걸리는 바람에 환자를 돌볼 인력이 부족했다. 감염되지 않은 사람들은 두려운 마음에 도망치는 경우가 많았는데, 이로써 전염병의 확산이 더욱 빨라졌다. 서늘하고 온화한 기후에 인구밀도가 높은 지역일수록 전염병의 피해는 적었다. 어떤 지역에서는 인구의 대부분이 소멸했지만, 운이 좋은 곳에서는 조금 나은 형편을 보이기도 했다(표 5-3).[14]

식물

구세계에서 유럽인이 선호한 식물이 카리브해에 뿌리를 내리기는 어려웠지만 꾸준한 노력이 이어졌다. 온대 지방의 곡물을 심기에는 카리브해의 기후가 너무 덥고 습했다. 과실나무도 마찬가지였다. 사과, 배, 자두, 체리 등은 최상의 결과를 내기 위해 추운 겨울의 동면기를 거쳐야 했지만 카리브해에서는 불가능했다. 양배추, 당근, 무, 완두콩 재배도 대체로 실패했다. 그러나 구세계의 벼, 병아리콩, 양파는 카리브해는 물론 아메리카 대륙에서도 잘 살았다. 다만 벼농사는 막대한 노동력이 필요했기 때문에 아메리카 대륙에 유입된 후에도 수십 년 동안 주식 작물의 반열에 들지 못했다.

카리브해 타이노족의 식습관은 풍부하고도 다양했지만, 스페인 사람들은 음식에 고정관념이 있었다. 그들이 아메리카의 음식에 맛을 들

---

14 Cook and Lovell, *"Secret Judgments of God,"* and Kiple, *Cambridge World History of Human Disease.*

이거나 적응하는 것은 말할 나위도 없거니와 의식적으로 시도해보는 단계까지 나아가는 데도 많은 시간이 걸렸다. 밀은 스페인 사람들이 가장 좋아하는 식량이었지만, 1520년대에 멕시코를 정복하고 정착한 뒤에야 안정적 생산과 소비가 가능했다. 멕시코 중부 고원지대의 기후가 유럽과 비슷했기 때문이다. 1530년대 중엽부터 라플라타강(Rio de la Plata)을 비롯해 콜롬비아에서 칠레에 이르는 남아메리카 안데스의 온대 계곡 지대에서도 마찬가지로 유럽의 곡물이 재배되기 시작했다. 그곳의 생태 환경이 작물 재배에 이상적으로 잘 맞았다. 대부분의 경우 작물을 처음 도입한 사람(주로 여성)은 현지에서 문화적 영웅이 되었다. 페루에서는 마리아 에스코바르(María Escobar)와 이네스 무뇨스(Inés Muñoz)라는 인물이 유명해졌다. 둘 다 부유한 엔코멘데로스(encomenderos, 스페인 국왕으로부터 식민지의 세금 징수권을 얻은 사람)의 미망인이었고, 곧이어 다시 부유한 남편을 만나 재혼한 이력이 있었다. 두 사람은 1537~1541년경 스페인에서 얻은 종자를 가져다 아메리카 사람들에게 나누어주고 재배하도록 했다. 이네스 무뇨스는 올리브 나무를 도입한 인물로 알려져 있다. 두 번째 남편인 안토니오 데 리베라(Antonio de Rivera)가 아내에게 줄 선물로 스페인에서 묘목 세 그루를 가져왔다고 한다.[15] 멕시코에서 처음으로 밀을 재배했다고 알려진 사람은 아프리카계 흑인 후안 가리도(Juan Garrido)였고, 그 시기는 1521년에서 1523년 사이였다. 한때 노예였으나 군역을 마치고 자유인이 된 후안 가리도는 쿠바와 푸에르토리코

---

15 Luis Martín, *Daughters of the Conquistadores: Women of the Viceroyalty of Peru* (Albuquerque: University of New Mexico Press, 1983), pp. 38-43.

정복과 플로리다 개척에 참여했으며, 나중에 에르난 코르테스가 멕시코를 정복할 때도 참전했다.[16] 멕시코의 밀은 곧이어 제빵용으로 열대 지역 정착민에게 수출되었다. 예컨대 아바나에서는 매년 유럽으로 귀환하는 함대에 식량을 실어주어야 했고, 요새를 지키는 군사와 플로리다 세인트오거스틴의 군사기지에도 식량을 보내야 했다. 16세기 후반에 이르면 아르헨티나를 비롯하여 아메리카 온대 지방에 거주하는 많은 유럽인이 밀을 재배하고 있었다. 그런 곳에서는 밀과 함께 보리도 재배했다.[17]

지중해의 3대 작물 중 밀 이외의 두 가지, 즉 기름을 짜기 위한 올리브와 포도주를 만들기 위한 포도도 아메리카로 전해져 뿌리를 내리고 마침내 열매를 맺었다. 주로 아메리카의 온대 지방과 지중해성기후 지역이었다. 올리브 나무나 포도 넝쿨이 자라 열매를 맺고 수확 후 올리브유나 포도주를 생산하기까지는 몇 년의 시간이 필요했다. 스페인에서 올리브유와 포도주를 생산하는 농민들과 세비야의 상인들은 수십 년간 아메리카 시장으로 상품을 수출하며 수익을 올렸다. 세금 수입은 왕의 재정에도 보탬이 되었다. 그러나 신세계에서 직접 올리브유와 포도주를 생산하자 스페인의 수출에 문제가 생겼고, 이에 스페인 왕실에서는 아메리카의 경쟁 상품을 규제하기 위해 몇 가지 제한 조치를 시행했다.

콜럼버스는 제2차 탐험 보고서에서 사탕수수를 심으면 생산적일 것

---

16 Herman L. Bennett, *Africans in Colonial Mexico: Absolutism, Christianity, and Afro-Creole Consciousness, 1570-1640* (Bloomington, IN: University of Indiana Press, 2005), p. 16.
17 Aylen Capparelli, *et al.*, "The Introduction of OldWorld Crops (Wheat, Barley, and Peach) in Andean Argentina during the 16th Century," *Veget Hist Archaeobot* 14 (2005): 472-84.

이라는 의견을 피력했는데, 이는 예언과도 같은 통찰이었다. 사탕수수는 비옥한 토양과 계절적으로 풍부한 비를 내려주는 따뜻한 기후에서 잘 자랐다. 또한 엄청난 양의 노동력을 필요로 했지만, 유럽에는 이미 강력한 설탕 시장이 형성되어 있었기 때문에 투자 가치는 충분했다. 한 세대가 지나지 않아 카리브해의 섬에는 갈수록 설탕 공장이 증가했다. 1520년에 이르면 이미 히스파니올라섬은 경제적으로 강력한 수출 거점이 되었고, 기존에 스페인의 주요 설탕 공급지였던 카나리아제도(Canarias)를 빠르게 대체하는 중이었다. 설탕은 인구 구성에도 변화를 가져왔다. 사탕수수 재배는 노동 집약적 산업이었기 때문에 원주민 인구의 급격한 감소가 노예 인구의 급증으로 이어졌다. 설탕 경제는 파괴적인 면이 컸다. 사탕수수 재배에 막대한 노동력이 필요했을 뿐만 아니라, 사탕수수를 잘라 설탕을 만드는 과정에서 엄청나게 많은 양의 땔감이 필요했으므로 수많은 나무가 잘려나갔다. 정착민의 주택이나 창고 건설, 가구 제작, 선박 수리를 위해서도 많은 목재가 필요했다. 이러한 수요 때문에 히스파니올라섬을 비롯한 많은 섬에서 벌채가 급속도로 진행되었다. 섬의 경관은 1650년에 이르면 타이노족이 살던 원래의 모습을 거의 찾아볼 수 없을 정도로 변해버렸다.[18] 설탕 경제는 금세 히스파니올라섬을 넘어섰다. 포르투갈이 최초로 확보한 브라질 해안 지역은 염료 생산을 위한 목재 채취 이외에는 경제적 가치가 거의 없었지만, 1550년에 그곳을 왕실 파견 총독이 통치하는 독점적 지배 구조로 바꾸고 설탕 생산 체제를

---

18 Alejandro de la Fuente, *Havana and the Atlantic in the Sixteenth Century* (Chapel Hill, NC: University of North Carolina Press, 2008), and Carl Ortwin Sauer, *The Early Spanish Main* (Berkeley, CA: University of California Press, 1966).

갖추자 성공을 위한 발판이 마련되었다. 아프리카 노예노동을 기반으로 하는 설탕 생산은 남아메리카 대륙에서 영구적인 정착을 위한 경제적 토대가 되었다.[19]

대서양을 서쪽으로 건너 아메리카로 가는 배에서는 선적 물품 목록을 상세히 작성해야 했다. 그래서 선적 물품과 재배 실험용 작물의 목록이 자세하게 남아 있다. 덕분에 오늘날의 우리는 당시 어떤 식품이 이동했는지 추적해볼 수 있다. 그러나 반대 방향, 즉 동쪽으로 대서양을 건널 때는 그런 목록이 작성되지 않았다. 하지만 신세계에서 귀환하는 선원이나 승객이 어떤 음식을 먹었는지는 알 수 있는데, 아메리카에서 생산된 식재료도 포함되어 있었다. 매년 금은 등의 보물을 실은 함대가 카리브해를 떠나기 전 일단 아바나 항구에 모였다. 식량은 그곳에서 배에 실었다. 귀환 항해는 대략 6~8주가 걸렸다.[20] 그러므로 가능하다면 신선한 과일과 채소, 그리고 건조 상태로 보관할 수 있는 식재료가 필요했다. 토마토는 녹색 상태로 따서 넣어두면 가는 도중에 익었다. 파인애플이나 아보카도 같은 과일도 마찬가지였다. 마니옥, 옥수수, 감자, 고구마는 분명 배에 실렸을 테고, 말린 콩과 과일이나 견과류도 포함되었을 것이다. 항구도시 베라크루스는 멕시코에서 생산된 밀의 주요 수출 거점이었다. 그 밀로 빵(bizcocho, 건빵)을 만들었다. 유럽으로 돌아가는 승

---

19 Sidney W. Mintz, *Sweetness and Power: the Place of Sugar in Modern History* (New York: Penguin Books, 1986).
20 Pablo E. Pérez-Mallaína, *Spain's Men of the Sea: Daily Life in the Indies Fleets in the Sixteenth Century* (Baltimore, MD: Johns Hopkins University Press, 1998), p. 14.

객 중 대부분은 이미 아메리카의 음식에 익숙해진 사람들이었다. 물론 고국의 음식을 선호했겠지만 귀환 항해 도중에는 신세계의 식량만으로도 생존이 가능했다. 아메리카의 주식 작물은 생산성이 매우 높았다. 일부 여행객은 그러한 작물이 구세계의 토양과 기후에만 맞는다면 유럽에서 충분히 시장성이 있다고 생각했을 것이다. 콜럼버스에 따르면 이미 1498년에 소량의 옥수수가 카스티야에서 재배되었다. 16세기 중엽에는 스페인의 다른 지역뿐만 아니라 이탈리아의 일부 지역에서도 옥수수를 재배했다. 유럽에서 옥수수의 전파 속도는 느렸지만, 1650년 프랑스에서도 재배가 시작되었다. 옥수수는 밀보다 재배 기간이 훨씬 짧고 단위 면적당 칼로리 생산량은 더 높아 오래지 않아 가축뿐만 아니라 사람을 위한 식량으로 자리 잡았다.

마찬가지로 감자도 신대륙에서 유럽으로 건너갔다. 1570년대에 말라가(Malaga)에서 인더스산 감자가 재배되었다는 기록이 있으며, 1580년대에는 질병, 가뭄, 홍수, 해충 등으로 밀 재배가 실패했을 때 감자가 기초 식량으로 활용되었다. 유럽에서 감자의 수용은 지역별로 편차를 보였고, 확산 속도도 느렸다. 처음에는 감자가 최음제로 여겨지거나 나병의 원인으로 오해받기도 했다. 옥수수는 유럽보다 사하라 이남 아프리카에 먼저 도입되었는데, 강우량이 많고 기후가 따뜻한 지역이었기 때문이다. 아메리카의 고구마나 마니옥도 식량으로 아프리카에 곧바로 도입되었다. 이에 대한 지식은 포르투갈의 무역 거점에서 내륙으로 전파되었다. 땅콩 역시 아프리카에서 재배되었는데, 스페인과 포르투갈의 무역상을 통해 아시아 태평양 연안에서 인기를 얻었다.[21]

유럽은 아메리카의 식량 자원을 비교적 늦게 받아들였으나 수집과

분류, 종자와 표본을 스페인으로 보내는 일에는 열심이었다. 콜럼버스의 아들 에르난도 콜론(Hernando Colón)은 세비야의 자택 정원에 텃밭을 만들고 수백 가지의 아메리카 식물을 재배했다고 한다. 곤살로 페르난데스 데 오비에도(Gonzalo Fernández de Oviedo, 1478~1557년)는 9차례에 걸쳐 서인도제도를 여행했으며, 인간과 자연환경에 관한 많은 저서를 남겼다. 《인도의 자연사 개요(Sumario de la natural historia de las Indias)》(Toledo, 1526년)를 비롯한 방대한 역사서의 집필이 1514년에 시작되었던 것 같다. 방대한 분량의 저서 《인도의 역사 일반(Historia general de las Indias)》 중 첫 권이 1535년 세비야에서 출간되었다. 《인도의 자연사 개요》에서 그는 옥수수와, 원주민의 옥수수 "빵" 만드는 법을 자세히 설명했다. 또한 유카(yucca)라는 식물에서 독성을 제거하는 방법도 기록했다. 새에서부터 후티아(hutia)에 이르기까지 아메리카의 동물에 관해서도 많은 기록을 남겼다. 스페인 사람들이 보기에 쥐를 닮은 후티아는 식용 가능한 동물로 히스파니올라섬에 서식했다. 개미핥기에서 곤충에 이르기까지 설명은 계속되었다. 마메이(Mamey), 두리안, 구아바, 코코넛, 기타 과일류와 견과류도 소개되었다. 약용식물과 조제 및 사용법도 언급되었다. 구아이아쿰(guaiacum)속에 속하는 아메리카의 어떤 식물은 스페인에서 팔로산토(palo santo)라 하고 영어로는 홀리우드(Holy Wood)라 했는데, 매독의 일반적 치료제로 사용되었다. 그의 저서

21 James C. McCann, *Maize and Grace: Africa's Encounter with a New World Crop, 1500-2000* (Cambridge, MA: Harvard University Press, 2005), and Alfred W. Crosby, *Germs, Seeds, and Animals: Studies in Ecological History* (Armonk, NY: M. E. Sharpe, 1994), pp. 148-66.

는 출간 직후 영어, 프랑스어, 이탈리아어, 라틴어로 번역 출판되었다. 이외에 가장 중요한 저서를 꼽으라면, 프란시스코 에르난데스(Francisco Hernández, 1513~1587년) 박사의 연구다. 그는 1570년 멕시코로 파견되어 식물, 특히 나와족(Nahuas, 멕시코 최대 원주민 공동체 – 옮긴이)의 의학에 관해 체계적 연구를 수행했다. 7년 동안 그가 새롭게 확인하고 설명한 식물은 3000종에 이른다. 삽화도 포함된 그의 저서는 여러 권으로 구성되었다. 그는 자신의 저서를 스페인의 왕 펠리페 2세에게 바쳤고, 이후 수십 년 동안 다른 사람들에게 참고 자료로 활용되었다. 이와 비슷한 다른 도감도 출간되었다. 그중 가장 유명한 책은 예수회 수도사 호세 데 아코스타(José de Acosta)가 저술한 《인디아의 도덕의 역사와 자연의 역사(Historia moral y natural de las Indias)》로 1590년 출간되었고, 1604년 영어로 번역되었다. 아메리카의 식재료 수용 속도는 여러 가지 요인에 따라 달랐다. 파인애플은 재배와 운송이 쉬운 데다 달고 과즙이 많고 풍미가 좋아서, 당시 정물화에도 등장할 만큼 인기가 있었다.[22]

1530년대에 이르러 약용식물을 검증하기 위해 소규모 실험 재배가 이루어졌다. 지금껏 알려지지 않은 새로운 약초가 있으리라는 기대가 있었다. 스페인의 여왕 이사벨(Isabel)은 왕실 의사 알바레스 창카(Dr.

---

22 James C. Murray, *Spanish Chroniclers of the Indies: Sixteenth Century* (New York: Twayne Publishers, 1994), pp. 100–8; Francisco Morales Padrón, *La Ciudad del Quinientos* (University of Seville, 1977), pp. 314–5; Francisco Hernández, *The Mexican Treasury: the Writings of Dr. Francisco Hernández*, Simon Varey (ed.) (Stanford University Press, 2000); and Jon Arrizabalaga, John Henderson, and Roger French, *The Great Pox: The French Disease in Renaissance Europe* (New Haven, CT: Yale University Press, 1997), pp. 187–8.

Alvarez Chanca)를 콜럼버스의 제2차 탐험대에 파견했다. 탐험대의 건강관리 업무를 마친 다음 새로운 치료법을 찾아보는 것이 그의 임무였다. 성공적인 치료법을 발견한다면 막대한 수익이 예상되었다. 원예학자 시몬 데 토바르(Simón de Tovar)는 1587년《스페인 의약 개론(Hispalensium pharmacapoliorum recognitio)》을 출간했고, 방대한 약용식물과 허브를 관리했다. 1597년 그가 사망한 뒤 펠리페 2세는 그가 소장한 약초를 특별히 관리하라는 명을 내릴 정도였다. 세비야의 유명한 의사 니콜라스 모나르데스(Dr. Nicolás Monardes)는 16세기 중엽 자신의 정원을 아메리카 식물로 가득 채웠다. 1565년 주요 저서인《아메리카 수입 약용식물사(Historia medicinal de las cosas que se traen de nuestras Indias)》를 출간했고, 1574년에는 방대한 증보판을 재출간했다. 그의 책에는 사르사파릴라(sarsaparilla), 토바코(tobacco), 사사프라스(sassafras) 등 다양한 치료제로 활용될 수 있는 수백 종의 식물이 수록되었다. 구아이아쿰(guaiacum)은 매독 치료제로 기대를 모았지만 헛된 희망이었다. 니콜라스 모나르데스의 저서는 곧바로 라틴어, 이탈리아어, 영어로 번역 출간되었고, 1579년 스페인어판이 재출간되었다. 예수회 수도사 아구스티노 살룸브리노(Agustino Salumbrino)는 약학을 전공한 전문가로 원주민의 치료법에 관심이 많았다. 그래서 안데스 지방의 원주민인 케추아족이 나무껍질을 이용해서 열병을 다스리는 치료법에 주목하기도 했다. 동료인 예수회 수도사 베르나베 코보(Bernabé Cobo, 1582~1657년)가 1638년경 유럽으로 돌아와서 원주민의 치료법을 소개한 것으로 추정된다. 나무껍질에서 퀴닌(quinine)이라는 약물이 추출되었으며, 위험한 말라리아 열병을 억제할 수 있다고 알려졌다. 18세기 생물분류학자 린네(Carl von Linné)는

The proper name of it amongſt the Indians is *Piciek*, The name
For the name of T*abaco* is giuen to it by our Spaniards, by *of it.*
reaſon of an Iſland that is named T*abaco*.
    It is an hearbe that doeth growe and come to bee very [*The deſcrip-*
greate : many times too bee greater then a Lemmon tree. *tion of it.*
It caſteth foorth one ſteame from the roote which groweth
byright, without declining to any parts, it ſendeth foorth
                        I 2   many

〔그림 5-1〕 담배, 니콜라스 모나르데스의 저서 영어 번역본 수록, 1596년

구대륙	밀, 보리, 호밀, 쌀, 귀리, 기장, 수수, 오크라, 얌, 상추, 양배추, 콜라비, 당근, 강낭콩, 완두콩, 병아리콩, 동부, 양파, 사과, 배, 자두, 살구, 호두, 감귤류(오렌지, 레몬, 라임, 자몽), 바나나, 무화과, 대추야자, 참깨, 사탕수수, 커피콩, 차, 목화
신대륙	옥수수, 감자, 퀴노아, 카니와, 강낭콩, 호박, 호박류, 고구마, 마니옥(유카, 카사바), 고추, 땅콩, 토마토, 파인애플, 아보카도, 피칸, 카카오콩, 마테, 담배, 키니네, 고무, 목화

[표 5-4] 주요 재배종 식물의 기원(유명 작물만 포함)
출처: Nelson Foster and Linda S. Cordell (eds.), *Chiles to Chocolate: Food the Americas Gave the World* (Tucson, AZ: University of Arizona Press, 1991); Julia García París, *Intercambio y Difusión de Plantas de Consumo entre el Nuevo y el Viejo Mundo* (Madrid: Servicio de Extensión Agraria, 1991).

그 나무의 학명을 친초나(*Cinchona*)라 했는데, 이는 당시 페루 총독(부왕)의 부인인 친촌(Chinchón) 백작 부인을 치료하는 데 성공적으로 사용된 것을 계기로 붙여진 이름이다. 퀴닌은 처음에 "예수회 나무껍질"로 불렸지만 머지않아 말라리아를 제어할 수 있는 효과적인 치료제로 입증되었다. 말라리아가 창궐한 전 세계 모든 지역에 퀴닌이 약물로 도입된 것은 콜럼버스의 교환이 가져온 긍정적 결과 중 하나였다.

토바코(tobacco)는 콜럼버스의 교환이 가져온 또 한 가지 식물의 사례다. 담배는 이른 시기에 현금작물로 준비되어 유럽, 아시아, 아프리카 시장으로 팔려나갔다(그림 5-1). 스페인 사람들은 초기부터 원주민이 담배를 치료 행위에 널리 활용하는 것을 보았고, 실험을 통해 담뱃잎에 중요한 의학적 특성이 있다는 사실을 입증했다. 그로부터 한 세기가 지난 뒤, 1620년대 버지니아에 진출한 영국인은 담배 외에는 정착지를 유지할 만한 다른 대안이 없다는 사실을 깨달았다. 그들과 그들의 구매자는 담배가 제공하는 즐거움이 약용보다 더 중요하다고 믿었다. 결국 담배는 기호식품으로 인기를 얻었으며, 중독으로 이어졌다(표 5-4).[23]

동물

상당수의 아메리카 동물 표본이 유럽으로 보내져 전시와 연구에 활용되었다. 그러나 칠면조를 제외하면 식재료로는 그다지 환영받지 못했다. 반대로 구세계의 동물들은 아메리카 대륙에 쓰나미처럼 몰려들었다. 안데스 지역의 라마와 알파카는 구세계의 낙타와 비슷한 아메리카 낙타에 속하는데, 이들 외에는 짐을 싣는 토종 짐승이 없었다. 라마나 알파카가 실을 수 있는 무게는 최대 85파운드(약 40킬로그램)였으며, 고집이 세서 다루기가 쉽지 않았다. 앞에서 언급했듯이 콜럼버스 제2차 탐험대가 도착할 때 말이 처음으로 카리브해 지역에 도입되었다. 말은 초기 정찰 활동 때와, 이후 아메리카 원주민을 상대로 스페인의 통제권을 확립하고 확장할 때 큰 도움이 되었다. 소, 염소, 양, 돼지도 제2차 탐험대와 함께 들어왔다. 특히 소가 잘 자라 1540년대 중반에 이미 히스파니올라와 쿠바에서 생산된 소가죽이 유럽으로 수출되고 있었다. 염소와 양은 아메리카 대륙의 온대 지방까지 전해진 다음에야 번성했다. 돼지는 새끼를 많이 낳고 거의 모든 것을 먹을 수 있었기 때문에 개체수가 빠르게 늘어났고, 유럽인에게 익숙한 고기를 빠르게 공급했다. 유럽인은

---

23 Padrón, *La Ciudad del Quinientos*, pp. 316-7; Cook and Cook, *The Plague Files*; and Fiammetta Rocco, *The Miraculous Fever-Tree: Malaria and the Quest for a Cure that Changed the World* (New York: Harper Collins, 2003). 모르나데스의 1574년 텍스트 영인본이 1988년에 세비야에서 출간되었다(출판사 Padilla Libros).

어떤 섬에 돼지 암수 한 쌍을 두고 떠나기도 했는데, 나중에 다시 돌아오면 식량으로 쓰기 위해서였다.

구세계의 가축, 특히 돼지가 건너오면서 토종 작물에 심각한 피해를 입혔으며, 타이노족의 전통 농업 관행에 위기를 초래했다. 카리브해 지역에는 비가 많이 내렸기 때문에 원주민은 코누코(conuco)라는 방식으로 농지를 준비했다. 그것은 바닥 면을 높이 올린 농지로 파종과 관리가 용이했다. 여기에 키가 큰 작물과 작은 작물을 함께 심었는데, 마니옥, 옥수수, 콩(거름 작물로 활용), 고구마를 비롯한 여러 가지 작물이 포함되었다. 자연 거름만 가지고도 1년에 최소 두 번의 수확이 가능했다. 콜럼버스를 비롯한 스페인 사람들은 수많은 코누코에서 많은 사람이 먹고사는 것을 보고 놀라움을 금치 못했다고 한다. 그런데 돼지가 마구 번식하자 코누코 침범을 막을 수 없었고 큰 혼란에 빠지게 되었다. 무너진 코누코는 금세 잡초로 뒤덮였고, 16세기 후반에는 전염병과 자원 고갈로 인구가 급감하면서 인간을 대신하여 소가 풀을 뜯기에 이상적인 장소로 변해갔다. 히스파니올라섬의 급격한 생태 변화는 콜럼버스의 교환이 아메리카에 초래할 결과를 미리 보여주는 전조와도 같았다.[24]

구세계의 동물들이 메소아메리카 지역으로 유입되는 속도는 상당히 빨랐다. 에르난 코르테스가 멕시코 중부 지역을 정복한 뒤 4반세기가 지나기 전에 이미 근본적 변화가 나타났다. 멕시코의 온대 고산지대에서는 소와 양의 개체수가 급격히 늘어났다. 염소, 말, 당나귀, 돼지, 닭의 개체수도 급증했고, 이는 결과적으로 전통 농업 체계를 파괴했다. 1558

---

24 Sauer, *Early Spanish Main*.

년 멕시코시티 북서쪽의 원주민 예언자 후안 테톤(Juan Teton)은, 기독교로 개종하고 그들이 가져온 고기(돼지고기, 소고기, 양고기)를 먹은 사람은 죽어서 기독교인의 가축으로 태어난다고 말했다. 원주민 인구의 급감과 동시에 나타난 가축의 급증 현상을 달리 어떻게 설명할 방법은 없었다.[25]

신세계의 동물들 가운데 구세계로 와서 널리 인기를 얻은 것은 칠면조뿐이었다. 유럽은 물론 아시아에서도 칠면조가 식량 자원으로 인정받았다. 칠면조는 아즈텍 제국 정복 과정에서 스페인으로 보내진 것으로 추정된다. 에르난 코르테스가 카를(Karl) 5세에게 아메리카의 잠재적 부의 가치를 입증하기 위해 보낸 여러 가지 "선물" 가운데 칠면조도 포함되어 있었다. 머지않아 칠면조는 영국까지 전파되었는데, 레반트 무역선이 귀환하는 길에 세비야에 들러 칠면조를 실었을 것으로 추정된다. 그래서 영국인은 칠면조를 터키(레반트)의 닭으로 알고 있었다. 크기나 육질, 손쉬운 사육 등의 장점 덕분에 칠면조는 금세 환영받는 가축이 되었으며, 1650년대에는 칠면조 요리가 이미 특별한 날 엘리트 계층의 식탁에 오르는 음식이 되어 있었다(표 5-5).

---

25 Reay Tannahill, *Food in History* (New York: Stein and Day, 1973); Elinor G. K. Melville, *A Plague of Sheep: Environmental Consequences of the Conquest of Mexico* (Cambridge University Press, 1994); and León García Garagarza, "The Year the People Turned into Cattle," in Martha Few and Zeb Tortorici (eds.), *Centering Animals in Latin American History* (Durham, NC: Duke University Press, 2013), p. 39.

구대륙
개, 소, 물소, 코끼리, 양, 염소, 돼지, 낙타, 말, 당나귀, 닭, 거위, 오리, 꿩, 공작
신대륙
개, 라마, 알파카, 기니피그, 사향오리, 칠면조

(표 5-5) 주요 가축의 기원지(고기나 운반 동물로 유명한 가축에 한정된 목록)
출처: Crosby, *The Columbian Exchange*; Tannahill, *Food in History*; Garagarza, "The Year the People Turned into Cattle," p. 39.

사람들

사람들의 이동은 콜럼버스의 교환에서 매우 중요한 요소였다. 크로스비는 질병과 병원균, 식물, 동물의 이동과 영향을 강조하고 인간의 이주에 대해서도 지적했지만, 사람의 "교환"에는 비교적 관심이 적었다. 유럽과 아프리카의 사람들이 아메리카로 이주한 결과 생물학적 측면뿐만 아니라 문화적으로도 획기적 변화가 있었다. 처음 150년 동안은 이주의 주기와 규모가 다양하게 변화했다. 콜럼버스 제1차 탐험대에 소속되어 카리브해 지역으로 건너간 사람은 200명 미만으로 대개 유럽인 남성이었고, 38명만이 잔류하여 정착지를 건설했다. 그들 중 생존자는 단 한 명도 없었는데, 대부분은 몇 달 안에 타이노족의 손에 죽었다. 제2차 탐험대는 규모가 컸고, 1500명의 탑승자 중에는 여성과 노예도 몇 명 포함되어 있었다. 지중해 지역에서 노예는 특정 지역 출신에 한정되지 않았지만, 아메리카의 노예는 처음부터 아프리카 출신으로 구성되었다. 아메리카의 경우 이주하고 나서 얼마 지나지 않아 사망하는 사례가 자주 발생했다. 콜럼버스 제2차 탐험대원 중 절반이 2년 이내에 사망했다. 탐험대를 모집할 때 광고한 부자가 될 기회는 허망한 구호일 뿐이었다. 히스파니올라섬에 있는 금은 소규모 "광산"에서 채굴하거나 강바닥에서 사금을 채취하는 방식으로 얻을 수 있었는데, 어느 쪽이든 일이 쉽지는 않았다. 처음 대서양을 건널 때 농사를 짓거나 육체노동을 해서 부를 거머쥐겠다고 생각한 사람은 거의 없었다. 카리브해로 건너온 사람들이 처음 10년 동안 종사한 업무는 주로 소규모 정찰 활동이었다. 그 뒤로는 1502년에 이르러서야 비로소 탐험의 안정화를 위해 총독 니콜라스 데 오반도(Nicolás de Ovando)가 이끄는 대규모 탐험대가 파견되었다. 1508년에도 또다시 주요 탐험대가 파견되었다. 이때부터, 그리고 이후로 도착한 탐험대는 아메리카 대륙의 본토와 섬 지역에 기지 건설을 위한 기본 작업에 착수했다. 오늘날의 콜롬비아와 파나마에 인접한 도시 다리엔(Darién)이 1510년 건설되었다. 쿠바와 푸에르토리코의 정복과 정착지 건설은 1511년 시작되었다. 1513년 발보아(Balboa)는 태평양을 발견했고, 태평양 연안의 도시 파나마(Panama)가 1519년 건설되었다. 당시 원주민 인구는 급감 중이었고, 따라서 노동력 자원이 턱없이 부족했기 때문에, 광산을 기반으로 카리브해 지역에 정착지를 건설하려는 시도는 실패로 돌아갔다. 1514년에 이르러 사탕수수 재배와 설탕 수출이 대(大)앤틸리스제도에서 경제적 기반이 될 수 있다는 사실이 확인되었다. 그러나 설탕 경제는 인건비 비중이 높았다. 부족한 노동력을 보충하기 위해 스페인 사람들은 가장 익숙한 거래처에 의뢰해 노예를 수입하기로 했다. 그들이 바로 포르투갈 상인이었다. 그들은 이미 아프리카 해안에 무역 거점을 두고 있었다.[26]

구세계 사람들의 아메리카 이동은 느린 속도로 시작되었지만 갈수록 가속도가 붙었다. 에르난 코르테스가 카를 5세에게 보낸 멕시코의 보물들은 사람들의 관심을 불러일으켰다. 10여 년 뒤 프란시스코 피사로(Francisco Pizarro)가 잉카 제국 최후의 황제 아타우알파를 사로잡고 몸값으로 엄청난 양의 금과 은을 뜯어내 스페인으로 보내자, 보물을 노린 사람들이 아메리카로 몰려들기 시작했다. 포토시(Potosí) 은광의 발견과 1560년대부터 정기적으로 스페인으로 운송된 아메리카의 보물은 스페인 사람들의 아메리카 이주를 확대했고, 영국인과 프랑스인도 한몫을 차지하기 위해 진지한 노력을 기울였다. 당시 포르투갈 사람들은 브라질 해안에 외국인이 너무 많이 들어오는 것을 우려하여 제한 조치를 시행했다. 그럼에도 불구하고 1650년까지만 하더라도 아메리카 대륙에는 이주민보다 원주민 인구가 월등히 많았다.

탐험의 시대에 구세계에서 신세계로 건너간 이주민 인구의 수, 출신지, 목적지 등을 구체적으로 파악하기 위해 많은 연구자가 수십 년 동안 분투해왔다. 최근 반세기 동안 가장 큰 성과는 아프리카 관련, 특히 노예 이주 관련 연구였다. 주요 자료는 노예선의 기록이었다. 무역 자료에는 인원수, 비용, 추정 연령, 성별, 출발지 항구, 여행 도중 사망자 수, 도착지 항구 등이 포함되어 있었다. 그러나 기록에 남지 않는 일부 밀수 행위도 있었다. 역사학자와 인류학자의 세심한 연구 끝에 콜럼버스의 교환에서 노예와 자유인을 막론하고 아프리카 사람들이 담당한 역할과 그들이 치른 대가의 전모가 밝혀졌다. 대서양 횡단을 위해 출발한 인원수

26 Kenneth F. Kiple (ed.), *The African Exchange: Toward a Biological History of Black People* (Durham, NC: Duke University Press, 1987); Sauer, *Early Spanish Main; and Mintz, Sweetness and Power.*

는 실제 "집계(기록)"된 수보다 훨씬 더 많았다. 좀 더 정확히 추산하려면 정착 시기별로 다양하게 고려해야 했다. 바다를 건너는 과정에서도 사망률이 높았고, 특히 광업이나 농업 등 위험한 환경에서 중노동에 시달리면서도 사망률이 높았다. 남녀의 분리로 출산율이 낮았고, 내부 재생산이 억제되었다. 질병도 큰 타격이었다. 그래서 경제가 성장할수록 신규 노예 수요도 계속해서 증가했다. 아프리카 사람들이 가장 많이 이주한 곳은 플랜테이션, 특히 사탕수수 농장이었다. 그런 농장은 브라질 열대 해안 지역에서부터 카리브해 주변의 섬과 대륙에 분포했다. 나중에 영국과 프랑스가 카리브해 지역에 정착한 뒤에도 이와 같은 패턴은 그대로 지속되었다. 영국과 프랑스가 장악한 대서양 연안 지역에는 비교적 아프리카인의 수가 적었지만, 1650년 이후부터 달라졌다. 그들은 다른 상품(담배, 인디고, 쌀, 나중에는 특히 면화) 생산에 투입되었다. 위험한 사금 채취 현장에 아프리카 노예의 작업 구역이 별도로 설정되어 있었고, 포토시의 은광에도 상당수의 아프리카인이 배치되었다. 스페인과 포르투갈이 아메리카에 건설한 주요 도시마다 노예와 자유인을 막론하고 상당수의 아프리카인이 거주했다. 예컨대 1614년 페루 총독부(부왕령)의 수도 리마(Lima) 인구의 3분의 1이 아프리카인이었다.[27] 도시에서

---

27 Herman L. Bennett, *Africans in Colonial Mexico: Absolutism, Christianity, and Afro-Creole Consciousness, 1570-1640* (Bloomington, IN: University of Indiana Press, 2005); John Thornton, *Africa and Africans in the Making of the Atlantic World, 1400-1680* (Cambridge University Press, 1992); Frederick P. Bowser, *The African Slave Trade in Colonial Peru, 1524-1650* (Stanford University Press, 1974); James H. Sweet, *Africa: Culture, Kinship, and Religion in the African-Portuguese World, 1441-1770* (Chapel Hill, NC: University of North Carolina Press, 2003); and Matthew Restall (ed.), *Beyond Black and Red: African-Native*

아프리카인 여성은 대부분 가사노동에 투입되었고, 남성은 대장간 일, 가죽공예, 목공예에 종사했다. 아프리카 전통 의술을 행하는 치료사도 일부 있었다.

콜럼버스의 교환에는 아시아인의 이주도 포함되었다. 아시아인은 주로 아메리카의 태평양 연안 지역으로 이주했는데, 멕시코에서 남쪽으로 페루 총독부(부왕령)까지 확산되었다. 1613년 리마에서 시행한 인구조사에서는 수십 명의 중국, 필리핀, 인도 사람들이 포착되었다. 포르투갈은 이미 아프리카 남동부에서부터 인도의 고아, 마카오, 오늘날의 인도네시아에 해당하는 향료제도에 이르기까지 곳곳에 무역 거점을 건설했지만, 스페인은 아직 아시아에 무역 거점을 확보하지 못한 상태였다. 스페인의 아시아 진출은 1564년 미겔 로페스 데 레가스피(Miguel López de Legazpi)가 이끄는 5척의 함선이 멕시코의 아카풀코(Acapulco) 항구를 출발하면서 시작되었다. 1570년대 중엽에 이르러 스페인 사람들은 마닐라(Manila)를 건설했다. 중국 해안에서 상당히 떨어진 여러 섬이 모여 있는 곳이었는데, 스페인 사람들은 그 지역의 이름을 (당시 스페인 왕 펠리페 2세의 이름을 따서 – 옮긴이) 필리피나스(Filipinas)라 불렀다. 마닐라를 거점으로 스페인 사람들은 중국 상인과 직간접 거래를 할 수 있었다. 1580년대부터 중국 대형 함선 20척이 매년 마닐라로 와서 은을 거래했다. 중국에는 유럽인이 탐내는 사치품이 많았지만 은이 부족한 것이 문제였다. 멕시코와, 특히 페루 총독부 포토시의 은광은 대중국 무역의 기

Relations in Colonial Latin America (Albuquerque: University of New Mexico Press, 2005).]

반이 되었다. 스페인 사람들이 필리핀을 장악하고 마닐라에 상업 거점을 구축한 뒤로 갈수록 많은 중국 상인이 본토에서 건너와 도자기, 비단, 고급 가구, 보석, 상아, 옥 공예품을 팔았다. 담배는 1540년대에 아마도 포르투갈 상인에 의해 중국에 전해졌을 가능성이 있다. 멕시코에서 출발하는 마닐라 갈레온(Manila galleon, 아메리카-필리핀을 연결하는 정기 무역선 — 옮긴이)을 통해 아메리카에서 유입된 것은 분명하다. 마닐라 갈레온을 통해 많은 아시아 상품이 멕시코의 아카풀코로 건너갔고, 아메리카의 부유한 정착민이 그것을 사들였다. 또한 상당량의 화물이 멕시코를 가로질러 베라크루스로 넘어가서 대서양을 거쳐 유럽으로 수출되었다. 매년 정기적으로 마닐라 갈레온이 운행되면서 아메리카의 식품이 아시아로 전해졌을 가능성이 높다. 고구마는 필리핀에서 곧바로 인기를 얻었고, 상인을 통해 1590년대에 중국으로 전파되었으리라고 추정된다. 옥수수는 포르투갈의 무역 거점 마카오와 스페인의 무역 거점 필리핀을 거쳐 중국으로 전해졌고, 땅콩도 마찬가지였다. 고구마, 옥수수, 땅콩은 아시아의 온대 습윤 지역에서 주식 작물로 자리 잡았다.[28]

초기부터 유럽의 탐험가, 정복자, 성직자, 정착민은 누구를 막론하고 아메리카에 도착 후 현지의 인구수를 파악하려 했으며, 그곳 사람들은 왜 그리 일찍 죽는지도 관심을 가졌다. 자료에 따라 개인적인 이유로 부

---

28 Charles C. Mann, *1493: Uncovering the New World Columbus Created* (New York: Alfred A. Knopf, 2011); Carol Benedict, *Golden-Silk Smoke: a History of Tobacco in China, 1550-2010* (Berkeley, CA: University of California Press, 2011); and William Lytle Schurz, *The Manila Galleon* (New York: E. P. Dutton, 1939).

풀리거나 축소하는 경우가 많아서 수치의 편차는 상당히 큰 편이다. 물론 인구통계학자들은 정확한 수치 파악이 불가능하다는 사실을 잘 알고 있다. 그러나 추산을 해볼 수는 있다. 1492년 기준으로 아메리카 원주민 인구의 추정치는 물론 히스파니올라섬의 인구 추정치도 매우 폭이 넓다. 최근 한 세기 동안 역사학자, 고고학자, 인류학자 들은 수용 능력, 인구 감소율, 다른 지역과의 비교 등 다양한 방법론을 동원하여 인구를 추정해왔다. 대부분은 "문헌"에 기초한 연구다. 추정치는 앨프리드 크로버(Alfred Kroeber)가 주장한 840만 명에서, 헨리 도빈스(Henry F. Dobyns)가 주장한 9000만~1억 1200만 명까지 다양했다. 대부분의 전문가는 1492년 기준 아메리카 원주민 인구를 윌리엄 드네반(William M. Denevan)이 제시한 5390만 명으로 인정하고 있다. 그는 "오차 범위가 약 20퍼센트이므로, 신대륙 인구는 4300만에서 6500만 사이"였을 것이라고 밝혔다. "향후 지역별 연구를 통해 보정될 수 있겠지만, 서반구 전체의 인구 범위는 아마도 크게 변화가 없을 것"이라는 게 그의 주장이었다(표 5-6).[29]

인구 추정 자료는 아마도 쿡(N. D. Cook)이 제시한 수치가 가장 체계적이었던 것 같다. 그러나 그의 자료는 스페인 사람들이 잉카 제국과 처음 접촉했을 당시 페루의 원주민만 추계한 것이었다. 드네반이 추정

---

29 William M. Denevan, "The Pristine Myth: the Landscape of the Americas in 1492," *Annals of the Association of American Geographers* 82 (1992): 370; Suzanne Austin Alchon, *A Pest in the Land: New World Epidemics in a Global Perspective* (Albuquerque: University of New Mexico Press, 2003), p. 171; and Noble David Cook, *Demographic Collapse: Indian Peru, 1520-1620* (Cambridge University Press, 1981).

	단위: 만 명
북아메리카	380
멕시코	1,720
메소아메리카	560
카리브해 지역	300
안데스 지역	1,570
남아메리카 저지대	860
총계	5,390

[표 5-6] 1492년 지역별 아메리카 원주민 인구 추정치
출처: William M. Denevan, "The Pristine Myth: the Landscape of the Americas in 1492," *Annals of the Association of American Geographers* 82: 3 (1992): 369-85.

한 "안데스" 지역의 인구는 콜롬비아 남부에서 아르헨티나 및 칠레 북부까지, 잉카 제국이 지배한 영역이 모두 포함된 것이었다. 쿡의 분석은 몇 가지 인구 추정 방법론에 근거를 두었다. 생태학(수용 능력), 고고학, 기존 자료를 통한 인구 감소율, 사회조직의 구조, 질병 사망률, 인구조사 예측 모델, 같은 시대 관찰자의 추정치 같은 자료를 모두 활용했다. 그는 질병 사망률과 인구조사 예측 모델이 가장 신뢰할 만하다고 판단했고, 결론적으로 그는 1520년 기준 페루의 인구를 550만~940만 명으로 추정했다. 연구 후반부에서 그는 6개 주요 지역의 자연 인구 변화를 분석했는데, 그중 세 곳은 해안 지역이고 다른 세 곳은 고산 지역이었다. 생태 환경과 사회-경제적 요인에 따른 사망률을 확인하기 위해 기간은 그다음 한 세기로 설정했다. 연구 결과 일반적 경향이 나타났는데, 북부 및 남부 고산지대를 지나 남쪽으로 내려갈수록, 고고도 평원 지대와 푸나(Puna) 초원 지대로 접어들면서 인구 감소율이 낮아졌다. 한편 해안 지

역 세 곳은 물줄기를 따라 좁은 계곡 지대에 인구가 밀집해 있었는데, 원주민의 인구 감소가 가장 극심했고, 유럽인, 아프리카인, 일부 아시아인이 그 빈자리를 대체했다. 전체적으로 1520년에서 1620년 사이 원주민 인구의 감소율은 93퍼센트에 달했다.[30]

메스티사헤(Mestizaje)는 콜럼버스 교환의 뚜렷한 결과물 중 하나로, 여러 대륙 출신 사람들의 생물학적·문화적 혼합을 의미한다. 사람들의 장거리 이주는 처음에 증가 속도가 느렸지만 세월이 갈수록 규모가 커졌다. 이주민은 종교, 사회구조, 결혼과 친족 관습, 음식 선호도와 요리 방식, 물질문화, 언어, 사상의 패턴 등 문화적 특성을 가지고 왔다. 콜럼버스의 교환에 참여한 모든 유럽 국가 출신자들은 처음부터 신세계에 고향을 복제하는 방식을 취했기 때문에 혼합은 서서히 진행되었다. 예를 들어 페루 총독부에서 가장 큰 도시인 리마의 1614년 인구는 스페인 출신이 38.9퍼센트, 아프리카 출신이 41.9퍼센트, 아메리카 원주민이 7.9퍼센트를 차지했다. 메스티소는 0.8퍼센트, 물라토(mulatto)는 3퍼센트에 불과했다. 뿌리 깊은 문화적 선입견은 대개 법률을 통해 더욱 강화되었고, 공식적으로 서로 다른 집단에 속하는 사람들의 결혼이 항상 가능한 것은 아니었으며, 결혼 외에 다른 식의 남녀 결합도 출현 빈도가 일정하지 않았다. 이주민 집단에서 남녀 성비의 불균형이 지나치게 큰 시기에는 다른 집단 소속 남녀의 결합이 나타나곤 했다. 그러한 관계에서 태어난 혼혈인은 게으르고, 못생기고, 변덕스럽고, 신뢰할 수 없는 사람으로 여겨졌다. 그런 사람들 가운데 16~17세기에 "존경받는" 인물

---

30 Cook, *Demographic Collapse*.

은 극히 드물었다. 유명 작가 가르실라소 데 라 베가 "엘 잉카"(Garcilaso de la Vega "El Inca", 1539~1616년)는 예외적인 경우로, 정복자와 잉카 공주의 아들로 태어난 그는 어려서 쿠스코를 떠나 스페인으로 유학을 다녀왔다. 대부분의 혼혈인은 세대를 거듭하더라도 여전히 차별로 고통을 겪었다. 앙헬 로센블라트(Angel Rosenblat)는 문헌 검토 결과를 토대로, 1650년 기준 아메리카 인구의 3.23퍼센트가 메스티소, 2.17퍼센트가 물라토였을 것으로 추정했다. 당시에도 신세계 전체적으로는 인구의 80퍼센트 이상이 여전히 아메리카 원주민이었다.[31]

그러나 유럽인, 아프리카인, 일부 아시아인의 이주가 이어지면서, 문화적·종교적·경제적 금기에도 불구하고 혼혈 인구는 느리지만 꾸준한 성장세를 보였다. 비슷한 과정이 아프리카 해안, 남아시아, 동아시아는 물론 동남아시아의 향료제도와 필리핀에 건설한 이방인의 무역 거점 도시에서도 그대로 나타났다. 정착이 안정화된 이후부터는 타문화 간의 복잡하고 변화무쌍한 문화변용(transculturation) 과정이 시작되었고, 세대를 거듭하면서 그 과정이 지속되었다.

콜럼버스의 교환에서 기본은 사람, 식물, 동물, 병원균의 교환이었다. 그러나 이는 탐험의 시대에 동반구와 서반구가 연결되면서 시작된 생물

---

31 Claudio Esteva-Fabregat, *Mestizaje in Ibero-America* (Tucson, AZ: University of Arizona Press, 1995); Magnus Morner, *Race Mixture in the History of Latin America* (Boston, MA: Little, Brown and Company, 1967); Cook, *Demographic Collapse*, p. 151; Kiple (ed.), *African Exchange*; and Angel Rosenblat, *La población indígena y el mestizaje en América* (Buenos Aires: Editorial Nova, 1954), vol. i, p. 59. 그의 추정치가 발표된 이후로도 많은 연구가 이어졌지만, 인구 분포 비율은 대동소이했다.

학적 차원의 이동일 뿐이었다. 지식의 전파와 종교·정치·경제·사회 체제의 교류는 더욱 큰 영향을 미쳤다. 새로운 세계가 발견되면서 구세계의 고정관념은 도전에 직면했다. "타자"에 대한 지식을 종합하려면 여러 세대에 걸친 검토와 문화변용의 수용 및 거부의 과정을 거쳐야 했다. 의사소통의 속도가 비교적 느린 시대였으므로, 교류가 지속되면서 검증의 과정이 있었다. 즉 변화하는 환경에 알맞은 것은 살아남았고, 그렇지 못한 것은 버려졌다. 이러한 교환의 전체적 영향을 어떻게 평가할 수 있을까? 모든 당사자가 대가를 치렀지만, 그중에서도 아메리카 원주민의 희생이 가장 컸다. 정복, 노동 착취, 강제 이주, 전통 농업의 파괴뿐만 아니라 질병의 유입으로 원주민의 90퍼센트 이상이 목숨을 잃었다. 또한 플랜테이션 농장과 광산, 그리고 유럽인 가정의 가사노동에서도 아프리카 노예의 인명 피해가 막대했다. 그래도 긍정적 측면에서 보자면, 새로운 동식물 식량 자원이 아메리카에 소개되어 인간의 노동을 보조하며 새로운 영양 공급원으로 추가되었다. 신세계의 식물이 구세계로 전달되면서 주어진 혜택은 더욱 컸다. 아메리카에서 건너온 식재료는, 18세기 유럽과 19세기 아프리카의 인구가 증가한 직접적 원인은 아니라도 그 과정에서 중요한 요소로 작용했다. 아메리카 식물의 도입으로 아시아의 일부 한계 농지에서도 식량 생산이 가능했고, 그 결과 식량 자원의 공급이 점차 늘어났다. 약용식물과 관련 지식의 전파도 긍정적 측면으로 평가할 수 있겠다. 새로운 지식이 기존 고정관념에 도전하면서 유럽의 계몽주의가 더욱 깊어졌듯이, 정신문화에 기여한 측면의 중요성 또한 이에 못지않을 것이다.

더 읽어보기

Alchon, Suzanne Austin, *A Pest in the Land: New World Epidemics in a Global Perspective* (Albuquerque: University of New Mexico Press, 2003).

Benedict, Carol, *Golden-Silk Smoke: A History of Tobacco in China, 1550-2010* (Berkeley, CA: University of California Press, 2011).

Bennett, Herman L., *Africans in Colonial Mexico: Absolutism, Christianity, and Afro-Creole Consciousness, 1570-1640* (Bloomington, IN: University of Indiana Press, 2005).

Cook, Alexandra Parma, and Noble David Cook, *The Plague Files: Crisis Management in Sixteenth Century Seville* (Baton Rouge, LA: Louisiana State University Press, 2009).

Cook, Noble David, *Born to Die: Disease and New World Conquest, 1492-1650* (Cambridge University Press, 1998).

_____, *Demographic Collapse: Indian Peru, 1520-1620* (Cambridge University Press, 1981).

Cook, Noble David, and W. George Lovell (eds.), *"Secret Judgments of God": Old World Disease in Colonial America* (Norman, OK: University of Oklahoma Press, 2001).

Cook, Sherburne Friend, and Woodrow Wilson Borah, *Essays in Population History*, 3 vols. (Berkeley, CA: University of California Press, 1979-82).

Crosby, Alfred W., *Ecological Imperialism: The Biological Expansion of Europe, 900-1900* (Cambridge University Press, 1986).

_____, *Germs, Seeds, and Animals: Studies in Ecological History* (Armonk, NY: M. E. Sharpe, 1994).

_____, *The Columbian Exchange: Biological and Cultural Consequences of 1492, 30th Anniversary Edition* (Westport, CT: Praeger Publishers, 2003).

Denevan, William M. (ed.), *The Native Population of the Americas in 1492* (Madison, WI: University of Wisconsin Press, 1992).

Esteva-Fabregat, Claudio, *Mestizaje in Ibero-America* (Tucson, AZ: University of Arizona Press, 1995).

Few, Martha, and Zeb Tortorici (eds.), *Centering Animals in Latin American History* (Durham, NC: Duke University Press, 2013).

Foster, Nelson, and Linda S. Cordell (eds.), *Chiles to Chocolate: Food the Americas Gave the World* (Tucson, AZ: University of Arizona Press, 1991).

Kiple, Kenneth F. (ed.), *The African Exchange: Toward a Biological History of Black*

People (Durham, NC: Duke University Press, 1987).

_____ (ed.), *The Cambridge World History of Human Disease* (Cambridge University Press, 1993).

Lovell, W. George, *Conquest and Survival in Colonial Guatemala: A Historical Geography of the Cuchumatán Highlands, 1500-1821* (Montreal: McGill-Queens University Press, 1992).

Mann, Charles C., *1493: Uncovering the New World Columbus Created* (New York: Alfred A. Knopf, 2011).

McCann, James C., *Maize and Grace: Africa's Encounter with a New World Crop, 1500-2000* (Cambridge, MA: Harvard University Press, 2005).

McNeill, John R., *Caribbean, 1620-1914* (Cambridge University Press, 2010).

Melville, Elinor G. K., *A Plague of Sheep: Environmental Consequences of the Conquest of Mexico* (Cambridge University Press, 1994).

Mintz, Sidney W., *Sweetness and Power: The Place of Sugar in Modern History* (New York: Penguin Books, 1986).

Newson, Linda, *Life and Death in Early Colonial Ecuador* (Norman, OK: University of Oklahoma Press, 1995).

Phillips, William D., and Carla Rahn Phillips, *The Worlds of Christopher Columbus* (Cambridge University Press, 1992).

Reff, Daniel T., *Disease, Depopulation, and Culture Change in Northwestern New Spain, 1518-1764* (Salt Lake City, UT: University of Utah Press, 1991).

Rocco, Fiammetta, *The Miraculous Fever-Tree: Malaria and the Quest for a Cure that Changed the World* (New York: HarperCollins, 2003).

Sauer, Carl Ortwin, *The Early Spanish Main* (Berkeley, CA: University of California Press, 1966).

Sweet, James H., *Africa: Culture, Kinship, and Religion in the African-Portuguese World, 1441-1770* (Chapel Hill, NC: University of North Carolina Press, 2003).

Tannahill, Reay, *Food in History* (New York: Stein and Day, 1973).

Thornton, John, *Africa and Africans in the Making of the Atlantic World, 1400-1680* (Cambridge University Press, 1992).

Verano, John W., and Douglas H. Ubelaker (eds.), *Disease and Demography in the Americas* (Washington, DC: Smithsonian Institution Press, 1992).

CHAPTER 6

노예무역과
아프리카 디아스포라

존 손턴
John Thornton

인류 역사상 최대 규모의 강제 이주는 대서양 횡단 노예무역이었다. 이는 지속 시간이나 관련 인구 규모 등 모든 면에서 사상 최고 기록이었다. 노예무역 과정에서 아프리카인이 겪은 끔찍한 고통과 높은 사망률을 고려할 때 이는 인류의 크나큰 비극이 아닐 수 없다. 2001년 남아프리카공화국 더반(Durban)에서 개최된 국제회의에서 이를 반인륜범죄(Crime Against Humanity)로 규정한 것은 마땅한 일이었다.

카리브해와 브라질의 사탕수수 플랜테이션 농장에서부터 북아메리카의 담배와 면화 농장, 남아메리카의 여러 광산 등에 이르기까지, 아프리카 강제 이주 노동력은 유럽이 정복한 아메리카의 발전에 핵심적 역할을 했다. 북아메리카를 제외한 모든 지역에서 유럽인 이주자보다 아프리카인 강제 이주자 수가 더 많았다.

아프리카인의 디아스포라는 노예무역을 통한 인구 변화를 넘어 거대한 문화 운동으로 이어졌다. 아프리카의 폭넓은 문화 다양성 가운데 적지 않은 부분이 아메리카로 건너왔다. 아프리카 노예가 자유 이주민처럼 고향의 문화를 가져다 아메리카에서 재창조할 처지는 못 되었지만, 그럼에도 불구하고 아메리카의 시각적·음악적·언어적 문화에서 상당 부분 그들의 기여가 있었다.

노예무역과 아프리카 디아스포라의 역사 관련 연구 성과

노예무역과 아프리카인의 디아스포라 연구는 최근 반세기 동안 몇 가지 주제를 중심으로 전개되었다. 첫 번째 주제는 노예무역 그 자체의 규모와 방향이었는데, 이와 관련해서 오래도록 새로운 발견의 성과가 축적되어왔다. 두 번째 주제는 아프리카 노예무역의 작동 방식과 그것이 아프리카 대륙에 미친 영향이었다. 세 번째는 아프리카 문화가 어떤 경로를 거쳐 아메리카로 건너갔는지를 살펴보는 연구였다.

노예무역의 규모와 방향이라는 주제는 1969년 필립 커틴(Philip Curtin)의 선구적 연구에 의해 현대적 접근 방향이 만들어졌다. 그는 주로 기존의 문헌 분석을 통해 양적 측면에서 대체적인 밑그림을 그려냈다.[1] 커틴의 연구는 대개 수천 건의 선적 기록, 보고서, 재정 통계, 기타 일상적인 문서 들을 끈기 있게 분석한 성과에 근거를 두었고, 그 결과 심도 있는 수량 파악이 가능했으며, 이후 관련 연구의 물결을 일으켰다. 이러한 노력의 첫 번째 결실은 1999년 하버드대학교 듀보이스연구소(DuBois Institute)에서 〈대서양 횡단 노예무역 데이터베이스(Transatlantic Slave Trade database)〉로 공개되었고, 뒤이어 2010년에는 제2차 대규모 확장 온라인 데이터베이스가 개방되었다.[2] 많은 학자가 이 데이터베이스를 활용했으며, 오늘날에는 아프리카에서 아메리카로 건너온 노예의 수, 목적, 사망률, 출신 민족 등을 연구할 때 기초 자료로 인정받고 있다. 데이비드 엘티스(David Eltis)와 데이비드 리처드슨(David Richardson)은

---

1 Philip Curtin, *The Atlantic Slave Trade: A Census* (Madison, WI: University of Wisconsin Press, 1969).
2 www.slavevoyages.org/tast/index.faces

이 데이터베이스의 기본적인 내용을 도식화한 아틀라스를 작성했다.[3]

두 번째 주제인 노예무역의 기원과 그것이 아프리카 대륙에 미친 영향에 관한 연구는 관련 인구수를 파악하는 일보다 입증하기가 훨씬 더 어려웠다. 1960년대와 1970년대에 아프리카사를 연구한 학자들은 노예무역에 관심을 갖지 않을 수 없었지만, 주로 정치사에 집중했기 때문에 노예무역 자체를 체계적으로 연구하지 않았다. 1980년대와 1990년대에는 정치사에서 사회사 연구로 흐름이 바뀌면서 아프리카 사회의 내부 현실에 초점이 맞추어졌고, 노예무역에 관한 관심과 연구는 더욱 등한시되었다. 그러나 이러한 흐름을 따르지 않은 연구 성과도 있었다. 로빈 로(Robin Law)의 저서는 코트디부아르 연구의 선구적 업적으로, 노예무역을 포함해서 다호메이(Dahomey) 왕국과 그 주변을 연구했다. 또한 존 손튼(John Thornton)의 저서는 전쟁사 연구로, 아프리카 군사사(African military history)의 관점에서 노예무역을 이해하고자 했다.[4] 최근에는 월터 호손(Walter Hawthorne)과 스테파니 스몰우드(Stephanie Smallwood)에 의해 노예 포획과 이송 과정 전체를 통합적으로 이해하려는 시도가 있었다.[5]

---

3 David Eltis and David Richardson, *Atlas of the Transatlantic Slave Trade* (New Haven, CT: Yale University Press, 2010).
4 Robin Law, *The Slave Coast of West Africa, 1550-1750: The Impact of the Atlantic Slave Trade on an African Society* (Oxford University Press, 1991); John Thornton, *Warfare in Atlantic Africa, 1500-1800* (London: Routledge, 1999).
5 Walter Hawthorne, *From Africa to Brazil: Culture, Identity and an Atlantic Slave Trade, 1600-1830* (Cambridge University Press, 2010); Stephanie Smallwood, *Saltwater Slavery: A Middle Passage from Africa to American Diaspora* (Cambridge, MA: Harvard University Press, 2007).

최근에는 세 번째 주제, 즉 아프리카계 아메리카인 사회의 형성 과정에서 아프리카 문화가 맡은 역할이 많이 연구되고 있다. 연구의 초점은 아프리카인의 디아스포라다. 노예무역 자료를 분석하여 주로 어느 지역에서 아프리카 문화가 가장 심도 있게 나타났는지를 파악한다. 아메리카 지역에 따른 아프리카 문화의 영향을 파악하려면, 정확히 아프리카 어디에서 노예로 잡혔는지, 그래서 아메리카 어디로 보내졌는지를 알아야 한다. 아메리카 문화에 남아 있는 아프리카 문화의 잔재에 관해서는 1940년대와 1950년대에 이미 문제 제기가 있었다. 허스코비츠(Herskovits)는 아프리카 문화가 아메리카 문화의 형성에 중요한 역할을 했다고 주장했고, 프레이저(Frazier)는 그 주장에 동의할 수 없다는 입장이었다. 이 논점은 최근의 논쟁에서 다시 살아났다. 민츠(Mintz)와 프라이스(Price)는 저서를 통해 아프리카인이 매우 다양한 문화를 폭넓게 가지고 왔을 것으로 주장했다. 한편 손튼(Thornton)의 저서에서는 노예무역 기간 아메리카 대륙에 미친 아프리카의 영향을 연구했는데, 특정 민족의 노예가 아메리카 사회에 집중된 경향을 강조했다.[6] 이 논점을 답습하는 많은 후속 연구가 이루어졌다. 예를 들면 브라질에 관한 제임스 스위트(James Sweet)의 연구도 그러한 흐름의 일환이었다. 그 또한 아메리카에 아프리카의 영향이 많았다고 주장했다.[7]

---

6 Sydney Mintz and Richard Price, *The Birth of African American Culture: An Anthropological Approach* (Boston, MA: Beacon Press, 1992); John Thornton, *Africa and Africans in the Making of the Atlantic World, 1400-1800*. 2nd edn. (Cambridge University Press, 1998).

7 James Sweet, *Recreating Africa: Culture, Kinship, and Religion in the African-*

아프리카계 아메리카 문화의 형성에서 "대서양 크레올"의 역할을 연구한 아이라 베를린(Ira Berlin)은 아프리카 문화가 아메리카로 건너오는 방식에 관해 새로운 관점을 보여주었다.[8] 아이라 베를린의 주장에 따르면, 아프리카의 일정 지역이 다른 지역보다 더 오랫동안 유럽 문화와 접촉했고, 아프리카 인구 중 일부 집단이 그러한 문화 요소를 가지고 왔다고 한다. 린다 헤이우드(Linda Heywood)와 존 손튼(John Thornton)은 이러한 관점을 더욱 발전시켰다. 이들은 초기 영국 및 네덜란드 식민지에서 아프리카계 아메리카 문화의 형성, 그리고 유럽 문화(특히 기독교 문화)의 영향이 매우 컸던 중서부 아프리카의 연관성을 연구했다.[9]

실비안 디우프(Sylviane Diouf)와 마이클 고메즈(Michael Gomez)를 비롯한 여러 학자는 무슬림 노예와 그들이 아메리카에 미친 영향에 특별히 주목하기 시작했다.[10] 주앙 조제 헤이스(João José Reis)는 1835년 브라질 노예 혁명과 브라질의 역사 전반에서 무슬림 노예의 역할에 관심을 기울였다.[11] 앞으로는 아프리카인의 종교적 생활과 영향이 더욱 심도 있게 논의됨으로써, 아메리카에서 아브라함 계통 종교(기독교, 이슬람교,

---

    Portuguese World, 1441-1770 (Chapel Hill, NC: University of North Carolina Press, 2003).

8 Ira Berlin, *Many Thousands Gone: The First Two Centuries in North America* (Cambridge, MA: Harvard University Press, 2000).

9 Linda M. Heywood and John Thornton, *Central Africans, Atlantic Creoles and the Foundation of the Americas, 1585-1665* (Cambridge University Press, 2007).

10 Sylviane Diouf, *Servants of Allah: African Muslims Enslaved in the Americas* (New York University Press, 1998); Michael Gomez, *Black Crescent: The Experience and Legacy of African Muslims in the Americas* (Cambridge University Press, 2005).

11 João José Reis, *Slave Rebellion: The Muslim Uprising of 1835 in Bahia* (Baltimore, MD: Johns Hopkins University Press, 1995).

유대교 등)를 신봉하는 아프리카인의 역할이 더 명확히 밝혀질 것이다.

노예무역

아프리카 일부 지역에서 나중에는 대서양 무역 네트워크를 통해 노예가 거래되었지만, 그 이전 10~11세기에 이미 사하라 관통 무역 네트워크에서 노예무역이 이루어지고 있었다. 그러므로 아프리카의 여러 지역, 특히 서아프리카 사바나 지역이나 사헬 지대에서는 노예 수출이 그리 새로운 일이 아니었다. 이와 달리 아프리카의 대서양 연안 지역에서는 1415년 이후 처음으로 노예가 수출되었다. 그곳에서 노예 상인과 처음 접촉한 사람들은 포르투갈 상인이었다. 노예 상인은 아프리카 노예를 사서 다른 대륙으로 데려가고자 했다.

처음에는 포르투갈인이 아프리카 해안 지대를 습격하여 사람들을 노예로 잡아갔지만, 이후 아프리카인이 곧 방어 능력을 갖추는 바람에 같은 방식의 습격은 바로 중단되었다. 1456~1462년 디오구 고메스(Diogo Gomes)가 잇달아 외교 협상을 마무리 지은 뒤, 포르투갈은 아프리카의 모든 왕국 및 부족과 평화롭게 무역하기로 합의했다. 1460~1470년대에 포르투갈 상인이 로워기니(Lower Guinea)에 도착했을 때는 처음부터 평화로운 무역 관계를 맺었다.

이 놀라운 전환, 곧 습격에서 평화로운 무역으로 바뀌게 된 배경에는 노예무역이 있었다. 포르투갈의 선박이 아프리카를 습격해서 잡아가는 노예는 1년에 수백 명 정도였고, 그 과정에서 포르투갈인 사상자도 발생했다. 그런데 아프리카의 통치자들과 외교 관계를 맺으면 매년 수천 명의 노예를 살 수 있었다. 포르투갈인이 처음 도착했을 당시 아프리카의 그 지역에서는 사하라 관통 무역을 통해 지중해 시장에 노예를 공급하고 있었으며, 굳이 수출이 아니더라도 현지에서 이미 노예제도가 자리 잡고 있었다.

여기서 말하는 "노예" 제도란 주로 법적 체계로서, 주요 권력을 장악한 일부 사람들이 다른 사람들을 사고팔 권리를 소유한 경우를 말한다. 대서양 노예무역에 도움이 된 아프리카의 노예제도는 노동 조건이나 사회적 계급을 의미하는 것이 아니라, 노예를 국외로 데려가고자 하는 이 방인에게 노예를 양도할 합법적 권리를 의미했다. 그와 같은 법적 체제의 뿌리를 자세히 알기는 어렵다. 아프리카에서 사하라 노예무역에 참여한 곳이나 다른 많은 지역에서 노예 매매의 법적 근거를 기록한 고대의 문헌이 이미 상실되었기 때문이다. 이처럼 확실한 근거가 없는 상황에서, 사람을 노예로 매매하는 복잡한 법적 내용이 당시에 새로 만들어진 체계일 가능성도 배제할 수는 없다.

그러나 서아프리카 중부 지역, 특히 콩고 왕국의 경우 대외 접촉이 시작된 이래 수십 년 동안의 현지 기록이 남아 있기 때문에 패턴을 명확히 알 수 있다. 콩고 왕국의 왕 아폰수(Afonso) 1세(재위 1509~1542년)가 포르투갈에 보낸 장문의 편지에는 노예제의 일부 측면과 노예무역에 관한 내용이 담겨 있다. 일찍이 1514년에 그는 자국의 기존 시장에서 노예 구입이 가능하다고 했으며, 콩고의 엘리트 계층 또한 노예를 직접 소유 및 유지할 수 있다고 말했다. 또한 그가 성공한 전쟁에 관한 이야기도 했다. 1512년 그의 용병들이 잡아 온 포로들을 노예로 만들었는데, 그것이 아마도 시장에서 거래될 노예의 주요 원천이었을 것이다.

아폰수는 편지에 그의 왕국에서 노예가 될 수 있는 사람과 될 수 없는 사람이 누구인지를 밝혀두었다. 1526년 아폰수는 불법적으로 노예를 포획한 사건, 그리고 포르투갈 상인이 불법 노예의 시장 거래에 연루된 사건이 있었다고 말했다. 이후 그는 수출 준비 중인 노예를 검사할 위원회를 만들어 과연 법적 요건이 충족되었는지 확인했다고 한다. 후대의 통치자들은 부당하게 노예가 된 사람들을 돌려받기도 했다. 예컨대 1570년 "자가(Jaga)"의 침략으로 포획되어 포르투갈 상인에게 팔려 간 노예가 반환된 적이 있었다. 또한 1622년에도 앙골라를 침략한 포르투갈군이 포획한 1000명 이상의 노예가 마찬가지로 반환된 사례가 있었다.[12] 안타깝게도 아프리카 해안 지역 노예무역의 법적 배경이 될 만한 내용을 상세하게 남긴 이와 비슷한 문서는 더 이상 발견된 것이 없다.

다만 17~18세기 유럽의 상업 문서를 검토하면 노예 매매의 메커니즘을 이해할 수 있다. 노예 매매 방식은 크게 두 가지로 나누어볼 수 있다. 첫 번째 방식은 선상 무역(shipboard trade)이고, 두 번째 방식은 거점 무역(factory trade)이다. 선상 무역이란 유럽의 선박이 해안이나 강어귀에 정박하고 현지 상인들을 불러 배 위에서 혹은 그 근처에서 협상하며, 유럽인이 현지에 상주할 필요는 없었다. 거점 무역이란 유럽인이 해안 지역에 소규모 식민지를 건설하고 무역을 관리하며 상인, 감독관, 군인 들이 상주하는 방식이었다. 이와 같은 식민지들은 대개 도망자를 막을 수 있도록 요새화되어 있었다. 이러한 요새는 금 같은 귀중품을 관리하고, 침입자나 경쟁자(주로 유럽의 다른 나라) 혹은 해적으로부터 무역

---

[12] Linda Heywood, "Slavery and its Transformation in the Kingdom of Kongo, 1491-1800," *Journal of African History* 50 (2009): 1-22.

의 이익을 보호하는 역할을 했다.

유럽인은 세네갈, 감비아, 시에라리온 등지에 거점을 건설하고 그곳에서 거래했다. 거점과 요새가 가장 많이 몰려 있었던 곳은 황금 해안(Gold Coast, 대부분이 오늘날 가나에 포함)이다. 처음에는 금을 선적하기 전에 안전하게 보관하기 위해 건설된 요새였다. 또한 "노예 해안(Slave Coast)" 지역(대부분이 오늘날 베냉 공화국에 포함)에도 거점들이 건설되어 있었다. 다른 지역에는 요새가 간헐적으로 흩어져 있었다. 네덜란드인은 18세기 고대 베냉 왕국 근처에 거점을 건설했다. 영국인은 1720년대, 포르투갈인은 1780년대에 로앙고 해안(Loango Coast, 오늘날 콩고 공화국 주변)에 거점을 건설했지만, 대부분은 현지인에 의해 쫓겨났다.

1575년에 건설된 포르투갈의 앙골라 식민지는 다른 유럽인의 상업 거점과는 성격이 달랐다. 그곳은 리스본(Lisbon)의 직접 통치를 받는 넓은 지역으로 (대부분 아프리카의 동맹이나 제후 세력으로 충원된) 상당수 무장 병력이 주둔했는데, 이들은 전투와 수출용 노예 포획 작전에 적극적으로 참여했다. 앙골라에서 수출하는 노예의 대부분은 유럽인이 지휘하는 군대에게 포획된 경우였다. 이러한 측면에서 앙골라는 아프리카에서 유일한 곳이었다. 포르투갈은 이외에도 앙골라에서 상거래를 통해 많은 노예를 사들였으며, 내륙 지역에도 무역 거점을 건설해 운영했다.

노예 포획과 매매

대서양 노예무역 시대에 거래된 노예는 대부분 아프리카의 판매업자로부터 구입한 것이었다. 앙골라를 제외하면 유럽인 혹은 유럽인 휘하의 군대가 직접 포획하는 경우는 거의 없었다. 일부 학자들은 18세기 노예폐지론자(Abolitionist)들이 제공한 단서에 따라, 유럽 상인이 아프리카에서 군수품 판매를 지렛대로 사용했다고 주장한다. 아프리카의 지도자들은 원치 않았지만, 유럽의 무기를 지원받는 다른 경쟁자들로부터 스스로를 보호하기 위해 어쩔 수 없이 노예를 포획하여 팔았다는 주장이다. 이것을 이른바 "총과 노예의 순환(gun - slave cycle)"이라 한다. 이런 주장은 변형된 형태로 사하라 무역에도 폭넓게 적용되었다. 여기서는 전투용 말의 공급이 문제였다. 서아프리카에서는 말을 기를 수 없었으므로, 말을 지렛대로 삼아 서부 수단의 지도자들이 마지못해 노예무역에 참여했다는 가설이다.

다른 학자들의 경우, 유럽의 경제가 아프리카보다 더 발달한 상태였고 유럽의 생산성과 효율성이 더 높았기 때문에, 아프리카에서는 여기에 맞서 거래할 상품이 거의 없었고, 수출 가능한 유일한 상품이 노예였다고 주장하기도 한다. 이와 같은 무역 균형 이론은, 아프리카에서 금속이나 직물 같은 수요가 있었고 그런 산업 분야에서는 유럽이 월등한 우위에 있었기 때문에, 아프리카의 수요를 충족하려면 유럽의 공급이 필요했다고 본다.

이와 같은 해석에 반대하는 입장도 있다. 오늘날까지 남아 있는 방대한 유럽의 상거래 기록에서 무기 판매를 입증할 만한 직접적 증거가 없기 때문이다. 그러한 자료들을 보면, 오히려 유럽 상인들끼리 무역 품목을 서로 제한하는 방식으로 경쟁했다는 사실을 알 수 있다. 더욱이 노예무역이 시작된 이후 처음 한 세기 이내에는, 아프리카 국가들 간의 군사적 충돌에서 유럽 무기가 개입되지 않은 사례가 많았다. 유럽 상품의 유통 경로, 규모, 품질 등으로 보아 아프리카 경제에서 그 비중이 그리 크지 않았을 것이며, 아프리카의 입장에서 수익이 남지 않거나 조건이 안 맞으면 거래하지 않으면 그만이었다. 아프리카에서도 종종 고품질의 금속이나 직물이 생산되었고, 때로는 놀라울 만큼 많은 양이 쏟아져 나오기도 했다. 직물을 가장 많이 생산한 지역에서 수입 또한 가장 많았다. 이로 보아 직물이나 금속 제품의 무역은 기존에 예상했던 것처럼 아프리카 생산 시스템의 부족분을 보충하기 위해 성립된 것이 아니었다.[13]

무역은 아프리카 당국의 통제 아래 있었다. 그래서 아프리카의 모든 지역이 노예무역에 참여할 수는 없었다. 다른 상품은 거래하더라도 노예 거래는 할 수 없는 경우도 많았다. 예컨대 코트디부아르에서는 지나가는 유럽 선박을 상대로 직물과 상아를 거래했지만, 노예를 거래한 경우는 거의 없었다. 중앙아프리카 북부의 가봉 해안도 마찬가지였다. 그곳에도 유럽 상인이 진출했지만 노예를 거래하는 경우는 없었다. 가장 흥미로운 경우는 베냉 왕국이었다. 오늘날의 나이지리아에 해당하는 그 지역에서는 16세기 초엽에 이미 포르투갈 상인과 노예를 거래했으나, 1530년경 노예무역이 갑자기 중단되었다. 그러나 상아, 직물, 후추 등의 품목은 거래가 지속되었다. 그러다가 1716년경 내전이 진행되는 와중에 노예무역이 재개되었고, 1732년 내전이 종식된 뒤에는 다시 노예무역이 중단되었다.[14] 다른 상품의 무역은 지속되면서 노예무역만 중단되었던 사실로 미루어 보아, 아프리카의 어느 권력자에게 경제적 혹은 군사적 압박만으로 노예무역을 강요할 수는 없었을 것이다.

13 Thornton, *Africa and Africans*, pp. 13-42.
14 A. F. C. Ryder, *Benin and the Europeans, 1485-1897* (London: Prentice Hall, 1969).

아프리카에서 무역선이 방문하는 해안 혹은 해안의 시장은 정치권력에 의해 엄격히 관리되는 경우가 많았다. 세금과 수수료 등 복잡한 절차가 정해져 있었고, 노예 거래 가격도 당국이 규제했다. 상황에 따라 국가나 그 대리인이 무역 통제권을 가졌으며, 아프리카의 상인에게 더 좋은 가격을 받으라고 요구하는 경우가 많았다.

아프리카 무역은 넓은 해안을 차지한 나라가 좌우했다. 예를 들면 다호메이 왕국 같은 나라였다. 그들은 특히 노예를 비롯한 수출 상품의 상당 부분을 통제할 수 있었고, 그래서 종종 군사를 동원해 국가의 지휘 아래 노예를 포획하기도 했으며, 이 사업으로 국가가 상당한 수입을 얻었다. 황금 해안(Gold Coast)처럼 주권이 분열된 곳에서는 상인이 가장 중요한 공급자였다. 예컨대 아카니(Akani) 상인은 내륙에서 막강했던 아산테(Asante) 왕국으로부터 포로를 사들여 카라반을 통해 이들을 정기적으로 해안까지 운송했다. 해안 국가는 현지에서 포로로 잡은 노예도 거래했지만, 이처럼 내륙에서 포획된 노예를 중개하는 거래에도 참여했다. 니제르 삼각주 지역에서 그런 관행이 두드러졌다. 그곳의 도시국가들은 노예 수출의 마지막 단계를 관리했는데, 그 노예들은 이미 수십 차례에 걸쳐 손 바뀜이 된 상태였다.

아프리카 사람들이 노예로 팔려 가는 일반적인 경우를, 우리는 당시 해안의 상인들, 유럽인 방문객, 아메리카로 건너와 노예로 살았던 본인의 증언 등을 통해 파악할 수 있다. 전쟁, 도둑이나 노상강도 등 불법 행위, 벌금 혹은 부채에 따른 법원의 판결 등으로 노예가 결정되었고, 때로는 친인척의 인신매매도 포함되었다. 이처럼 어떤 경우가 있었는지를 파악하기는 쉽지만, 구체적으로 각각의 범주가 어느 정도의 비중을 차지했는지를 파악하기란 쉽지 않은 일이다. 다른 지역에서도 전쟁이나 범죄 혹은 법원 판결로 얼마나 많은 노예가 결정되었는지를 파악할 수 있는 유효한 자료가 남아 있는 사례는 없다. 그러나 정량화된 수치는 아니지만 분위기로 볼 때, 전쟁의 비중이 가장 컸고, 그다음이 범죄 집단이었으며, 법원의 판결이 가장 작은 비중을 차지했던 것 같다. 물론 역사적 상황에 따라 비중은 얼마든지 달라질 수 있었다. 대규모 전쟁이 벌어졌을 때는 노예 대부분이 전쟁 포로였을 것이고, 정치적 불안정 혹은 무질서의 시대에는 범죄 집단이 가장 큰 비중을 차지했을 것이며, 평화롭고 안정적인 시기에는 법원 판결이 노예화의 최대 원인이었을 것이다.

아프리카 노예 수출 국가들의 정치 상황을 구체적으로 살펴보면 노예화의 패턴이 어느 정도 드러날 수도 있다. 예컨대 내부 질서를 강력히 유지한 다호메이 왕국에서 범죄 집단이 노예로 공급되었을 가능성은 별로 없다. 그러나 정기적으로, 심지어 매년 이웃 지역과 전쟁을 벌였으므로 때로는 수천 명의 불행한 사람들이 노예로 잡혀가기도 했다. 다호메이 왕국은 포악한 군사 왕국으로 명성을 얻었으나 자주 전쟁에서 패하곤 했고, 다호메이 국민이 포로가 되어 노예로 팔려 가기도 했다. 또한 지정학적으로 다호메이 군대가 유리한 위치에서 전쟁을 벌였더라도 포로를 많이 잡아 오지 못하는 경우도 있었다. 다호메이 왕국의 엄격했던 법령을 고려할 때, 아마 유죄 판결을 받은 국민도 노예로 팔아넘겼을 가능성이 있다.[15]

---

15 Patrick Manning, *Slavery, Colonialism and Economic Growth in Dahomey, 1640-1960* (Cambridge University Press, 2003).

한편 니제르강 하구 삼각주에는 수많은 마을 공동체가 산재했고 중앙 통치 기관이 존재하지 않았다. 그 결과 도적 떼나 마을 간 소소한 전쟁이 만연하여 사람들을 잡아다가 매매하는 일이 자주 발생했다. 아로추쿠(Arochukwu, 나이지리아)에 신탁을 내리는 종교 기관은 공동체 사이의 분쟁을 조정하곤 했는데, 때로는 조정에 따르지 않은 공동체에 불이익을 주기 위해 노예를 포획했으며 독자적으로 노예 포획 및 매매 사업에 관여했다는 의혹을 받기도 했다. 여기서 팔려 간 노예는 대개 여러 손을 거친 다음 대서양의 노예 상인에게까지 전달되었다.

때로는 내전이 벌어져 질서가 무너지는 시기에 도적 떼가 급증했고, 노예무역 또한 활기를 띠기도 했다. 예컨대 콩고 왕국은 남부와 동부 이웃을 상대로 팽창 전쟁을 벌여 노예무역에 많은 인원을 공급하기도 했지만, 팽창 전쟁이 마무리된 17세기 초엽부터는 노예 공급도 멈추었다. 그러다가 간헐적으로 내전이 벌어지면 그때만 다시 노예 공급이 재개되었다. 콩고 왕국은 포르투갈령 앙골라의 공격을 물리치고, 일부 전쟁에서 포로로 잡힌 노예들을 구출해 고향으로 돌려보내기도 했다. 그러나 1665년 포르투갈과 전쟁에서 패한 뒤 콩고 왕국은 오랜 내전으로 접어들었고, 왕위 경쟁자들 사이의 분쟁이 국민을 노예로 팔아넘기는 중요한 원인이 되었다.

때로는 상시적으로 군대가 노예 포획에 나서기도 했다. 사하라 남부 유목민은 세네감비아(Senegambia) 지역(세네갈강과 감비아강 사이)으로 진출하여 전쟁에 개입하거나 용병으로 복무했지만, 독자적으로 노예를 포획할 때도 있었다.[16] 포르투갈의 식민지 앙골라 또한 17세기에 북쪽의 은동고(Ndongo)나 다른 이웃 지역과 전쟁을 수행하는 중에 노예를 포획하여 공급했다. 18세기에는 벵겔라(Benguela, 앙골라의 서쪽 끝에 있는 항구도시) 기지 동쪽에서 군사 작전의 성과를 올리지 못하자 방향을 남쪽으로 바꾸었다.

무역의 규모와 아프리카에 미친 영향

20세기 후기에 방대한 양의 노예무역 자료를 조사한 성과가 있었다. 연구 결과 유럽인의 선박을 타고 아메리카로 건너온 아프리카인의 규모는 대략 1300만~1500만 명이었다는 사실이 널리 인정되었다. 오차 범위는 밀무역과 부실한 기록에서 비롯되었다.[17] 노예선에서 믿을 수 없을 정도로 막대한 사망자가 속출했고, 그럼에도 불구하고 살아서 아메리카에 도착한 노예만 1100만~1200만 명이었다. 대서양 노예무역이 시작된 이후 17세기 중엽까지 약 100만 명의 아프리카인이 노예로 수출되었다. 이후 17세기 중엽부터 1807년 영국의 노예무역 폐지 결정이 날 때까지 팔려 간 노예가 약 900만 명이었다. 영국에서 노예무역 폐지 결정이 났고 다른 나라에도 이를 촉구하는 정책을 펼쳤음에도 불구하고, 1807년 이후 60년 동안 아메리카(특히 브라질과 쿠바)로 수출된 노예는 300만 명 이상이었다. 18세기 노예무역의 전성기와 비교해서 인원수는 거의 줄어들지 않았다.

---

16 Boubacar Barry, *Senegambia and the Atlantic Slave Trade* (Cambridge University Press, 1997).
17 이어지는 내용과 노예무역에 관한 모든 통계 정보는 주로 다음 자료를 참조했다. David Eltis and David Richardson, *Atlas of the Transatlantic Slave Trade* (New Haven, CT: Yale University Press, 2010); "Voyages: The Transatlantic Slave Trade Database," http://slavevoyages.org.

아프리카에서 노예무역선에 탑승하는 노예의 수는 지역별로 달랐지만, 전체적으로 인원수는 대부분의 시기에 비슷하게 나타났다. 중앙아프리카 서부가 거의 50퍼센트를 차지했고, 로워기니(Lower Guinea)가 30퍼센트 남짓, 그리고 어퍼기니(Upper Guinea)가 약 15퍼센트였다. 영국의 노예제 폐지 이후 수십 년 동안 노예무역의 현장이 점차 줄어들어 몇 군데로 집중되었다. 그래서 예전에 비해 중앙아프리카 서부의 비중이 훨씬 더 커졌고, 로워기니의 비중이 더 작아졌지만 그래도 아프리카의 다른 지역보다는 많았다. 뒤늦게 노예무역에 뛰어든 아프리카 동남부(특히 모잠비크)는 마지막 시기에 상당히 많은 수의 노예를 공급했다.

아메리카에서 아프리카 노예를 수입한 이유는 주로 부족한 노동력 때문이었다. 그래서 노예무역선의 선장이나 아메리카에서 온 구매자가 선호하는 인력이 있었다. 그들은 일단 건장한 성인 남성 노예를 원했고, 가끔 여성 노예를 원하는 경우가 있었지만, 아동 노예의 수요는 거의 없었다. 유럽인은 노예를 직접 포획하지 않았지만, 선호하지 않는 성별이나 연령대의 노예도 끼워 팔기로 어쩔 수 없이 데려가야 하는 경우가 많았다.

장기적으로 통계를 내보면 노예무역선에 탑승한 노예의 60~65퍼센트가 남성이었다. 그러나 시기와 지역을 국한해서 보면 비중은 달라질 수 있는 문제다. 예컨대 18세기 비아프라만(Bight of Biafra, 오늘날 나이지리아 동부)에서 수출된 노예 중 남성은 57퍼센트에 불과했지만, 같은 18세기 모잠비크에서는 70퍼센트 이상이었다.

성인 노예에 비해 아동 노예는 잘 데려가려 하지 않았다. 전체적으로 아동 노예의 비중은 약 25~30퍼센트 정도였다. 그러나 상당히 예외적인 경우도 있었다. 노예무역 말기에 해당하는 19세기의 경우, 중앙아프리카 서부에서 수출된 노예의 거의 절반이 아동이었고, 그 외 다른 지역은 30퍼센트 남짓이었다. 이 시기에는 중앙아프리카 서부 지역이 가장 우세한 노예 수출 지역이었으므로, 현실적으로 카리브해(사실상 대부분이 쿠바)에 도착하는 노예의 절반이 아동이었다.

노예무역으로 거래된 인원의 수, 연령, 성별을 고려할 때 그들이 전체 인구에 어떤 식으로든 영향을 미쳤던 것은 분명한 사실이다. 특히 많은 수가 폭력에 의해 노예가 되었고, 노예선에 실려 아프리카를 떠난 사람들 이외에도 전투 중 사망한 사람들, 농작물의 파괴로 인한 기근 등 전쟁의 여파로 사망한 사람들, 혹은 해안에서 선적을 기다리다 사망한 사람들이 많았던 사실까지 고려한다면, 당시 아프리카 인구에 미친 영향은 막대했을 것이다. 노예 수출 지역에서는 아마도 총인구수가 상당히 줄어들었을 것이다. 특히 노예무역 말기에 이런 현상이 더욱 두드러졌다. 그때는 노예무역이 일정 지역에 국한되었고, 소멸 인구 비중도 과거에 비해 상대적으로 커졌기 때문이다.

통계 자료에 근거하지 않고 인구 이동의 영향을 말하기는 어렵고, 당시 아프리카의 인구 통계 자료는 거의 없는 점이 문제이겠으나, 대안으로 제시된 몇 가지 방법론이 있었다. 대개는 인구 규모와 인구 구조에 미친 영향에 초점을 맞추는 방식이었다. 예컨대 인구 예측 모델에 따르면, 서아프리카(West Africa)의 경우 성별에 따른 인구 손실의 비중이 달랐기 때문에 성인 남성과 여성의 성비가 80 대 100으로 변했다. 그러나 중앙아프리카 서부(West Central Africa)의 경우 총인구수가 더 적고 인구 유출 비율이 더 높았기 때문에, 남녀 성비의 차이는 훨씬 더 컸으리라고 예측되었다. 실제로 1776년 앙골라 인구조사 자료를 연구한 결과에 따르면, 남성과 여성의 성비가 43 대 100이었다. 다시 말해 당시 앙골라 성인 인구는 남성 1명당 여성 2명이었다. 같은 시기 아동의 남녀 성비는 100 대 100으로 정상적인 비율을 유지했는데, 이는 아동 인구 손실이 상대적으로 더 적었기 때문이다.[18]

이와 같은 인구 손실의 영향은 여러 가지로 나타날 수 있었다. 무엇보다 손실된 인구의 대부분이 성인이었기 때문에 노동 생산 인구에 비해 부양 인구(대부분 어린이) 비율이 현저하게 높아졌을 것이다. 결국 남아 있는 인구(대부분 여성)가 부양가족을 감당하기 위해 더 많은 노동을 할 수밖에 없었다.

더욱이 구조적 분업이 존재하는 사회에서는 성인 남성이 줄어든 만큼 남아 있는 남성이 감당해야 할 노동의 양이 더 많아졌다. 노동 분업을 바꾸기는 쉽지 않았다. 일반적으로 사회화 과정에서 특정 기술을 습득하는 것이기 때문에 이미 성인이 된 뒤에 다른 기술을 다시 배우기는 어려웠다. 또한 농업 기술과 산업 기술은 성별에 따라 할당되는 경우가 많았으므로, 노동력이 상실된 부문의 생산이 저하되어 수입으로 대체할 수밖에 없었다. 다만 이와 같은 이론적 모델을 적용하려면, 수출 노예의 인구수처럼 통계가 잘 남아 있는 자료와 전체 인구처럼 근거가 희박한 자료를 함께 묶어서 논의해야 하기 때문에, 실제 사례를 통해 이론적 결

---

18 Patrick Manning, *Slavery and African Life: Occidental, Oriental, and African Slave Trades* (Cambridge University Press, 1990); John Thornton, "The Slave Trade in Eighteenth Century Angola: Effects on Demographic Structures," *Canadian Journal of African Studies* 14 (1980): 417-28.

론을 입증한 경우는 거의 없었다.

아프리카의 인구통계 말고 다른 분야에 미친 영향을 파악하기란 더욱 어렵다. 예컨대 일부 학자들은 노예무역 때문에 아프리카 사회의 불평등이 심화되었다거나 무력 정치(militarism)가 성장했다고 주장한다. 한편 아프리카의 모든 문제, 즉 전쟁이나 그와 관련된 기근, 기타 사회적 혼란이 모두 노예무역 탓이라고 주장하며 아프리카에서 일어난 전쟁의 다른 원인을 배제하는 이론도 있다.[19] 그러나 현실적으로 대부분의 전쟁은 경제적 이유가 아닌 다른 요인으로 발생했다. 역사적으로 인류가 서로 싸운 이유는 가문의 경쟁, 국가의 경쟁, 지정학적 문제, 상업 전략, 기타 여러 가지 문제 때문이었다.[20]

또한 아프리카에서 비용과 보급 문제를 고려하지 않고 전쟁을 결정한 통치자는 아무도 없었을 것이다. 만약 아프리카에서 유럽 무기를 수입했다면, 아마도 정복 전쟁의 성공으로 무기 수입 비용을 충당할 수 있는지를 계산해보고 나서 전쟁을 결정했을 것이다. 일단 외상으로 무기를 들여오더라도 노예를 포획하여 비용을 치를 수 있다는 전망이 선다면, 그것이 의사 결정에 영향을 미쳤을 것이다. 다만 전쟁의 결과는 대체로 불확실했고, 전쟁을 개시한 측이 반드시 승리하는 것도 아니었다. 18세기 다호메이 왕국의 전쟁을 연구한 베르너 포이케르트(Werner Peukert)의 성과에 따르면, 다호메이 왕국이 노예를 수출할 수 있을 정도로 완승한 경우는 3분의 1에 불과했으며, 그 외 3분의 1은 결정적 승리

---

19 Manning, *Slavery and African Life*; Paul Lovejoy, *Transformations in Slavery: A History of Slavery in Africa*, 3rd edn. (Cambridge University Press, 2011).
20 Thornton, *Warfare in Atlantic Africa*.

를 거두지 못했고, 나머지 3분의 1은 패배해서 오히려 자국민을 잃었다고 한다.[21]

대서양 중부 횡단 항로

아프리카인이 노예가 되고 해안까지 끌려오는 과정은 자료가 거의 남아 있지 않아 구체적으로 파악하기가 매우 어렵다. 어쨌든 해안에 도착한 그들은 유럽이나 아메리카에서 바다를 건너 그들을 사러 올 때까지 대기했다. 대서양 횡단 항해는 실제로 매우 험난한 여정이었다. 이는 유럽에서 아메리카로 건너가는 자유민에게도 마찬가지였다. 그들로서도 대서양 중부 횡단 항로(Middle Passage)만큼 험난한 여정은 없었다. 횡단 도중 배에서 사망하는 경우가 결코 드물지 않았다. 노예 중 일부는 반드시 죽었고, 때로는 사망자가 매우 많았다. 선원이나 노예나 사망률은 비슷했다.

항해를 잘 관리하면, 즉 보급, 환기, 위생, 적절한 음식, 적정 인원 등의 조건을 잘 지키면, 편안한 항해라고 말할 수는 없겠지만 사망자가 거의 없이 대서양을 건널 수 있었다. 통계에 따르면 18세기 중엽 경험 많은 선장이 지휘하는 경우 안전하게 대서양을 횡단할 수 있었다. 신중하고 경험 많은 선원들은 낮은 손실과 높은 이익을 달성할 수 있었고, 항해도 더 많이 할 수 있었다. 문제는 단 한 번의 항해로 끝나는 선장이 많았다는 점이다. 그들의 미숙함과 탐욕으로 선원 사망률이 매우 높았다.

---

21 Werner Peukert, *Der Atlantische Sklavenhandel von Dahomey, 1740-1797: Wirtschaftsanthropologie und Sozialgeschichte* (Wiesbaden: Steiner, 1978).

심지어 생존자들도 큰 고통을 겪었다. 항해가 실패하여 사망률이 높고 수익성이 낮은 경우가 많았고, 그래서 노예 운송의 전체적인 수익성은 매우 낮은 편이었다.

대서양 중부 횡단 항로를 통과하는 데 걸린 시간을 보면 노예가 얼마나 힘들었을지 짐작할 수 있다. 서아프리카에서 카리브해까지는 평균 3개월이 걸렸다. 19세기에는 선박 기술이 발달해서 2개월 반으로 줄어들었다. 한편 브라질로 가는 항로는 한 달이 걸렸고, 사망률도 대서양 횡단 항로 중 가장 낮았다. 항해 기간이 길어질수록 사망률도 높아졌다. 식량이나 담수가 고갈될 위험성이 높아졌기 때문이다. 열대 지역을 가로지르는 노선에서는 특히 탈수 증세가 위험했다. 탑승 인원 과밀에 보안 조치도 더해졌기 때문에 노예 수용칸은 매우 더웠다. 배설물의 적절한 제거가 어려워 탈수증 이외에도 분변 매개 질병이 빠르게 확산되었고, 많은 인원이 순식간에 사망에 이르거나 심각한 질병에 걸리기도 했다.[22]

노예로 포획되고 나서 거칠게 해안으로 이송된 뒤 얼마 지나지 않아 노예선에 실린 사람들은 충격에 휩싸일 수밖에 없었다. 노예선을 타고 여행한 사람들의 증언이 남아 있는데, 대서양 횡단을 위해 아프리카 해안을 떠날 때 통곡, 비명, 울음소리가 들렸다고 한다. 노예는 좁은 공간에서 함께 생활했기 때문에 여행하는 동안 협력과 끈끈한 우정의 관계가 만들어졌고, 아메리카에 도착한 이후에도 그 관계가 이어졌다. 영국령 아메리카에서 사용된 "쉽메이트(shipmate)" 혹은 브라질에서 사용된

---

22 Marcus Rediker, *The Slave Ship: A Human History* (New York: Penguin Books, 2007).

"말룽구(malungu)"라는 단어는, 대서양 횡단 항로를 거치면서 서로 알게 되어 신세계에 와서도 특별한 관계를 유지하는 인간관계를 일컫는 어휘였다.

그들의 결속 과정에서 노예선의 언어민족학적 다양성은 도움이 되기도 하고 방해가 되기도 했다. 북아메리카에서 아프리카로 간 노예선 중에는 이른바 "코스팅(coasting)"을 하는 경우가 많았다. 즉 아프리카의 어느 항구에서 노예를 실은 뒤 해안선을 따라 내려가면서 두세 곳의 항구를 들러 추가로 노예를 실었다. 이렇게 되면 동일한 언어민족 집단에 속하는 사람들이 없지는 않았지만 결과적으로 다양한 집단의 사람들이 같은 배에 탑승하게 되고, 노예들 사이의 소통이나 협력도 그만큼 더 어려워졌다.

한편 아프리카의 한 지점에서만 노예를 싣고 오는 경우도 있었다. 큰 전쟁이 벌어져서 대규모로 노예가 공급되었을 때 발생한 일이다. 이런 경우 노예들은 같은 언어를 사용했고, 같은 지역 출신이었으며, 심지어 친인척인 경우도 있었다. 물론 한 지점에서 노예를 실었다고 해서 모두가 이런 경우에 해당하는 것은 아니었다. 아프리카의 여러 지역에서 잡혀 온 노예들을 한곳에 모아서 배에 실었을 수도 있기 때문이다.

노예들의 단합과 아프리카에서 전쟁에 참여했을 가능성을 고려하면 왜 선상 반란이 일어났는지 짐작해볼 수 있다. 반란을 일으키려면 공동체 의식과 무기를 다루는 기술이 필요했다. 다른 지역에 비해 세네감비아에서 출항한 배에서 선상 반란이 일어나는 경우가 특히 많았다. 이 경우 다양한 집단 출신의 노예가 혼재되어 있었지만, 그들 중 아프리카에서 전쟁에 참여한 인원이 많았다. 또한 이슬람이라는 공통의 종교를 신

봉했기 때문에 출신 민족 집단 간의 차이를 극복하고 공동체 의식을 형성할 수 있었을 것이다.[23]

아메리카 대륙의 생활과 노동

통계로 분명하게 드러나듯이 아프리카에서 아메리카로 팔려 간 노예의 대부분은 설탕 생산에 투입되었다. 브라질과 카리브해의 설탕 생산 지역으로 보내진 인원이 전체의 약 3분의 2였다. 그다음으로 많은 인원이 투입된 곳은 광산이었다. 주로 브라질 남동부 지역에 전체 인원의 약 15퍼센트가 투입되었다. 설탕 생산 지역과 광산에 투입된 인원은 아프리카 수출 노예의 4분의 3을 차지한다. 노동 강도는 가히 살인적인 수준이었다. 사고나 질병으로 인한 사망률도 높았다. 여성의 수가 부족해서 출산율은 매우 낮았다. 그럼에도 불구하고 영아 사망률은 높았으며, 이 또한 살아남은 여성이 감당해야 할 짐이었다. 신생아 10명 중 4명이 첫돌이 되기 전에 죽었다. 이 정도면 17세기 또는 18세기를 기준으로 보더라도 매우 높은 수치였다.[24]

한편 노동 강도가 좀 더 약한 쪽, 예를 들면 식량 작물이나 몇몇 현금 작물 재배, 혹은 수공업품 생산이나 가사노동 등에 투입된 아프리카 노예는 생존율과 출산율이 모두 높은 편이었다. 대표적 사례가 바로 북아메리카의 인구 증가였다. 18세기 중엽에 이르러 북아메리카 인구는 자

---

23 Eltis and Richardson, *Atlas*, pp. 188-91.
24 Amanda Thornton, "Coerced Care: Thomas Thistlewood's Account of Medical Practice on Enslaved Populations in Colonial Jamaica, 1751-1786," *Slavery and Abolition* 32 (2011): 535-59.

체 재생산이 가능할 정도였고, 아메리카 독립전쟁 무렵에는 빠르게 성장하고 있었다.

이와 같은 인구 구조의 결과로 신세계에서 노동 강도가 강한 지역은 인구의 자체 재생산이 불가능했다. 그런 지역에서는 인구 구성상 큰 비중을 차지하는, 시기에 따라서는 최대 비중을 차지하는 인구가 아프리카인으로, 아프리카에서 사회화 과정을 거친 후에 건너온 사람들이었다. 노동 강도가 약한 지역과 비교하자면, 강한 지역에서 아프리카 문화 요소가 훨씬 더 중요했다. 노예제가 폐지된 이후에는 아프리카인의 후손이라도 아메리카에서 태어났으므로, 비교하자면 아프리카 문화 요소는 그 이전 시기에 더 강했다. 아메리카에서 태어난 아프리카인 노예의 후손(흔히 크레올creole이라 한다)은 사회적으로 주요 노동 인구였다. 이들은 주로 생산 감독, 개인 서비스, 수공업품 생산 등의 분야에서 일했으며, 나중에는 중노동 분야에서도 대다수를 차지하게 된다.

사회 집단과 정체성

아프리카의 여러 문화 집단 및 지역 집단에 소속된 사람들이 노예무역을 통해 아메리카로 건너갔다. 그러나 그 과정은 균일하지 않았고, 대서양 연안 아프리카의 문화 자체가 매우 다양했다. 말하자면 어느 지역 사람들이 주로 몰리는 "물결" 같은 것이 있었다. 16세기 말엽의 스페인령 아메리카에는 세네감비아 사람들의 물결이 밀려왔다. 17세기 전반기에는 대서양 전반에 앙골라인의 물결이 넘쳐났다. 당시 아메리카에 도착하는 노예의 절반 이상이 앙골라인이었으며, 아예 전부가 앙골라인인 경우도 종종 있었다.[25] 멕시코와 페르남부쿠(Pernambuco, 브라질)는 특히 앙골라 물결의 영향을 많이 받았고, 초기 네덜란드령·영국령·프랑스령 식민지도 마찬가지였다.

이후로도 패턴의 변화는 계속되었다. 페르남부쿠로 가는 노예는 예전처럼 대부분이 앙골라 사람들이었다(거의 90퍼센트), 리우데자네이루도 마찬가지였다(99퍼센트). 바이아(Bahia, 브라질) 지역에는 미나 해안(Mina Coast, 오늘날 베냉과 토고)에서 온 노예가 절반 이상을 차지했다. 그러나 후기 브라질에서 바이아와 아마조니아(Amazonia) 지역으로 들어오는 노예는 모두 로워기니 아니면 앙골라 해안에서 온 사람들이었다. 다른 지역으로 들어오는 노예도 출신 지역이 두 군데로 짝을 이루는 경우가 많았다. 혁명 이전의 생도맹그(Saint-Domingue)로 들어오는 노예는 콩고와 베냉 출신이 전체의 80퍼센트를 차지했다.[26]

그러나 아메리카의 다른 지역에서는 대개 노예의 출신지가 다양하여 특정 지역으로 집중되지 않았다. 그래서 카리브해의 대부분 유럽 식민지(생도맹그 예외)와 북아메리카 대부분 지역에서는 문화 다양성이 기본이었다.

수많은 아메리카 식민지에서는 아프리카인의 신상 기록에 "국적"이 포함되어 있었다. 여기서 말하는 국적은 그들의 아프리카 출신지를 의미했다. 그러므로 아프리카에서 아메리카로 건너온 문화적 유산을 이해하려면 이 목록을 분석해보아야 한다. 여기서 등장하는 국적이란 아프리카의 특정 민족 혹은 정치 단위가 아니라, 공통 언어 권역이나 잦은

---

25 Linda Heywood and John Thornton, *Central Africans, Atlantic Creoles and the Foundation of the Americas, 1585-1665* (Cambridge University Press, 2007).
26 Eltis and Richardson, *Atlas*.

접촉으로 공통어가 형성된 지역을 일컬었다. 다른 말로 하자면 정치 권역이 아닌 문화 권역이었고, 같은 권역에 속한 사람들은 경제적·문화적으로 서로 연결되어 있었다.

아메리카로 건너온 아프리카인에게 (문화적 의미의) "국적"은 상당히 중요한 의미였다. 아프리카에서 태어나 아메리카로 건너온 사람들은 대부분 자신의 국적이 있었고, 국적에 따른 활동에 참여했다. 그 활동이란 대개 장례식이었다. 사망률이 매우 높았고, 특히 아프리카에서 태어나 아메리카로 건너온 사람들의 사망률이 더 높았기 때문이다. 같은 국적 노예의 장례식 참여를 주인이 허용했다는 증거는 풍부하게 남아 있다. 불특정 다수를 대상으로 하는, 영어로 컨트리 플레이(country play)라고 하는 문화 행사도 있었다. 행사를 통해 아프리카에서 익숙했던 종교 및 문화 활동에 참여할 수 있었고, 무엇보다도 고향의 언어를 사용할 기회가 주어졌다. 이처럼 민족적 연대 의식이 있었기 때문에 아프리카의 언어를 잊지 않고 사용할 수 있었고, 아메리카에서 아프리카 문화를 재구성할 수 있었다. 한편 경제적으로 아프리카 태생의 사람들은 중노동 분야에서 강력한 존재감이 있었다. 그래서 노예무역이 지속되는 동안 아프리카로부터 사람들이 계속해서 유입되었다. 그러나 그들의 공동체에서 살아남은 아이들과 노예 공동체에서 형성된 특권층의 문화적 패턴은 아프리카의 그것과는 달랐다.

아마도 아프리카인은 아메리카로 끌려왔더라도 같은 고향 사람들끼리 모여서 일하며 어울리고 싶었겠지만, 브라질 이외의 다른 지역에서는 대개 지정된 장소에 거주할 수밖에 없었다. 보안 조치와 노동 통제로 도시 안에서 이동이 제한된 노예의 주거 공동체는 플랜테이션 농장이나 광산 구역에 위치했다. 이러한 주거 공동체는 국적이나 문화적으로 구성이 다양했다. 그래서 아프리카인은 공동체 안에서 다른 문화권 출신끼리 유대를 형성할 수밖에 없었다.

거대 문화권에서 건너온 사람들은 아메리카에서도 고향 사람들을 많이 발견할 수 있었고, 서로가 가까운 유대 관계를 유지하기가 그리 어렵지 않았다. 반면 군소 문화권 출신들은 그러한 관계의 유지가 불가능했다. 그들로서는 밀접한 타문화 교류가 일반적인 경우였다. 결혼으로 결합되거나(가톨릭 지역) 가정을 꾸린 당사자의 출신 국적 자료가 남아 있는 경우를 살펴보면, 같은 국적(출신지)의 사람들끼리 결혼하는 경향이 매우 강했다. 그러나 소규모 문화권 출신이나 대규모 문화권 출신 중 일부는 다른 국적(출신지)의 사람들과 유대 관계를 맺었다.

다국적 주거 공동체에서 아프리카 언어가 살아남기는 어려웠다. 아메리카에 거주하는 모든 아프리카인은 현지의 식민지 언어를 조금이라도 배워야 했다. 그 언어가 곧 공동체의 언어가 되었고, 아메리카에서 태어난 사람들에게는 모국어(혹은 모국어 중 하나)가 되었다. 아프리카 태생의 사람들은 제한된 문법과 어휘로 구성된 식민지 언어의 피진(pidgin) 형태를 배우려고 애썼지만, 아메리카에서 태어난 사람들은 식민지 언어의 크레올(creole) 형태에 능숙했다. 그러나 그 자체도 유럽인의 일반적 언어와는 차이가 있었다(서로 다른 언어가 만나 형성된 혼합어를 피진이라 하며, 그것이 모국어로 뿌리내리면 크레올이 된다. —옮긴이).

이런 상황에서 아프리카 태생 노예는 같은 출신지 동료와는 고향의 언어를 사용했고, 아프리카 태생이 아닌 사람들이나 유럽인과 의사소통할 때는 피진 형태의 언어를 사용했다. 서로 다른 문화권의 노예끼리 아이를 낳아 가정을 꾸렸다면, 그 아이는 식민지 크레올어를 모국어로 배웠을 것이다. 같은 문화권 출신의 노예끼리 아이를 낳았다면, 부모는 선조의 언어를 자녀에게 전해주겠지만, 아이들은 부모와 달리 식민지의 크레올어를 익숙한 모국어로 구사했을 것이다. 제2세대는 제1세대와 같은 언어·문화적 제약을 받지 않았고, 아프리카 언어는 제1세대가 지나면 살아남기 어려웠다. 노예무역이 끝난 후에도 아프리카 언어를 구사하는 사람들이 많았는데, 이들은 노예무역의 마지막 시기에 아프리카에서 새로 들어온 경우였다.

다양한 문화권 출신이 함께 거주한 현실은 언어 유지에 부정적 영향을 미쳤지만, 아프리카 출신 노예가 아메리카에서 만들어낸 문화적 측면에서는 사뭇 다른 결과를 낳았다. 예를 들어 음악 공연은 기본적으로 아메리카의 문화적 환경에서 독특한 형태로 새롭게 형성된 것이었다. 아프리카에는 지극히 다양한 음악 문화가 존재했다. 언어는 어린 시절부터 배워야 하고 성인이 배우기는 매우 어렵지만, 음악적 취향은 자연스럽게 습득되었고, 음악 공연에 참가한 사람은 새로운 음악의 형태 혹은 기존 음악의 변화를 쉽게 받아들일 수 있었다.

더욱이 장례식이나 공연에서 연주되는 음악은 특별한 재능과 기술을 가진 한정된 인원이 전담하고, 공동체가 그들을 재정적으로 후원하는 경우가 많았다. 공동체의 지원을 얻기 위해 아프리카 음악가들은 공동체를 대표할 수 있는, 다양한 아프리카 문화에 부응할 수 있는 음악을 해야 했다. 서로 다른 문화권 출신의 재능 있는 음악가들이 여러 요소를 재조합하여 되도록 많은 구성원이 즐길 수 있는 음악을 만들었다. 오래지 않아 아메리카만의 새로운 음악 장르가 등장했다.

새로운 아메리카 음악 제작자들이 유럽 음악이나 아메리카식 유럽 음악의 요소를 반영한다면 훨씬 큰 후원자와 더 많은 이익을 얻을 수 있었다. 그래서 아프리카계 아메리카 음악가들은 유럽 문화의 악기와 음악적 요소를 받아들이고자 했다. 그 과정에서 그들은 여러 다양한 공동체의 후원을 염두에 둔 강력한 음악적 전통을 만들어냈다. 결국 근대 음악은 상당 부분이 세계화 초기 시대 아메리카의 노예 공동체에 그 뿌리를 두고 있다.

음악을 만들어낸 그 힘은 다른 예술 장르에도 영향을 미쳤다. 가장 분명한 사례는 바로 춤이지만, 그 외 다른 언어 및 시각 예술도 마찬가지였다. 그러나 현재로서는 아프리카의 언어 패턴(특히 크레올 형태)이 후손 혹은 더 넓은 세계의 문화를 어떻게 만들어갔는지, 아프리카계 후예로서 장인, 공예가, 나아가 전문 직업 예술가 들이 독특한 그들만의 작품을 만들기 위해 어떤 요소들을 끌어다 썼는지를 분명하게 얘기할 수 있을 만큼 충분히 연구되었다고 보기 어렵다.[27]

종교 생활

아프리카에서는 대부분이 전통 종교를 따랐지만, 몇몇 대규모 지역에서는 이슬람(서아프리카 북부)과 기독교(중앙아프리카 콩고)를 받아들이기도 했다. 전통 종교는 신의 계시에 따라 형성되고 끊임없는 변화의 과정을 거쳤다. 다시 말해 정도의 차이는 있었지만 언제나 다른 세계(저

---

27 John Thornton, *A Cultural History of the Atlantic World, 1250-1820* (Cambridge University Press, 2012), pp. 386-96.

승)에서 전해오는 메시지를 수용했고, 그에 따라 언제라도 변화할 가능성이 잠재했다. 전통 종교의 지도자는 계시를 받고 해석하는 능력을 끊임없이 보여주어야 했고, 다른 세계에서 그들의 고객에게 요구하는 바를 전달해야 했다. 성직자 직책은 아프리카 전역에 존재했으나 언제든 위협에 노출될 수 있는 위태로운 자리였다. 날씨나 개인의 운명, 도덕적 행동에 관한 조언을 성공적으로 해내지 못할 경우 그들의 권위는 언제라도 무너질 수 있었다.

아프리카 전통 종교가 무조건 계시라든가 언어민족학적 공동체에 묶여 있는 것은 아니었다. 어느 지역 혹은 어느 공동체에 속한 신격이나 정령, 신탁, 성직자(신과 인간을 매개하는 사람)는 효험(따라서 실체)이 입증된다면 다른 공동체로 얼마든지 이동할 수 있었다. 그래서 요루바(Yoruba)어를 사용하는 오요(Oyo) 제국의 성직자가 신격을 모시고 다호메이 왕국의 폰(Fon)어 공동체로 들어갈 수 있었다. 혹은 강(Gã)어 사용 공동체인 아크라(Accra)족 사원의 신도들이 트위(Twi)어를 사용하는 판테(Fante)족 사원이 더 강력한 효험을 지녔다고 주장하기도 했다.

지속적으로 계시를 요구하는 아프리카의 종교 전통은 기독교나 이슬람을 받아들일 때도 영향을 미쳤다. 이슬람이 처음 전파된 시기는 11세기였는데, 이슬람의 성직자가 기도한 후 기근이 멈추는 기적이 일어났고 이를 계기로 이슬람 신앙을 수용하게 되었다. 마찬가지로 1491년 콩고에 기독교가 전파되었을 때에도 기독교 신앙을 보증하는 계시와 기적이 일어났다. 그러나 두 종교 모두 일상적 신앙생활에서는, 지속적인 계시를 보여주는 현지인 사상가들이 개입하여 상당한 정도의 융통성이 발휘되었다.

이슬람과 기독교는 모두 아브라함의 종교(경전 기반 종교 – 옮긴이)였기 때문에, 정식 교육을 받은 성직자들은 아프리카에서 이슬람 혹은 기독교의 현지화된 신앙생활을 개혁해보려 했다. 서아프리카 지역에서 이러한 노력은 부흥 운동의 형태로 나타났다. 이들은 이슬람의 핵심 규범에 맞추어 현지의 관행을 바꿔나가려 했다. 이런 운동은 주기적으로 유행했다. 17세기 나스르 앗딘(Nasr al-Din)에 의해 세네갈에서, 18세기 푸타잘롱(Futa Jallon, 오늘날 기니)에서, 그리고 압드 아르라만(Abd ar-Raman)에 의해 다시 세네갈에서 유행했으며, 19세기에는 더 넓은 지역으로 확산되었다.

중앙아프리카의 기독교 개혁 운동은 주로 외부로부터 시작되었다. 이탈리아의 카푸친(Capuchin) 형제회는 가톨릭 종교개혁(개신교의 종교개혁 운동에 맞선 가톨릭 자체의 종교개혁, 흔히 반종교개혁Counter Reformation이라 한다 – 옮긴이) 취지에 부합하도록 콩고와 포르투갈령 앙골라의 기독교를 개혁하려고 부단히 노력했다. 그러나 국가 권력자들이 개혁에 냉담한 반응을 보였기 때문에 뚜렷한 성공을 거두지는 못했다. 가장 두드러진 기독교 종교 운동은 콩고의 안토니우스파였다. 베아트리스(Beatriz)라는 이름의 여성이 이끈 이 운동은 기독교 역사상 어느 시점의 유럽을 근원으로 설정하고 뿌리로 돌아가고자 하는 의지를 표방했지만, 실제로는 기적과 함께 지속적인 계시를 선전하는 콩고식 기독교의 형태를 띠었다.

아프리카인이 바다를 건너 아메리카로 들어올 때 그들의 종교도 함께 유입되었다. 특히 대다수가 완전히 사회화된 성인으로 왔기 때문에 더욱 그러했다. 상당히 많은 인원, 아마도 3분의 1가량이 기독교나 이슬람 지역 출신이었고, 그 외 지역 출신이 나머지 3분의 2였다. 출신 지역이 어느 쪽이든, 아메리카로 건너온 이들은 아프리카에서 그랬던 것처럼 아메리카에서도 신이나 초자연적 존재를 기대했다. 다만 기독교도나 무슬림의 경우 보편적 신을 숭배했으므로, 아프리카에서 믿던 신이 아메리카에도 존재한다고 믿었지만, 그 외에는 아메리카의 신이 정확히 같은 존재일 것이라고 믿지는 않았다는 점에서 차이가 있었다.

또한 아프리카인은 초자연적 존재를 찾을 때 도움이 되는 종교적 도구도 가지고 왔다. 스페인령이나 포르투갈령 아메리카에서 열린 종교재판 기록에 그러한 사실들이 남아 있다. 아프리카인은 지속적인 계시를 받기 위해서 점을 쳤는데, 이를 통해 수많은 기독교 성인, 아메리카 토착 신령, 예수, 성모마리아 등을 만나게 되었다. 바다를 건너오는 도중 살아남은 사람들도 선조들이 영의 세계로 들어갔다는 이야기를 들었을 것이다.

시간이 지나면서 이와 같은 신들의 계시는 점차 기독교와 습합되었다. 북아메리카의 개신교에서는 대각성운동(Great Awakenings, 제1차 운동은 18세기, 제2차 운동은 19세기) 기간에 대중이 집단으로 종교적 계시를 목격하는 사건이 벌어졌다. 그러나 그 여파는 유럽계 아메리카인과 아프리카계 아메리카인에게서 다르게 나타났다. 아프리카계 아메리카인은 계속해서 나타난 종교적 계시를 주술(conjure)로 받아들였다. 그래서 그것이 부두교와 칼린다를 비롯한 다양한 종교적 형태로 나타났다. 유럽이나 아메리카 기독교인의 눈에는 다른 식의 종교적 형태가 이단(heterodox)으로 보였다.[28]

중앙아프리카의 기독교인은 동료 노예들을 전도하는 경우가 많았다. 이러한 사례는 적어도 버진아일랜드와 브라질에서 분명하게 확인되었지만, 다른 지역에서도 마찬가지였을 것이다. 아프리카의 무슬림 중에도 아메리카로 끌려온 사람들이 있었다. 그들 또한 아메리카로 건너온 뒤 대부분 지속적인 계시를 받아들이고 결국 기독교로 개종했던 것으로 추정되지만, 전통의 개혁 노선을 강력히 고수한 무슬림은 그러한 대세에 굴복하지 않았다. 그들은 이슬람 율법에 따라 기도를 계속했고, 코란 구절을 적어 부적을 만들었으며, 확고하게 무슬림으로 남아 있는 경우도 많았다. 특히 브라질에서 그들의 개혁 이슬람은 혁명의 도구가 되기도 했다.[29]

저항 세력

아메리카의 노예 소유주들이 아프리카인을 데려오는 이유는 노동을 시키기 위해서였다. 이익을 극대화하기 위해 그들은 아프리카 노예에게 장시간 노동을 강요했고, 대체로 적절한 휴식이나 음식을 제공하지 않았다. 특히 주인이 해외에 있고 중개인에게 노동 감독을 맡긴 경우, 단기 수익을 위해 혹독한 노동 조건에 내몰리곤 했다. 영양실조, 수면 부족, 사고 등으로 사망률과 질병 발생률이 모두 높았다. 아메리카 노예의 상황을 목격한 사실상 모든 사람이 유럽의 그 어떤 상황보다 혹독하다고 생각했으며, 아프리카인 또한 가혹한 제도를 인지하고 있었다.

노예들은 이러한 상황에서 탈출하고자 도망치거나 저강도 저항, 폭

---

28 Thornton, *Cultural History*, pp. 410-19; 456-63.
29 Reis, *Slave Rebellion in Brazil*.

력, 협력 거부의 행위에 참여하기도 했다. 일부러 일을 늦게 하거나, 도구를 망가트리거나, 생산을 방해하는 등의 일상적 저항 행위는 기록으로 남지 않아 입증하기가 어렵지만, 그런 일이 결코 없지 않았을 것이다. 노동 현장에 나가지 않고 며칠 결근하는 행위를 프랑스령 식민지에서는 쁘띠 마로나쥬(petit marronage)라 했는데, 협상의 무기로 흔히 사용된 방식이었다. 이 경우 현장을 떠났던 노예들은 대개 자발적으로 복귀했다.

단순 결근을 넘어 무장 저항을 하는 경우도 있었지만, 흔히 일어나는 일은 아니었다. 무장 저항의 목적은 대부분 노예 상황에서 탈출하여 접근하기 어려운 곳으로 이동하거나, 아니면 유럽인이 정복하지 못한 원주민 세력에 합류하는 것이었다. 지역 전체를 뒤집거나 혁명적 행위가 일어나는 경우는 거의 없었다. 도망자들은 대부분 조그만 마을을 만들거나, 단순히 노예 소유주에게서 벗어나 지낼 방안을 찾았다. 그러나 때로는 마을이 매우 커졌고, 여러 정착지가 인접하여 무장 세력으로 발전할 잠재력을 안고 있었다. 도망 노예들의 공동체가 오히려 플랜테이션 농장을 습격하여 노예들을 해방시키거나, 포로로 데려와 아내로 삼는 등의 방법으로 공동체의 인원수를 늘리기도 했다. 물론 다른 도망자들은 언제나 환영이었다.

이런 공동체들이 플랜테이션 농장주에게는 물론 위협으로 느껴졌다. 단지 노예 몇 명이 도망쳤기 때문이 아니라 다른 노예에게도 탈출 후의 목적지가 분명해지는 효과가 있었고, 그러면 무장 집단이 아니라도 개별적으로 도망칠 우려가 있었기 때문이다. 그래서 식민지 정부에서는 그들을 제거하기로 결정했고, 우선 무력으로 그들을 제거하려 했으며, 안 되면 협상을 통해 다른 반란 세력으로부터 식민지를 방어하는 일 혹은 도망 노예를 돌려보내는 일을 그들에게 맡겼다. 1612년 멕시코의 도망자들이 만든 공동체나, 1693년 뉴그라나다(New Granada, 콜롬비아)의 팔렝케(Palenque) 공동체가 그런 협정을 맺었다. 1739년과 1740년에 자메이카의 마룬인(Maroons, 아프리카인 도망 노예를 일컫는 현지 명칭 — 옮긴이) 공동체가 그와 비슷한 협정을 맺고 이후로도 유지했다. 그들은 정기적으로 도망 노예를 잡아 돌려보냈으며, 1760년 식민 정부가 혁명을 진압할 때도 힘을 보탰다.[30]

도망 노예 공동체가 상당한 규모로 커지는 경우도 가끔 있었다. 1630년대 브라질의 페르남부쿠(Pernambuco)에서 그런 공동체가 형성되었다. 페르남부쿠 평원에서 벌어진 포르투갈-네덜란드 전쟁의 와중에 막대한 수의 노예가 탈출했다. 그들의 공동체는 통상적인 국가의 규모로 커져 주민이 3만 명에 달했고, 몇몇 거대 도시와 족히 수십 개의 마을이 형성되었다. 포르투갈인이 본격적인 정복에 나섰으나 제압할 수 없었고, 평화협정도 탈출 노예 대다수의 거부로 체결되지 못했다. 1694년 포르투갈인과 아메리카 원주민으로 구성된 대규모 병력이 그들의 도시를 장악한 뒤에야 그들의 공동체도 완전히 정복되었다. 페르남부쿠 노예 국가는 식민지 전체에 위협이 되었지만 결국 무너졌다. 그러나 작은 공동체들은 손상되지 않고 그대로 남아 있었다.[31]

때로는 식민지 전체 혹은 일부를 점령하기 위한 반란이 일어나기도

---

30 Mavis Campbell, *The Maroons of Jamaica, 1655-1796: A History of Resistance, Collaboration, & Betrayal* (Granby, MA: Bergin and Garvey, 1990).
31 John Thornton, "Les États de l'Angola et la formation de Palmares (Brésil)," *Annales: HSS* 63 (2008): 769-97.

했다. 1760년 자메이카의 반란이 그랬다. 1791년에 시작된 아이티 혁명도 결국은 마찬가지였다. 그들은 복잡한 지정학적 환경을 이용해서 1804년 마침내 독립국가 아이티를 건설했다.

아프리카인 디아스포라의 역사 연구는 노예무역 연구에서 시작되었지만, 이제는 훨씬 복잡하고 다양한 현상을 연구하고 있다. 학계에서는 더 이상 아프리카인을 본인의 의지와는 상관없이 끌려와 침묵 속에서 아메리카 역사의 배경을 채웠던 존재로 간주하지 않는다. 그들의 고향 아프리카의 역사와 문화생활의 특성, 그리고 그 영향이 최근 역사 연구에서 차츰 전면에 대두되고 있다. 그러나 이러한 연구가 완성되기까지는 아직 갈 길이 멀고, 활용되지 못하거나 가볍게 건드린 정도에 불과한 자료가 많이 남아 있다. 더욱이 아프리카인 디아스포라의 온전한 의미에 접근하는 과정에는 수많은 연구 과제가 남아 있다.

더 읽어보기

Barry, Boubacar, *Senegambia and the Atlantic Slave Trade* (Cambridge University Press, 1998).
Bennett, Herman, *Colonial Blackness: A History of Afro-Mexicans* (Bloomington, IN: Indiana University Press, 2010).
Berlin, Ira, *Many Thousands Gone: The First Two Centuries in North America* (Cambridge, MA: Harvard University Press, 2000).
Blackburn, Robin, *The Making of New World Slavery: From the Baroque to the Modern*, 1492-1800 (London: Verso, 1997).
Brown, Ras Michael, *African Atlantic Cultures and the South Carolina Lowcountry* (Cambridge University Press, 2012).
Brown, Vincent, *The Reaper's Garden: Death and Power in the World of Atlantic Slavery* (Cambridge, MA: Harvard University Press, 2010).
Burnard, Trevor, *Mastery, Tyranny and Desire: Thomas Thistlewood and His Slaves in the Anglo-Jamaican World* (Chapel Hill, NC: University of North Carolina Press, 2009).
Campbell, Mavis, *The Maroons of Jamaica: 1655-1796: A History of Resistance, Collaboration & Betrayal* (Granby, MA: Bergin and Garvey, 1990).
Carney, Judith, *Black Rice: The Origins of Rice Cultivation in the Americas* (Cambridge, MA: Harvard University Press, 2002).
Craton, Michael, *Testing the Chains: Resistance to Slavery in the British West Indies* (Ithaca, NY: Cornell University Press, 2009 [original edn. 1982]).
Curtin, Philip, *Economic Change in Pre-Colonial Africa: Senegambia in the Era of the Slave Trade*, 2 vols. (Madison, WI: University of Wisconsin Press, 1975).
_____, *The Atlantic Slave Trade: A Census* (Madison, WI: University of Wisconsin Press, 1969).
Diouf, Sylviane, *Servants of Allah: African Muslims Enslaved in the Americas* (New York University Press, 1998).
Dubois, Laurent, *The Avengers of the New World: The Story of the Haitian Revolution* (Cambridge, MA: Harvard University Press, 2005).
Eltis, David, *The Rise of African Slavery in the Americas* (Cambridge University Press, 1999).
Eltis, David and David Richardson, *Atlas of the Transatlantic Slave Trade* (New Haven, CT: Yale University Press, 2010).
Gomez, Michael, *Black Crescent: The Experience and Legacy of African Muslims in*

the Americas (Cambridge University Press, 2005).

_____, Exchanging Our Country Marks: The Transformation of African Identities in the Colonial and Antebellum South (Chapel Hill, NC: University of North Carolina Press, 1998).

Green, Toby, The Rise of the Transatlantic Slave Trade in Western Africa, 1300–1589 (Cambridge University Press, 2011).

Greene, Sandra, Gender, Ethnicity and Social Change on the Upper Slave Coast (Portsmouth, NH: Heinemann, 1996).

Hall, Gwendolyn Midlo, Slavery and African Ethnicities in the Americas: Restoring the Links (Chapel Hill, NC: University of North Carolina Press, 2007).

Hawthorne, Walter, From Africa to Brazil: Culture, Identity and an Atlantic Slave Trade, 1600–1830 (Cambridge University Press, 2010).

_____, Planting Rice and Harvesting Slaves: Transformations along the Guinea-Bissau Coast, 1400–1900 (Portsmith, NH: Heinemann, 2003).

Heywood, Linda M. and John Thornton, Central Africans, Atlantic Creoles and the Foundation of the Americas, 1585–1665 (Cambridge University Press, 2007).

Klein, Herbert, The Atlantic Slave Trade, 2nd edn. (Cambridge University Press, 2010).

Law, Robin, The Slave Coast of West Africa, 1550–1750: The Impact of the Atlantic Slave Trade on an African Society (Oxford University Press, 1991).

Lovejoy, Paul, Transformations in Slavery: A History of Slavery in Africa, 3rd edn. (Cambridge University Press, 2010).

Miller, Joseph C., Way of Death: Merchant Capitalism and the Angolan Slave Trade, 1730–1830 (Madison, WI: University of Wisconsin Press, 1988).

Mintz, Sydney and Richard Price, The Birth of African American Culture: An Anthropological Perspective (Boston, MA: Beacon Press, 1992).

Morgan, Philip, Slave Counterpoint: Black Culture in the Eighteenth-century Chesapeake and Lowcountry (Chapel Hill, NC: University of North Carolina Press, 1998).

Northrup, David, Africa's Discovery of Europe, 1450–1850, 2nd edn. (Oxford University Press, 2008).

Rediker, Marcus, The Slave Ship: A Human History (New York: Penguin Books, 2007).

Reis, João José, Slave Rebellion: The Muslim Uprising of 1835 in Bahia (Baltimore, MD: Johns Hopkins University Press, 1993).

Rucker, Walter, The River Flows On: Black Resistance, Culture, and Identity

Formation in Early America (Baton Rouge, LA: Louisiana State University Press, 2007).

Schwartz, Stuart, Sugar Plantations in the Formation of Brazilian Society: Bahia, 1550-1835 (Cambridge University Press, 1985).

Smallwood, Stephanie, Saltwater Slavery: A Middle Passage from Africa to American Diaspora (Cambridge, MA: Harvard University Press, 2007).

Sweet, James, Recreating Africa: Culture, Kinship, and Religion in the African-Portuguese World, 1441-1770 (Chapel Hill, NC: University of North Carolina Press, 2003).

Thornton, John, A Cultural History of the Atlantic World (Cambridge University Press, 2012).

_____, Africa and Africans in the Making of the Atlantic World, 1400-1800, 2nd edn. (Cambridge University Press, 1998).

_____, Warfare in Atlantic Africa, 1500-1800 (London: Routledge, 1999).

Young, Jason, Rituals of Resistance: African Atlantic Religion in Kongo and the Lowcountry South in the Era of Slavery (Baton Rouge, LA: Louisiana University Press, 2011).

CHAPTER 7

유럽과 아시아의 무역 구조, 1400~1800년

프란체스카 트리벨라토
Francesca Trivellato

15세기 중엽은 세계사의 전환점이었다. 1433년 정화(鄭和) 제독이 사망한 뒤 명나라의 황제는 더 이상의 탐험을 추진하지 않았다. 수백 척의 선박과 수천 명의 선원을 데리고 홍해와 동아프리카까지 진출한 정화 제독의 군사 및 상업적 탐험은 중단되었다. 한편 포르투갈의 항해왕자(Navigator) 엔히크(Henrique, 1394~1460년)는 북아프리카와 서아프리카의 해안을 따라 공격적인 해양 탐험과 정복의 계획을 밀어붙였다. 1415년 포르투갈 군대는 모로코 북부의 세우타(Ceuta)를 정복했으며, 1450년대에는 베네치아의 탐험가 알비세 카다모스토(Alvise Cadamosto)가 엔히크 왕자의 후원에 힘입어 세네갈 앞바다의 무인도 카보베르데(Cabo Verde)에 도착했다. 이후 350년 동안 세계무역을 좌우하는 군사·경제적 중심추는 점차 아시아에서 유럽으로 기울어졌다.

이와 같은 세계적 방향 전환의 구체적 양상과 시기는 오늘날에 이르기까지 논란의 주제로 남아 있으며, 초기 근대(early modern) 유럽과 아시아의 무역 구조는 이른바 "서구의 부상(the rise of the West)"이라는 주제와 분리하여 논의하기가 어렵다. 카를 마르크스와 막스 베버는 서로 다른 입장을 가졌지만, 이 주제와 관련해서는 모두 비교연구의 의제를 설정했다. 그에 따라 이후 학자들은 초기 근대 유럽과 아시아의 정치경제를 두 개의 축으로 분석했다. 하나는 동서 축으로, 아시아의 착취 귀족 농업 제국과 유럽의 상업화된 정치체제를 비교하는 것이었고, 다른 하나는 남북 축으로, 산업 중심의 프로테스탄트 유럽과 봉건 체제로 회귀한 가톨릭 및 동유럽을 비교하는 것이었다. 20세기 후기에는 학계 안팎의 경향에 변화가 있었다. 세계사 연구의 새로운 접근, 그리고 중국, 인도, 브라질 등 개발도상국의 급격한 경제성장 같은 경험이 전통적 연구 방식의 타당성 내지는 문화적 견인력에 도전하게 되었다. 그러나 1차 자료와 이용 가능한 문헌의 불균형이 워낙 광범위해서 초기 근대 유라시아 무역 구조의 비교연구는 여전히 어려움에 직면해 있다.

고고학 및 문헌의 불균형은 특히 가격, 이자율, 관세 등 기업 활동 및 통계 기록에서 두드러진다. 그럼에도 불구하고 우리는, 아시아의 무역상이 단지 소규모 행상에 지나지 않았다는 과거 학계의 관점으로부터 이미 먼 길을 걸어 나왔다. 연구자들은 오스만 제국의 소송 문서를 통해 상인들의 지역적 및 국제적 활동을 재구성해낼 수 있었다. 동아시아와 동남아시아 해상 활동과 중국 내륙의 상업화에 갖는 관심이 증가하면서 1800년 이전 사회에 대한 우리의 이미지는 완전히 달라졌다. 최근 유럽과 세계 전역을 상대로 활동한 아시아 출신 상인 공동체의 기록이 발견되면서, 과연 "유럽"과 "아시아"를 분명하게 나눌 수 있을지 갈수록 의문이 심화되고 있다.

새로운 자료뿐만 아니라 새로운 연구 방식도 등장했다. 덕분에 자료 부족에 고심하던 연구자들의 부담을 덜 수 있었다. 그중 가장 도전적인 접근 방식은 케네스 포메란츠(Kenneth Pomeranz)의 연구로, 그는 산업화 이전 중국과 유럽의 경제 비교에 초점을 맞추었다. 포메란츠에 따르면 18세기 후기까지 세계에서 경제적으로 가장 선진적이었던 중국은 토지 시장, 농업 생산성, 임금 수준의 측면에서 영국과 비슷했다. 영국의 원거리 무역은 산업혁명에서 중요한 역할을 했지만, 그것은 재산권 혹은 제도의 우월성 때문이 아니라, 대서양을 건넌 수백만 아프리카인의 강제 이주와 신세계 플랜테이션 농장의 노동 착취를 통해서였다.[1] 중국과 유럽의 원거리 무역 구조를 비교한 장-로랑 로젠탈(Jean-Laurent Rosenthal)과 왕국빈(王國斌, Roy Bin Wong)은, 서로 다른 사회는 직면하는 문제도 다르다는 사실, 혹은 같은 문제에 직면하더라도 해결 방식이 서로 다르다는 사실을 연구의 전제로 삼았다. 지리적으로 단절 없이 광대한 영토를 소유했던 중국은, 분리된 여러 지방과 섬의 연합으로 구성된 영국에 비해 해상무역에 관심이 적을 수밖에 없었다. 대신 중국은 현금 작물과 수공업의 내수 시장이 더 활발했다. 더욱이 중국은 통일된 법체계를 갖추고 있어서 원거리 무역에 장애가 없었지만, 유럽은 정치 및 사법관할 구역이 파편적으로 나뉘어 있어서 원거리 무역에 위험과 장애 요소가 많았다.[2]

수량적 관점에서 볼 때 산업화 이전 유라시아 세계에서는 상거래 대부분이 소규모 거래였고, 좁은 반경의 범위 안에서 이루어졌다. 그럼에도 불구하고 우리가 원거리 무역 및 대륙 간 무역에 관심을 갖는 충분한 이유가 있다. 무역 조직에서 핵심 문제는, 경제학에서는 "대리인 문

---

1 Kenneth Pomeranz, *The Great Divergence: China, Europe, and the Making of the Modern World Economy* (Princeton University Press, 2000).
2 Jean-Laurent Rosenthal and R. Bin Wong, *Before and Beyond Divergence: The Politics of Economic Change in China and Europe* (Cambridge, MA: Harvard University Press, 2011).

제(problem of agency)"라고 하고 역사학에서는 "거리의 문제(problem of distance)"라고 하는데, 말하자면 멀리 떨어진 곳에 위치한 대리인의 경제활동을 어떻게 신뢰할 수 있는가 하는 문제다.[3] 위험을 해소하기 위한 해결책은, 어디서나 공통으로 통용된 몇 가지 방법이 있었을 뿐만 아니라 환경적·기술적·제도적 조건에 따라 현저히 달라지는 방법도 있었다. 우리 논의에서 비교의 중점은 유럽과 아시아에서 활동한 상인들의 법적 보장이 어느 정도 수준이었는지를 살펴보는 것이다. 그러나 이 문제에만 초점을 맞추면, 예컨대 상업회사의 군사화처럼 중요한 요인들이 가려질 우려가 있다. 인도양, 대서양, 태평양 등지에서 유럽 국가들은 아시아의 상대국들에 비해 훨씬 강력한 수준의 군사적 보호를 제공했고, 원거리 무역에서 상업회사의 군사화는 법적 보장 못지않게 중요한 영향을 미친 요인이었다.

기술 및 인프라

환경과 기후 조건은 상인들이 상품이나 자금 혹은 정보를 유통하는 시기와 방식을 제한했다. 풍향, 산맥, 사막, 숲은 육상 및 해상 교통에 여러 가지 방식으로 영향을 미쳤다. 이런 점들을 감안해 상인들은 지리적 거리뿐만 아니라 계절에 따른 지역 간 이동 시간도 함께 고려했다. 전염

---

[3] Douglass North, "Institutions, Transactions Costs, and the Rise of Merchant Empires," in James D. Tracy (ed.), *The Political Economy of Merchant Empires* (Cambridge University Press, 1991), pp. 22–40, p. 25 and K. N. Chaudhuri, *Trade and Civilisation in the Indian Ocean: An Economic History from the Rise of Islam to 1750* (Cambridge University Press, 1985), p. 5, respectively.

병뿐만 아니라 전쟁, 해적, 강도 등 다양한 범죄로 정기적 이동 패턴이 교란되며 예측이 어려워지는 경우가 자주 발생했다. 교통비가 많이 들었기 때문에 원거리로 이동하는 상품의 가격은 매우 높았다. 금은괴, 비단, 향신료 등이 그러한 상품이었다. 그러나 교통수단이 발달하고 대량 화물 유통이 증가하면서 곡물이나 설탕 같은 주요 식품, 심지어 목재까지도 원거리 무역 상품이 될 수 있었다.

초기 근대(early modern)에 교통의 속도와 안전에 혁신이 있었는지 묻는다면, 혁신을 어떻게 정의하느냐에 따라 대답은 달라질 것이다. 전근대 기술의 변화는 대개 점진적인 "마이크로-혁신(micro-innovations)"이었다.[4] 진정한 의미의 교통 혁명은 철도와 증기선이 등장한 이후에야 일어났다. 그 이전까지는 예컨대 인도양을 건너려면 강력한 계절풍(몬순)에 따라야 했다. 그때도 소소한 혁신이 교통의 안전과 속도를 개선하는 효과가 있었겠지만, 이를 명확히 수치화하기란 쉽지 않다. 선박의 설계는 지역에 따라 현저히 달랐지만, 기술의 전파와 실험은 어디서나 일어나고 있었다. 근대가 시작될 무렵, 중국과 동남아시아의 해양 기술은 매우 앞서 있었다. 나침반을 가진 선원들은 견고하면서도 기동성이 뛰어난 선박을 효율적으로 운항했다. 네 개의 갑판을 갖춘 육중한 평저선이 원양 항해에 이용되었는데, 일반적으로 포르투갈어(junco)를 따라 정크(junk)선이라 불린 배였다. 포르투갈어 명사는 동남아시아 자와어로 종(jong)을 차용한 것이었다.[5] 그러나 선박을 아무리 잘 만들고 항해 도

---

4 Joel Mokyr, *The Lever of Riches: Technological Creativity and Economic Progress* (Oxford University Press, 1992).

구가 아무리 정교하게 발달했을지라도 유럽과 아시아의 배는 주로 연안항로를 이용했고, 현실적이거나 경제적인 문제로 멈추는 경우가 잦았다. 민간 상인들이 수행한 무역의 대부분은 다품종 소량 거래였다. 곡물을 비롯한 대량 상품 거래가 없지 않았으나, 원거리 무역은 예외적인 경우에 속했으며, 국가나 종교 조직을 통한 대규모 계약에 따른 경우가 많았다. 신세계에서 플랜테이션 경제가 성장하고, 아시아로부터 대형 화물선이 들어오고 나서야 경매가 암스테르담과 런던 도매시장의 정규 거래 방식으로 자리 잡았다.

조선 기술의 가장 극적인 발전은 1400년에서 1800년 사이 유럽에서 일어났다. 이 시대 초기에 등장한 새로운 소형 선박으로 유명한 캐러벨(caravel)선이 있었다. 두 개의 돛대에 삼각돛을 단 이 배의 분명한 장점은, 바람과 조류의 방향을 거슬러 항해할 수 있다는 점이었다. 따라서 이 배를 이용해서 대서양을 횡단할 수 있게 되었다. 16세기 네덜란드는 플뢰위트(Fluyt)선을 개발했다. 필요한 선원 수도 더 적고 속도도 더 빨랐으며, 더 많은 화물을 적재할 수 있는 배였다. 발트해에서 소금이나 곡식을 운반하는 배로 개발되었는데, 곧이어 지중해로도 진출한 이 배는 "가장 중요한 기술적 혁신"으로 평가되었다.[6] 15세기 중엽 북유럽과

---

5 Pierre-Yves Manguin, "New Ships for New Networks: Trends in Shipbuilding in the South China Sea in the 15th and 16th Centuries," in Geoff Wade (ed.), *Southeast Asia in the Fifteenth Century: The Ming Factor* (National University of Singapore Press, 2010), pp. 333-58, 351, n5. See also Joseph Needham, with the collaboration of Wang Ling and Lu Gwei-Djen, *Science and Civilisation in China*, vol. iv, Part iii: *Civil Engineering and Nautics* (Cambridge University Press, 1971).

6 Jan de Vries and Ad van der Woude, *The First Modern Economy: Success, Failure, and Perseverance of the Dutch Economy, 1500-1815* (New York: Cambridge

남유럽의 전통 조선 기술이 결합하여 탄생한 배가 "전장범선(全裝帆船, full-rigged)" 혹은 "대서양선(Atlantic ship)"이었는데, 셋 이상의 돛대와 두세 개의 갑판을 갖추고 사각돛과 삼각돛을 동시에 사용했다. 이 배는 "유럽 선박 설계의 최고 발명"으로 일컬어졌으며, 이후 1800년까지 해상 교통의 기본 모델이 되었다.[7] 상선과 군함은 사설 조선소와 국영 조선소에서 모두 건조되었다(그림 7-1). 유럽의 기술적 진보에도 불구하고 17세기 중국은 여전히 세계 최대 조선소(남경의 龍江船廠, 정확한 위치는 논란의 여지가 있다. – 옮긴이)를 보유하고 있었다.

원거리 무역로가 모두 해양 루트는 아니었다. 노새, 말, 낙타는 장거리 육로를 통해 상품을 운반했다. 16세기에도 육로 무역은 여전히 경쟁력이 있었다. 대륙 횡단 무역로는 저지대 국가들(네덜란드 주변)과 독일 남부 및 이탈리아 북부를 연결했다. 아메리카에서 들어온 스페인의 은을 저지대 국가로 운송하는 육로 및 강을 따라 자리한 리옹(Lyon)은 금융, 비단 제조, 아시아 향신료 도매 중심지로 발달했다. 카라반 루트는 아라비아반도와 걸프만에서 이집트를 연결했고, 시리아는 포르투갈이 희망봉 항로를 발견한 이후에도 오랫동안 무역으로 번영을 지속했다. 이탈리아 상인들은 콘스탄티노폴리스로 서신을 보낼 때 비교적 조용한 아드리아 해로를 완전히 신뢰하지 못해 빈과 발칸반도를 통해 복사본을 추가로 보내기도 했다.

University Press, 1997), p. 297.
7 Richard W. Unger, *The Ship in the Medieval Economy, 600-1600* (London: Croom Helm, 1980), p. 216.

〔그림 7-1〕 다양한 종류의 선박이 보이는 네덜란드 항구의 풍경(Dordrecht), 1651년, 시몬 야콥스 플리허르(Simon Jacobsz Vlieger, c. 1600~1653)의 유화

 원거리 무역의 안전과 신뢰성을 높인 요인은 조선 기술의 혁신과 항해 도구(풍향계, 조석표, 등대)의 발달뿐만이 아니었다. 제도적 변화 또한 그에 못지않게 중요했다. 포장 기술의 발전, 항구나 환적 장소에서 제공되는 서비스의 확대, 정기 우편 서비스, 해상 보험, 기타 금융 계약 방식 등이 모두 물류 비용을 감소시켰고 규모의 경제를 창출해냈다. 유럽의 대양 항해 기술은 17~18세기를 거치면서 더욱 안전해졌다. 이는 특별한 기술의 발전이라기보다 네덜란드와 영국의 자국 선박 지원(예컨대 기항지의 보급 기간 단축 등) 강화 덕분이었다.[8] 17~18세기 영국의 대서양 운송 비용은 지정학적 요인으로 인해 다른 어느 지역보다 크

게 감소했다. 체서피크에서 잉글랜드로 수입한 담배의 운송 비용이 이를 극명하게 보여주는 사례였다. 기록에 따르면 그 비용은 1619년에서 1775년 사이 연평균 1.4퍼센트씩 줄어들었다. 운송 비용의 뚜렷한 감소는 주로 담배 선적 컨테이너의 크기를 최적화하고 적재 방식을 개선한 덕분이었다.[9]

전신(電信)이 발명되기 전까지는 정보가 사람이나 상품보다 더 빨리 전달되는 일이 거의 없었다. 도시 알레포(Aleppo)에서 가까운 항구인 이스켄데룬(Iskenderun)을 연결하는 험난한 길을 피하기 위해 상인들은 비둘기를 이용해서 편지를 전달했지만, 그것이 만병통치약은 되지 못했다. 정보 전달의 속도를 높일 만한 도구는 없었지만, 상인들은 유라시아 지역 대부분에서 통용될 만한 지침을 만들었다. 이는 서로 다른 공동체 사이에 지식의 표준화와 공통의 상업 문화가 만들어지는 데 일정한 기여를 하게 되었다. 16세기 말엽부터 유럽의 일부 도시에서 인쇄 기술을 통해 물가와 환율 정보지가 출판되었다. 시간이 지나면서 주식시황, 경매 공시, 광고, 부동산 매매 정보가 추가되었다. 정기간행물에는 무역에 영향을 미칠 만한 소식도 실렸다. 예를 들면 전쟁의 발발 혹은 사절단의 도착 같은 소식들이었다(그림 7-2). 세계의 일부 지역, 특히 영국의 경우

---

8 Jan de Vries, "Connecting Europe and Asia: A Quantitative Analysis of the Cape Route Trade, 1497-1795," in Dennis O. Flynn, Arturo Giráldez, and Richard von Glahn (eds.), *Global Connections and Monetary History* (Aldershot: Ashgate, 2003), pp. 35-106.
9 Russell R. Menard, "Transport Costs and Long-range Trade, 1300-1800: Was there a European 'Transport Revolution' in the Early Modern Era?," in Tracy (ed.), *The Political Economy of Merchant Empires*, pp. 228-75, 254-7.

대서양에서 정기 우편 서비스의 횟수와 신뢰성이 강화되면서 많은 무역상에게 뉴스가 유통되었다. 그러나 당시 정기간행물은 보조적 수단에 불과했으며, 손으로 작성한 서신, 정보 보고, 계약을 대체하지는 못했다. 상인들 사이의 신뢰할 만한 대화나 비밀 거래는 오직 개인의 서신을 통해서만 가능했다.

정보 네트워크가 부족한 상황에서 보편적인 해결책은 구매자와 판매자가 정기적으로 만나서 상품이나 샘플을 검토하는 시장이었다. 중국의 일부 지역에서는 고도로 발달한 수로가 도시와 시장을 연결하여, 그곳에서 시골 지역 상품의 박람회장이 만들어졌다. 도시가 형성되지 않은 지역에서는 일반적인 시장 혹은 전문 시장이 열렸다. 발칸반도와 아나톨리아 지역에서 시장은 자본과 상품 유통의 기본이었다. 거대 도시는 상설 시장의 기능을 담당했다. 페르낭 브로델(Fernand Braudel)에 따르면, 유럽 전역의 상업 및 금융 시장이 쇠퇴하고 암스테르담이 진정한 국제시장으로 부상한 시기는 1620년대다.[10] 경쟁 입찰은 세계 여러 시장에서 가격을 결정하는 표준 방식이었다. 스페인 사람들이 마닐라를 정복한 뒤 1589년에 판카다(pancada)라고 하는 제도를 시행했는데, 주기적으로 중국에서 수입되는 상품을 고정 가격에 거래하도록 규제하는 제도였다. 그러나 이는 금방 폐지되고 자유 시장 거래로 넘어갔다. 세금을 비롯한 여러 가지 규제들이, 예컨대 기근의 시기에 기본 식량 자원이나 보호무역 체제하의 식민지 수입품 같은 특정 상품 가격에 영향을 미쳤다.

---

10 Fernand Braudel, *Civilization and Capitalism 15th-18th Century*, vol. ii: *The Wheels of Commerce*, Siân Reynolds (trans.) (Berkeley, CA: University of California Press, 1992), p. 92.

〔그림 7-2〕 네덜란드 신문(Hollandsche Mercurius), 1653년
올리버 크롬웰(Oliver Cromwell)이 잉글랜드의 지휘관으로 등장하며, 그 아래로 호송선이 보인다.

상업이 고도로 발달한 도시에서도 특정 구역, 대개 광장이나 적당한 건물을 지정해서 시장을 열도록 관리했다. 이와 같은 조치 덕분에 상품의 자체 검열이나 외부 규제 기관의 점검이 용이했다. 또한 공간 분리를 통해 외국 상인 혹은 외국 상품이 불법적으로 들어올 가능성도 차단할 수 있었다. 모카(Mokha, 예멘), 반다르아바스(Bandar Abbas, 영어 Gombroon, 이란), 콘스탄티노폴리스, 베네치아 등지에서 외국 상인들은 제한된 구역에서 현지 주민과 거래할 수 있었다. 16세기 베네치아에서는 민족과 종교에 따라 상인 집단별로 위험 요소를 파악해서 외국인 구역이나 건물을 지정할 때 활용했다. 독일 상가는 중심 시장과 인접해 있었지만, 오스만 제국의 상인들은 더 멀리 떨어진 건물로 밀려났으며 길거리를 지나가는 사람들과의 접촉을 최소화하기 위해 창문과 발코니도 벽으로 막아야 했다. 지중해 무슬림 지배하의 항구도시에서 기독교 상인들은 "국가(민족)"에 따라 집단이 나뉘었으며, 각각의 집단에 푼두크(funduq, 숙소)가 배정되었다. 그곳에서 현지인과 거래할 수 있었다. 중국의 황제나 일본의 쇼군은 외국 무역을 통제하기 위해 섬을 지정했다. 마카오(澳門, 1557년)와 나가사키 항구의 데지마(出島, 1639년)가 그런 경우였다. 유럽 상인들은 그곳에서 거래하거나 머무를 수 있었다. 암스테르담은 유럽에서 유일하게 외국인의 자유 무역이 허용된 도시로서, 예외적인 경우였다.

시장으로 몰려드는 상인이 다양해질수록 낯선 사람들 간의 거래 비용을 줄여주는 통역이나 법적 중개업 등의 서비스 수요가 더 많아졌다. 이를 담당할 단체 혹은 기관이 전 세계 곳곳에서 자생적으로 등장했다. 규모가 큰 시장에서는 일반 혹은 특수 분야 중개인, 외국인을 위한 상주

대리인이 필수적이었다. 그들은 현지의 도량형이나 통화에 대한 지식과 다양한 언어 능력을 갖추었으며, 법적 관습도 잘 알고 있었다. 그들은 손쉽게 수수료를 챙기기도 했지만 거래를 촉진하는 데 도움이 되었다. 1700년경 중국의 당국자들은 주강(珠江) 삼각주에 있는 광주(廣州, 광저우)를 사실상 유럽인의 무역이 허용되는 유일한 특구로 지정했다. 기존에도 그랬지만 포르투갈, 영국, 네덜란드의 상인들은 중국어를 거의 배우지 않고 전문 통역사를 고용했으며, 당국이 외국 상인과 거래할 수 있는 독점권을 부여한 양행(洋行)이라고 하는 상인들과 거래했다. 거래는 포르투갈어로, 나중에는 영어 피진어(혼합어)로 이루어졌지만, 오해와 속임수의 기회가 많았다. 초기 근대에 문화권을 넘어서는 무역이 증가했다고 해서 모든 문화적 장벽이 사라졌던 것은 아니고, 당사자를 넘어서는 제3자 거래 체제가 완성되었던 것도 아니다. 일상적 상거래의 안전을 보장하기 위해 지역별로 현지 사정에 맞는 다양한 방법들이 고안되었다.

사업 형태와 영리 기업

구체적인 수치를 확인하기는 어렵지만, 원거리 무역 구조에서는 아마도 개인 사업자나 가족 기업이 대다수였을 것이다. 이와 같은 소규모 기업들이 극복해야 할 두 가지 도전이 있었다. 첫째, 아무리 사업이 잘되더라도 이익을 얻기까지 (몇 년은 아니더라도) 최소 몇 달은 고위험 투자 자본을 조달해야 했다. 둘째, 멀리 떨어진 지역에서 능력 있고 정직한 사업 파트너를 구해야 했다. 유럽과 아시아를 막론하고 이 두 가지 과제를 해결하기 위해 (모두가 그런 것은 아니지만) 적어도 부분적으로는 혈연

관계를 활용하는 경우가 많았다. 혈연관계는 시대와 장소, 공동체에 따라 그 형태가 달랐다. 포르투갈 상인들은 아들과 함께 조카, 사촌, 대자녀(代子女, godchildren)를 양육했다. 특히 아들이 사업에 소질이 없는 경우 그런 사례가 더욱 많았다. 중국에서는 혈연관계가 공동의 재산을 소유하는 "가문(家門)"으로 조직화되었다. 가문 조직은 주로 토지 소유에 영향을 미쳤는데, 경우에 따라서는 해외 사업 조직이나 기업에도 관여했다. 명나라(1368~1644년) 시기 양자강 유역을 주도한 상인 중 일부는 근친과 함께 사업을 벌였고, 더 폭넓은 가문 단위로 사업을 영위하는 경우도 있었다. 이외에도 창의적인 해결책들이 있었다. 예컨대 복건(福建) 상인들은 똑똑한 아이들을 입양해 길러서 해외로 파견했다. 여성의 지위는 지역에 따라 상당히 달랐다. 동남아시아의 여성은 자주적으로 활동했지만, 유럽의 여성은 대개 과부가 되었을 때만 남편의 사업을 이어받았다. 여성은 주로 국제무역이나 금융의 일상 업무보다는 (가정 내외의) 수공업이나 지역 내 소매업에 종사했다.

필립 커틴(Philip Curtin)은 1984년 세계사 분야의 획기적 저서를 출간했다. 그에 따르면 신석기 혁명부터 산업화 여명기까지 "무역 디아스포라"가 세계 곳곳에 존재했고, 이는 문화적 경계를 넘어서는, 그러므로 대개는 원거리 활동을 하는 상인들을 지원하는 "특별한 제도적 장치"였다. 무역 디아스포라는 "공통의 직업, 종교, 언어, 출신지 등 여러 종류의 상호 연대로 연결된" 상인들에 의해 형성되었다.[11] 이러한 연대를 통해

---

11 Philip D. Curtin, *Cross-Cultural Trade in World History* (Cambridge University Press, 1984), i, p. 46.

무역 디아스포라의 구성원들은 네트워크를 갖추지 못한 상인들과의 경쟁에서 유리한 지점을 차지했다. 전 세계에 수없이 많은 무역 디아스포라가 존재했다. 서아프리카의 하우사(Hausa), 중국의 화교, 인도네시아의 부기족(Bugis), 스파라드 유대인, 위그노(Huguenot, 프랑스의 개신교 신자 – 옮긴이), 아르메니아계 이란인(Iranian Armenians), 중앙아시아의 물탄인(Multanis)뿐만 아니라 인도 구자라트를 중심으로 신드인(Sinhdis), 파르시인(Parsis), 자이나교도(Jains) 등이 있었다. 이러한 공동체의 두 가지 뚜렷한 특징은 지리적 분산과 독립된 주권 국가의 부재였다. 자세히 들여다보면 이 두 가지 요소 안에 무역 디아스포라의 활동 방식과 비밀이 모두 포함되어 있다.

교통과 통신이 제대로 발달하지 못한 시대에는 지리적 네트워크의 분포 자체가 자산이었다. 이를 통해 개인과 자본과 정보의 유통이 그만큼 더 수월해졌기 때문이다. 그러나 이와 같은 지리적 네트워크를 유지하기란 쉽지 않았다. 구성원들을 스스로 관리해야 했고, 대개 외부자의 입장에서 법적 보장 없이 경제적 이유만으로 계약을 유지해야 했으며, 경쟁 정치 단위의 당국자들과 지위를 협상해야 했다. 서로 다른 집단마다 서로 다른 방식으로 이와 같은 목표를 달성했다. 아르메니아계 이란인은 일원화 관리 체제를 구축했다. 즉 사파비 왕조의 수도 이스파한(Isfahan)의 한 구역에 해당하는 뉴줄파(New Julfa)에서 전체 네트워크를 관리했다. 뉴줄파에는 아르메니아계 이란인 정주 상인들과, 외부로 나가 활동하는 무역상들 사이의 협약을 중개하는 상인협회가 있었다. 아르메니아계 이란인 무역상들은 유라시아 전역으로 뻗어나갔으며, 멀리 태평양에까지 이르렀다(그림 7-3).[12] 이와 달리 서유럽과 신세계의 스파라드 유대인 상인들은 다원화 관리 체제였다. 이에 따라 여러 도시의 상인 가문과 공동체의 연대가 유대인 공동체 전체의 결속을 강화하는 동시에, 유대인이 아닌 다른 상인들과의 신용 관계 구축도 가능했다. 스파라드 유대인 상인들은 거래 상대에 따라 위험 감수 및 예방 조치를 별도로 관리했다. 그들은 아들, 사촌, 사위 등 가문 차원의 협력 관계를 구축하여 결정권을 과감히 위임했으며, 특정 임무 수행을 위해서는 수많은 비유대인 협력자를 고용하여 사업을 확장했다.[13]

무역 디아스포라의 활동은 적어도 부분적으로는 현지 주권 당국에 의존해야 했다. 그들의 협상 무기는 경제였다. 그들은 수입 차단으로 주권 당국을 위협할 수 있었고, 반대로 세금 징수자로서 군사·외교적 힘을 동원하는 것보다 주권 당국에 더 많은 수입을 안겨줄 수도 있었다. 한편 필립 커틴은 무역 디아스포라의 범주에 유럽의 특권기업(chartered company)도 포함했다. 그러나 유럽의 특권기업들은 국가적 독점권을 행사하거나, 혹은 국가의 이름을 표방하며 군사력을 동원하는 경우가 자주 있었다. 그럼에도 필립 커틴이 특권기업을 무역 디아스포라에 포함한 것은 서구 예외주의를 인정하지 않겠다는 취지였다. 다시 말해 무역 디아스포라와 특권기업의 유사성을 강조함으로써, 초기 근대의 세계무역에서 유럽의 기업들조차 피해 갈 수 없었던 도전을 강조하며, 그들의

---

12 Sebouh David Aslanian, *From the Indian Ocean to the Atlantic: The Global Trade Networks of Armenian Merchants from New Julfa* (Berkeley, CA: University of California Press, 2011), pp. 185–97.
13 Francesca Trivellato, *The Familiarity of Strangers: The Sephardic Diaspora, Livorno, and Cross-Cultural Trade in the Early Modern Period* (New Haven, CT: Yale University Press, 2009).

〔그림 7-3〕 아르메니아 상인, 프랑스 지리학자 니콜라 드 니콜라이(Nicolas de Nicolay)의 여행기(Discours et histoire veritable des navigations, peregrinations et voyages, faicts en la Turqvie, 1568년)에 수록된 삽화

조정 및 집행 방식이 우수했다는 주장에 거리를 두고자 했던 것이다. 그러나 무국적 디아스포라와 유럽 특권기업의 유사성을 강조하는 필립 커틴의 주장은 학문적 모험에 지나지 않는다.

과거는 물론 최근에 이르기까지, 초기 근대 유럽과 아시아의 주요 사업 조직 형태를 비교한 연구 성과들이 있었다. 그에 따르면 유럽의 상인들은 아시아의 상인들보다 더 엄격한 절차를 따랐다.[14] 여기서 말하는 절차란 법적 인프라, 즉 친족이 아닌 다른 상대방과 협력 관계를 구축할 때 의거하는 법적 토대를 말한다. 이와 같은 큰 방향의 담론에 진실의 부분이 없다고 말할 수 없겠지만, 이를 뒷받침할 실증적 근거가 더 필요한 것도 사실이다. 유럽의 상인들은 대리인 혹은 상대방의 협력을 보증하기 위해 주로 비공식적 보상책이나 억제책을 동원했다. 반대로 중국의 상인들은 분쟁 해결을 위해 일반적으로 법적 계약과 제3자 조정을 활용했다. 광대한 지역의 통일 체제를 갖추었던 중국에서는 정치·사법적으로 파편화되어 있던 유럽에 비해 원거리 상인 네트워크를 갖추기가 더 수월했을 것이다.[15] 더욱이 같은 지역 안에서라도 준수해야 할 의무 사항이 다르면 감독의 형태도 달라져야 했다. 계약 당사자들이 분쟁을 조정할 때 기존의 초법적 관습을 확고히 따른다면, 사법 당국의 보장이 없더라도 사적 계약은 매우 높은 수준의 공식적 성격을 가질 수 있다. 18세기 광동(廣東, 광저우)에서 유럽의 무역상들은 공적 규제에서 벗어

---

14 R. Bin Wong, "Formal and Informal Mechanisms of Rule and Economic Development: The Qing Empire in Comparative Perspective," *Journal of Early Modern History* 5 (2001): 387–408.
15 Rosenthal and Wong, *Before and Beyond Divergence*, p. 87.

나 행상(行商)에게 막대한 자금을 빌려주었는데, 이자율은 연간 10~20 퍼센트였다. 근거는 중국어로 작성된 계약서였다. 유럽인은 그 내용을 읽을 줄도 몰랐고, 중국인 관리의 공증도 없었다.[16]

광대한 지역 범위에서 활동하는 상인들은 여러 가지 거래 방식을 선택할 수 있었다. 해외의 누군가와 협력 관계를 구축하고 그에게 완전한 자율권을 부여해 본사와 책임을 공유하는 방식, 하수인을 고용해 상품을 멀리 떨어진 목적지까지 운반하게 하고 필요한 상품을 가져오게 하는 방식, 수수료를 받는 대리인을 고용해 그가 협상한 거래 금액에 따라 일정 비율의 보수를 지급하는 방식, 현지에 지사장을 비롯한 인력을 고용하여 조직 체계를 구축하고 임무와 감독을 맡기는 방식 등이었다. 이러한 방식에는 각각의 장단점이 있었기 때문에, 어느 방식에서 어느 방식으로 진화했다기보다는 상황과 장소에 따라 여러 방식이 공존했다고 볼 수 있다.

초기 근대는 이전 시대의 거래 계약 방식을 물려받았다. 정주 상인이 대신해서 여행을 떠날 대리인을 고용하여 해외 사업을 수행하도록 하는 방식으로, 이탈리아어로 코멘다(commenda), 아랍어로는 키라드(qirad), 무다라바(mudaraba), 무카라바(muqarada)라고 했다. 이러한 계약 방식들은 경우에 따라 몇 가지 차이점이 있었지만, 두 가지 뚜렷한 공통점이 있었다. 정주 상인이 윗사람으로, 투자금의 전부 혹은 대부분을 투자하고 손실에 따른 모든 위험을 감수했다. 여행을 떠나는 대리인은 노동력

---

16 Paul A. Van Dyke, *The Canton Trade: Life and Enterprise on the China Coast 1700-1845* (Hong Kong University Press, 2005), pp. 150-6.

만 투자하거나, 노동력에 더해 약간의 자본을 투자하고 참여한 만큼의 수익만 가져갔다. 한 건의 계약은 한 차례의 여정에만 해당했으며, 기본적으로는 특정 목적지와 때로 특정 거래 품목까지 지정되었다.[17] 중앙아시아 전역에 다양한 형태의 코멘다가 존재했지만, 중국과 잉글랜드에는 없었다.[18] 코멘다 방식이 없는 지역이라고 해서 친족 범위를 벗어나는 협력 관계가 없었던 것은 아니다. 근대 초기 복건 지방 남부 해안 지역에 근거지를 두고 원거리 무역에 참여한 상인들에게는 급여를 주고 인력을 고용하거나, 자본을 모아 배의 화물 공간을 임대하거나, 고정 이율로 왕복 여정에 필요한 돈을 빌려주는 등의 선택지가 있었다.[19] 17세기 힌두 상인들은 가족 기업을 운영했지만 "친족 범위 바깥의 인력을 포함하는" 협력 관계를 활용했다.[20]

---

17 Abraham L. Udovitch, *Partnership and Profit in Medieval Islam* (Princeton University Press, 1970), pp. 170-248; Robert S. Lopez and Irving W. Raymond, *Medieval Trade in the Mediterranean World: Illustrative Documents* (New York: Columbia University Press, 1955), pp. 174-84; Murat Çizakça, *A Comparative Evolution of Business Partnerships: The Islamic World and Europe with Specific Reference to the Ottoman Archive* (Leiden: Brill, 1996).
18 Scott C. Levi, *Indian Diaspora in Central Asia and Its Trade, 1550-1900* (Leiden: Brill, 2002), pp. 109, 173-4, 210. 유한책임 계약은 중국에서는 1904년, 영국에서는 1907년에 도입되었다. Madeleine Zelin, *Merchants of Zigong: Industrial Entrepreneurship in Early Modern China* (New York: Columbia University Press, 2005), p. 54, and Ron Harris, *Industrializing English Law: Entrepreneurship and Business Organization, 1720-1844* (Cambridge University Press, 2000), p. 20 참조. 송나라 시대 복건(福建) 남부 지역의 상인들이 아랍과 페르시아의 코멘다(commenda) 계약을 차용했을 가능성에 대해서는 다음을 참조. Billy K. L. So, *Prosperity, Region, and Institutions in Maritime China: The South Fukien Pattern, 946-1368* (Cambridge, MA: Harvard University Press, 2000), p. 216.
19 So, *Prosperity, Region, and Institutions*, p. 214.
20 Ifran Habib, "Merchant Communities in Precolonial India," in James D. Tracy (ed.), *The Rise of Merchant Empires: Long-Distance Trade in the Early Modern*

코멘다는 서로 모르는 사람이라도 계약을 체결할 수 있다는 장점이 있었지만, 그럼에도 불구하고 중요한 단점이 있었다. 코멘다 계약에 따라 여행을 떠나는 상인에게는 구체적인 조건이 명시되어 있어, 도중에 예기치 못한 기회를 발견하더라도 이를 활용하기가 어려웠다. 이런 단점을 극복하기 위해 신뢰할 수 있는 통신원의 네트워크를 구축하게 되었는데, 이후로 정주 상인은 멀리 있는 대리인에게 수수료를 지급하는 방식을 선호하게 되었다. 페르시아를 다녀온 프랑스의 위그노(Huguenot) 상인 장-밥티스트 샤르댕(Jean-Baptiste Chardin, 1643~1713년)의 증언에 따르면, 그곳에서는 "수수료를 주거나 편지를 주고받으며 거래를 맡기는 일이 거의 없고, 대신 누구든지 직접 상품을 들고 팔러 다니거나, 대신해줄 사람 혹은 자녀에게 그 일을 맡겼다." 또한 덧붙이기를, "일부 페르시아 상인들은 세계 어디에나 대리인을 두었는데, 이쪽으로는 스웨덴에도, 저쪽으로는 중국에도 그들의 대리인이 있었다."[21] 최근 연구로 샤르댕의 증언이 다시 한 번 확인된 바 있다. 즉 뉴줄파의 아르메니아계 이란인은 수수료 방식 대신 코멘다 방식으로 대리인을 고용해서 여정을 맡겼는데, 그럼에도 세계 곳곳에 닿지 않는 곳이 없었다.[22] 다시 말해 코멘다 같은 고도로 법제화된 계약 방식의 유무가 곧바로 개인적 인연을 넘어서는 공적 사업 관계 여부를 판단하는 충분한 근거가

World, 1350-1750 (Cambridge University Press, 1990), pp. 371-99, 389.
21 *Sir John Chardin's Travels in Persia. . .* 2 vols. (London: Printed for the Author, Sold by J. Smith, 1720), ii, p. 322. 이 여행기는 여러 권으로 구성되어 있는데, 초판은 1686년부터 프랑스어로 출간되기 시작했다.
22 Aslanian, *From the Indian Ocean to the Atlantic*.

될 수는 없는 것이다. 중개업, 예금은행, 보험, 기타 상업적 제도는 남아시아 상업 중심지에 널리 확산되어 있었다. 이런 사실들을 고려할 때 외향적 유럽 상인과 내향적 아시아 상인이라는 명쾌한 구분이 과연 가능할지 의문이 제기된다. 평판 관리와 신뢰할 수 있는 정보 및 법률 서비스 제공이 가능한 촘촘한 네트워크가 구축된 곳에서는 거래 비용을 줄일 수 있었고, 점차 개인의 사적 관계를 넘어 공적 관계가 발달했다. 또한 서유럽이나 대서양 지역처럼 공적 거래 제도가 고도로 발달한 지역이라 할지라도 상인들은 공식 관계와 비공식 관계를 동시에 활용할 수밖에 없었다. 점차 영국의 바다로 변해가는 18세기의 대서양에서 마데이라(Madeira) 와인 같은 사치품을 비롯해 일부 상품의 유통은 민간 상인들이 주도했다. 대서양은 여러 제국 세력이 서로 만나는 교차로였던 만큼, 특정 국가의 지원은 부분적으로 작동할 뿐이었다.

신용 시장과 금융 제도

장거리 무역에서는 유능하고 신뢰할 수 있는 협력자나 대리인을 찾는 일 못지않게 중요한 부분이 자금 조달 문제였다. 기독교나 무슬림 권역 어디에서든 이자 수익은 금지되었으나, 다양한 계약 방식이 출현하여 상인들이 제한을 우회할 수 있는 길이 만들어졌다. 중국에 고리대금을 규제하는 법이 없었기 때문에 높은 이자가 횡행했다는 비판과 함께, 영국령 인도(United Provinces)에서는 일찍부터 자율적 금융시장의 맹아가 나타났다는 찬사가 있었다. 그러나 분명한 점은, 비교분석이 더 큰 틀에서 이루어져야 한다는 사실이다.

상인들이 공동으로 자본을 모으는 가장 간단한 방법은 합명회사

(GP) 설립이다. 그래서 참여한 구성원들이 각자 원하는 만큼 출자하고 그에 따르는 책임을 공동으로 지면 되는 것이다. 이와 같은 사업에는 잠재적으로 위험이 따르기 마련이라 대개는 친족 집단으로 구성되었는데, 서로 사업을 떠나서도 신뢰 관계를 유지할 이유가 있는 사람들이었다. 계약으로 명시해야 할 내용이 별로 없었던 이런 회사들이 공인 기록을 별로 남기지 않았기 때문에 오늘날 그들의 흔적을 추적하기란 쉽지 않지만, 이런 회사들이 흔히 존재했던 것은 사실이다. 유럽에서 여성의 지참금은 (동업자의 계정으로 합산되었기 때문에) 대개 자본의 유입을 의미했다. 지참금은 또한 파산 때 채무 정산에서 최우선으로 보호되는 채권이었으므로 동업자를 보호하는 기능도 있었다. 한편 유한책임회사(LP)에서는 동업자들 사이의 책임이 구분되었는데, 책임의 범위 제한이 없는 무한책임사원과 외부 투자자로서 투자한 부분만 책임지는 유한책임사원이 있었다. 유한책임회사는 두 가지 장점이 있었다. 즉 가족 범위를 넘어서는 다른 사람들의 자본을 추가로 유치할 수 있었고, 외부 투자자에게 임무를 부여함으로써 거래에 따른 위험을 최소화할 수 있었다. 이런 방식은 특히 귀족 신분의 투자자에게 중요했는데, 거래에 직접 관여한다는 사회적 오명을 피할 수 있었기 때문이다.

합명회사와 유한책임회사 등 상인들이 사적으로 협력하여 만든 기업은 오래가는 경우가 드물었는데, 유동성 위기의 파도를 넘지 못했기 때문이다. 초기 근대 자본 집중화의 가장 극적인 혁신을 보여준 사례가 특권기업(chartered company)과 주식회사(joint-stock company)였다. 이들은 왕실의 허가를 받은 자율적인 민간 기업의 카르텔인 관허 무역기업(regulated companies)과 달랐다. 잉글랜드에는 모스크바 공국(1555~1698

년), 북해(1579~1689년), 레반트(1581~1753년), 프랑스(1609~1667년) 등지에서 파견된 여러 관허 무역기업이 활동했다. 주식회사는 예컨대 1600년에 설립된 영국 동인도회사(East India Company, EIC)나, 이에 대응하기 위해 1602년에 설립된 네덜란드 동인도회사(Verenigde Oostindische Compagnie, VOC)가 있었다. 이들은 점차 근대 기업의 면모를 갖추어갔다. 거래 가능한 주식을 통한 영구 자본화, 소유와 경영의 분리, 사원과 투자자의 유한 책임 등이 그 특징이었다. 주식회사 제도는 단번에 나타난 것이 아니라 오래도록 시행착오를 겪으며 단계적 과정을 거쳐 등장했다. 네덜란드 동인도회사는 전적으로 주식시장에서 자본을 모아 만들어진 최초의 기업이었다. 영국 동인도회사는 1613년 최초로 주식을 발행하여, 몇 차례의 항해에 필요한 자본을 모았다. 장단기적으로 모든 특권기업이 성공한 것은 아니었다. 영국 동인도회사는 여러 차례에 걸쳐 구조조정에 나섰다. 1657년과 1693년에 구조조정이 있었고, 가장 성공적인 사례는 1709년이었다. 왕립아프리카회사(Royal African Company, 1672~1748년)와 네덜란드 서인도회사(Westindische Compagnie, 1623~1791년)는 모두 구조적 실패로 귀결되었다. 유럽의 다른 나라들, 특히 프랑스, 덴마크, 신성 로마 제국(Ostend Company), 스웨덴 등은 아시아에서 수익을 올리기 위해 영국과 네덜란드의 초기 모델을 모방했다. 근대 기업들과 달리 초기 근대 기업들은 공식적인 국가의 군사 및 행정 조직이었으며, 해외 영토의 상당 지역을 통치하는 임무를 맡았다. 그들이 활동한 지역에서 경제적 성과가 있었다면, 그것은 그들의 경영 및 금융 능력 못지않게 군사력에 기반하여 거둔 성과였다(그림 7-4).

민간 금융은 여전히 유라시아 국제무역의 주요 자본이었다. 암스테

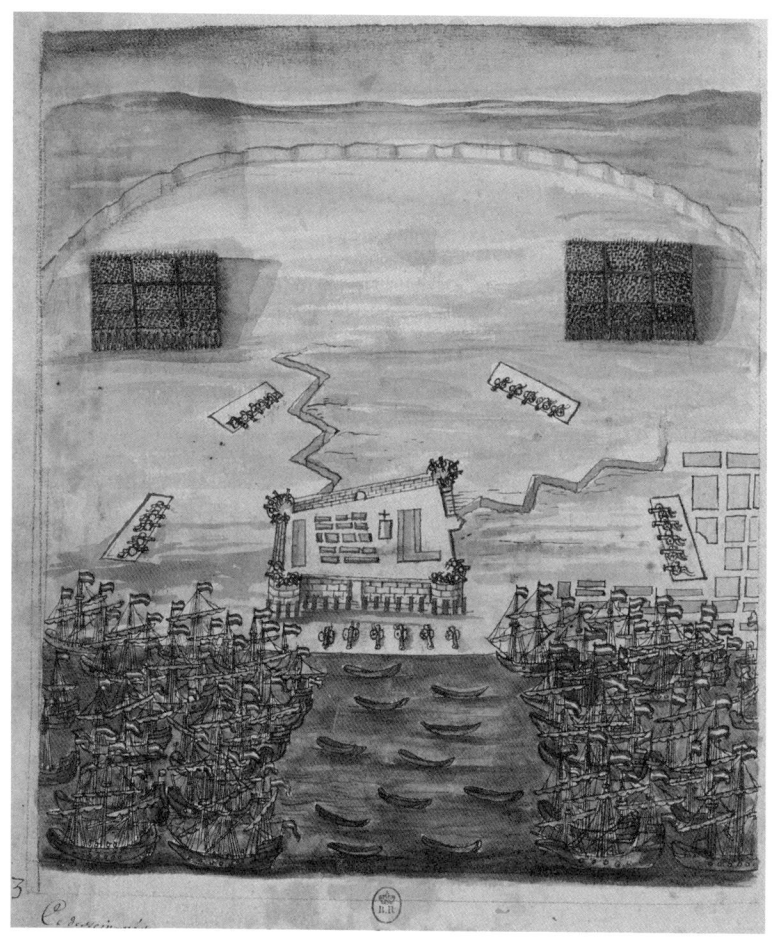

[그림 7-4] 인도의 도시 폰디체리의 네덜란드 본부, 1693년 8월, 예수회 수도사의 여행기에 수록된 삽화

르담과 런던의 주식시장은 수많은 외국인 투자자를 끌어들였으며, 국가와 긴밀히 연계된 거대 기업에 자금을 지원했다. 그러나 18세기 대서양

횡단 무역의 붐을 일으킨 주역은 중소 규모의 독립 기업들이었다. 한편 중국의 기업가들은 새로운 토착 기업 조직을 만들어냈다. 전혀 다른 제도적 기반에서 탄생했음에도 불구하고 중국 기업의 형태는 유럽과 매우 비슷했다. 주식을 모아 설립한 민간 기업으로, 경영은 친족 범위를 벗어나 다른 전문가에게 위탁했으며, 지분을 매매할 수 있었다. 사천의 소금 생산 플랜트 같은 거대 기업뿐만 아니라 북방의 채소, 간장, 기타 식품을 전문으로 하는 소규모 기업도 같은 원칙에 따라 운영되었다.[23]

원거리 시장에서 거래하는 상인들의 경우, 자본을 시장까지 전달하는 위험 때문에 자금 조달 문제가 더 복잡했다. 이 문제를 해결할 수 있는 중요한 방안이 13세기 유럽에서 가장 상업이 발달한 지역(토스카나, 제노바, 프로방스, 샹파뉴의 시장)에서 지불어음의 형태로 등장했다. 이 어음은 신용장인 동시에 환전 용도로 사용되었다. 중세 지중해의 이슬람 권역에서는 어디서나 자본으로 인정받을 수 있는 어음(suftajas)이 사용되었다. 때로는 현금으로 교환도 가능했다. 소규모 무역상, 대규모 상인, 정부 관리 등이 이러한 어음을 사용했다는 기록이 풍부하게 남아 있다.[24] 18세기 중국에서도 약속어음이 널리 사용되었다. 일본의 도쿠가와 시대, 인도의 무굴 제국, 중앙아시아 전역에서도 유럽의 어음과 유사한 신용 상품이 유통되었다. 그러나 유럽 이외 어느 지역에서도 16세기

---

23 Zelin, *Merchants of Zigong*, pp. 60-2; Kenneth Pomeranz, "Traditional Chinese Business Forms Revisited: Family, Firm, and Financing in the History of the Yutang Company of Jining," *Late Imperial China* 18 (1997): 1-38.

24 S. D. Goitein, *A Mediterranean Society: The Jewish Communities of the Arab World as Portrayed in the Documents of the Cairo Geniza*, vol. i: *Economic Foundations* (Berkeley, CA: University of California Press, 1967), pp. 230, 241-2.

리옹(Lyon)과 같은 사례는 없었는데, 그곳에서 어음은 전문 금융시장에서 순전히 투기적인 상품으로 발달했다. 1609년 설립된 암스테르담은행(Wisselbank)은 유럽 전역에서 발행되는 고액 어음을 결제하는 기능을 담당했다.

민간 자본시장은 또한 공공 부채(public debt)의 발달과도 관련이 있었다. 13세기부터 유럽 일부 지역에서는 대규모 국채 유통시장이 존재했고, 이는 금융 전문 지식의 확산과 금융시장 확대에 도움이 되었다. 잉글랜드에서는 진정한 의미의 금융 혁명이 일어났다. 공공 부채는 국왕이 아닌 의회의 관할로 편입되었고(1688년), 머지않아 그 관리는 잉글랜드은행(Bank of England)으로 이관되었다(1694년). 이론의 여지는 있지만, 공공 금융 혁명의 여파로 민간 신용 시장의 이자율도 낮아졌다. 중국에서는 공공 부채가 없었으며, 그 여파가 민간에 어떻게 나타났는지는 불분명하다. 공공 부채와 민간 부채의 연계는, 그 효과가 언제나 긍정적인 것만은 아니었다. 1720년 민간 기업에서 정부의 공공 부채를 인수하여 주식으로 전환하려 한 두 건의 시도가 있었다(영국의 South Sea Company, 프랑스의 Compagnie du Mississippi). 이들의 헛된 시도로 막대한 재산이 공중분해 되었다. 그로부터 반세기가 지난 뒤, 1763년과 1773년 암스테르담 주식시장에 위기가 찾아왔고, 네덜란드 경제의 황금기는 막을 내렸다.

상인과 국가

주권 국가가 원거리 무역 구조에 영향을 미친 부분이 단지 공공 부채 문제만은 아니었다. 전쟁 때문에 무역로가 혼란해지고 보험료가 상승하기도 했다. 외교 협정에 따라 시장이 개방 혹은 폐쇄되었다. 관세를 비롯한 여러 가지 규제에 따라 무역과 밀수의 경계가 달라졌다. 국가의 정책 어느 하나라도 원거리 무역에 강력한 영향을 미칠 수 있었다. 그러나 아시아와 유럽의 정치경제를 비교해보면 두 가지 중요한 대척점이 나타난다. 즉 해상무역까지 확장된 군사적 보호의 측면과 재정 구조의 측면이다. 과거의 연구에서는 아시아의 통치자들을 약탈자로 이해했다. 그래서 그들은 상인 집단의 이익이나 보호무역에 관심이 없는 줄로 알았다. 그들의 이념적 배경도 그러했고, 그들에게는 세금을 부과할 수 있는 폭넓은 농민 계층이 존재했기 때문이다. 유럽은 둘로 나뉘었는데, 북부는 정부의 역할이 제한적인 신흥 부르주아 사회였고, 남부는 이베리아반도나 프랑스처럼 절대왕권 치하의 자본주의 사회였다. 그러나 경험상으로나 혹은 더 구체적인 비교연구 결과로 보아, 이와 같은 폭넓은 일반화에 의문이 제기되고 있다. 다만 유라시아 전역에서 국가가 해외무역에 개입하는 구조와 형태는 나라마다 현저한 차이를 보였다는 점은 부인할 수 없는 사실이다.

함선에 탑재된 대포는 문자 그대로 물살을 갈라 유럽인의 해외 진출로를 만들어주었다. 그러나 중국은 화약 무기를 최초로 개발했음에도 불구하고 해전에 중무장 장비를 사용하지 않았다. 포르투갈의 카라카(carraca)는 "떠다니는 도시"로 묘사될 만큼 거대한 규모를 자랑했는데, 인도양에 도착한 이후 그들은 특정 해역을 관리하면서 통과를 허락하는 면허(cartaza)를 판매하기 시작했다. 같은 해역에서 수 세기에 걸쳐 자유롭게 이동해온 인도 구자라트의 상인들, 아랍의 무슬림, 페르시아인 등은 처음으로 군사화된 배제의 시스템에 직면했다. 이후 네덜란드인은 포르투갈의 시스템을 더욱 확대했지만, 원하는 모든 해로를 수중에 넣지는 못했다. 결국 인도양에서 "보편 무역"의 시대는 막을 내렸다. 그러나 그것이 곧 유럽인의 일방적 승리를 의미하는 것은 아니었다.[25] 아시아에는 유럽의 군사력을 고용해서 자신의 목적을 달성하려는 국가들이 있었고, 한편으로는 유럽의 상권 장악에 공개적으로 도전하는 국가들도 있었으며, 또 다른 한편으로는 신흥 세력과 같은 방식으로 자신의 상업 노선을 변경하는 국가들도 있었다. 심지어 비교적 작은 왕국들과 남인도의 술탄국들도 유럽의 야망을 꺾어놓았다. 오스만 제국에 속한 특정 세력이 인도양에서 적극적으로 군사 및 상업적 확대를 도모하다가 좌절된 일이 있었다. 좌절의 원인은 확장을 반대하는 등의 이념적 문제가 아니라 군사적 패배였다. 17세기 초엽 사파비 제국에서는 아르메니아인을 대규모로 뉴줄파에 정착시키고 그들에게 비단 생사(生絲) 수출 독점권을 부여했다. 이는 중앙아시아 무역을 장악하려 한 영국 동인도회사(EIC)에 심각한 타격을 입혔다. 일본의 도쿠가와 막부는 외국 상인을 배제하는 쇄국(鎖国) 정책을 실시했지만, 영주들은 마을 주민이나 상인들의 요구를 무시할 수 없었다. 예컨대 일본 남부 지역의 도사(土佐)라는 지방에서는 영주의 감독 아래 종이, 설탕, 달걀, 화약 등의 수입 대체품 생산을 확대해갔다.[26]

중국의 명나라는 조공 책봉 체제로 무역 관련 세입을 확보하고 거래 조건과 참여자를 통제했다. 1657년까지 명나라의 황제들은 허가받은

---

25 Curtin, *Cross-Cultural Trade*, p. 127.
26 Luke S. Roberts, *Mercantilism in a Japanese Domain: The Merchant Origins of Economic Nationalism in 18th-century Tosa* (Cambridge University Press, 1998).

상인들에게만 해상무역을 허용했다. 허가를 받지 못한 상인들은 해적(倭寇)으로 간주되어 국가적 지원을 받지 못했다. 이는 정책적 측면에서 영국의 항해법(Navigation Acts)과 크게 다르지 않았다. 그러나 영국은 대서양에서 세력 확장을 위해 해적도 서슴지 않고 지원했다. 더욱이 영국 동인도회사(EIC)와 네덜란드 동인도회사(VOC)는 국가를 대신하여 전쟁을 벌일 수 있는 특권을 부여받았다. 그러나 중국의 관리들은 해외에서 일어나는 일에 관여하지 않았다. 스페인령 마닐라나 네덜란드령 바타비아(Batavia)에서 피비린내 나는 중국인 학살 사건이 벌어졌을 때도 마찬가지였다. 청나라(1644~1911년)가 시작될 무렵에도 중국의 조공 시스템은 예전처럼 한국, 일본, 류큐(琉球, 당시 독립 왕국) 등지에 적용되고 있었다. 그러나 갈수록 동남아시아 무역이 번성하면서 조공 책봉 체제에 변화가 더해졌다. 마카오와 광동(廣東, canton)은 관허 대외 무역의 중심지가 되었고, 하문(廈門, 샤먼, Amoy)은 유럽인이 없는 주요 무역 거점이 되었다(그림 7-5).

거대 영토 제국의 재정 기반은 재정 정책의 방향을 다른 쪽으로 이끌어갔다. 무굴, 오스만, 중국 등의 방향은 소규모 지방 연합이나 영국과 전혀 달랐다. 1753년은 소금 전매, 행정, 해관 자료가 모두 포함된 중국 세금 자료가 가장 종합적으로 잘 남아 있는 해다. 이에 따르면 국가 수입의 78퍼센트가 개인 소유 토지에서 나왔고, 12퍼센트가 소금 전매에서 나왔다.[27] 국제무역은 남중국 해안에 국한되었고, 제국 전체 수입

---

27 Yeh-chien Wang, *Land Taxation in Imperial China, 1750-1911* (Cambridge, MA: Harvard University Press, 1973), pp. 69-72.

[그림 7-5] 광동의 번화한 항구, 1800년경

에서 해관 수입이 차지하는 비중은 미미한 수준이었다. 중국의 황제들이 농업 관련 세금을 올렸다고 해서 재정 압박을 크게 받는 상황은 아니었다. 평시에는 중국의 1인당 세율이 서유럽 국가들보다 낮았다. 중국의 공공재 지출도 서유럽보다 더 높았다. 예를 들면 국가 창고나 수리 시설 건설에 들어가는 비용이었는데, 빈민층을 구제하고 지역 간 불균형을 해소하기 위한 지출이었다. 이런 증거는 아시아에서 국가 체제 때문에 경제 발전이 저해되었다고 보는 "동양적 전제주의(Oriental Despotism)" 이론이나, 또는 반대로 국가가 민간 주도 경제를 규제하지 않음으로써 시장 확대를 촉진했다는 "제한 국가(limited state)" 개념 모두에 대한 중요한 수정 사항을 제공한다.

국가가 상업에 관여하는 형태와 정도는 당연히 상업 활동에 참여하는 사람들의 사회적 계층 이동에 영향을 미친다. 이런 측면에는 문명권의 차이나 개인의 능력보다 지역과 정치 상황이 훨씬 더 크게 작용했다.

오스만 제국의 통치 구조는 기독교인이나 유대인이 대외 무역에서 영향력을 발휘할 많은 기회를 제공했지만, 오스만 제국의 관리들 또한 무역에 직접 관여했다. 남아시아에서는 무역과 정치의 경계선이 훨씬 더 희미했다. 남인도 해안 지역에서는 유럽인과의 거래가 활발해지면서 토착 부호 세력이 등장했는데, 이들은 상거래와 군대 및 정치 영역을 넘나들며 일을 맡았다. 북인도 지역 역시 군사 귀족과 상인의 계급적 차이가 그래도 유지되었지만, 18세기 후기로 가면서 상인들의 정치적 영향력이 점점 더 커졌다. 상업적 이해관계가 커지면서 일본의 도쿠가와 막부 체제도 약화되었다. 프랑스의 구체제(ancien regime)에서도, 또한 일본의 도쿠가와 체제에서도 돈 많은 엘리트 계층은 상업적 이득과 사회적 명성(교양)을 저울질하지 않을 수 없었다. 중국은 1550년에서 1820년 사이 "제2차 상업 혁명"을 겪었다. 이 시기에 강과 운하를 통한 내륙 교통 조건이 향상되었고, 은의 수입으로 화폐 거래가 모든 분야에 적용되었으며, 직물 산업이 발달했고, 정부 당국이 상업적 규제를 완화했다. 교양 엘리트와 공직 진출자 사이에서 상인과 은행가의 사회적 지위 또한 강화되었다.[28]

유라시아 무역 패턴의 변화

1400~1800년에 등장한 여러 가지 상업적 발전의 패턴은 유라시아 무역의 지리, 규모, 구성을 변화시킨 구조적 변화라는 큰 흐름 위에서 살

---

28 Richard John Lufrano, *Honorable Merchants: Commerce and Self-cultivation in Late Imperial China* (Honolulu: University of Hawaii Press, 1997).

펴보아야 할 것이다. 이 시대에 크게 다섯 가지 불연속의 순간이 있었다. 정화 제독의 1405년 첫 항해는 동남아시아에 "상업의 시대"를 열었다.[29] 1497년 바스쿠 다 가마가 희망봉을 우회한 사건은 아시아의 향신료를 유럽으로 수입하는 새로운 항로를 개척했고, 이는 유라시아는 물론 아시아 내부적으로도 역학 관계의 변화를 초래했다. 1571년 아카풀코와 마닐라를 오가는 스페인의 정기 무역선 운항이 시작되었고, 이로써 아메리카의 은 산지와 동아시아 및 남아시아 시장이 연결되면서 세계무역사의 새로운 장이 열렸다. 17세기를 거치면서 유럽 경제의 중심은 지중해에서 대서양으로 넘어갔다. 마지막으로 1400~1800년 매 시기 아시아에서 돌아오는 유럽 화물선의 구성에 큰 변화가 있었다. 이 모든 점을 종합해볼 때 초기 근대에 세계무역의 흐름이 크게 바뀌었다는 사실을 알 수 있다.

　15세기 베네치아와 제노바의 상인들은 주로 광범위한 카라반 경로의 종착지인 알렉산드리아, 알레포, 다마스쿠스 등지에서 후추, 육두구, 정향, 생강, 기타 향신료를 구입했다. 베네치아의 수입 비용은 중부 유럽에서 생산되는 은과 구리로 충당했다. 제노바 또한 나름의 상품을 수출했다. 포르투갈의 희망봉 항로는 이러한 무역 경로를 바꿔놓았다. 그러나 16세기 중엽에는 베네치아가 레반트 지역과 거래하는 향신료 무역도 르네상스를 맞았고, 16세기와 17세기 내내 향신료 수입 경로는 육로와 해로가 공존했다. 새로운 변화가 있었는데, 1500년 이후부터 유럽으

29　Anthony Reid, *Southeast Asia in the Age of Commerce*, 2 vols. (New Haven, CT: Yale University Press, 1988-93), ii, p. 12.

로 들어오는 아시아 향신료가 반드시 인도를 거치지는 않았다는 사실이다. 포르투갈, 잉글랜드, 네덜란드는 인도네시아 군도에서 후추, 정향, 육두구, 메이스의 생산과 수출을 장악하기 위해 각축전을 벌이고 있었다.

16세기 포르투갈은 인도양에서 유럽 세력을 주도하는 강대국이었고, 스페인령 네덜란드의 도시 안트베르펜은 식민지 상품이 유럽으로 들어가는 관문이었다. 유라시아 무역 흐름의 재편으로 가장 큰 손해를 본 곳은 베네치아였다. 16세기 말기에 잉글랜드와 네덜란드의 무역선은 지중해 시장에 곡물과 저렴한 직물을 공급함으로써 베네치아의 상업 패권에 도전했다. 1660년대에 이르러 잉글랜드와 레반트의 무역은 초기 근대를 통틀어 정점에 이르렀다. 그러나 같은 시기 잉글랜드의 상업적 관심은 급격히 신세계로 기울기 시작했다. 덕분에 이후로는 프랑스가 지중해 무역의 패권을 장악했다.

인도양에서 유럽인은 영국인이 "지방 무역(country trade)"이라 일컫는 기존의 아시아 해상무역 패턴을 바꾸려 하지 않았으며, 오히려 이를 확대하려 했다. 포르투갈인은 아시아 역내 무역이 대륙 간 무역보다 더 수익성이 좋다는 사실을 금세 알아차렸다. 인도의 직물과 인도네시아의 향신료를 거래한 아시아 상인들의 전통은 이미 수 세기 전부터 이어져오고 있었다. 포르투갈인은 현지 생산자와 남아시아의 중개상에 의존하여 수출 품목을 사들였다. 한편 자와(Java)에 정착한 네덜란드인은 기존 아시아 역내 무역에서 포르투갈인보다 더 큰 위협이 되었다. 네덜란드인은 인도네시아 향신료 생산을 통제하려 했다. 신세계에서 유럽인이 시행한 것과 비슷한 플랜테이션 노예 경제 체제를 구축하려 했던 것이다. 더욱이 예수회 수도사들과 포르투갈 상인들이 쫓겨난 일본과 대만에 확실한 네덜란드 거점을 구축하고, 포르투갈인이 아시아에서 구축한 무역 네트워크를 몰아내려 했다(지도 7-1).

아시아의 상품은 18세기 중엽까지도 유럽의 대부분 소비자에게 사치품이었다. 한편 인도에서 돌아오는 유럽의 무역선에는 다양한 상품이 실려 있었다. 17세기에는 향신료 대신 직물, 특히 인도의 염색 면직물이 유럽의 무역선을 채웠다. 네덜란드나 잉글랜드의 무역선에는 또 다른 수입품(소금, 중국산 도자기와 비단, 염료 등)이 선적되었다. 인도의 옥양목(calico)은 워낙 인기가 높아서 유럽의 보호무역 장벽을 무너뜨렸다. 심지어 모조품을 생산하기 위한 새로운 제조 시설도 만들어졌다. 그러나 유럽의 무역상들에게 지불 수단은 여전히 골치 아픈 문제로 남아 있었다. 사치품을 확보하기 위해 지불을 어떻게 해야 하는가 하는 것이 문제였다. 1500년에서 1800년 사이 어마어마한 양의 은(銀)이 중국으로 쏟아져 들어갔다. 처음에는 포르투갈 상인들이 일본에서 은을 밀수했다. 중국의 해상무역 금지 정책이 완화되고(1567년), 마닐라에 스페인 식민지가 건설되자(1571년), 이후로는 훨씬 더 많은 은이 운송되었다. 멕시코와 볼리비아의 광산에서 생산된 은이 태평양을 건너왔기 때문이다. 당시 중국으로 유입된 은의 양과 그것이 중국 경제에 미친 영향은 학계에서 상당한 논란이 되고 있는 주제다. 당시 세계적인 은의 가치는 이 문제에 관한 중요한 지표가 될 수 있을 것이다. 16세기 금:은 환율은 대략 유럽에서 1:12, 페르시아에서 1:10, 인도에서 1:8, 중국에서 1:5~6이었다.[30] 그렇다면 유럽인은 기꺼이 은을 싣고 가서 동아시아와 중국

---

30 Richard von Glahn, *Fountain of Fortune: Money and Monetary Policy in China*,

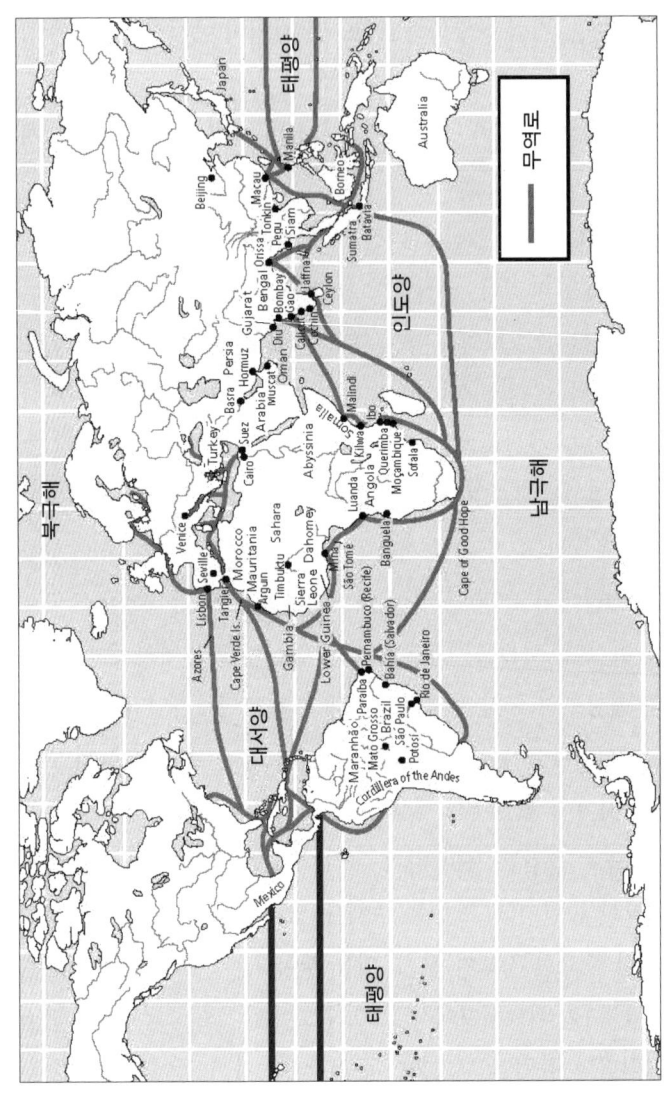

[지도 7-1] 원거리 무역 경로, 1700년경

상인들에 팔고자 했을 것이다. 그들은 비단, 차(茶), 도자기를 유럽 상인들에게 팔기 위해 마닐라로 몰려들고 있었다.

18세기 말엽에는 1500년대 이래로 유지되어온 아시아 역내 무역 패턴에 가장 극적인 변화가 나타났다. 동시에 유럽에서는 커피와 특히 차의 수입이 급증했다. 원래 예멘에서 재배된 커피는 16세기 중엽에 처음 베네치아에 도착했다. 네덜란드 상인들이 자와나 스리랑카에 커피를 심자, 카리브해 플랜테이션 농장의 치열한 경쟁 상대가 되었다. 카리브해에서는 사탕수수와 담배 같은 현금 작물도 재배하고 있었다. 그러나 차는 18세기에도 여전히 중국의 특산품으로 남아 있었다. 이후 인도에서도 대대적인 차 재배가 시작되었다. 오스만 제국과 사파비 제국에서도 차를 즐기는 사람들이 점점 더 많아졌다. 그러나 영국에서 차 수요가 폭발적으로 증가하면서 거대한 지정학적 변화가 촉발되었다. 1720년에서 1790년 사이 영국의 중국 차 수입은 16배 이상 폭증했다.[31] 수요를 충족하기 위해 영국인은 은을 수출하는 것 말고 다른 방도를 찾아냈다. 당시 그들이 장악한 벵골(1757년)과 수라트(1759년) 등 북인도 지역에서 나는 아편을 가지고 중국의 차를 사러 간 것이다. 동인도회사보다는 영국의 사략선들이 광주(廣州, 광저우) 세관의 관리들을 매수하여 아편 무역에 참여했다. 광주는 1757년에 외국 상인들이 거래할 수 있는 유일한 항구로 지정된 곳이었다. 불법 무역은 전례 없는 규모로 확대되어 마침내 영국과 중국 사이의 전쟁(1839~1842년 제1차 아편전쟁)으로 비화되

    1000-1700 (Berkeley, CA: University of California Press, 1996), pp. 127-8.
31 Louis Dermigny, *La Chine et l'Occident: Le Commerce à Canton au xviiie Siècle, 1719-1833*, 3 vols. (Paris: S.E.V.P.E.N., 1964), ii, p. 539.

었고, 이후로도 수차례에 걸쳐 전쟁이 일어났다. 이를 계기로 영국의 동아시아 식민지는 새로운 시대로 접어들었다.

비교, 연결, 인과관계

초기 근대 아시아와 유럽의 무역 구조 연구는 크게 세 가지 주제를 둘러싸고 있다. 첫째, 양측의 무역 형태 비교, 둘째, 세계적 차원의 연결 혹은 위계질서 구축에 소용된 무역의 역할, 셋째, 대양 횡단 무역이 서구의 부상, 특히 영국의 산업화에 미친 영향이다.

원거리 무역에 참여하는 모든 상인은 어디서든 비슷한 문제에 봉착하게 된다. 어떻게 하면 상품을 안전하게 운반할 수 있을까? 어떻게 하면 무능하거나 신뢰하지 못할 상대를 회피할 수 있을까? 어떻게 하면 자금을 조달 내지 전달할 수 있을까? 어떻게 하면 제때 정보를 입수할 수 있을까? 어떻게 하면 새로운 시장에 접근할 수 있을까? 어떻게 하면 복잡하고 오래 걸리는 불리한 법적 절차에 얽매이지 않을 수 있을까? 가족과 인맥은 언제나 이런 문제에 도움이 되었다. 자원이 부족하던 시절, 어디서든 낯선 상대방과의 거래를 도와주는 전문 중개인이 있었다. 많은 경우 재판관 앞에 서기 전에 기업 관계자들은 중재에 나섰다. 중재란 언제나 비슷했지만, 시공간에 따라 전혀 다른 형태를 띠기도 했다. 이와 관련해서 오래고도 난해한 질문이 여전히 남아 있다. 법적 제도에 의거한 유럽의 방식이, 친족 의존도가 높은 아시아의 무역 구조에 비해 과연 얼마나 불확실성을 줄이고 공적인 측면이 강화된 시장을 만들 수 있었던가? 원거리 무역에서는 전 세계적으로 공식 계약과 비공식 계약이 상호 보완적이었고, 이를 통해 안전과 수익을 높일 수 있었다는 연구가 점차 증가하고 있다. 이와 같은 연구 성과들은 앞으로 더욱 열띤 토론을 불러일으킬 것이다.

사업 조직을 비교해보면, 가족뿐만 아니라 무역 디아스포라, 기타 상인 공동체, 국가, 대규모 조직 등이 원거리 무역의 성장에 중요한 역할을 했다는 사실이 드러난다. 1490년대 이후, 특히 1570년대 이후 유럽, 아시아, 아프리카의 해상 세계가 전보다 더욱 밀접한 방식으로 서로 연결되었다. 이베리아 군주들과 북유럽 특권기업들에 의해 상업이 확장되면서, 동시에 전쟁과 강압과 영토 정복의 과정이 잇달았다. 결국 세계사를 바꿔놓은 것은 경제와 군사적 목적이 결합된 결과였다. 변화의 시기와 구체적 경로는 여전히 논란의 주제로 남아 있다. 이데올로기가 같은 진영 내에서도 상반된 견해가 존재했다. 세계 체제를 분석하고자 했던 마르크스주의 계열의 학자들은 1500년 이후 유라시아 무역의 유럽 주도와 세계 근대 자본주의 체제 사이에 크든(Immanuel Wallerstein) 작든(Andre Gunder Frank) 어느 정도 연속성이 있다고 인정하는 편이다.[32] 마르크스주의를 따르지 않는 역사학자들 사이에서도 이견은 존재한다. 한편에서는 유럽인의 희망봉 항로 발견과 영국 및 네덜란드 동인도회사가 세계무역사의 뚜렷한 전환점이었다고 주장한다.[33] 다른 한편에서는 유럽의 선박에 중무장 무력을 탑재했음에도 불구하고, 적어도 아편전쟁

---

32 Immanuel Wallerstein, *The Modern World-System*, vol. i: *Capitalist Agriculture and the Origins of the European World-Economy in the Sixteenth Century* (New York: Academic Press, 1974); Andre Gunder Frank, *ReOrient: Global Economy in the Asian Age* (Berkeley, CA: University of California Press, 1998).
33 Chaudhuri, *Trade and Civilisation*.

이전까지 유럽인이 큰 틀에서 기존의 상업적 네트워크를 벗어나지 않았다고 주장한다. 얀 드 프리스(Jan de Vries)는 1497년에서 1795년 사이 세계무역의 수량 데이터를 최초로 종합했다. 그에 따르면 1501~1795년 유럽을 떠나 인도양으로 간 배는 모두 1만 781척이었다. 그중 총 7731척이 아시아까지 갔다가 유럽으로 돌아갔으며, 나머지 3050척은 바다에서 혹은 전투 중 손실되거나, 아니면 아시아에 남아서 아시아 권역 해상무역에 참여했다. 이를 바탕으로 그는 "당시 3세기에 걸쳐 세계화의 열정이 강했고, 그에 따라 항구적 국제무역 체제가 형성 및 성장했지만, 동시에 기술적·정치적 요인이 이를 억제하여, 세계경제는 다중심 체제를 지속"했다는 결론을 내렸다.[34]

그러나 같은 다중심 체제라 하더라도 1800년의 세계경제는 4세기 전의 그것과 전혀 달랐다. 1400년에는 중국이 기술적 주도권을 쥐고 있었다. 1800년에 이르러 영국은 최초의 산업혁명을 거치며 세계 역사상 최대의 제국을 건설하는 중이었다. 산업화가 대양 횡단 무역 연구에 오래도록 그림자를 드리운 것은 놀라운 일이 아니었다. 그러나 면화 산업을 제외하면 영국의 산업혁명이 대외 무역에 미친 직접적 영향을 파악하기란 쉽지 않다. 그보다는 농업 생산성, 석탄 가격, 임금 수준이 미친 영향이 더 구체적이다. 포메란츠(Pomeranz)에 따르면 18세기 후기까지도 생활수준이나 석탄 이용의 측면에서 영국이 중국의 도시 지역보다 더 우위에 있지 않았다. 그보다는 아메리카의 플랜테이션 농장, 그곳의 노예노동, 값싼 원자재, 본국의 제조 상품을 소비할 식민지 시장 등이 영

---

34 de Vries, "Connecting Europe and Asia," p. 38.

국이 도약할 수 있는 원동력이었다.[35] 그러나 그의 연구 또한, 대서양 노예무역의 이윤과 그 이윤의 투자가 과연 영국의 산업 발전에 얼마나 기여했는지를 둘러싼 오랜 논란을 해소하지는 못했다.[36] 비록 통계 수치에 이견이 있을 수 있겠으나, 전쟁과 노동력 착취가 영국의 발전에 중요한 동력이 되었다는 사실 자체를 부정할 수는 없을 것이다.

---

35 Pomeranz, *The Great Divergence*.
36 Eric Williams, *Capitalism and Slavery* (Chapel Hill, NC: University of North Carolina Press, 1944); Stanley L. Engerman, "The Slave Trade and British Capital Formation in the Eighteenth-Century: A Comment on the Williams Thesis," *Business History Review*, 46 (1972): 430-43; Barbara L. Solow and Stanley L. Engerman (eds.), *British Capitalism and Caribbean Slavery: The Legacy of Eric Williams* (New York: Cambridge University Press, 1987).

더 읽어보기

Arasaratnam, Sinnappah, *Merchants, Companies and Commerce on the Coromandel Coast, 1650-1740* (Delhi: Oxford University Press, 1986).

Aslanian, Sebouh David, *From the Indian Ocean to the Atlantic: The Global Trade Networks of Armenian Merchants from New Julfa* (Berkeley, CA: University of California Press, 2011).

Braudel, Fernand, *Civilization and Capitalism 15th-18th Century*, vol. ii: *The Wheels of Commerce*, Siân Reynolds (trans.), (Berkeley, CA: University of California Press, 1992).

Casale, Giancarlo, *The Ottoman Age of Exploration* (New York: Oxford University Press, 2010).

Curtin, Philip D, *Cross-Cultural Trade in World History* (Cambridge University Press, 1984).

Davis, Ralph, "English Imports from the Middle East, 1580-1780," in M. A. Cook (ed.), *Studies in the Economic History of the Middle East from the Rise of Islam to the Present Day* (London: Oxford University Press, 1970), pp. 193-206.

Dincecco, Mark, *Political Transformations and Public Finances: Europe, 1650-1913* (Cambridge University Press, 2011).

Dreyer, Edward L., *Zheng He: China and the Oceans in the Early Ming Dynasty* (New York: Pearson, 2006).

Dyke, Paul A. Van, *Merchants of Canton and Macao: Politics and Strategies in Eighteenth-Century Chinese Trade* (Hong Kong University Press, 2011).

_____, *The Canton Trade: Life and Enterprise on the China Coast 1700-1845* (Hong Kong University Press, 2005).

Eldem, Edhem, *French Trade in Istanbul in the Eighteenth Century* (Leiden: Brill, 1999).

Frank, Andre Gunder, *ReOrient: Global Economy in the Asian Age* (Berkeley, CA: University of California Press, 1998).

Gelderblom, Oscar, Abe de Jong and Joost Jonker, "The Formative Years of the Modern Corporation: The Dutch East India Company VOC, 1602-1623," *Journal of Economic History* 73 (2013): 1050-76.

Glahn, Richard von, *Fountain of Fortune: Money and Monetary Policy in China, 1000-1700* (Berkeley, CA: University of California Press, 1996).

Hancock, David, *Oceans of Wine: Madeira and the Emergence of American Trade and Taste* (New Haven, CT: Yale University Press, 2009).

Hannah, Nelly, *Making Big Money in 1600: The Life and Times of Isma'il Abu Taqiyya, Egyptian Merchant* (Syracuse University Press, 1998).
Inalcık, Halil and Donald Quataert (eds.), *An Economic and Social History of the Ottoman Empire, 1300-1914* (Cambridge University Press, 1994).
Israel, Jonathan I., *Diasporas within a Diaspora: Jews, Crypto-Jews and the World Maritime Empires, 1540-1740* (Leiden: Brill, 2002).
_____, *Dutch Primacy in World Trade, 1585-1740* (Oxford: Clarendon Press, 1989).
Kafadar, Cemal, "A Death in Venice (1575): Anatolian Muslim Merchants Trading in the Serenissima," *Journal of Turkish Studies* 10 (1986): 191-217.
Kagan, Richard L. and Philip D. Morgan (eds.), *Atlantic Diasporas: Jews, Conversos, and Crypto-Jews in the Age of Mercantilism, 1500-1800* (Baltimore, MD: Johns Hopkins University Press, 2009).
Levi, Scott C., *Indian Diaspora in Central Asia and Its Trade, 1550-1900* (Leiden: Brill, 2002).
Matthee, Rudolph P., *The Politics of Trade in Safavid Iran: Silk for Silver, 1600-1730* (New York: Cambridge University Press, 1999).
Mui, Hoh-cheung and Lorna H. Mui, *The Management of Monopoly: A Study of the English East India Company's Conduct of Its Tea Trade, 1784-1833* (Vancouver: University of British Columbia Press, 1984).
Najita, Tetsuo, *Visions of Virtue in Tokugawa Japan: The Kaitokudō Merchant Academy of Osaka* (University of Chicago Press, 1987).
Ng, Chin-Keong, *Trade and Society: The Amoy Network on the China Coast, 1683-1735* (Singapore University Press, National University of Singapore, 1983).
North, Douglass and Barry Weingast, "Constitutions and Commitment: The Evolution of Institutions Governing Public Choice in Seventeenth-Century England," *Journal of Economic History* 49 (1989): 803-32.
Parker, Geoffrey, *The Military Revolution: Military Innovation and the Rise of the West 1500-1800*, 2nd edn. (Cambridge University Press, 1996).
Perdue, Peter C., *Exhausting the Earth: State and Peasant in Hunan, 1500-1850* (Cambridge, MA: Council on East Asian Studies Distributed by Harvard University Press, 1987).
Pomeranz, Kenneth, *The Great Divergence: China, Europe, and the Making of the Modern World Economy* (Princeton University Press, 2000).
Reid, Anthony, *Southeast Asia in the Age of Commerce*, 2 vols. (New Haven, CT: Yale University Press, 1988-93).

Richard, Guy, *Noblesse D'affaires xviii e Siècle* (Paris: A. Colin, 1974).
Riello, Giorgio, *Cotton: The Fabric that Made the Modern World* (New York: Cambridge University Press, 2013).
Rosenthal, Jean-Laurent and R. Bin Wong, *Before and Beyond Divergence: The Politics of Economic Change in China and Europe* (Cambridge, MA: Harvard University Press, 2011).
Sheldon, Charles David, *The Rise of the Merchant Class in Tokugawa Japan, 1600-1868: An Introductory Survey* (Locust Valley, NY: Published for the Association for Asian Studies by J. J. Augustin [1958]).
Skinner, William G. (ed.), *The City in Late Imperial China* (Taipei: SMC, 1977).
So, Billy K. L., *Prosperity, Region, and Institutions in Maritime China: The South Fukien Pattern, 946-1368* (Cambridge, MA: Harvard University Press, 2000).
_____ (ed.), *The Economy of the Lower Yangzi Delta in Late Imperial China* (New York: Routledge, 2013).
Stasavage, David, *States of Credit: Size, Power, and the Development of European Polities* (Princeton University Press, 2011).
Subrahmanyam, Sanjay, *The Political Economy of Commerce: Southern India, 1500-1650* (Cambridge University Press, 1990).
Tracy, James D. (ed.), *The Political Economy of Merchant Empires* (Cambridge University Press, 1991).
_____ (ed.), *The Rise of Merchant Empires: Long-Distance Trade in the Early Modern World, 1350-1750* (Cambridge University Press, 1990).
Unger, Richard W., *The Ship in the Medieval Economy, 600-1600* (London: CroomHelm, 1980).
Trivellato, Francesca, *The Familiarity of Strangers: The Sephardic Diaspora, Livorno, and Cross-Cultural Trade in the Early Modern Period* (New Haven, CT: Yale University Press, 2009).
Wallerstein, Immanuel, *The Modern World-System*, vol. i: *Capitalist Agriculture and the Origins of the European World-Economy in the Sixteenth Century* (New York: Academic Press, 1974).
Wills, John E., Jr., *China and Maritime Europe 1500-1800: Trade, Settlement, Diplomacy, and Mission* (Cambridge University Press, 2011).
Zelin, Madeleine, *Merchants of Zigong: Industrial Entrepreneurship in Early Modern China* (New York: Columbia University Press, 2005).
_____, "The Firm in Early Modern China," *Journal of Economic Behavior and Organization* 71.3 (2009): 623-37.

CHAPTER 8

기업, 가족, 회사

찰스 파커
Charles H. Parker

페르낭 브로델(Fernand Braudel)은 "생산, 교환, 소비는 모든 사람에게 필수 불가결한 요소"라고 말했다. 이는 인간의 근본적 욕구에 속한다. 그러므로 문화나 종교, 기술의 발달 수준, 정치 체제와 상관없이 상품 거래는 모든 사회의 일상생활에 언제나 지속되는 기본 구조로 포함되어 있다. 그래서 고대의 초기 문명 당시에도 도매상이 멀리까지 가서 동물이나 수레 혹은 배에 상품을 싣고 고향으로 돌아와 소매상에 넘기는 일이 흔히 있었다. 초기 근대의 세계에는 이미 온갖 종류의 상인이 가득했다. 그런 상황에서 인구와 생산이 늘어나자, 이에 맞물려 해양 기술이 발달했으며, 머나먼 땅에 대한 관심도 증가했고, 결국 세계무역의 속도와 규모가 급속도로 상승했다. 원거리 무역의 촉수는 육지와 바다를 막론하고 광대한 지역으로 뻗어나가, 세계적으로 점점이 존재한 지역 및 광역 시장, 박람회, 바자회를 연결했다. 무역의 눈부신 확장은 복잡한 금융의 발달과 세계의 구조적 변화를 이끌었다. 물론 이런 발달이 직선적이거나 점진적인 것만은 아니었다. 시간이 지나면서 법적 계약에 따른 동업 방식, 환어음, 여러 가지 복잡한 형태의 신용거래 등이 확산되었을 뿐만 아니라 보험회사와 주식회사가 규모의 경제를 만들어갔고, 여기에 세계의 대부분 지역이 전체의 한 부분으로 편입되었다. 초기 근대는 그야말로 "상업의 시대"였다. 오래도록 이어져온 아프리카-아시아 무역권에

아메리카의 상품이 유입되었고, 진정한 의미의 세계적 상업 네트워크가 처음으로 만들어졌다.[1]

이와 같은 국제무역의 시대에 관한 학계의 관심은 거대 자본과 국가의 지원을 바탕으로 하는 유럽의 원거리 무역 기업에 집중되는 경향이 있었다. 그러나 가족 기업도 여전히 활력을 띠고 있었다. 세계 어디에서나 상업 활동에는 주로 가족 기업이 포함되어 있었다. 지역별 현지 상인, 중개인, 소규모 상인 조합은 이베리아반도의 국가 주도 기업이나, 영국, 네덜란드, 프랑스, 스칸디나비아 등의 특권기업과 함께 경쟁하며 상업 활동을 통해 나름의 이익을 취했다. 그들은 17세기에 등장한 거대 기업에 비해 구조나 규모 혹은 사업 범위의 측면에서 분명히 차이가 있었다. 그러나 작은 회사와 거대 기업의 공통점도 많았다. 그들은 모두 문화권의 범위를 넘어서는 거래에 언제나 잠재한 불확실성이나 위험을 완화할 방안을 찾아야 했다. 초기 근대에는 이런 문제가 더욱 커졌다. 여행이 증가한 만큼 장애물도 많았고, 상품의 운송은 더욱 복잡해졌으며, 거래 계약도 사적 강요에 따른 경우가 종종 발생했다. 상인 개인이나 소규모 사업자는 대개 친족, 민족, 종교적 유대에 묶여 있었다. 특히 원거리 무역의 경우 금융과 운송에 신용이 필수적이었는데, 이를 담보해주는 것이 그와 같은 유대 관계였다. 가족과 상인 공동체가 무조건 신용을 보증한 것은 아니었다. 그들도 나름대로 수평적 네트워크를 구축해서 시장의 신뢰를 유지하기 위한 사회적 통제 장치를 마련했다. 본부에서 멀리 떨

---

1 Fernand Braudel, *Civilization and Capitalism 15-18th Century*, Siân Reynolds (trans.) (New York: Harper & Row Publishers, 1982), vol. ii, p. 114.

어진 곳까지 진출한 거대 무역 기업도 지불을 보증하고 폭력이나 사기 등 예상치 못한 일을 방지하기 위한 안전 비용을 투자했다. 안전 비용은 다양했다. 관세와 거래세를 내는 것, 안내원과 경비를 고용하는 것, 지역 단체나 통치자에게 뇌물을 바치는 것, 다른 기관에 소속된 사람들과 협력 관계를 구축하는 것, 회사 자체적으로 해군과 육군을 보유하는 것 등이 모두 안전 비용에 속했다.[2]

개인과 기업이 전 세계 공통의 어려움과 장애를 겪었다면, 성공적인 무역상들 또한 규모의 대소를 막론하고 비슷한 활력과 능력을 보여주었다. 스티븐 데일(Stephen Dale)의 연구에 따르면, 이스파한과 아스트라한에 거주한 물탄인 상인은 이탈리아 르네상스 시기의 "위대한 상인"에게서 확인되는 독특한 "기업가 정신"을 보여주었다. 인도에는 중앙아시아 상인의 디아스포라가 있었다. 그곳의 상인들도 유럽의 상인들과 거래했으며, 유럽의 상인들과 마찬가지로 여러 가지 활동에 참여하여 뛰어난 수완을 발휘했다. 스티븐 데일은 또한 이르판 하비브(Irfan Habib)를 인용하여, 이탈리아와 인도의 기업가들이 서로 비슷한 조직 구조와 사업 방식을 갖추었고, 아시아의 기업 혁신은 유럽에 못지않았으며 심지어 더 앞서나가는 면도 있었다고 주장했다.[3] 아프리카-유라시아 권역

---

2 Francesca Trivellato, *The Familiarity of Strangers: The Sephardic Diaspora, Livorno, and Cross-Cultural Trade in the Early Modern Period* (New Haven, CT: Yale University Press, 2009), pp. 7-8, and Sebouh David Aslanian, "Social Capital, 'Trust' and the Role of Networks in Julfa Trade: Informal and Semi-Informal Institutions at Work," *Journal of Global History* 1 (2006): 383-4.
3 Stephen Frederic Dale, *Indian Merchants and Eurasian Trade, 1600-1750* (Cambridge University Press, 1994), pp. 134-5.

내 주요 국제무역 지대에서는 이와 같은 유사성이 자주 발견된다. 즉 대략적으로 보아 상업적 발전의 유사성이나, 더불어 조직 구조의 완고한 지속성을 확인할 수 있는 강력한 증거들이 존재한다. 지리적·문화적으로 전혀 다른 지역이라 할지라도 지역 내 상거래와 지역 간 무역은 기본적으로 공유하는 특성이 있었다. 시공간에 따른 유사성과 차이를 고려하면서, 이번 장에서는 상인과 상인 공동체를 중심으로 지역 내 상거래와 글로벌 경제 네트워크의 연결 고리를 검토해보고자 한다.

상인과 무역 경로

초기 근대의 상인들은 필수품과 사치품 등의 상품을 원거리로 이송할 때 주로 분명하게 정해진 무역로를 이용했다. 이는 이미 수 세기 전부터 이용해온 길이었다. 세계적으로 가장 활발했던 원거리 무역의 무대는 인도양 해안 지대의 항구도시를 연결하는 무역 네트워크다. 몬순의 연간 주기를 따라 중국 남부 지역에서 출발한 무역선은 말레이반도와 인도네시아제도의 항구에 정박했다가, 다시 남아시아의 말라바르 해안이나 코로만델 해안으로 이동했으며, 거기서 출발해서 페르시아만, 홍해, 동아프리카의 항구도시까지 진출했다. 전체 경로를 모두 순회하는 상인은 거의 없었으며, 대개는 지역과 지역을 연결하는 특정 구간에서만 활동했다. 예를 들면 중국의 복건 지방에서 수마트라까지, 혹은 동남아시아의 섬에서 벵골이나 수라트(Surat)까지가 하나의 구간이었다. 항구도시는 상품의 유통 거점으로 기능했다. 거기서부터 내륙의 다양한 도시와 지역이 연결되었다. 거대한 해양 권역을 아우른 주요 항구를 열거하자면, 중국 남동부 해안의 마카오(澳門), 광주(廣州), 천주(泉州)가 있었고, 말레이반도 남단의 믈라카, 수마트라섬 북서단의 아체, 인도 해안을 따라 수라트, 벵골, 코지코드(캘리컷), 고아, 마실리파트남, 스리랑카섬의 콜롬보, 페르시아만 이란 앞바다의 호르무즈(섬), 예멘 남단의 아덴, 동아프리카의 모가디슈와 킬와가 있었다. 이 권역의 원거리 무역에는 매우 다양한 민족이 참여했다. 대부분 항구에는 구자라트인(인도), 복건인(福建人, 중국), 페르시아인, 아르메니아인, 포르투갈인, 네덜란드인, 잉글랜드인, 유대인, 아랍인 공동체가 자리 잡고 있었다.

고대 실크로드에 속하는 중앙아시아의 카라반 루트는 인도양 연안의 해상무역로를 보완하는 뚜렷한 무역 지대를 형성했다. 낙타나 말을 이용하는 카라반은 주로 무게가 가벼운 사치품을 취급했다. 예를 들면 비단, 보석, 금속, 사향, 염료, 모직, 면직, 양초, 기타 세공품 등이었다. 아르메니아인과 페르시아인 디아스포라 외에도 다양한 인도인과 아프간인 민족 공동체(펀자브인, 카트리인, 파슈툰인, 마르와리인, 물탄인)가 북인도, 파키스탄, 아프가니스탄에서부터 이란, 이라크, 아르메니아를 지나 러시아 남부에 이르기까지 폭넓게 분포했다.[4] 18세기 초엽에 이르러 무굴 제국과 사파비 제국이 쇠락과 몰락의 길을 걷기 전까지, 중앙아시아는 활발한 상업 활동이 펼쳐지는 곳이었다. 인도, 아르메니아, 페르시아 상인 공동체의 친인척 관계나 개인적 유대를 통해 무역이 이루어졌다. 이 지역의 상인 기업들은 이스파한, 칸다하르, 타브리즈, 물탄, 아스트라한, 바그다드 등 당시 번성하는 여러 도시와 접촉을 이어갔다.

지중해는 3개 대륙(즉 아프리카, 아시아, 유럽)의 상품이 교차하는 상

---

4 Dale, *Indian Merchants*, p. 45.

업 지역이었다. 유라시아의 서쪽에서 육로와 해로는 모두 레반트로 수렴되었다. 이집트에서 홍해를 거쳐 레반트로 들어오는 길이 있었고, 크림반도와 이스탄불에서 에게해를 거쳐 레반트로 이어지는 길이 있었다. 이탈리아 북부의 베네치아, 제노바, 파도바, 피렌체 상인들은 아시아와 아프리카의 상인들로부터 상품을 사들였다. 상품 매입을 위해 그들의 대리인이 카이로, 알렉산드리아, 이스탄불, 다마스쿠스, 바그다드, 그리고 기타 해안 도시에 진출해 있었다. 이탈리아 상인이 사들인 아시아 상품은 특히 향신료가 중요했고, 비단과 도자기도 그에 못지않은 주요 품목이었다. 그들은 매입한 아시아의 상품을 파리의 북동쪽 인근에 위치한 샹파뉴로 가져가서 팔았다. 샹파뉴는 프랑스의 주요 시장이 열리는 곳이었다. 현지인, 엘리트 계층, 프랑스의 무역상이 이탈리아 상인으로부터 물건을 사들였으며, 유럽 전역의 도시로 나아가 사들인 물건을 되팔았다. 카라반의 사하라 관통 무역은 세네갈, 니제르, 감비아강 유역으로부터 아프리카 북부 해안 지대 도시로 금과 노예를 공급했다. 이들 도시에서 아프리카 상인과 지중해 상인의 네트워크가 서로 만났다. 결국 북아프리카와 서아프리카에서는 상인이 주도하는 제국이 잇달아 등장했다.

유라시아의 오랜 무역로와 초기 근대 네트워크는 연속선상에 놓여 있었다. 이와 달리 새롭게 부상한 대서양의 초국가적 네트워크는 혁명적 사건이었다. 유럽의 탐험이 대서양 연안으로 확산되면서 상업 네트워크가 만들어졌고, 사하라 이남 아프리카와 아메리카 무역의 대부분이 이 네트워크로 흡수되었다. 유럽인은 이른바 삼각무역을 통해 금과 은을 캐냈고, 그 대부분의 물량은 결국 중국과 인도로 흘러 들어갔다. 또한 현금 작물을 재배했으며, 전례 없는 규모로 천연자원을 개발했고, 수백만 명의 아프리카 노예를 아메리카에 이주시켰다. 진정한 의미의 글로벌 경제가 이 시기에 등장했던 것이다.

이와 같은 무역 구도에서 상인들의 끝없는 야심이 초기 근대 무역의 성장을 이끌어갔다. 경제적 이익의 전망이 확대되자 아프리카-유라시아의 상인, 북인도의 물탄인 상인, 동남아시아의 중개무역을 담당한 복건 상인, 수단의 도매상 완가라(Wangara) 상인, 이탈리아 북부 베네치아의 직물 수입상에 이르기까지, 모두가 기업 조직의 장점을 활용하고자 했다. 전근대 시기의 특수한 상황 때문에 현지 상인들은 놀라울 만큼 다양한 책임을 모두 관리해야 했으며, 경쟁하는 수많은 수요의 균형을 맞추어야 했다. 기회가 주어진다면, 성급히 행동해서는 안 되겠지만 그래도 신속히 기회를 포착해야 했다. 초기 근대의 상인들은 기존의 재능을 바탕으로 탁월한 능력을 발휘하기 시작했다. 다른 기업의 신규 사업을 위한 자본 조달, 지역 내 및 원거리 무역, 도매시장과 소매시장 참여, 다양한 상품 거래, 관세 및 세금 징수 대행, 곳곳의 권력자들 비위 맞추기 등 그들이 손대지 않은 사업이 없었다. 예를 들어 17세기 후기에 번성한 페르시아 상인 미르자 무함마드 타키(Mirza Muhammad Taki)는 인도와 페르시아 전역에 걸쳐 광범위한 정치권 인맥을 유지했고, 수라트(Surat)에서는 잠시 동안 무굴 상인의 지도자 역할을 수행하기도 했다. 비슷한 인물로 인도에서 활동한 아랍 상인이자 타키와 동시대 사람인 샤이크 하미드(Shaikh Hamid)는 무역업과 운송업을 겸했으며, 수피즘(Sufism)에 깊이 헌신하기도 했다.[5]

상인이나 그의 대리인은 광범위한 지역을 여행하면서 박람회나 시장에 참여했고, 베네치아, 암스테르담, 알레포, 수라트, 아스트라한, 칸다하르 등 전략적 요충지의 상인 공동체에 입회했다. 초기 근대 세계에서 지중해나 실크로드, 인도양, 사하라, 북유럽 등 무역로와 접한 도시라면 어디든 상업 구역으로 가득했다. 그곳에서는 향신료, 금속, 노예, 면직물, 비단 등 세계의 상품과 현지의 상품이 함께 거래되었다.[6] 지역 간 거래가 이루어지는 상업 지대에서는 "주요 거점 시장"이 형성되어 구매자와 판매자가 몰렸고, 이곳을 통해 지역의 생산자들이 더 넓은 국제시장으로 연결되었다.[7]

상인과 친족 네트워크

독립적으로 활동하는 상인도 많았지만, 무역이 혼자만의 힘으로 될 수는 없었다. 지역 내 장사든 무역로를 따른 외부 확산이든 가장 기본적이고 오래된 방식은 가족 기업이었다. 일반적으로 핵가족과 친인척이 모두 결합된 가족 네트워크가 전통적으로 동업 관계의 기본이었고, 이 네트워크는 무역권, 무역로, 무역 거점을 막론하고 상업 시대를 구축하는 데 도움이 되었다. 대개는 특별한 계약서 없이 비공식적 관계로 동업 관계가 만들어졌다. 구성원 누구나 제한 없이 의사 결정에 참여했고, 성과와 책임도 비슷하게 나눠 가졌다.[8] 가족 기업의 동업자 관계에는 단순

---

5 Ashin Das Gupta, *Indian Merchants and the Decline of Surat c.1700-1750* (New Delhi: Manohar, 1994), p. 75.
6 Braudel, *Civilization and Capitalism*, vol. ii, pp. 115 and 117.
7 Kirti N. Chaudhuri, *The Trading World of Asia and the English East India Company, 1660-1760* (Cambridge University Press, 1978), pp. 139-40.
8 Trivellato, *Familiarity of Strangers*, pp. 139-40.

히 가족 구성원이나 혈족의 범위를 넘어서는 인원까지 포함되는 경우가 많았다. 상업 활동의 범위가 확장되고 복잡해지면서 친척 이외의 동업자나 투자자를 추가로 구했기 때문이다. 그래서 가족 구성원들은 함께 일하면서 외부인과도 쉽게 섞일 수 있었다.

가장 성공적이었던 두 사례를 통해 우리는 기업의 적응과 기회 포착에 가족 네트워크가 구체적으로 어떻게 기여했는지 알 수 있다. 1500년대 초엽 러시아의 스트로가노프(Stroganov) 가문은 북극의 솔비체고츠크(Solvychegodsk) 호수에서 채취한 소금을 수출해 돈을 벌었다. 이반(Ivan) 4세는 1550년대에 볼가강 유역의 도시 카잔(Kazan)을 정복한 뒤 아니카 스트로가노프(Anika Stroganov)에게 넓은 토지를 하사했다. 스트로가노프 가문은 대부분의 수입을 독점하는 대가로 시베리아 동부에서 진행된 군사 작전과 정착지 요새 건설 자금을 지원했다. 1500년대 후엽부터 1600년대 초엽까지 스트로가노프는 러시아에서 가장 부유한 가문으로 성장했다.[9]

세리만(Sceriman, 또는 Shahriman)은 17세기 사파비 제국의 뉴줄파(New Julfa)에서 상인 공동체로 성공했던 가문이다. 그들은 아스트라한과 베네치아에 지점을 개설하고 가문의 구성원을 파견하여 다이아몬드, 보석, 비단을 거래했다. 17세기 말엽에 이르러 많은 가족 구성원이 가톨릭으로 개종한 뒤 사업의 무게는 이탈리아와 지중해 쪽으로 기울어졌다. 세부 아슬라니언(Sebouh Aslanian)에 따르면, 이 가문은 "고향인 이란

---

9 Terence Armstrong, *Russian Settlements in the North* (Cambridge University Press, 1965), pp. 14-15 and 142.

에 기반을 두고 있으면서도 … 명민하고 전략적인 형제들과 남성 사촌들이 함께 활동했다. 그들은 항상 가문의 미래 상업적 이익과 새로운 땅에서 권력을 유지할 방안을 염두에 두었다." 17~18세기를 거치면서 기업 조직이 유한책임회사를 지향하고 가족 관계를 벗어나는 경향이 있었지만, 그럼에도 불구하고 지역 경제의 틀 안에서 활동하는 소기업뿐만 아니라 대기업도 여전히 가족적 특성을 강하게 지니고 있었다. 무역과 가족의 연관성은 언제나 초기 근대 상업의 핵심이었다.[10]

전근대 모든 사회에서 생산과 소비가 가정에서 이루어졌을 뿐만 아니라 기업 관리 구조에서도 가정의 구조가 그대로 작동했다. 상품 생산이 가정이라는 공간적 범위 내에서 이루어졌기 때문에, 가정의 관리 업무와 사업상 거래 관리 업무가 분리되지 않았다. 유럽 사회를 연구한 많은 역사학자가 밝혀냈듯이, 생산과 상거래 부문에서 가정의 영역과 공적 영역이 거의 구분되지 않았다. 가정은 번거로운 구매 및 판매 업무로부터 피신할 수 있는 은신처가 결코 아니었다. 오히려 생산과 사회적 거래의 핵심적 부분으로 자리 잡고 있었다.[11] 아시아와 아프리카 사회의 다양성은 매우 폭넓었지만, 가정의 기능은 어디서나 비슷한 양상을 보

---

10 Sebouh David Aslanian, *From the Indian Ocean to the Atlantic: The Global Trade Networks of Armenian Merchants from New Julfa* (Berkeley, CA: University of California Press, 2011), pp. 149-68, quote on 158; Trivellato, *Familiarity of Strangers*, p. 132.
11 Richard Grassby, *Kinship and Capitalism: Marriage, Family, and Business in the English-Speaking World, 1580-1740* (Cambridge University Press, 2001); Maria Ågren and Amy Louise Erickson (eds.), *The Marital Economy in Scandinavia and Britain, 1400-1900* (Burlington, VT: Ashgate, 2005); Julie Hardwick, *Family Business Litigation and the Political Economies of Daily Life in Early Modern France* (Oxford University Press, 2009).

였다. 그러나 일부 무슬림 지역에서는 가족을 벗어난 남녀 사이의 사회적 교류를 금지하는 종교적 규제 때문에 가정 내에서도 사적 공간과 공적 공간을 더욱 엄격히 구분하곤 했다.

초기 근대에 예컨대 길드 같은 공식 무역 조직에서는 일반적으로 여성을 배제했다. 그러나 가정 내 생산 조직에서 여성은 사업 범위에 확고하게 자리 잡고 있었다. 오스만 제국의 여러 도시에서 남겨진 법적 문서에도 여성의 활동이 기록되어 있다. 여성이 작업장 소유주인 경우도 있었고, 심지어 세금 수납 대행 업무를 감독했다는 기록도 있다. 부유한 미망인들은 대개 가족 구성원 중 젊은 남성 대리인을 지정하여 사업 수행이나 시장 투자 업무를 맡겼다. 여성은 가족뿐만 아니라 친족 범위를 벗어나는 사람들에게도 대출을 해주었다. 이스탄불, 카이로, 알레포, 다마스쿠스, 카이세리, 키프로스 등지의 당국에서는 여성을 매매업과 대부업의 주체로 등록했다. 카이세리 당국은 여성이 소유한 재산의 안전을 정기적으로 점검했다. 부유한 여성들은 재산을 실용적으로 관리했을 뿐만 아니라 자선 재단(waqf) 기부를 통해 신앙심도 표현했다. 여성의 사업 참여는 물론 지역 사정에 따라 크게 달랐다. 가정 단위에 상당한 자율성이 부여되거나 전통적으로 여성의 상속이 인정되는 지역에서는 여성이 무역과 상거래에 상당한 영향을 미쳤다. 동남아시아에서 비록 장거리 육로 및 해상 무역은 남성이 주도했지만, 지역 시장과 소규모 무역은 여성이 주도했다. 일반적으로도 여성이 금전적으로 신뢰받는 분위기가 있었고, 가정 경제의 관리도 여성의 손에 달려 있었기 때문이다. 외국 상인들은 동인도제도, 말레이시아, 남아시아 등지에서 여성을 통해 현지 시장 네트워크로 진입하려 했다. 외부에서 들어온 상인이 현지 시장 또는 상업 네트워크에 진입하기 위해 전문 분야와 관련된 현지 여성과 동거하거나 결혼하는 사례는 결코 드문 일이 아니었다. 17~18세기에는 유럽인과 아마도 복건 상인도 발리, 말레이, 자와, 필리핀 등지에서 현지 여성과 결혼했다. 때로는 사업상 관계를 형성하고 현지 문화에 적응하기 위해 일시적으로 혼인 관계를 유지하기도 했다.[12]

가정 내에서 가족 간 협력은, 특히 남편과 아내의 협조는 사업 성공에 결정적인 문제였다. 유럽의 경우 여성이 가정 관리에서 주도적 역할을 했다. 특히 남편이 집을 비울 경우 사업에서도 마찬가지였다. 남편이나 아들이 집에 있을 때도 여성이 회계를 관리하고 시장 변화에 대응하는 역할을 맡았다(그림 8-1). 기독교 문화권이나 무슬림 문화권 모두에서 과부가 된 여성은 남편이 하던 사업을 홀로 이어받는 경우가 많았다. 16세기 뉘른베르크(Nürnberg)의 상인 발타자르 파움가르트너(Balthasar Paumgartner)와 그의 아내 막달레나 베하임(Magdalena Behaim)이 주고받은 편지는, 부부가 함께 사업에 참여하는 경우 냉정한 업무 관계와 부부

---

[12] Fariba Zarinebaf-Shahr, "The Role of Women in the Urban Economy of Istanbul, 1700-1850," *International Labor and Working Class History* 60 (2001): 142; Ronald Jennings, "Women in Early 17th Century Ottoman Judicial Records: The Sharia Court of Anatolian Kayseri," *Journal of the Economic and Social History of the Orient* 18 (1975): 65, 78, 97, and 104; Ira M. Lapidus, *A History of Islamic Societies* (Cambridge University Press, 2002), p. 852; Kenneth Pomeranz and Steven Topik, *The World that Trade Created: Society, Culture, and the World Economy, 1400 to the Present* (Armonk, NY: M. E. Sharpe, 2012), p. 6; Stewart Gordon, *When Asia was the World: Traveling Merchants, Scholars, Warriors, and Monks who Created the "Riches of the East"* (Philadelphia, PA: Da Capo Press, 2008), pp. 85-6; and Craig A. Lockard, "'The Sea Common to All': Maritime Frontiers, Port Cities, and Chinese Traders in the Southeast Asian Age of Commerce, c. 1400-1750," *The Journal of World History* 21 (2010): 228-32.

[그림 8-1] 〈회계관리인〉, 니콜라스 마스(Nicolas Maes, 1634~1693년), 1656년, 캔버스에 유화

의 애정이 혼합된 실태를 여실히 보여준다. 1594년 4월, 막달레나는 사업차 여행 중인 남편에게 편지를 보냈다. "당신의 형제 외르크(Jörg)에게 바르텔 알브레히트(Bartel Albrecht)의 돈을 가져다주라고 전했습니다. 외

르크가 나에게 말하길, 당신이 프랑크푸르트(Frankfurt)에서 지불할 돈에 관한 문제는 이미 누군가가 편지를 써서 보냈다고 하더군요. … 그대, 상냥한 나의 보물이여, 지금으로서는 더 이상 할 말이 없답니다."[13]

상인 가족 중에서 여성은 사업에 참여할 자금을 가져와야 했다. 여성이 가져오는 지참금은, 특히 현금으로 가져오는 경우에는 사업 자금으로 중요한 비중을 차지했다. 가족이 소유한 자본의 상당 부분은 여성의 결혼 지참금에서 나왔다. 예컨대 잉글랜드 남부의 도시 엑서터(Exeter)에 거주한 상인 토머스 제프리스(Thomas Jeffereys)는 장인에게서 지참금으로 1600파운드를 받았고, 추가로 4000파운드를 더 받았다. 이 돈을 가지고 그는 여러 가지 신규 사업에 투자할 수 있었다. 스파라드 유대인 상인 가문에서도 지참금은 특히 중요한 자본이었다. 여기에는 두 가지 요인이 있었다. 유대인의 결혼 풍습은 기독교 전통과 달리 3촌 내지 4촌 사이의 결혼을 허용했다. 그래서 4촌 간이나 삼촌과 조카가 결혼하는 경우도 드물지 않았다. 근친결혼을 통해 가족 공동체가 자본을 모으거나 방계의 다른 가문으로 이동시킬 수 있었다. 유대인은 결혼을 하면 신랑과 신부의 가족 모두 새로운 부부에게 돈을 기부했고, 그렇게 받은 돈은 신랑이 관리했다. 남편과 아내가 모두 살아 있을 경우 아내의 지참금도 남편이 관리했다. 그러나 남편이 사망하면 아내는 자신의 지참금을

---

[13] Martha C. Howell, *Commerce before Capitalism in Europe, 1300-1600* (Cambridge University Press, 2010), p. 100; Jennings, "Women in Early 17th Century Ottoman Judicial Records": 97; and Steven Ozment, *Magdalena and Balthasar: An Intimate Portrait of Life in 16th-Century Europe Revealed in the Letters of a Nuremberg Husband and Wife* (New York: Simon and Schuster, 1986), pp. 70-1.

돌려받고, 남편의 기여금 중 상당 부분 금액도 아내의 소유가 되었다. 지참금은 대개 유동자산이었다. 결혼에 따라 유동자산은 가족 기업의 자본으로 편입되어 가족 기업의 사업에 도움이 되었다.[14]

폭넓은 가족 집단은 지역 내 무역과 원거리 무역에 모두 참여했다. 그들의 사업은 더 큰 범주인 친족 네트워크의 일부였다. 그들의 연대는 사업상의 연결, 자금 확보, 신규 시장 진출, 손실 보전, 기회 확대 등 모든 면에서 중요했다. 가족 기업의 해외 대리인을 파견할 때는 코멘다(commenda, 한쪽이 자본을 제공하면 계약 상대방은 외국으로 나가는 방식) 혹은 기타 일반적 계약에 의거 친척 중에서 담당자를 선정했다. 경우에 따라 계약 내용이 구체적으로 달라지기는 했지만, 큰 틀에서는 대개 자본의 대부분을 제공하는 투자자와 현지로 출장을 가서 사업을 수행할 당사자의 계약이었다. 동업 계약을 맺은 사람들은 투자 비율에 따라 수익 또는 손실을 배분했다. 출장을 떠나는 측에서 자본을 전혀 투입하지 않은 경우, 그는 노동의 가치를 계산하거나, 혹은 수익에서 명시된 비중만 자신의 몫으로 가져갈 수 있었다. 이탈리아나 북유럽에 거주한 스파라드 유대인 상인 혹은 기독교 상인은 중동, 북아프리카, 중앙아시아의 시장으로 친척들을 파견했다. 민족적 기반으로 형성된 광범위한 네트워크는 가족 사업을 하는 친척 중에서 이민 간 사람들로 연결되는 경우가 많았다. 이주자들이 새로운 지역에 정착하여 인맥을 쌓고 입지를 다지면, 이후 다른 친척이나 고향 사람들이 그들에 합류했다. 서아프리카

---

14 Grassby, *Kinship and Capitalism*, pp. 286-7, and Trivellato, *Familiarity of Strangers*, pp. 133-5.

의 하우사(Hausa)나 바리바(Bariba, 오늘날 나이지리아) 지역으로 대거 이주했던 완가라(Wangara) 상인, 동남아시아로 진출했던 중국 상인, 볼가강 유역으로 이주했던 인도의 상인이 대표적인 사례다. 중국에서는 명나라와 청나라 시기의 상인들이 친족 집단을 통해 해안, 주요 강과 운하 유역에서 두터운 관계망을 형성했다. 어느 지역에서든 무역 활동을 주도하는 세력과 주요 가문 세력이 다르지 않았다. 수라트의 인도 상인 공동체, 아랍 상인 공동체, 튀르크 상인 공동체는 자신의 민족 집단을 연결하는 무역을 주도했다. 예컨대 무함마드 살레 첼라비(Muhammad Saleh Chellaby)의 가문이나 물라 압둘 가파르(Mulla Abdul Ghafar)의 가문이 대표적이었다. 마찬가지로 동남아시아 섬 지역으로 이주한 복건 상인은 고향에서 그랬던 것처럼 친족 집단 네트워크를 구축했다.[15]

가문의 협력 관계는 혈연의 이점을 이용하는 것이었다. 그래서 신뢰를 두텁게 하고, 자본과 신용을 제공하며, 신규 사업의 범위를 넓혀갔다. 같은 가문에 속한 사람이라면 타인에 비해 강한 유대감을 형성할 수 있었다. 가문을 기반으로 가능한 자원을 동원하고, 가족 기업을 통해 이익

15 Janet L. Abu-Lughod, *Before European Hegemony: The World System A.D. 1250-1350* (New York: Oxford University Press, 1989), pp. 117, 217, and 220; Trivellato, *Familiarity of Strangers*, p. 132; Lockard, "'Sea Common to All'": 225; Grassby, *Kinship and Capitalism*, p. 413; Das Gupta, *Indian Merchants*, pp. 75-7; Scott C. Levi, *The Indian Diaspora in Central Asia and its Trade, 1550-1900* (Leiden: Brill, 2002), p. 221; Sevket Pamuk, *A Monetary History of the Ottoman Empire* (Cambridge University Press, 2000), pp. 77-8; Dale, *Indian Merchants*, pp. 67 and 69; Jean-Laurent Rosenthal and R. Bin Wong, *Before and Beyond Divergence: The Politics of Economic Change in China and Europe* (Cambridge, MA: Harvard University Press, 2011), p. 152; and Paul E. Lovejoy, "The Role of Wangara in the Economic Transformation of the Central Sudan in the Fifteenth and Sixteenth Centuries," *Journal of African History* 19 (1978): 185.

을 공유할 수 있었기 때문이다. 가족 관계를 통해 대리인, 투자자, 중개인, 고용인의 역할을 충당한다면, 기업가는 자신의 능력 범위를 넘어서는 신규 사업 또는 기존 사업 확장도 가능했다. 그러나 족벌주의나 편애가 경제적 합리성과 효율성을 저해할 경우, 친인척 관계가 사업상 협력 관계를 훼손할 우려도 있었다. 반면 가족 기업이 외부 인사를 영입하고 시장 변화나 내부적 비효율성에 유연히 대응할 수 있다면, 재정적으로 특별한 성공을 거둘 수도 있었다. 결국 초기 근대 무역의 세계에서 가문의 협력 관계는 확고한 요인으로 자리 잡고 있었다.[16]

상인과 기업

원거리 무역 과정에서 형성된 몇 가지 유형의 동업자 관계가 존재했고, 친족 연대는 그와 중첩되거나 상호 관계를 맺고 있었다. 이후 지역 간 거래가 증가하면서 새로운 유형의 동업자 관계가 발달했다. 중앙아시아와 지중해 지역에서 수 세기 동안 전해 내려온 코멘다(commenda) 방식은 초기 근대의 원거리 무역에도 여전히 강력한 모델로 지속되고 있었다. 코멘다 계약은 거래 당사자의 요구에 따라 규모와 형태가 다양했다. 중국에서는 상인 가문이 예컨대 휘주(徽州)나 복건(福建) 등 특정 지역에 있었는데, 강남(江南) 등 전략적 요충지에 반(半)자율적인 지점을 개설하여 특히 번성하는 직물 시장에 대응하게 했다. 또한 시르카(shirka)라는 조직의 형태도 있었는데, 아시아 육로 무역에 적지 않게 분포한 전통이었다. 동업자가 함께 자본을 투자하고, 출자 금액에 차이가

---

16 Grassby, *Kinship and Capitalism*, pp. 389–93, 408, 410, and 413–16.

있더라도 동등한 지위를 가진다는 점이 시르카의 특징이었다. 이슬람의 율법은 자본을 공동 소유하고 이익과 부채를 공유하는 상업적 동업 관계를 장려했다. 투자금을 회수하면 동업자는 수익에 비례하여 이익을 분배했고, 손해 또한 균등하게 부담했다. 큰 틀에서 코멘다 방식으로 분류할 수 있는 동업 관계는, 초기 근대 유럽 바깥의 대부분 지역에서 대개 가족 기반 기업의 주도적 사업 방식으로 전해지고 있었다.[17]

16세기 유럽의 기업은 점차 유한책임(limited liability) 동업 관계와 급여 계약에 따른 대리인을 고용하는 형태로 전환했다. 유한책임 동업 관계는 기한을 명시한 서면 계약에 근거했으며, 그에 따라 대리인의 책임은 크게 줄어들거나 아예 면제되었다. 이러한 계약에는 일반적으로 가족 구성원이 포함되지 않았다. 토스카나에서 기독교 상인은 아코만디타(accomandita)라고 하는 조직 구조를 채택했는데, 조직을 구성하는 투자자의 계약 기간과 책임 범위를 명시하는 조건이었다. 나중에 스파라드 유대인 기업도 이 원칙을 받아들였다. 중세 지중해 전통에 뿌리를 둔 또 다른 계약 형식 중 하나가 콤파니아(compagnia)였다. 이 기업 구조는 독일의 푸거(Fugger) 가문이나 스페인의 루이스(Ruiz) 가문에서 채택하는 등 유럽 전역으로 확산되었다. 이 기업 구조에서는 현재의 지주회사와 달리 한 명의 임원이 여러 가지 상업적 활동을 관리했다. 중앙아시아, 지중해, 유럽 등지에서 대형 기업이 등장하면서 이들이 해외시장에 영구적 혹은 반(半)영구적 대리인을 파견했다. 일부 대리인은 수수료를 받았

---

17 Rosenthal and Wong, *Before and Beyond Divergence*, p. 71; and Dale, *Indian Merchants*, pp. 118-20.

지만(commission agent), 수익의 일부를 받는 대신 고용주로부터 급여를 받는 경우도 있었다. 또한 대리인으로 상주하면서 동시에 자신의 사업을 하거나, 혹은 중개상으로 독립해 나가는 경우도 드물지 않았다.[18]

기업 구조에 상관없이 동업 관계는 무역 네트워크의 틀 안에서 이루어졌다. 사회 관습에 따른 공식적 또는 비공식적 관계나, 사회 관습을 벗어나는 메커니즘을 막론하고 대부분의 상거래는 무역 네트워크를 벗어나지 못했다. 지금까지 논의된 무역의 여러 측면과 마찬가지로, 이러한 상거래 네트워크는 새로운 것이 아니었다. 그러나 초기 근대를 거치며 규모가 증대되고 상거래의 역학 관계도 변하면서 무역 네트워크 또한 변화가 불가피했다. 일부 기업 구조는 16~18세기에 이르러 시대를 따라가지 못하고 몰락하기도 했다. 새로운 무역 조건에 따라 쇠퇴해버린 대표적 사례는 아마도 중세의 상인 길드일 것이다. 12~13세기 상인 길드는 특정 상품의 이동을 제한하고, 영주의 착취로부터 상인을 보호하며, 구성원의 분쟁을 조정하는 역할을 담당했다. 그러나 16세기에 이르러 보수적인 조직으로 경직된 상인 길드는 한편으로 도시나 지방 정부의 권력자에 의해, 다른 한편으로는 외국 상인과 상품의 유입으로 인해 점차 효율성을 상실하게 되었다. 한자 동맹은 중세 시기 발트해 연안에서 상인 기업, 길드, 도시가 연합하여 번성했으나, 16세기에 북유럽 국가들의 상업적 권력이 커지면서 결국 해체의 길로 접어들었다.

원거리 무역의 각축장에서 무역 네트워크는 상인과 시장의 요구,

---

18 Trivellato, *Familiarity of Strangers*, pp. 132, 142-4, and 153, and Abu-Lughod, *Before European Hegemony*, p. 117.

그리고 상업 지역을 둘러싼 정치 상황의 변동에 적응하며 유동적으로 변해갔다. 이러한 무역 네트워크에 대한 연구 방향은 필립 커틴(Philip Curtin)의 연구 이후 큰 변화를 거쳤다. 필립 커틴은 무역 디아스포라 개념을 확장하여, 원거리 무역 상품을 거래한 상인 공동체를 비교 분석하는 연구를 제시했다. 필립 커틴의 모델에 따르면, 같은 민족(국가) 출신의 상인은 해외에서 위험을 줄이고 시장에 진출하기 위해 긴밀하게 결속된 사회를 구성하여 협력을 도모했다. 주식회사나 국가 주도 기업이 등장하기 전 지역 간 무역의 기본은 무역 디아스포라였다. 이는 비정치적 응집력을 가진 엔클라베(enclave)로서, 문화적 간극을 이어주는 중개 역할을 담당하여 현지 사회와 이방인 대리인을 연결했다. 역사학자들은 여전히 무역 디아스포라의 핵심 가치를 인정하지만, 최근에는 외국 상인과 현지 정치권력의 정치적 협상이나 상인 공동체 사이의 치열한 경쟁 관계, 해당 지역에서 상거래에 참여하는 모든 사람이 서로 영향을 주고받은 과정 등을 강조하며, 무역 디아스포라에만 주목하는 기존의 연구에 비판적 태도를 보이고 있다.[19]

원거리 무역 네트워크의 복잡하고 다차원적인 면모를 가장 잘 설명한 분석은, 이를 순환하는 상업 사회로 본 연구였다. 그에 따르면 원거리 무역 네트워크는 무역 거점을 연결하는 순환적 흐름(circuit, 회로)이며, 이를 따라 "상인과 물건", 즉 사람, 상품, 신용, 정보가 유통되었다. 관련 민족 혹은 국가 출신의 상인 집단(예컨대 인도인, 유럽인, 아르메니

---

19 Sanjay Subrahmanyam, "Introduction," in Sanjay Subrahmanyam (ed.), *Merchant Networks in the Early Modern World* (Aldershot: Variorum, 1996), pp. xiii-xxvi; and Aslanian, *From the Indian Ocean to the Atlantic*, pp. 8-12.

아인, 유대인, 중국인 등)은 집단 내에서 혼인 관계를 맺고 공통의 종교를 믿으며 유대를 강화해갔다. 북아프리카에서 완가라(Wangara) 이주민 무역상은 송가이 제국이나, 나중에는 수단 지역의 하우사인이 세운 여러 왕국으로 진출하여 상업적 네트워크를 확장했다. 세부 아슬라니언(Sebouh Aslanian)은 순환 네트워크를 두 가지 유형으로 구분했다. 첫 번째 유형은 단일 중심 네트워크로서, "네트워크 전체의 정체성과 경제적 활력을 규정하는" 중앙 허브가 존재했다. 이와 같은 유형의 가장 분명한 사례는 이란 사파비 제국의 뉴줄파를 중심으로 한 아르메니아인 디아스포라였다.[20]

1600년대와 1700년대에 형성된 아르메니아인 디아스포라는 부분적으로는 오스만 제국과 사파비 제국 간의 군사적 분쟁에서 비롯되었다. 1600년대 초 샤 아바스(Abbas) 1세는 수많은 아르메니아인을 수도 이스파한(Isfahan) 근교에 강제로 정착시켰다. 정착촌의 이름은 뉴줄파(New Julfa)라 했다. 아르메니아인은 사파비 제국 통치자들의 지원에 힘입어 이란을 중심으로 하는 방대한 상업 네트워크를 형성했다. 그 네트워크의 중심이 뉴줄파였다. 기독교도인 아르메니아인은 기꺼이 이슬람의 정치적 후원을 받았다. 사파비 제국(이란 지역의 시아파)의 통치자들은 1600년대 내내 이들을 보호해주었으며, 유럽과 아시아의 대부분 지역에서 아르메니아인 상인은 비교적 무난하게 이동할 수 있었다. 아르메니아인은 뉴줄파, 그리고 후대에는 페르시아만의 반다르아바스

---

20 Aslanian, *From the Indian Ocean to the Atlantic*, pp. 13-15; and Lovejoy, "The Role of Wangara": 32.

(Bandar Abbas)를 본거지로 삼아 유럽과 아시아 전역의 머나먼 도시에 이르기까지 상업 공동체를 결성했다. 암스테르담, 런던, 마르세유, 베네치아, 아스트라한, 구자라트, 알레포, 카이로를 비롯한 수많은 도시에 수만 명의 아르메니아 상인을 보내 정착하도록 했다. 1700년대에 이르러 사파비 제국이 쇠퇴하면서, 아르메니아 상인의 운명도 악화되었다. 그들은 남아시아로 흩어져 들어가 영국-인도 무역과도 연결되었다. 또한 암스테르담에서 믈라카까지, 페르시아 비단, 인도의 향신료와 직물, 러시아의 모피, 유럽의 직물을 거래하는 거의 모든 상거래 현장에 아르메니아 상인이 등장했다.[21]

세부 아슬라니언이 언급한 두 번째 유형의 대표적 사례는 지중해와 대서양 및 아시아 지역에 산재한 스파라드 유대인 공동체였다. 이들 공동체는 단일한 구심점을 인정하지 않았고, 각각의 무역 현장에서 독립적으로 활동을 이어갔다. 그들은 1492년 스페인에서 추방되었고, 1497년 기독교 개종을 강요당했다. 이를 계기로 스파라드 유대인은 북아프리카, 이탈리아, 지중해 동부 지역, 스페인과 포르투갈의 해외 식민지, 암스테르담, 오스만 제국 전역으로 이주하게 되었다. 결과적으로 스파라드 유대인과 콘베르소스(conversos, 공식적으로 기독교로 개종한 유대인)는 지리적 요충지에 자리를 잡아 당시 성장하는 은과 설탕 무역의 세계적 네트워크에 유리한 고지를 점유했다. 17세기 초 이베리아인(스페인과 포르투갈)의 종교재판소는 아메리카 식민지에서 콘베르소스 심사를 강화

---

21 Charles H. Parker, *Global Interactions in the Early Modern Age, 1400-1800* (Cambridge University Press, 2010), p. 85.

하여 그들을 배교자로 몰았고, 유대인과 콘베르소스는 결국 더 안전한 환경을 찾아 이주할 수밖에 없었다. 스파라드 유대인은 또한 북유럽의 주요 거대 도시(런던, 암스테르담, 함부르크)에 등장했고, 지중해 지역에서는 콘베르소스가 달마티아 해안, 베네치아, 리보르노, 안코나 등지에 상당한 상업적 입지를 구축했다. 스파라드 유대인이 가장 환영받은 곳은 무슬림의 땅인 오스만 제국이었다. 무슬림은 종교적 소수자에게 비교적 관대한 사회정책을 지향했다. 그곳에서 반(半)자치적 공동체 조직이 허용되자, 스파라드 유대인은 지중해 동부와 아랍 지역에서 기존의 기술을 활용하여 광범위한 네트워크를 형성했다. 그들은 유럽 기독교인과 무슬림 상인을 연결하는 중개인으로 활약했다. 서아시아와 중앙아시아를 연결하는 육로와 남아시아의 항구도시가 그들의 활동 무대였다. 스파라드 유대인은 비록 대부분이 별도로 구획된 장소에서 생활하며 고유의 풍습과 종교적 신앙을 유지했으나, 그들이 종사했던 상거래 업무 특성상 현지인과도 긴밀한 교류를 이어갔다.[22]

위 사례에서도 알 수 있듯이, 이방인 상인 공동체와 정치권력의 관계는 매우 다양했으며, 상업적 기회는 그러한 관계의 범위 안에서 주어졌다. 유럽과 중국의 항구도시에서 지방 정부는 시장과 박람회, 이방인과 비거주자를 포함한 모든 상인의 활동을 규제하려 했다. 외국 상인의 진출을 극도로 꺼린 청 제국은 17세기 말엽에서 18세기 초엽에 유럽인과 중국인의 상거래 장소를 마카오(澳門)와 광주(廣州)로 국한하려 했

---

22 Aslanian, *From the Indian Ocean to the Atlantic*, pp. 14-15; and Jonathan Israel, *European Jewry in the Age of Mercantilism, 1550-1750* (Portland, OR: Littman Library of Jewish Civilization, 1998), pp. 5-36.

다. 반대로 상거래 관리의 초점이 무역 진흥에 맞춰진 런던, 암스테르담, 안트베르펜, 리옹, 피렌체 등의 유럽 도시에서는 다른 도시나 다른 지역에서 온 상인에게 문호를 개방했고, 도시 내 시장에 그들을 위한 구역을 설정했다. 그러나 이방인 상인을 환영한 통치자가 언제나 현지 상인과 주민의 사랑을 받았던 것은 아니다. 현지 상인과 주민은 자신들의 부가 외국인에게 흘러갈 것을 두려워했기 때문이다. 러시아 상인의 항의에 직면한 러시아 제국의 차르는 1640년대부터 1680년대까지 외국 상인의 특권을 제한하는 칙령을 발표했다. 외국 상인은 모스크바에서 거래할 수 없고, 항구도시 아르한겔스크와 아스트라한으로 거래 구역을 제한한다는 내용이었다. 차르는 이러한 유화책과 균형을 맞추기 위해, 아스트라한에서 사업을 하는 인도와 아르메니아 상인에게 특별한 면세 혜택을 주었다. 이는 오스만 제국의 술탄이 오스만 제국 내에서 거래하는 유대인과 유럽인 상인에게 세금 혜택을 준 것과 유사한 사례였다. 이에 비하면 사파비 제국과 무굴 제국의 황제들은 대체로 현지 상인과 외국 상인의 상거래에 훨씬 더 관대한 자유를 허용했다.[23]

무역 네트워크 가운데 비교적 자율성이 크게 주어지는 곳에서는 상인 공동체가 자체적으로 규율과 관례를 정해 사기 거래를 방지하고자 했다. 유럽의 도시, 상인 길드, 후대에 생겨난 런던의 기업 등이 무역 정책과 규범을 만드는 데 중요한 역할을 했다. 아르메니아 상인은 자체적으로 상법을 발달시켰고, 자체 법정(상인 의회)을 운영하며 분쟁을 중재

---

23 Braudel, *Civilization and Capitalism*, vol. ii, pp. 131-2; Dale, Indian Merchants, pp. 95-9; and Das Gupta, *Indian Merchants*, pp. 89-90.

하고 시장의 안정을 보장하고자 했다. 뉴줄파에서는 칼란타르(kalantar) 라는 직위를 신설해 무역 공동체(도시)의 시장 역할을 맡겼다. 칼란타르 는 관세를 징수하고 법정을 열어 재판관 역할을 맡았다. 중국의 지방관 도 항구도시에서 대외 무역을 규제하려 했으나, 중국의 상인이 거래하 는 규모가 당국의 통제 범위를 넘어섰다. 그래서 무역 특구 안에서 상인 들이 자체적으로 무역 관계를 감시할 기관을 설립했다. 그보다 더 중요 한 것은 모든 상인 공동체 사이에 만들어진 수평적 관습이었다. 그에 따 라 규범을 어기는 상인은 거래에서 배제되었다. 이는 상인들이 올바르 게 행동해야 할 충분한 이유가 될 수 있었다. 예컨대 복건(福建) 상인의 디아스포라가 동남아시아 해안 지역을 따라 형성되었기 때문에, 상인의 평판은 해외까지 따라다녔다. 그것이 복건 상인의 사회적 자본이었다. 덕분에 그들은 해외 거주민 공동체로 진출할 기회를 얻었고, 부정한 거 래에 흔들리지 않으며 믿을 만한 상품을 취급할 수 있었다.[24]

초기 근대 무역 환경이 성장하면서 기업가, 동업자, 무역상은 여러 종류의 제도와 수단, 대리인 등을 활용했다. 대리인도 저마다 성격이 달 랐지만, 현금이나 신용 거래, 환전, 판매자와 구매자의 소개, 멀고 험한 교통로를 통한 물자 운송 등 무역에 도움이 되는 여러 가지 일을 수행 했다. 이와 같은 부가적 업무를 경제사학에서는 중개업(mediating trades) 이라 하며, 이들도 무역 네트워크의 필수 요소였다. 특히 이들은 기회 가 주어질 때마다 직접 거래 당사자로 참여했기 때문이다. 서유럽에서

---

24 Rosenthal and Wong, *Before and Beyond Convergence*, p. 152; Aslanian, "Social Capital, 'Trust' and the Role of Networks": 384, 388-9, and 392-4; and Lockard, "'Sea Common to All'": 225.

은행업으로 가장 유명했던 가문은 아우크스부르크(Augsburg)의 푸거(Fugger) 가문과 피렌체의 메디치(Medici) 가문이었다. 이들은 크고 작은 기업뿐만 아니라 왕족에게도 돈을 빌려주었다. 유럽에서 은행업의 부상은 중세 말엽 이탈리아 기업이 환어음(bills of exchange, 원거리에서도 상환 가능한 약속어음)을 취급하면서 시작되었다. 대서양과 인도양에서 해상무역이 번성하자 16~17세기 국제 은행업의 중심은 중북부 유럽의 공공기관으로 넘어갔다. 안트베르펜, 암스테르담, 런던의 은행은 환어음을 발행했고, 이를 이용하여 보다 안정적으로 자본의 이체가 가능해졌다. 결국 더 많은 상인과 기업이 이를 이용하게 되었다. 17~18세기에 런던과 암스테르담은 국제 금융의 허브가 되었다.[25]

대출과 신용 거래는 유럽 이외의 다른 지역에서도 널리 시행되었다. 다만 관련 자료가 유럽만큼 풍부하게 남아 있지 않은 것이 문제다. 기록이 부족하다고 해서 금융시장이나 신용 제도가 없었다고 보기는 어렵다. 이는 친족이나 이웃 사이에서 비공식적이고 사적인 차원으로 진행되었기 때문일 수도 있다. 예컨대 초기 근대 중국을 연구한 최근 성과에 따르면, 비록 간단한 계약서지만 신용 및 자본 시장이 매우 폭넓게 시행되었음을 짐작할 수 있는 근거가 발견되었다고 한다. 17~18세기 북중국 지역에는 신용 거래가 널리 퍼져 있었고, 여러 가지 금융 기관(賬局,

---

25 Dale, *Indian Merchants*, p. 64; Jan de Vries and Ad van der Woude, *The First Modern Economy: Success, Failure, and Perseverance of the Dutch Economy, 1500-1815* (Cambridge University Press, 1997), pp. 129-31; and Merry E. Wiesner-Hanks, *Early Modern Europe, 1450-1789* (Cambridge University Press, 2013), pp. 220-1.

票號, 錢莊)이 설립되어 상인에게 대출을 제공하고 투자자의 예금을 받았다. 휘주(徽州)와 산서(山西), 그리고 나중에는 강남(江南) 지역에서 상인 조직이 은행을 설립했고 어음 교환 네트워크가 성장했다. 인도에서 바니아(Bania)라고 하는 카스트는 수 세기 동안 어음을 발행하고, 보증을 서거나 보험을 판매했다. 이는 기능적으로 유럽의 은행과 유사했다. 바니아 네트워크는 초기 근대의 대부분 기간에 남아시아와 중앙아시아에서 번영을 지속하며 영향력을 확대해갔다. 또한 사라프(saraf)라는 사람들은 환전을 하고 동전의 환율을 결정해서 서로 다른 지역의 상인이 거래를 할 수 있도록 도왔다. 무슬림 지역에서는 18세기 이전까지 예금 및 신용 기관으로서의 은행이 출현하지 않았다. 전통적인 대출 관습과 고리대금을 금지한 이슬람 율법 때문이었다. 기독교 사회에서 교리의 제한을 회피하는 수단을 만들어냈던 것처럼, 이슬람의 기업가도 율법을 우회하는 방법을 찾아냈다. 오스만 제국에서는 무슬림 교리에 따라 은행을 배제했지만, 가족 기업과 코멘다(commenda) 계약 방식을 통해 무역 자금을 조달하고 부채를 이전했다.[26]

금융 같은 전문 영역 이외에도 중개인은 다양한 영역에서 사람과 상품을 연결하여 상거래를 도왔다. 유라시아의 여러 지역과 아프리카 해안에서 상인과 그들의 대리인은 다양한 중개인의 도움을 받았다. 수단

---

26 R. Bin Wong, "The Search for European Differences and Domination in the Early Modern World: A View from Asia," *American Historical Review* 107 (2002): 450–2; Rosenthal and Wong, *Before and Beyond Convergence*, pp. 68–71; Das Gupta, *Indian Merchants*, p. 85; Braudel, *Civilization and Capitalism*, vol. ii, pp. 124–5; and Pamuk, *Monetary History*, pp. 77–8.

지역으로 이주하기 전의 완가라 상인은 젠네와 팀북투에서 송가이 상인의 여행을 도와주는 중개인으로 일했다. 이들은 직물, 염료, 향신료, 기타 완제품 교역에서 판매자와 구매자를 연결하는 역할도 했다. 인맥이 두텁고 유명한 중개인은 수많은 고객 혹은 상인 집단의 목록을 가지고 있었다. 유럽의 무역회사 역시 아시아 항구도시로 진출했을 때 품질 좋은 상품과 유명한 판매자를 확보하고 시장의 특수성을 파악하기 위해 현지에서 영향력 있는 중개인과 거래했다. 안내자, 운송업자, 기타 운송 대리인도 상인과 소비자를 연결해주었고, 따라서 중개인의 역할을 했다고 볼 수 있다. 아프가니스탄의 포윈다족(powindahs, povindahs) 같은 유목민은 (가족과 가축 떼를 이끌고 — 옮긴이) 카라반 행렬을 구성하여 인도, 이란, 중동을 연결하는 위험한 구간에서 상품 운송을 담당했다. 지중해, 대서양, 인도양의 선원들은 기항지에서 화물을 맡아 다른 기항지로 전해주는 방식으로, 시골 농업 지역과 세계 각지의 도시 상업 거점을 연결했다.[27]

영국과 네덜란드는 1600년대 초에 정부 주도로 주식회사(joint-stock company)를 설립했다(이후 스웨덴과 네덜란드에서도 같은 방식의 기업이 설립되었다). 이들은 과거에 비해 풍부한 자본을 확보하고, 유한책임 조직을 정교하게 구성했다. 전통적으로 역사학자들은 해외에서 활동한 이 같은 주식회사를 최초의 근대식 기업으로 칭송했다. 그러나 기존의 동업 관계를 함께 고려하자면, 이때 설립된 주식회사는 과도기적 조직으

---

27 Lovejoy, "The Role of Wangara": 132; Das Gupta, *Indian Merchants*, pp. 84-6; and Dale, *Indian Merchants*, pp. 64-6.

로, 전통적 상업 조직과 근대적 기업 구조를 잇는 중간 형태로 보아야 할 것이다. 1400년대와 1500년대 유럽의 기업은 아시아의 향신료와 비단, 아프리카의 금, 후대에는 아메리카의 은을 직접 확보할 수 있는 통로를 찾고자 했으나 지리적으로 불리한 위치에 놓여 있었다. 원거리 무역 탐험에 필요한 충분한 자본을 조달하기 위해 노력하는 가운데 영국과 네덜란드 기업은 이탈리아의 전통을 활용했다. 즉 배를 주식으로 나누어 이를 투자자에게 분배하는 방식이었다. 프랑스와 신성 로마 제국에서는 광산과 공장을 주식으로 나누어 팔았으며, 그 주식은 주식시장(secondary market)에서 재판매가 가능했다. 결과적으로 공공 및 개인 투자자에게 주식을 나누어주는 방식은 곧 기업이 대규모 자산을 취득하는 수단인 동시에, 광범위한 주주 집단이 위험을 분산 공유하는 방편으로 부상했다. 이와 같은 거래에는 회계 관리가 필요했기 때문에, 그에 따라 유럽 기업의 관료화가 촉진되었다. 아프리카, 아메리카, 아시아에서 상품을 수입하려는 상인에게도 주식회사 방식은 만족스러운 대안이었다. 영국 상인 중 원거리 무역에 이 방식을 시도한 최초의 사례가 머스코비 컴퍼니(Muscovy Company)였다. 이 회사는 1555년에 러시아, 그리고 1581년에 동부 지중해 지역 레반트 무역을 담당했다. 주식회사 형태의 가장 큰 기업은 영국 동인도회사와 네덜란드 동인도회사로, 각각 1600년과 1602년에 설립되었다.[28]

네덜란드 동인도회사는 17세기 원거리 무역회사 중에서 가장 자본이 풍부하고 강력한 주식회사였다. 네덜란드 정부는 아시아 무역 분야

---

28 Braudel, *Civilization and Capitalism*, vol. ii, pp. 439–54.

에서 경쟁하는 여러 네덜란드 기업을 하나의 기업으로 통폐합했는데, 그것이 바로 네덜란드 동인도회사(Verenigde Oostindische Compagnie, VOC)였다. 과거 소규모 기업의 대표자들은 새로운 기업의 이사로 편입되었다. 6개 도시에 이사회가 설치되었고(이사회는 네덜란드어로 "방"을 의미하는 kamer라 했으며, 영어로는 chamber로 번역된다. 이사회가 설치된 도시는 Amsterdam, Delft, Rotterdam, Enkhuizen, Middelburg, Hoorn이다. — 옮긴이), 이들이 주식 발행, 비용 처리, 해외무역 거점 설치, 내수 판매 등을 공동으로 책임졌다. 동인도로 향하는 전략적 항로와 해외 기지를 장악한 네덜란드 동인도회사는 육두구, 정향, 메이스 등의 상품에 막강한 영향력을 행사했으며, 후추와 계피의 점유율도 매우 높았다. 아시아 무역 불균형을 해소하기 위해 네덜란드 동인도회사는 일본(은), 인도(직물), 동인도(향신료)를 오가는 아시아 역내 무역에 직접 뛰어들었다. 17세기 영국 동인도회사도 인도양에 진출했다. 영국 동인도회사는 인도에 거점을 구축하고 네덜란드 동인도회사의 강력한 경쟁자로 부상했다. 네덜란드 동인도회사와 영국 동인도회사의 성공 사례에 영향을 받아 프랑스, 스칸디나비아, 스코틀랜드뿐 아니라 아시아, 아프리카, 아메리카, 지중해 무역 네트워크를 따라 수많은 주식회사가 설립되었다.[29] (지도 7-1 참조.)

유럽 국가들의 전폭적인 지원에 힘입어 주식회사는 날로 번영했다. 영국, 네덜란드, 프랑스를 비롯한 유럽의 정부들은 국가 차원에서 주식회사에 특정 지역 독점권을 부여했고, 정부의 간섭 없이 회사가 독자적

---

29 Pieter C. Emmer and Femme S. Gaastra, "Introduction," in Pieter C. Emmer and Femme S. Gaastra (eds.), *The Organization of Interoceanic Trade in European Expansion, 1450-1800* (Aldershot: Variorum, 1996), pp. xvi-xxi.

으로 무장하고 군사작전을 수행할 권한도 주었다. 주식회사에 거의 국가에 준하는 권한이 주어지자, 주식회사 스스로 국가와 유사한 체제를 갖추어갔다. 그러나 다른 국가들은 기업의 독점권을 인정하지 않았고, 이로 인해 기업은 무력을 동원하여 독점권을 관철하려 했으며, 세계 곳곳에서 분쟁이 발생하여 수많은 해전과 교전이 일어났다. 대표적인 사례가 7년전쟁(1756~1763년)이었다. 이 전쟁은 인도, 아메리카, 유럽 등지에서 유럽의 주요 기업과 제국주의 열강 사이에 벌어진 분쟁이었다.

아시아, 아프리카, 북아메리카의 무역은 18세기 후반까지도 대개 현지 상인의 손에 달려 있었다. 당시는 해상무역의 전진 기지를 중심으로 식민 통치가 시작되는 무렵이었다. 주식회사는 무역 과정에서 현지 상인이나 정치 지도자 들과 협상력을 높이기 위해, 또는 현지 상품을 장악하기 위해 무력을 사용하기도 했다. 네덜란드 동인도회사는 포르투갈과 영국을 상대로 그랬듯 현지 시장에서 군사적 경쟁자를 몰아내기 위해 거침없이 무력을 사용한 것으로 유명했다. 영국령 인도의 번왕국(藩王國) 중 하나인 반다(Banda) 왕국의 통치자들이 네덜란드 동인도회사의 독점 계약을 준수하지 않자, 1621년 당시 총독인 얀 피터르스존 쿤(Jan Pieterszoon Coen)은 농작물을 파괴하고 현지 주민을 학살하는 행패를 부렸다. 그들의 제국 건설은 상업적 이익에 밀접하게 연결되었다.

북유럽 국가들도 사기업인 주식회사에 국가권력을 위임했지만, 1400년대와 1500년대에 시작된 포르투갈과 스페인의 해외 사업은 국가의 직접 통제 아래 놓여 있었다. 카자 다 인디아(Casa da India)는 포르투갈의 아시아 무역을 관장하는 국가 기관이었고, 카사 데 콘트라타시온(Casa de Contratación)은 아메리카 무역을 관할하는 스페인의 국가 기관이었다. 왕실로부터 급여를 받는 장교들이 사업 운영을 맡았고, 수익은 곧바로 왕실 금고로 들어갔다. 그러나 이러한 방식은 효율적이지 못했다. 기회주의적 상인들의 비공식적 혹은 사적 무역이 만연했고, 그들이 스페인과 포르투갈 군주의 이익을 빼돌렸기 때문이다. 특권기업이나 국가 직영 기업 등 유럽의 국가 지원 기업들이 서아프리카, 카리브해, 아메리카의 대부분 지역을 휩쓸며, 비로소 최초의 글로벌 무역 네트워크가 만들어졌다.[30]

결론

초기 근대에는 상거래의 속도가 빨라졌다. 따라서 오랫동안 구축되어 온 구조와 과정을 거쳐 상업 활동이 원거리로 확장되었다. 가족과 친족의 네트워크는 상거래에서 여전히 중요했으며, 새로운 조직 형태로 나아가는 교량 역할을 했다. 17세기와 18세기에 상업 활동이 확장되면서 신용 및 자본 시장은 점점 더 복잡한 구조로 발달했다. 장기적으로 볼 때 초기 근대 상업의 구조는 기업가 개인이 아닌 더 복잡한 조직과 탈개인화된 시장으로 전환되었다. 이른바 상업의 시대에 접어들면서, 지역에 따라 변화의 속도와 과정은 불균형했지만, 대개는 무한책임 기업에서 유한책임 기업으로, 친족 기반 조직에서 친족 범위를 넘어서는 조직으로, 쌍방 계약에서 세분화된 계약으로 전환이 이루어졌다.[31]

---

30 Emmer and Gaastra, "Introduction," in Emmer and Gaastra (eds.), *Organization of Interoceanic Trade*, pp. xvi-xvii.
31 Howell, *Commerce before Capitalism*, p. 23; and Trivellato, *Familiarity of Strangers*, p. 35.

더 읽어보기

Abu-Lughod, Janet L., *Before European Hegemony: The World System A.D. 1250-1350* (New York: Oxford University Press, 1989).

Aslanian, Sebouh David, *From the Indian Ocean to the Atlantic: The Global Trade Networks of Armenian Merchants from New Julfa* (Berkeley, CA: University of California Press, 2011).

_____, "Social Capital, 'Trust' and the Role of Networks in Julfa Trade: Informal and Semi- Informal Institutions at Work," *Journal of Global History* 1 (2006): 383-402.

Braudel, Fernand, *Civilization and Capitalism 15th-18th Century*, Siân Reynolds (trans.) (New York: Harper & Row Publishers, 1982), vol. ii.

Chaudhuri, Kirti N., *The Trading World of Asia and the English East India Company, 1660-1760* (Cambridge University Press, 1978).

Dale, Stephen Frederic, *Indian Merchants and Eurasian Trade, 1600-1750* (Cambridge University Press, 1994).

Das Gupta, Ashin, *Indian Merchants and the Decline of Surat c.1700-1750* (New Delhi: Manohar, 1994).

Emmer, Pieter C., and Femme S. Gaastra (eds.), *The Organization of Interoceanic Trade in European Expansion, 1450-1800* (Aldershot: Variorum, 1996).

Gordon, Stewart, *When Asia was the World: Traveling Merchants, Scholars, Warriors, and Monks who Created the "Riches of the East"* (Philadelphia, PA: Da Capo Press, 2008).

Grassby, Richard, *Kinship and Capitalism: Marriage, Family, and Business in the English- Speaking World, 1580-1740* (Cambridge University Press, 2001).

Howell, Martha C., *Commerce before Capitalism in Europe, 1300-1600* (Cambridge University Press, 2010).

Israel, Jonathan, *European Jewry in the Age of Mercantilism, 1550-1750* (Portland, OR: Littman Library of Jewish Civilization, 1998).

Jennings, Ronald, "Women in Early 17th Century Ottoman Judicial Records: The Sharia Court of Anatolian Kayseri," *Journal of the Economic and Social History of the Orient* 18 (1975): 53-114.

Levi, Scott C., *The Indian Diaspora in Central Asia and its Trade, 1550-1900* (Leiden: Brill, 2002).

Lockard, Craig A., "'The Sea Common to All': Maritime Frontiers, Port Cities, and Chinese Traders in the Southeast Asian Age of Commerce, c.1400-1750," *The*

Journal of World History 21 (2010): 219-47.

Lovejoy, Paul E., "The Role of Wangara in the Economic Transformation of the Central Sudan in the Fifteenth and Sixteenth Centuries," *Journal of African History* 19 (1978): 173-93.

Ozment, Steven, *Magdalena and Balthasar: An Intimate Portrait of Life in 16th-Century Europe Revealed in the Letters of a Nuremberg Husband and Wife* (New York: Simon and Schuster, 1986).

Pamuk, Sevket, *A Monetary History of the Ottoman Empire* (Cambridge University Press, 2000).

Pomeranz, Kenneth, and Steven Topik, *The World that Trade Created: Society, Culture, and the World Economy, 1400 to the Present* (New York: M. E. Sharpe, 1999).

Rosenthal, Jean-Laurent, and R. Bin Wong, *Before and Beyond Divergence: The Politics of Economic Change in China and Europe* (Cambridge, MA: Harvard University Press, 2011).

Subrahmanyam, Sanjay (ed.), *Merchant Networks in the Early Modern World* (Aldershot: Variorum, 1996).

Tracy, James D. (ed.), *The Rise of Merchant Empires: Long Distance Trade in the Early Modern World 1350-1750* (Cambridge University Press, 1990).

Trivellato, Francesca, *The Familiarity of Strangers: The Sephardic Diaspora, Livorno, and Cross-Cultural Trade in the Early Modern Period* (New Haven, CT: Yale University Press, 2009).

Vries, Jan de, and Ad van der Woude, *The First Modern Economy: Success, Failure, and Perseverance of the Dutch Economy, 1500-1815* (Cambridge University Press, 1997).

Wiesner-Hanks, Merry E., *Early Modern Europe, 1450-1789* (Cambridge University Press, 2013).

Wong, R. Bin, "The Search for European Differences and Domination in the Early Modern World: A View from Asia," *American Historical Review* 107 (2002): 447-69.

Zarinebaf-Shahr, Fariba, "The Role of Women in the Urban Economy of Istanbul, 1700-1850," *International Labor and Working Class History* 60 (2001): 141-52.

CHAPTER 9

세계적 맥락에서 본 은, 1400~1800년

데니스 플린
Dennis O. Flynn

국가의 인장이 찍힌 카파도키아 은괴(ingot)는 4000년 이상 된 유물이다. 이를 포함해서 오랫동안 장신구나 화폐의 형태로 주조된 은(銀)은, 19세기 후반 "금본위제(金本位制)"가 시행되기 전까지 세계에서 가장 중요한 실질 화폐였다. 순백색 금속의 주도권은 헬레니즘 시대 근동 지역을 포함해서 그리스-로마 시대에도 지속되었다. 알렉산드로스 대왕이 페르시아의 국고를 인수한 덕분에 기원전 330~294년에는 5000톤 이상(매년 140.5톤)의 은화가 주조되었다.[1]

수많은 쐐기문자 문서로부터 바빌로니아의 은 가격 정보를 연구한 판 데르 스펙(R. J. van der Spek)은 은(은화 포함)을 "실물" 경제, 즉 화폐가 아닌 상품의 무역수지 불균형에 따라 수동적으로 반응하는 수지조정 항목(balancing items)으로 보지 않고, 그 자체로 수요공급법칙에 따른 무역 품목으로 간주했다.[2] 헬레니즘 시대의 은은 바빌로니아 자체에서 보

---

1 Alain Bresson, "Coinage and Money Supply in the Hellenistic World," in *Making, Moving, and Managing: The New World of Ancient Economies* (323-31 bce), edited by J. K. Davies, V. Gabrielsen, and Z. Archibald (Oxford: Oxbow Books, 2005), p. 59.
2 R. J. van der Spek, "The Economies of Hellenistic Societies, Third to First Centuries BC," in *The Economies of Hellenistic Societies, Third to First Centuries bc*, edited by Zosia H. Archibald (Oxford University Press, 2011), pp. 402-20.

유한 것이 아니라 외부로부터 유입된 것이었다. 인구와 경제가 성장하면서 지역 경제 안에서 세금이나 기타 지불 수단으로 사용되며 특정 유형의 은이 유입되었다. 바빌로니아에서 은의 가치가 높아졌기 때문에 수입을 통해 은 재고도 증가했다. 높아진 가격은 지역 내 수요의 강세로 이어졌다. 바빌로니아의 직물과 기타 수출품은 상응하는 은과 교환되었다(일부는 주화였고, 일부는 주화가 아닌 다른 형태였다). 이런 관점에서 판 데르 스펙은 은 유입과 공급지에서의 은 유출을 양방향 무역 균형의 관계로 보았다.

우리가 이번 장에서 논의할 시대를 통틀어 은은 끊임없이 중국으로 흘러 들어갔는데, 그 상황은 앞에서 본 바빌로니아와 전혀 달랐다. 13세기 중국에서 은과 은을 바탕으로 발행된 지폐는 구리 동전을 대신했다. 동전에서 은전으로 전환되었음에도 불구하고 몽골 제국 시대 아프리카-유라시아 세계의 무역에서는 중국의 은이 수출되었다. 이는 페르시아로부터 스페인에 이르는 무슬림 권역에서 은의 수요가 매우 높았기 때문이다. 그곳에서 은의 구매력은 중국에 비해 두 배 수준이었다.[3] 요컨대 서아시아와 지중해에서는 은의 수요가 구매력을 끌어올린 반면, 동아시아에서는 지폐가 실물화폐인 은을 대신하면서 은의 구매력이 절반으로 떨어졌다. 은의 가치가 낮은 중국에서 은의 가치가 높은 서아시아, 유럽, 북아프리카로 이전하면 당연히 수익이 남았다.

15세기 중국의 재정 위기로 인해 은으로 뒷받침되어야 할 지폐가 대

---

3 Richard von Glahn, *Fountain of Fortune: Money and Monetary Policy in China, 1000-1700* (Berkeley, CA: University of California Press, 1996), p. 60.

량 발행되면서 상황은 반전되었다. 공식적으로 지폐의 과다 발행을 뒷받침할 만큼 충분한 은을 보유하지 못했고, 시장에서 지폐의 가치는 급락했다. 결과적으로 극심한 인플레이션 현상이 나타나 1430년대 중국에서 은 환율이 무너지고 말았다. 시장에서 지폐를 포기하자 상인과 지방 정부는 점차 실물화폐 의존도를 높여갔다. 명나라 당국은 은의 확산을 막아보려는 노력을 거듭했지만 소용없었고, 끊임없는 "은 사용"의 기세는 결국 제국 전역으로 확대되었다. 은의 수요가 폭발적으로 팽창한 시기 중국의 은광 생산은 급속도로 감소했다. 결국 중국에서 은의 가치는 지중해 권역에 비해 두 배로 치솟았다.[4] 명나라 시기의 은 과대평가는 몽골 시기의 은 과소평가와 정반대 상황이었다. 이에 즈음하여 명나라와 이웃한 조선 정부는 1515년 함경도 은광 개발을 허가했다. 조선에서 생산된 "은이 지속적으로 명나라로 유입되었고, 심지어 좋은 품질로 명성을 얻었다."[5]

중국의 은 수요가 15세기 중엽 중부 유럽의 은광 생산량을 촉진했다는 연구 성과는 아직 접해보지 못했지만, 그럴 가능성은 충분해 보인다. 베네치아 은의 동방 수출은 잉글랜드와 저지대 국가들(오늘날 네덜란드 주변)의 은화 주조량에 비하면 두 배에 달했다. 존 먼로(John Munro)에 따르면, "금은 환율의 뚜렷한 차이는 분명 유럽보다 동아시아에서 은이 언제나 희귀했고, 따라서 상대적으로 가치가 높았다는 사실을 보여준다."[6] 오스만 제국이 마침내 중부 유럽 광산 지역을 정복하자 1503년 오

---

4 von Glahn, *Fountain of Fortune*, pp. 83–113.
5 Seonmin Kim, "Borders and Crossings: Trade, Diplomacy, and Ginseng between Qing China and Choson Korea," Ph.D. dissertation, Duke University, 2006, p. 213.

스만-베네치아 조약이 체결되었고, 1581년 영국의 레반트 회사(Levant Company)가 설립되었다. 모두 오스만 제국 상업 네트워크를 통한 은의 수출을 명시적 목적으로 제시했다. 실크로드를 포함한 오스만 제국의 여러 해상 및 육로 무역로를 통해 16세기, 17세기, 18세기를 거치는 동안 은은 동쪽으로 흘러 들어갔다.

일본은 11세기 말엽부터 15세기까지 전통적으로 중국에서 은을 수입했다. 일본의 주요 은광은 모두 대마도에 위치했다. 대마도는 중국의 광산 개발 기술이 조선을 거쳐 일본으로 들어가는 통로였다. "나중에는 일본이 중국의 주요 은 공급국으로 명성을 얻었지만, 사실 일본은 귀금속의 수출국이 된 적이 없었다. 15세기 중엽 일본에서 유통된 은전과 동전은 대개 외국에서 수입한 것이었다. … 외화의 주요 공급선은 조선이었다. … 15세기 중엽부터 은이 조선에서 일본으로 밀수입되기 시작했다."[7]

1430년대 중국의 화폐 및 재정 구조가 무너지기 전까지, 중국은 상당량의 은을 지중해와 일본과 세계의 다른 곳으로 수출했다. 이는 이후 중국이 세계 은의 최대 수입처로 부상했던 현실과 극명한 대조를 이룬다. 실제로 중국이 역사상 세계 최대의 은 "흡입 펌프"로 변하고 나서, 16세기에 글로벌 무역 체제가 탄생한다.[8] 콜럼버스가 아메리카로 항해

---

6 John H. Munro, "South German Silver, European Textiles, and Venetian Trade with the Levant and Ottoman Empire, c.1370 to c.1720: A Non-Mercantilist Approach to the Balance of Payments Problem," in *Relazione Economiche Tra Europa EMondo Islamico, Secoli xiii-xvii*, edited by Simonetta Cavaciocchi (Florence: Le Monnier, 2007), pp. 925, 944.

7 Kim, "Borders and Crossings," p. 214.

한 뒤 불과 수십 년이 지나지 않은 시기, 즉 1540년대에 세계 최대 은광이 멕시코와 페루 북부 지역에서 발견되었다. 이후 아메리카 은의 중국 수출 패턴이 만들어졌고, 이 패턴이 20세기까지도 그대로 지속되었다. 16세기 은의 생산 동기는 분명했다. 중국에서의 은 구매력이 유럽의 두 배로 뛰어올랐고, 그 가치는 스페인령 아메리카의 은 채굴 비용을 훌쩍 뛰어넘었다. 여기서 가격이 낮은 곳에서 사서 높은 곳에서 되파는, 차익 거래의 간단한 사례가 나타났다. 세계 어디에서나 상인이라면 직관적으로 알고 있는 원칙이었다. 중국에서 발생한 강력한 수요 덕분에 은 가격은 (비록 점차 낮아지기는 했지만) 한 세기 동안 은 생산 비용을 초과했다. 아메리카의 은이 중국 시장으로 유입되면서 (직간접적으로) 발생한 수익이 없었다면 스페인 제국은 존재할 수 없었을 것이다. 나아가 포르투갈, 영국, 네덜란드와 이후 아시아의 바다로 진출한 세력들에게 동기부여가 된 무역 품목 중에도 스페인령 아메리카에서 생산된 은이 상당한 비중을 차지했다.

이와 같은 무역 패턴은 동시에 아시아 권역 내에도 존재했다. 1530년대부터 일본에서 거대한 은광이 발견되자 아시아 역사의 방향이 근본적으로 바뀌었다. 일본의 쇼군은 은광을 완전히 장악함으로써 약 250명의 강력한 영주(다이묘)를 제압할 수 있었으며, 이를 기반으로 1600년 일본 통일로 나아갈 수 있었다. 그리하여 이후 2세기 반 동안 도쿠가와

---

8 V. Magalhaes Godinho, *Os Descobrimientos E Economia Mundial* (Lisbon: Editora Arcádia, 1963), i: 432–65; Dennis O. Flynn and Arturo Giráldez, "Born with a 'Silver Spoon': The Origin of World Trade in 1571," *Journal of World History* 6, no. 2 (Fall) (1995): 201–21.

시대의 평화가 시작되었다. 일본의 은은 물론 16세기 내내, 그리고 17세기의 대부분 동안 주로 중국의 실사용자 시장에서 판매되었다. 포르투갈인은 처음에는 나가사키 항구에서 일본의 은을 사들인 뒤 중국으로 팔아넘기는 아주 간편한 중개상 노릇을 했지만, 1630년대에 쇼군이 포르투갈 대신 네덜란드 중개상을 투입했다.

요약하자면 세계 도처에서 생산된 은이 중국에 지속적으로 유입되었다. 중국의 사용자 시장에 직간접적으로 은을 공급하는 측에서 막대한 이득을 얻었기 때문이다. 은을 대규모로 수입하려면 방대한 양의 상품을 수출해야 했다. 글로벌 시장 메커니즘에서 수출과 수입의 균형은 어느 누구도 인위적으로 통제할 수 없는 일이 되었다.

수요공급 메커니즘

이번 장에서는 은(銀)의 수요공급 메커니즘이 시공간에 따라 어떻게 변화해왔는지를 보여주고자 한다. 예나 지금이나 화폐와 비(非)화폐 일반 상품을 막론하고, 생산과 이동을 주도한 시장의 힘은 수요공급 메커니즘을 통해 명확히 드러날 것이다. 수요공급 메커니즘에 따른 접근법은 기존의 역사적 설명 방식과 전혀 다르다. 전통적으로는 은화(銀貨)의 물리적 지역 이동을 무역 불균형과 관련된 반응으로 간주했다. 무역 불균형 이론은 표면적으로는 설득력이 있다. 만약 어느 개인의 입장에서 수입보다 지출이 많으면 차액을 메우기 위해 저축을 포기하거나 대출을 받아야 할 것이다. 마찬가지로 어느 한 지역에서 수입이 수출을 초과하면, 초과하는 만큼의 화폐를 내주어야 한다. 이런 식의 추론을 통해 화폐의 유출은 무역 결핍, 즉 비화폐 상품 수출을 초과하는 비화폐 상품 수입에 따른 결과로 보았던 것이다. 은화의 유출은 무역 불균형에서 파생된, 즉 부차적으로 화폐 부문에 나타난 결과이며, 근본 원인은 국경 바깥으로부터 사들인 비화폐 상품의 초과 수입이었다.

이런 설명을 따르면, 직접적인 수요공급 분석의 대상이 비화폐 상품에 국한된다. 은화뿐만 아니라 일반적으로 화폐의 경우, 수요와 공급의 측면에서 국경 안팎으로 어떻게 흘러가는지 평가할 대상이 아니다. 화폐는 단지 비화폐 상품 무역의 불균형을 상쇄하기 위한 반대 방향의 흐름일 뿐이기 때문이다. 예컨대 경제사학자 데이비드 랜디스(David Landes)는 이렇게 말했다. 18세기 "유럽의 중국 상품 수요가 급증했고⋯ 지불 문제가 발생했다. 유럽인은 유럽의 상품으로 대가를 지불하고자 했지만, 그들이 만든 상품 가운데 중국인이 원하는 것은 거의 없었다. 그래서 유럽인은 은이나 금으로 지불할 수밖에 없었다."[9] 조너선 스펜스(Jonathan Spence) 또한 비슷한 말을 했다. 즉 "유럽과 아메리카에서 중국 상품의 수요가 증가했지만⋯ 중국 측의 서구 수출품 수요는 그와 일치하지 않았다. ⋯ 결과적으로 서구에서 심각한 국제수지 문제가 발생했다."[10] 유럽의 무역 적자를 메우기 위해 (화폐의 원료가 되는) 귀금속이 아시아로 흘러 들어갈 수밖에 없었다. "유럽은 아시아로부터 향신료, 비단, 직물을 비롯한 여러 상품을 수입했고, 수출량보다 수입량이 많았다. 그 차액은 주로 정금(正金)으로 지불했다. ⋯ 그들[오스만]도 동방 무역

---

9 David S. Landes, *The Wealth and Poverty of Nations: Why Some Are Rich and Some So Poor* (New York & London: W. W. Norton & Company, 1998), p. 155.
10 Jonathan D. Spence, *The Search for Modern China* (New York: Norton, 1990), p. 129.

적자에 따른 정금의 동방 유출을 막지 못했다."[11]

그러나 경제사학자들의 이와 같은 전통적 무역 적자 이론은 세계 화폐사의 증거와 모순된다. 실제로 "화폐"가 국경을 넘어 흘러간 경로는 비화폐 상품 무역 불균형과 일치하지 않았다. 무역 적자 이론이 타당하려면 중국 같은 무역 흑자국으로 각종 화폐가 대량으로 흘러 들어가야 한다. 그러나 우리가 검토하는 시대를 통틀어 주요 실물화폐(은, 금, 구리, 개오지조개껍데기)의 세계사적 흐름을 살펴보면, 앞에서 말한 무역 적자 이론에 명백히 상반되는 패턴이 드러난다.[12] 첫째, 화폐를 주조할 수 있는 세 가지 천연자원(은, 금, 구리)은 인간의 행위와 상관없이 지질학적 이유로 특정 지역에 집중되어 있었다. (네 번째 화폐 자원인 개오지조개껍데기의 경우, 인간이 채취 장소를 선택할 수는 있었지만, 채취 가능한 장소 또한 지질학적 이유로 제한적이었다.) 화폐 주조가 가능한 원재료의 존재는 시공간을 불문하고 기본적으로 무역수지 불균형과는 상관없이 지질학적으로 결정되었다.

둘째, 특정 화폐 원료가 특정 지역의 시장으로 이전되는 비율은, 그것을 구입하거나 보유하려는 의지와 능력을 표현하는 사람들이 얼마나 많은가에 달려 있었다. 예컨대 중국에서는 은을 가지려는 수요는 거대했지만, 금을 가지려는 수요는 그에 비할 바가 못 되었다. 결과적으로 세

---

11 Sevket Pamuk, *A Monetary History of the Ottoman Empire*, Cambridge Studies in Islamic Civilization (Cambridge University Press, 2000), pp. 132-4.
12 Dennis O. Flynn and Arturo Giráldez, "Introduction: Monetary Substances in Global Perspective," in D. O. Flynn and A. Giráldez (eds.), *Metals and Monies in an Emerging Global Economy* (Aldershot: Variorum, 1997), pp. xv-xl.

계의 은은 수 세기 동안 중국으로 흘러 들어갔고, 금은 상당 기간 중국에서 외부로 수출되었다. 한편 일본과 인도에서는 금을 상당히 선호하는 지역이 있었다. 그래서 금을 선호하는 인구가 많은 지역으로 금이 흘러 들어갔다. 뿐만 아니라 일본과 인도에서는 은도 자리를 잡았다. 금보다 백색의 금속(은)을 더 선호하는 사람들이 밀집한 지역이 따로 있었기 때문이다. 이외에도 비슷한 사례는 많았다. 이처럼 같은 국가 안에서도 선호하는 화폐의 종류가 달랐기 때문에, 대개 무역수지를 계산할 때는 국가 단위로 보지만, 화폐의 역사를 검토할 때 국가는 유리한 단위가 되지 못했다. 개오지조개껍데기도 비슷한 맥락에 놓여 있었다. 아시아뿐만 아니라 서아프리카에도 개오지조개껍데기를 선호하는 사람들이 밀집한 시장이 있었지만, 유럽이나 아메리카에서는 그와 비슷한 시장이 발달한 적이 없었다. 아시아나 서아프리카의 특정 시장에 조개껍데기 화폐가 대량으로 집중된 이유는 현지 수요가 그만큼 강력했기 때문이다. 같은 논리가 17세기 일본의 구리 광산에도 적용될 수 있다. 일본에서 생산된 구리는 주로 중국으로 들어갔지만, 유럽이나 기타 수요가 밀집된 다른 지역으로도 대량이 수출되었다. 스웨덴에서 생산된 구리는 (화폐 주조를 비롯해) 유럽의 산업에 소용되었고, 수요가 많은 인구 밀집 지역으로 팔려나갔다(이러한 흐름은 무역 적자에서 비롯된 것이 아니었다). 아프리카로 구리가 수출된 것도 물론 마찬가지였다. 셋째, 지금까지 논의한 바의 결과로, 특정 화폐 원자재마다 생산지와 수요가 높은 소비지를 연결해주는 특정 무역로가 별도로 존재했다.

요컨대 세계의 주요 화폐 원자재 4종이 같은 시기에 이동한 적은 없었다. 더욱이 시간 범위를 한 세기까지 넓혀서 보면, 같은 시기에 반대

방향으로 이동하면서 서로 교환되는 경우도 많았다. 역사적 사실은 "돈"이라고 하는 추상적 범주에 적용되는 무역수지 이론과 일치하지 않는다. 특정 화폐 원료가 특정 지역으로부터 최종 소비자가 있는 시장까지 이동하는 독특한 과정을 설명할 때는, 무역수지 이론이 크게 도움이 되지 않는다. 화폐 원재료는 "돈"이라는 포괄적 범주로 묶어서는 안 되고, 비화폐 상품 시장의 불균형에 대응하는 상쇄적 흐름으로서 차액을 보상하는 정도로 취급해서도 안 된다. 현대 경제학 교과서에 등장하는 기본 개념인 "실물"과 "화폐"의 이분법은, 화폐(통화)의 역사를 세계사적으로 이해할 때는 오히려 장애물이 될 뿐이다.

앞에서 언급했듯이 전 세계에서 생산된 은은 수 세기 동안 중국으로 흘러 들어갔다. 시대적 조건에 따라 때로는 은괴의 형태였고, 또 때로는 특정 주화의 형태였다. 수 세기에 걸쳐 은 수만 톤을 수입한 중국은 비단, 도자기, 차(tea)를 비롯한 여러 상품을 수출했다. 즉 수입품과 수출품을 교환했던 것이다. 19세기까지만 하더라도 중국은 대량 수출 대금 결제를 받기 위해 별도의 금융을 활용하는 일이 없었다. 지불 수단은 은이 압도적이었다. 그래서 당시 중국에서는 무역 금융이 개입될 여지가 없었고, "무역 불균형"이 발생하지 않았다. 은의 "수입"은 단순히 다른 "수출품"과 교환되었다.

이와 같은 역사적 상황은 예컨대 오늘날 미국의 무역 적자와는 근본적으로 다르다. 미국은 세계 다른 지역으로부터 들여오는 순수입(net import) 대금을 치르기 위해 대규모 대출을 내야 한다. 오늘날 미국의 대규모 순차입(net borrowing)은 무역 적자의 크기와 같은데, 순수입 대금 지불을 위해 외부로부터 순차입을 해야 하기 때문이다. 그러나

1400~1800년의 유럽인은 (또한 중국 이외 다른 지역 사람들도) 아시아 상품 수입을 위해 차입을 하지 않았다. 그러므로 그들은 대중국 무역 적자를 경험할 일이 없었다. 당시 세계무역은 오늘날과 같이 막대한 국제 금융을 통해 "무역수지 균형"을 조정하지 않았다. 요컨대 이번 장에서 논의하는 시대에는 세계 어디서든 오늘날과 같은 방식의 수지 불균형이 존재하지 않았다. 당시의 세계 자금 이동을 설명하기 위해 무역 적자 논리를 주장하는 사람들은, 수 세기 전 화폐의 물리적 이동과 오늘날 부채를 활용하는 무역 불균형의 개념 차이를 구분하지 못했다. 세계적 관점에서 각 화폐 원자재의 생산과 재배치를 설명하려면 각각의 원자재에 맞는 직접적 수요공급 메커니즘을 파악해야 한다. 화폐를 무역수지 차액 보상으로 간주하는 입장은 마땅히 배제되어야 한다.

통합가격이론

이번 장에서 논의되는 수요공급 메커니즘은 화폐와 비화폐 상품의 생산을 단일한 이론으로 설명하고자 한다. 그래서 이를 통합가격이론(Unified Theory of Prices)이라 하겠다. "통합"이라고 한 이유는, 화폐 상품과 비화폐 상품이 동일한 방식으로 평가되기 때문이다. 이를 위해서 화폐 상품의 단위 비중(Ratio Unit of Account Money, RUAM) 설정이 필요하다. 예컨대 시장에서 비화폐 상품의 가격이 올라가고 화폐 가치는 그대로라면, 비화폐 상품의 단위 비중은 말하자면 10루암(RUAM)에서 12루암으로 올라간다. 마찬가지로 화폐 상품의 경우 달러 지폐의 시장 가치가 올라가고 비화폐 상품은 그대로라면, 달러 지폐의 단위 비중은 말하자면 달러당 5루암에서 6루암으로 올라간다. 각각의 경우 시장가치의 상승은 상품의 루암 상승으로 표현된다. 그런 의미에서 개별 화폐에 대한 수요공급은 비화폐 상품의 수요공급과 동일하게 취급된다. 화폐 이론과 비화폐 이론을 하나로 통합하려면, 추상적인 루암 단위로 표현되는 모든 상품의 가격을 결정하는 재고공급(Inventory Supply)과 재고수요(Inventory Demand) 함수가 필요하다.[13]

재고공급이란 한 집단에서 소유한 상품의 단위 수량을 의미한다. 예를 들어 빵 2개가 어느 가족의 보관함에 들어 있다면, 이 경우 가족의 재고공급은 2개다. 그런데 그 가족이 빵 4개를 필요로 한다면, 재고수요는 4개가 된다. 재고공급(2개) 대비 재고수요(4개)의 부족분을 해결하려면 그날 2개의 빵을 더 사 오면 된다. 구매수요(Purchase Demand, 하루 2개)를 통해 재고공급은 2개에서 4개로 늘어난다. 그러면 재고공급과 재고수요가 같아진다. 소비수요(Consumption Demand)는 시간이 지나면서 재고를 감소시킨다. 물론 그 가족이 같은 날에 빵을 사고 또한 소비도 할 수 있다. (하루에 1개를 소비한다고 가정할 때) 재고공급을 4개로 맞추려면 구매수요는 하루 2개가 아니라 3개로 늘어나야 한다. 여기서 알 수 있듯이 구매수요는 재고를 늘리고, 소비수요는 재고를 줄인다. 즉 소비수요는 구매수요와 상쇄된다. 그러나 이와 같은 상식적 결론은 고전적인 수요의 법칙(Law of Demand)에 어긋난다. 수요의 법칙에서는 구매수

---

13 전통적인 미시경제학 및 거시경제학에서 논의되는 화폐의 "가치"라는 기존 개념과, 우리 논의에서 다룬 개별 실물화폐의 가격 개념 간의 차이에 대하여 보다 완전한 논의는 다음을 참조. Dennis O. Flynn and Marie A. Lee, "A Restatement of Price Theory Monies," in G. Depeyrot (ed.), *Three Conferences on International Monetary History* (Wetteren, Belgium: Moneta, 2013), pp. 293-314.

요와 소비수요를 "수요(Demand)"라는 단일 함수로 통합하기 때문이다. 그러나 구매수요는 재고량을 증가시키는 반면 소비수요는 재고량을 감소시키기 때문에, 두 가지 수요 개념은 같은 말이 될 수 없다. 요컨대 통합가격이론은 재고수요(궁극적 재고 수량), 구매수요(재고 수량 증가), 소비수요(재고 수량 감소)라고 하는 세 가지 직관적이며 상호 의존적인 수요 개념을 가정한다. 재고 수량은 부의 구성 요소로서 언제나 무대의 중심에 위치할 것이다.

통합가격이론의 공급 측면에서도 직관적 함수가 존재한다. 생산공급(Production Supply)이란 빵집에서 새로 빵을 만들어 기존의 재고에 추가하는 것을 말한다. 빵집에서는 도매·소매를 통해 빵을 팔고, 그에 따라 재고는 줄어든다. 그래서 재고 수량과 관련해서 세 가지 상호 연관된 공급 개념이 필요하다. 앞에서 말한 재고공급(Inventory Supply)은 단순히 특정 시점에서 보유한 재고의 수량을 말한다. 생산공급은 재고 수량을 늘리고, 판매공급(Sales Supply)은 재고 수량을 줄인다. 생산공급과 판매공급을 하나의 공급(Supply) 함수로 통합하는 전통적 공급의 법칙(Law of Supply)과 달리, 통합가격이론에서는 상호 의존적으로 작용하는 세 가지 공급 개념을 가정한다. 즉 재고공급(즉 재고 보유), 생산공급(재고 수량 추가), 판매공급(재고 수량 감소)이다. 전통적인 공급의 법칙에서는 생산공급과 판매공급을 하나의 공급(Supply) 함수로 통합하고, 재고공급은 완전히 무시한다. 요컨대 통합가격이론은 재고공급, 생산공급, 판매공급 등 세 가지 직관적이고 상호 의존적인 공급 개념을 가정한다. 다시 말하지만 재고 수량은 부의 구성 요소로서, 통합가격이론에서는 언제나 중심 무대를 차지한다.

수도로 비유해본 통합가격이론

통합가격이론(UTP)에는 세 가지 버전이 있다. (1) 수학 버전, (2) 그래픽 버전, (3) 수도 비유 버전이다. 그중에서 수도 비유 버전이 직관적이고 시각적으로 표현되어 가장 이해하기 쉬운 편이다.[14]

"수도 비유"는 통합가격이론의 핵심을 시각적·직관적으로 보여준다. 아직 외부 세계와의 무역이 허락되지 않은 고립된 시장을 전제로 가장 단순한 관점에서 논의가 시작된다. [그림 9-1]에서 좌측은 통합가격이론에서 공급 개념 세 가지(생산공급PS, 재고공급IS, 판매공급SS)를 표현했다. 생산공급(PS)은 단순히 신규 생산을 의미한다. 생산자는 인근의 시장 A에 내다 팔 상품 재고를 가지고 있을 것이다. 이를 생산자 재고(Producer Inventory)라 한다. 시장 A에서 재고공급(IS_A)이란 모든 시장 참여자가 보유한 상품의 총량이다. 그림에서는 시장 A 물통에 저장된 물로 표현되었다(그림 9-1).

[그림 9-1]에서 우측은 통합가격이론의 수요 개념 세 가지(구매수요PD, 재고수요ID, 소비수요CD)를 표현했다. 물통의 크기는 재고수요의 크기(ID_A), 즉 시장 A에서 모든 참여자가 일반적인 가격으로 구매할 의향

---

14 통합가격이론(UTP)의 수학적 근거를 설명한 참고자료는, 출간된 성과 가운데는 다음이 유일하다. Kerry W. Doherty and Dennis O. Flynn, "A Microeconomic Quantity Theory of Money and the Price Revolution," in E. G. van Cauwenberghe (ed.), *Precious Metals, Coinage and the Changes of Monetary Structures in Latin America, Europe and Asia* (Leuven University Press, 1989), pp. 185-208 (republished in Dennis O. Flynn, *A Price Theory of Monies: Evolving Lessons in Monetary History* (Wetteren, Belgium: Moneta, 2009)). 미출간 자료 중에 좀 더 풍부한 수학적 설명이 수록되어 있다. "Consumer Demand in Comparative-Static and Dynamic Analysis" (July 1986) 이 글은 다음 웹사이트에서 열람이 가능하다. www.unifiedtheoryofprices.org

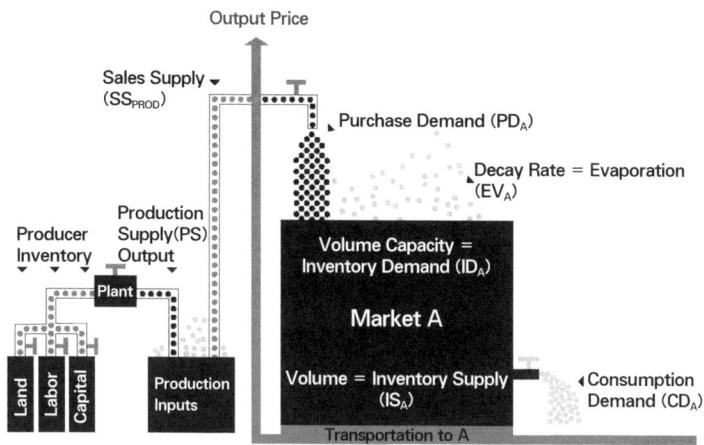

[그림 9-1] 상품 재생산 및 소비의 흐름

이 있는 상품의 총량을 의미한다. 개인의 구매수요(PD_A)는 시장 A의 재고 수량을 증가시킨다. 소비수요(CD_A)는 시장 A의 재고 수량을 감소시킨다. 그림 상단에서 생산자와 시장 A를 연결하는 하나의 물줄기로 표현된 부분이 판매공급(SS_{PROD})인데, 같은 물줄기가 가격을 나타내는 축을 통과하여 시장으로 넘어오면 그대로 구매수요(PD_A)가 된다. 다시 말해 생산자 입장에서 판매공급(SS_{PROD})은 시장 A에 있는 소비자의 관점에서 구매수요(PD_A)가 되는 것이다. 시각적 단순화를 위해 위치를 막론하고 재고에 추가되는 부분은 "짙은 색" 점으로, 재고에서 감소되는 부분은 "옅은 색" 점으로 흐름을 표현했다. 또한 [그림 9-1]에서 물통으로 표현된 재고공급(IS_A) 위에 "증발=손실"이라고 적힌 부분은 (부패나 마모에 따른) 재고 손실을 나타낸다.

재고의 차감은 옅은색 점으로 표현되므로, 소비수요(CD_A)에 따른 시장재고 또한 옅은색 점으로 표시되었다. ("소비"수요 곧 CD는 UTP에서 동시에 두 가지 조건과 연결된다. (1) 소비 활동이 효용성, 즉 만족감을 충족할 것, (2) 소비 활동으로 시장 재고가 줄어들 것. 재고공급 곧 IS와 재고수요 곧 ID는 표준 미시경제학에서 인정되지 않기 때문에, 조건 (2)는 전통적 경제사학에서 등장하지 않았던 조건이다.) 이 도식에 따르면, 좌측 상단에 표현된 생산자 판매공급(SS_{PROD})은 생산자 재고로부터 시장 A로 흘러 들어가는데, 옅은 색 점이다. 그런데 구매수요(PD_A)로 넘어가는 순간 짙은 색 점으로 변한다. 이는 시장 A의 구매자 관점에서 본 것이기 때문이다. 즉 생산자 관점에서 판매공급은 시장 구매자 관점의 구매수요와 동일하다. (최근 생산된) 상품의 소유권은 생산자에서 시장 A의 고객으로 이전된다. 생산자 판매공급이 옅은 색으로 표현된 것은, 그것이 생산자 재고를 감소시키기 때문이다. 마찬가지로 구매수요가 짙은 색으로 표현된 것은, 그것이 시장 A의 재고를 늘리기 때문이다. 모든 소유권 거래는 생산자 재고를 감소시키는 판매공급으로 볼 수도 있고, 동시에 시장 재고를 증가시키는 구매수요로 볼 수도 있다. 이와 같은 거래($SS_{PROD}=PD_A$)는 생산자에서 시장 A로 재고가 이전(재배치)되는 비율로 표현된다.

(생산자와의 거래를 통한) 시장 A의 재고 증가는 손실과 소비의 합과 같다. [그림 9-1]은 그 흐름이 "지속되는 상황"을 표현한 것이다(정상 수익을 전제로 한다). 즉 방해 요소가 없는 조건에서 시간의 흐름에 따라 시스템이 자체적으로 재생되는 상황이다. 여기서 말하는 지속되는 상황이란 비교 수치 분석에서 말하는 "평형(equilibrium)" 상태를 의미한다. (수도의 비유에 관해서는 다음 웹사이트 참조. www.unifiedtheoryofprices.org.)

수도의 비유를 은의 역사에 적용

중국은 언제나 은을 빨아들이는 "흡입 펌프"였다는 (부정확한) 주장이 흔히 제기되어왔다. 13세기 초엽 몽골의 정복 이후 중국에서 동전이 지불 수단의 기능을 상실하자, 중국은 은 기반 경제로 큰 걸음을 내디뎠다. 이후 은과, 은을 보관하는 대신 발행하는 지폐가 중국 경제를 주도하게 되었다. 그러나 앞에서도 언급했듯이, 13세기 중국이 은 기반 경제로 전환했음에도 불구하고, 당시 중국의 은은 서아시아 지역으로 수출되었다. 중국 내에서는 은으로 환전이 가능한 지폐가 사용되었기 때문에, 결과적으로 그것이 실물 은을 중국 밖으로 밀어내는 역할을 하게 되었다. 한편 스페인에서 페르시아에 이르기까지 무슬림 권역은 은본위제로 되돌아갔다. 이는 중국의 은을 서쪽으로 이끄는 충분한 힘을 발휘했다. 이슬람 권역의 은 수요가 성장하면서 은의 구매력은 중국에 비해 이슬람 권역에서 두 배까지 치솟았다(수익률 100퍼센트). 요컨대 유라시아 전역의 이슬람 상인 공동체가 통합되면서 차익 거래의 기회를 노린 은의 동-서 이동은 더욱 강화되었다. 나아가 이슬람 권역에서 은의 시장가치 상승에 힘입어 중국 남서부, 특히 운남 지역의 은 채굴도 가속화되었다.

그러나 시간이 흐르면서 중국 내 재정 위기로 지폐가 과도하게 발행되었고, 심각한 인플레이션이 나타났다. 그 결과 1430년대에 이르러 중국에서 은과 지폐 환율이 무너지고 말았다. 민간 시장 참여자들은 당연히 가치가 없는 종이 화폐를 거부하는 대신 실물 은으로 지불을 요구했다. 그래서 15세기 중국 명나라에서는 은 수요가 급증했다. 동시에 중국 은광의 생산량도 급격히 감소했다. 중국에서 은의 시장가치는 몽골 지배 시기 저평가되었던 상황과 정반대가 되었다. 은이 다른 나라에 비해 중국에서 고평가되자, 15세기에 이르러 중국은 세계의 은이 흘러 들어가는 은의 저수지가 되었다.

15세기 중엽 중부 유럽의 은 생산량은 다섯 배로 성장했다. 부분적으로는 채굴 기술의 발달도 그 이유가 되겠지만, 무엇보다 중국 시장의 수요가 붐을 일으켰을 것으로 추정할 수 있다. 유럽의 은값 상승으로 은 채굴과 주조의 양도 급증했다. 은의 구매력은 동쪽으로 갈수록 점점 더 높아져서 중국에 이르러 최정점을 찍었다.

중상주의 "문제"와 관련해서 우리는 서로 연관된 두 가지 질문에 답해야 한다. 유럽은 왜 레반트 무역, 나아가 아시아 전체의 무역에 그토록 많은 "보물"을 지불해야 했는가? 또한 그중에서 왜 은이 그토록 막대한 비중을 차지했는가? … 금과 은의 가치를 비교해보면 분명한 차이가 드러나는데, 유럽에 비해 동방의 아시아에서 은은 (금이나 다른 상품에 비해) 언제나 희귀했고, 그래서 상대적으로 가치가 더 높았다.[15]

1453년 콘스탄티노폴리스를 정복한 뒤 오스만 제국은 발칸 지역으로 밀고 들어가 중부 유럽의 주요 은광을 장악했다. 중부 유럽의 은은, 무슬림이나 기독교 치하를 막론하고, 유라시아 무역 네트워크의 활성화에 기여했다. 유럽의 광산 기술 향상과 더불어 아시아(특히 중국)에서 수익성이 높은 시장이 있었기 때문이다.

---

15 Munro, "South German Silver," pp. 924-5.

은과 세계화의 탄생

15세기 중국에서 은과 지폐 환율이 무너진 뒤로 중국에서 은의 재고 수요(ID)는 오랫동안 지속적으로 증가했고, 시장가격이 치솟았다. 16세기 전반기 스페인령 아메리카와 일본에서 전에 볼 수 없었던 풍부한 은광이 발견될 무렵, 중국 은의 시장가격은 세계의 다른 어느 지역보다 더 높았다. 1590년대 금과 은의 환율을 보면, 예컨대 스페인에 비해 중국에서 은값이 두 배로 더 높았다. 중국의 지폐 시스템이 붕괴되면서 중국과 세계의 은 가격 격차가 100퍼센트에 달했다(그림 9-2). 민간 부문에서 화폐 대용으로 은의 수요가 지속되는 가운데, 지방과 지역 단위 정부에서도 세금의 은납을 고집하자 "은본위" 추세는 폭발적으로 가속화되었다. 은본위가 불가피한 추세라는 사실을 깨달은 명 왕조는 마침내 제국 전역에 걸쳐 주요 세금은 은으로 납부하라는 명을 내렸다. 1570년대에 일조편법(一條鞭法)이 시행되었는데, 노역과 공물 등 세금의 복잡한 구분을 없애고 모두 은으로 통일하여 납부하도록 하는 세제 개혁이었다.

중국에서 은의 시장가치가 상승하는 것을 목격한 전 세계의 상인이나 정부가 그토록 분명한 차익 거래에 반응한 것은 당연한 일이었다. 아메리카와 일본에서 생산된 막대한 양의 은이 중국으로 운송되었고, 그 대가로 중국의 수출품을 사 갔다. 특히 비단과 도자기 등 중국 상품의 수요가 국제적으로 존재했기 때문에 상인들은 양방향에서 이익을 얻었다. 수익성 좋은 중국의 은 시장은 아시아는 물론 (희망봉 항로를 최초로 발견한) 포르투갈, 이후 네덜란드와 영국을 비롯한 다른 유럽인도 관심을 가졌다. 유럽 전체를 고려하면, 희망봉 항로를 경유하는 유럽의 은 수출은 수 세기 동안 놀라울 정도로 꾸준히 성장했다.[16]

〔그림 9-2〕 중국과 세계 시장의 은 가격 격차, 1590년대

아메리카의 은은 발트해 무역로를 거친 다음 지중해, 홍해, 페르시아 만을 거쳐, 실크로드를 포함한 다양한 육로를 거쳐 동방으로 흘러 들어갔다. 아르메니아인, 유대인, 오스만인, 페르시아인을 비롯한 여러 무역상이 은을 가지고 가서 인도와 중국의 직물이나 금과 교환했으며, 물론 남아시아와 동남아시아에서는 후추 및 향신료와 교환했다.

안데스산맥에서 해발 4500미터가 넘는 곳에 위치한 페루 북부(오늘날 볼리비아)의 포토시(Potosí) 광산은 포토시-일본 은광이 세계를 주도할 무렵(1540년대~1640년) 세계 은 생산량의 절반을 차지했다. 이외에 멕시코의 은광도 중요한 공급원이었다. 스페인령 아메리카에서 생산된

16 Jan de Vries, "Connecting Europe and Asia: A Quantitative Analysis of the Cape Route Trade, 1497-1795," in Dennis O. Flynn, Arturo Giráldez and Richard von Glahn (eds.), *Global Connections and Monetary History, 1450-1800* (Aldershot: Ashgate, 2003), pp. 35-106.

은의 약 4분의 3이 대서양을 건넜다. 스페인 왕실은 아메리카 은의 유통을 성공적으로 장악하고 세금을 부과했다. 그럼에도 불구하고 거대한 밀수 조직을 통해, 이른바 안데스의 "뒷문"이라고 일컬어진 항구 부에노스아이레스(Buenos Aires)와 사크라멘토(Sacramento, 우루과이)로 은이 유통되었다. 왕실에 바쳐야 할 킨토(quinto, 20퍼센트)를 비롯한 각종 세금을 피하기 위해서였다. 합법적으로 유통되는 은은 대부분 남아메리카의 태평양 연안을 따라 파나마로 간 다음, 거기서 육지를 가로질러 대서양으로 들어갔다. 페루의 은은 아바나에서 (베라크루스 해안을 통해 수출된) 멕시코의 은과 합류했다. 삼엄한 무장 병력을 거느린 스페인 함대는 대서양을 건너 스페인 남부 지방으로 들어갔다. 아메리카의 은은 여기서부터 다시 재분배가 시작되었다. 중국으로 가는 수량이 가장 많았고, 그 다음은 인도였다.

안데스에서 생산된 은의 상당량은 파나마를 지나 태평양 연안을 따라 북쪽으로 계속 올라가 멕시코의 훌륭한 항구 아카풀코(Acapulco)에 이르렀다. 그곳에서 페루의 은은 마닐라 갈레온에 선적되었다. 아카풀코-마닐라를 오가는 무역선은 당시 세계에서 가장 큰 선박이었다. 17세기 내내 은 수송량은 연간 50톤이었다. 은을 운송하는 데 굳이 그렇게 큰 배는 필요치 않았지만, 마닐라에서 다시 태평양을 건너 멕시코로 돌아올 때 막대한 양의 중국 비단을 선적하려면 꼭 필요한 배였다. 당시 일본의 대외 무역도 일본의 은과 중국의 비단을 교환하는 단순한 거래였다. 아시아 역내 화물을 처리하는 화물선은 마닐라 갈레온에 비해 크기가 더 작았다.

마닐라 갈레온은 수익성 좋은 아시아 시장과 직접 연결되는 스페인의 유일한 수단이었다. 다른 유럽인은 이미 희망봉 항로를 개척하여 아시아와 거래를 하고 있었다. 아카풀코-마닐라 무역을 통제하려는 스페인 왕실의 강한 노력에도 불구하고 밀수는 늘어났고 은 가격은 점차 하락했다. 스페인 사람들은 필리핀과 아시아 본토와의 교역을 통제할 수 없었고, 다른 한편 아시아 무역 네트워크가 본토-마닐라 양방향 무역을 주도하고 있었다(유럽인도 여기에 참여했다). 비단은 중국의 주요 수출 품목이었고, 은은 당연히 중국의 주요 수입품이었다. 종합해보건대 역사 자료의 기록과 달리 태평양 횡단 무역은 스페인 왕실에 막대한 이익을 안겨주었으며, 이는 마닐라 갈레온이 250년 동안 지속된 이유였다.

[그림 9-2]에서 [그림 9-3]으로의 전환은 16~17세기 세계적인 은의 시장가치 하락을 단순화해 보여준다. 당시 화폐 시스템은 대개 은을 기반으로 했기 때문에, 물가 인플레이션(이른바 가격혁명Price Revolution)은 세계적인 은화 가치 하락으로 이어졌다. 같은 물건을 사는 데 더 많은 은을 내줘야 했다. 그러나 은의 시장가치 하락은 한계가 있었다. 즉 (특별한 비용 절감 기술이 없는 한) 가장 효율성 높은 은광에서 은을 생산하는 비용보다 더 아래로 내려갈 수는 없었다. 결국 가격혁명은 1640년경 막을 내렸다. 세계적으로 은광에서 은 생산량이 재고수요의 성장보다 훨씬 더 큰 폭으로 상승하면서 은 구매력은 매년 약 1퍼센트씩 하락했다(은화의 인플레이션 비율과 거의 일치한다). 은 가격은 아메리카와 일본 은광의 생산 비용을 향해 내려갔고, 수익의 압박은 점점 더 심해졌다. 오래된 광산, 갱도가 깊은 광산은 생산 비용이 더 높았다. 그래서 국제 은 가격 하락으로 중부 유럽의 거대 광산들이 먼저 문을 닫았다. 결국 1640년경에는 아메리카와 일본의 광산도 순수익을 기대할 수 없었다.

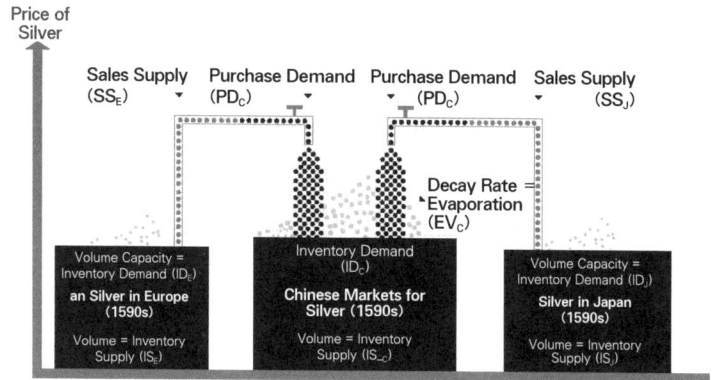

[그림 9-3] 포토시-일본 중심 은 유통의 종말, 1640년 중개 거래 중단

대서양을 건너(수많은 아프리카-유라시아 세계의 무역 네트워크를 거쳐), 또한 태평양을 건너 유통된 스페인령 아메리카의 은에 일본에서 생산된 은까지 더해져, 중국에서는 지속적으로 은이 축적되었다. 중국에서도 은의 가격이 꾸준히 하락해 결국 1640년경에는 국제시장의 은 가격과 비슷해졌다(그림 9-3). 그 여파로 일본-포토시가 은 생산을 주도하는 시대(1540년대~1640년)가 막을 내렸다. 일본-포토시의 시대에 태평양을 건너 신세계와 아시아가 항구적으로 연결되면서 진정한 세계무역이 시작되었다. 마닐라에 스페인의 무역 거점이 건설된 것도 그 무렵(1571년)이었다. 그러나 16세기 세계화의 탄생은 경제적 이유에 국한된 문제가 결코 아니었다. 당시 생물학적 변화가 세계적으로 널리 확산되었고, 그것이 이후 5세기 동안 진화의 흐름을 바꿔놓았다(지금도 그 흐름은 이어지고 있다).

세계의 해상 및 육로 무역을 통해 은이 중국 시장으로 향한 것은 당연히 이익 때문이었다. 은을 실은 선박과 육로 교통의 화물에는 아메리카의 식물과 종자도 포함되어 있었다. 이후 전 세계 육지의 물리적 풍경을 바꿔놓은 아메리카 식물과 종자의 경제적 가치는, 당시에는 무시해도 좋을 만큼 보잘것없었다. 그때껏 알려진 적 없던 아메리카의 세 가지 작물(옥수수, 고구마, 땅콩)이 도입된 뒤로 중국의 경작지는 두 배로 늘어났고, 인구도 두 배로 증가해 18세기 말엽에는 세계 인구의 약 30퍼센트를 차지했다. 세계 최대 경제 단위인 중국에서 이처럼 폭발적인 농업 및 인구의 변화가 나타나자, 국내는 물론 대외 시장에 변화가 불가피했다. 이미 "은본위"가 확립된 상황이었기 때문에 수요가 은 가격을 끌어올렸고, 1700년경 세계시장 가격에 비해 중국의 은 가격이 50퍼센트가량 더 높았다. 그에 따라 18세기 멕시코의 은 생산량도 급증했는데, 이전 2세기 동안 스페인령 아메리카에서 생산된 은의 총합보다 더 많았다. 당연히 은 외의 모든 상품 시장도 세계화의 영향을 받았다. 콜럼버스의 교환은 경제, 환경, 인구, 전염병, 문화적 측면에서 세계의 연결을 점점 더 강화했다(지금도 마찬가지다). 여기서 가장 강조하고자 하는 바는 예기치 않은 여파다. 단순히 은 시장에서의 이익만 기대했을 뿐이지만, 이를 계기로 이후 5세기에 걸쳐 지속될 복합 순환 구조의 상호작용이 시작되었다. 환경, 전염병, 식물, 인구, 문화의 힘은, 그리고 이들이 경제에 미친 여파는 16세기 이래 21세기 초엽까지 이어진 세계적 진화를 만들어갔다.

[그림 9-4]는 세계 은 시장을 수도에 비유하여 그림으로 나타낸 것이다. (그림 9-4, 9-5, 9-6, 9-7은 모두 단순화를 위해 생산과정을 생략했다.

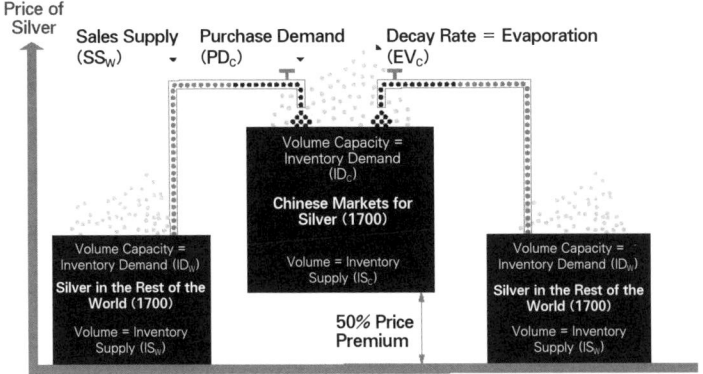

[그림 9-4] 중국 시장과 세계시장의 은 가격 격차, 1700년

또한 은은 부패 속도가 매우 느리므로 비소모성 상품으로 가정했다.) 중국의 물통은 1700년경 은 수요 증가에 따라 중국 시장의 은 가격이 세계시장에 비해 50퍼센트 높았던 사실을 보여준다. 중국의 인구 증가는 은 수요를 더욱 밀어 올렸으며, 아메리카의 은 생산과 확산을 촉진했다. 중국의 은 가격이 50퍼센트 더 높은 현실은 차익 거래의 가능성을 만들어냈다. 이는 같은 시기 멕시코를 중심으로 세계 은 생산 급증의 동력이 되었을 것이다. 은은 비소모성 재고였으므로, 충분한 양이 축적되자 결국 은 가격은 하락했고, 1750년에는 거의 차익이 발생하지 않았다. [그림 9-5]가 이 상황을 표현했다. [그림 9-4]와 [그림 9-5]는 반세기 동안 이어진 멕시코 은 생산 사이클의 시작과 끝을 이끌었던 시장의 힘을 요약한 것이다. 중국의 재고수요(ID_C)는 결국 중국으로 유입되는 은의 규모를 결정했고, 중국의 은 가격은 1750년 세계 은 가격과 같은 수준이 되었다. 기존의 경제사학에서 근거를 두었던 수요공급법칙은 50년(1700~1750

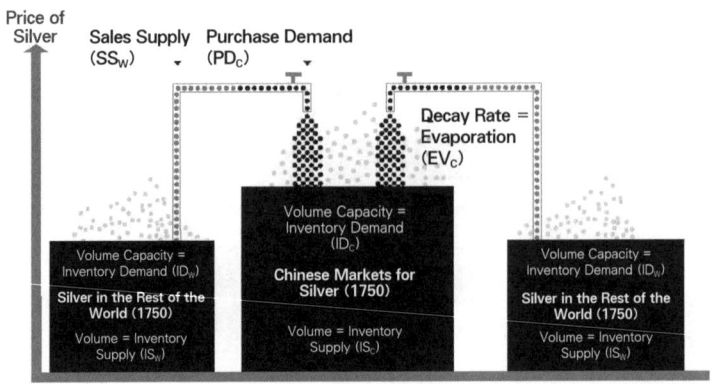

[그림 9-5] 세계 은 시장가격 균형, 1750년

년) 또는 100년(1540년대~1640년) 동안 지속된 평형의 과정을 설명할 수 없었다. 그래서 시간에 따른 축적을 반영하는 새로운 경제 분석 모델이 필요했던 것이다.

수도의 비유는 1750년 이후 [그림 9-4]에서 보여준 거래 차익이 거의 사라졌음에도 불구하고 아메리카의 은이 왜 계속해서 중국으로 유입되었는지를 설명해준다. 첫째, [그림 9-5]에서 표현된 무차익 거래 상황은 상인들이 "정상 수익"을 얻었음을 의미하며, 거래 차익의 소멸이란 단지 정상 수익을 넘어서는 수익이 사라졌음을 의미한다. 둘째, (시간이 지남에 따라) 은의 극히 일부가 마모되긴 하겠지만, 기본적으로 은은 소모품이 아니라는 전제가 있다. 이를 단순화해서 [그림 9-5]에서는 최소 1퍼센트의 손실(증발)을 표현했다. 1750년 당시 중국의 은 보유량이 5억 페소였다고 가정한다면(순수 계산상 수치), 연간 재고 손실을 1퍼센트로 가정할 때 1년 뒤 중국의 은 보유량은 4억 9500만 페소가 된다. 그렇다면 500만 페소(약 2.5톤)의 은이 추가되어야 5억 페소 수준을 유지할 수 있다. 그러나 18세기 중국에서는 인구가 급성장했다. 은 수요가 인구 증가와 정비례한다고 보기는 어렵지만, 어쨌든 수요가 늘어난 것은 사실이다. 요컨대 은의 거래 차익이 0이 되려면(즉 정상 이윤만 남기고 유통되려면) 매년 1000만 페소의 은을 추가로 수입해야 했다. 멕시코와 페루에서 18세기 은 생산의 변화는, 은의 세계시장 가격이 거래 차익을 기대할 수 없는 수준이었다는 사실을 감안할 때 이해할 만하다. 앞에서도 언급했듯이 은(혹은 다른 상품)의 흐름을 설명하기 위해 무역 불균형 논리를 소환하는 것은 불필요할뿐더러 오해의 소지가 있다. 중국의 무역은 은, 아편, 기타 여러 상품을 수입하는 대신 18세기 유럽을 비롯한 세계 곳곳에서 인기를 끈, 특히 차를 비롯한 중국 수출품으로 상쇄(즉 지불)함으로써 균형을 맞추었다.

은의 형태

화폐의 원자재는 이론적으로 분리해서 다루어야 한다. 즉 은은 금과 다르고, 구리나 개오지조개와도 다르다. 뿐만 아니라 각 원자재에서도 역사 자료를 통해 인식의 차이를 세분화할 필요가 있다. 리처드 폰 글란(Richard von Glahn)은 예컨대 19세기 중국에서 특정 형태의 은화를 폄하했던 역사를 확인해주었다.

> … 19세기 2/4분기에 은의 수입량이 줄어든 것은 일반적인 은의 공급 문제가 아니라, 중국과 세계시장에서 모두 특정 형태의 선호도가 있었다는 맥락에서 보아야 한다. … 이런 점에서 우리는 스페인의 페소가 새로운 화

폐 표준으로 신속히 자리 잡았다는 점에 주목해야 한다. … 1780~1820년대 은 수입 급증은 은의 전반적 수요 때문이 아니라 안정적 지불 수단이 필요했기 때문이다.[17]

수입 품목이 은괴였는지 은화였는지도 구분해야 하지만, 앞에서 강조했듯이 특정 형태의 은화 수요를 시장에서 반드시 구분해봐야 한다. 알레한드라 이리고인(Alejandra Irigoin)은 19세기 초엽 멕시코 조폐국의 급작스러운 품질 관리 변화가 중국 시장에서 특정 은화에 대한 특별한 반응을 불러일으켰다고 주장했다.[18] 중국 중앙 정부는 이전에도 은화를 주조한 적이 없었고, 중국 내 민간 주조 은화는 무게와 정밀도에서 편차가 있었다. 냥(兩, tael)이라고 하는 은의 무게 단위가 있었지만, 67가지 표준이 공존하는 상황이었기 때문에 보편적 화폐 단위로 통용되기는 어려웠다. 게다가 은괴는 순도를 평가하려면 별도로 전문 감정인을 고용해야 했으므로 그 자체로 화폐가 될 수는 없었다. 반면에 명성이 있는 외국의 은화는 (심지어 손상된 것이라도) 가치 평가에 어려움이 없었기 때문에, 중국 시장에서는 오히려 외국의 은화가 높은 가치를 인정받았다. 19세기 초엽 중국 시장에서는 멕시코에서 주조된 카롤루스 달러가 가장 신뢰받는 고급 주화였다. 그러나 불행히도 1808년 멕시코 독립

---

17 Richard von Glahn, "Monetary Demand and Silver Supply in 19th-Century China," in *Empires, Systems, and Maritime Networks Reconstructing Supra-Regional Histories in Pre-19th Century Asia* (Ritsumeikan Asia Pacific University, Beppu, Oita, Japan: Working Paper Series 2011), p. 75.
18 Alejandra Irigoin, "A Trojan Horse in Daoguang China? Explaining the Flows of Silver in and out of China," London School of Economics, 2013.

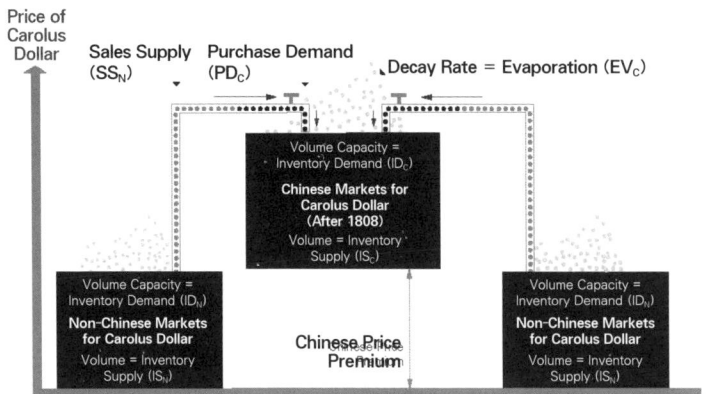

[그림 9-6] 카롤루스 달러(Carolus dollar, 스페인 은화) 시장, 19세기 초엽

전쟁의 여파로 이후 제작된 멕시코 은화의 품질은 신뢰하기 어려웠고, 중국 시장에도 금세 그 소식이 알려졌다. 신규 주조 화폐의 신뢰가 무너진 상황에서도 중국 시장에서 기존 멕시코 은화의 가치는 오히려 올라갔다. 결국 차익 거래를 기대하며 다량의 카롤루스 달러가 중국 시장으로 흘러 들어갔다. [그림 9-6]에서 표현된 것처럼, 중국 내 카롤루스 달러 수요 급증은 특히 카롤루스 달러 가치의 상승으로 이어졌다(카롤루스 물통의 높이 참조). 단지 중국 바깥에서 카롤루스 달러를 저렴한 가격에 매입한 뒤 중국 시장으로 가져가서 높은 가격에 팔면 단순히 차익 거래를 실현할 수 있었다.

19세기 전반기 막대한 양의 카롤루스 달러가 중국으로 수입되었지만, 또한 상당량의 은괴(Sycee)가 중국에서 외부로 수출되었다(여기서 말하는 은괴는 말발굽 모양으로 생긴 50냥짜리 원보元寶로, 광동어로는 細絲라 하고 영어는 광동어를 따라 Sycee라 한다. —옮긴이). 기존의 설명 중 하나는 중국의 아편 수입 때문에 은괴가 수출되었다고 하는데, 18세기 후반 중국에서는 은과 아편이 모두 수입품에 속했다. 이전 시기에 아편 수입은 은 수출의 원인이 되지 않았는데, 어떻게 19세기에 은 수출의 원인이 될 수 있었을까? 다시 말하자면, 화폐로 사용될 수 없는 현물(아편) 수입이 "화폐로 사용 가능한" 상품(은괴)의 수출 원인이 된다는 어설픈 이론은 역사적 현실과 모순되는 것이다. 화폐로 사용되는 은이나 그렇지 않은 은이라도, 과거든 현재든 은이라고 하면 다른 상품들과 마찬가지로 "현물" 상품의 일종이다. 더욱이 이론가들은 시장 전체의 불균형에 따른 특정 시장의 반응을 고려하기보다, 특정 시장 자체를 직접 분석해봐야 한다. 대규모 환경 문제를 포함하여 이 자리에서 모두 거론할 수 없는 다양한 이유로 19세기 중국 경제가 붕괴했던 것은 사실이다. 중국 경제의 전반적 위축은 많은 상품에 대하여 중국 시장에서 재고수요를 감소시켰을 테고, 은괴 재고수요 또한 감소 품목에 포함되었을 것이다. [그림 9-7]은 은괴의 재고수요 감소를 보여주는데, 중국의 은괴 거래량 크기를 [그림 9-5]에 비해 작게 표현했다. 은괴 재고수요 감소로 [그림 9-7]에서 중국의 은괴 가격은 세계시장에 비해 하락한 것으로 표현되었다. 다른 상품과 마찬가지로 중국에서 저렴한 가격에 은괴를 사서 중국보다 더 가격이 높은 시장(예를 들면 인도)에 내다 팔면 차익 거래를 실현할 수 있었다. 이런 상황을 고려하면 카롤루스 달러 은화를 수입한 중국에서 같은 시기에 원보 은괴를 수출한 사정이 이해된다. 물론 형태가 다른 은화가 동시에 수출되거나 수입될 수도 있다. (특정 형태의 은화 혹은 특정 형태의 은괴 같은) 하나의 범주에서 수입과 수출이 동시에 발생하는 현상을 설명하려면, 상품별로 시장을 분리해서 분석하는 이론

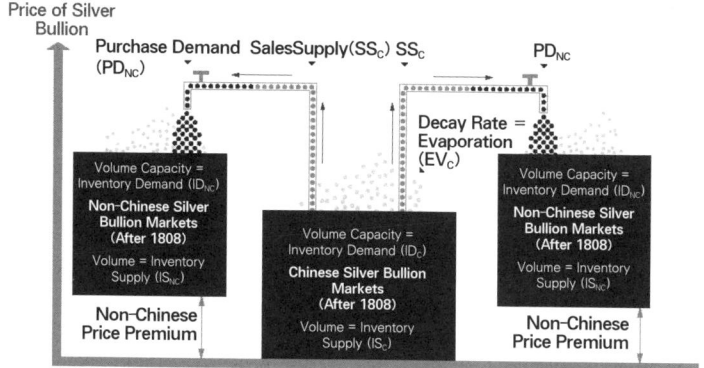

〔그림 9-7〕 은괴 시장, 19세기 초엽

적 틀이 필요하다. 가격 관련 기록이나 논의 자료를 보면, 시장 참여자들은 시장가격을 분리해서 인지하고 있었기 때문이다. 세계적 맥락에서 시장의 진화를 분명히 설명하려면, 은의 형태를 막론하고(화폐든 아니든) 1400~1800년 세계적으로 유통된 상품 모두에 대하여 가능한 각각의 상품을 분리해서 분석해야 하며, 재고분석(inventory analysis, 시간에 따른 축적)에 중점을 두어야 한다는 것이 이번 장의 주요 논점이었다.

요약

수천 년 동안 은은 고유의 성격을 지닌 중요한 상품이었다. 알렉산드로스 대왕이 페르시아의 은을 몰수한 사례에서 보듯이, 은을 가져가는 것은 곧 부의 이전을 의미하기도 했다. 개인의 취향에 따라 은으로 부를 축적하거나 하지 않을 수 있었는데, 다른 상품과 은을 교환해서 자산 구조를 다양화할 수도 있었다. 이와 같은 개인의 선호도 이외에 지리적 요인도 중요했다. 그에 따라 부를 은으로 축적할 것인지 은이 아닌 다른 상품을 활용할 것인지 결정되는 측면이 있었다. 이번 장에서는 직관적 모델(수도의 비유)를 통해 특정 형태의 은이 어디로 어떻게 흘러 들어갔는지를 보여주고자 했다.

글로벌 화폐라는 측면에서 은은 19세기 후반까지도 금보다 더 중요한 위치를 차지했다. 따라서 은의 역사는 세계 화폐의 역사와 뗄 수 없는 관계에 놓여 있다. 화폐의 역사를 거론할 때 널리 인정되는바, 다양한 원자재로 제작된 여러 종류의 화폐가 근대 화폐 이론의 등장 이후 "화폐"라는 하나의 범주로 통합되었다는 점이다. 경제학 교과서에서 좁은 의미로 정의하는 "화폐"란, 다양한 물질로 만들어진 통화 수단의 집합을 의미한다. 그러나 이번 장에서 살펴보았듯, 1400~1800년 주요 화폐로 사용된 네 가지 물질(즉 은, 금, 구리, 개오지조개)의 경우 생산 지역은 지질학적 요인에 따라 서로 달랐다. 더욱이 지역에 따라 동시에 두 종류 이상의 화폐가 공존한 경우는 있었지만, 네 가지 화폐가 모두 공통의 "화폐"라는 이름으로 유통된 적은 없었다. 그보다는 오히려 지리적 위치에 따라 특정 화폐가 선호되었고, 화폐의 성격을 띤 물질도 다른 상품들과 마찬가지로 이익에 따라 움직였다. 이처럼 원재료가 다른 다양한 화폐를 이론적으로 하나로 묶어서 보면 세계 화폐의 역사를 이해하기 어렵다. 반대로 분리하면 오히려 사태는 분명해진다.

국민국가의 차원에서 화폐 물질을 단일화하는 것은 지역 내 화폐 통용 구역의 문제로 이어졌다. 예컨대 중국에서는 금이 주요 화폐 물질이 아니었지만, 일본이나 인도를 비롯한 세계의 여러 나라에서는 내부적으로 금화가 사용되는 지역도 많았다. 은은 중국에서 동전과 함께 주도적인 화폐 물질이었지만, 중국에서 은화가 주조된 적은 없었다. 한편 주요 은광이 위치한 일본에서는 막대한 양의 은화 주조가 이루어졌다. 은광이 없는 인도에서도 은화는 많이 주조되었다. 인도와 일본에서는 모두 국내적으로 은이 주도하는 지역과 금이 주도하는 지역이 나뉘어 있었다. 그러므로 화폐 이론은 지역적 특성을 전제로 논의되어야 한다. 예컨대 몰디브는 지구상에서 개오지조개가 가장 많이 생산되는 지역이고, 그곳에서 채취한 수백만 파운드의 개오지조개가 유럽의 항구를 거쳐 아시아나 서아프리카로 수출되었지만, 정작 현지에서는 페르시아의 동전 라린(larin)이 흔히 사용되었다. 납처럼 (금은에 비해) "덜 중요하게" 인식되는 화폐 물질도 있지만, 중요도란 지역에 따라서 달라지는 문제다.[19]

세계 전체적으로 화폐 물질의 분포가 혼란스러워 보일 수 있으나, 각각의 화폐 물질을 별개의 실체로 보면 개념이 명확해진다. 각각의 화폐 물질은 특정 지역에서 생산되어 여러 시장으로 팔려나갔고, 생산지에서 시장까지 이동할 때는 무역로를 거쳤다. 이런 점에서는 화폐 물질이든 일반 상품이든 다를 바가 없었다. 은도 마찬가지로 운영 자본과 자원 탐사에서부터 시작해서 착굴, 광석 채굴, 제련, 합금, 제작(화폐 주조 포함)의 과정을 거쳐 최종적으로는, 흔히 정치적 경계를 넘어서서 시장으로 유통되는 일련의 과정을 거치는 "현물" 상품이었다.

---

19 Akinobu Kuroda, "Concurrent but Non-integrable Currency Circuits: Complementary Relationships Among Monies in Modern China and Other Regions," *Financial History Review*, no. 15.1 (2008): 17-36.

더 읽어보기

Attman, Artur, *American Bullion in the European World Trade, 1600-1800*. Acta Regiae Societatis Scientiarum Et Litterarum Gothoburgensis. Humaniora, 26 (Gothenburg: Kungl. Vetenskaps- och Vitterhets Samhället, 1986).

_____, *Dutch Enterprise in the World Bullion Trade 1550-1800*. Acta Regiae Societatis Scientiarum Et Litterarum Gothoburgensis. Humaniora, 23 (Gothenburg: Kungl. Vetenskaps- och Vitterhets Samhället, 1983).

_____, *The Bullion Flow between Europe and the East, 1000-1750*. Acta Regiae Societatis Scientiarum Et Litterarum Gothoburgensis. Humaniora, 20. (Gothenburg: Kungl. Vetenskaps- och Vitterhets Samhället, 1981).

Atwell, William S., "International Bullion Flows and the Chinese Economy Circa 1530-1650," *Past and Present* 95 (1982): 68-90.

_____, "Notes on Silver, Foreign Trade, and the Late Ming Economy," *Ch'ing-shih wen-t'i 3*, no. 8 (1977): 1-33.

Bakewell, P. J., *Silver Mining and Society in Colonial Mexico: Zacatecas, 1546-1700* (Cambridge University Press, 1971).

Barrett, Ward, "World Bullion Flows, 1450-1800," in James D. Tracy (ed.), *The Rise of Merchant Empires: Long-Distance Trade in the Early Modern World, 1350-1750* (Cambridge University Press, 1990), pp. 224-54.

Boxer, Charles R., "Plata Es Sangre: Sidelights on the Drain of Spanish-American Silver in the Far East, 1550-1700," *Philippine Studies* xviii, no. 3 (1970): 457-75.

Brading, David, *Miners and Merchants in Bourbon Mexico, 1763-1810* (Cambridge University Press, 1971).

Cartier, Michel, "Les Importations de Metaux Monetaires en Chine: Essai sur la Conjoncture Chinoise," *Annales E.S.C.*, no. 36 (1981): 454-66.

Chaudhuri, K. N., *The Trading World of Asia and the English East India Company, 1660-1760* (Cambridge University Press, 1978).

Chaunu, Pierre, *Les Philippines et le Pacifique des Iberiques (xvi, xvii, xviii, Siècles)* (Paris: S.E.V.P.E.N., 1960).

Chuan, Hang-Sheng, "The Chinese Silk Trade with Spanish America from the Late Ming to the Mid-Ch'ing Period," in Laurence G. Thompson (ed.), *Studia Asiatica Assays in Asian Studies in Felicitation of the Seventy-Fifth Anniversary of Professor Ch'en Shou-Yi* (San Francisco: Chinese Materials Center, 1975), pp. 99-117 [reprinted in Dennis O. Flynn, *World Silver and Monetary History in the*

16th and 17th Centuries, Aldershot: Variorum, 1996].

Cross, Harry E., "South American Bullion Production and Export, 1550-1750," in John F. Richards (ed.), *Precious Metals in the Later Medieval and Early Modern Worlds* (Durham, NC: University of North Carolina Press, 1983), pp. 397-424.

Depeyrot, G. (ed.), *Three Conferences on International Monetary History* (Wetteren, Belgium: Moneta, 2013).

Dermigny, L., "Circuits de L'argent et Milieux D'affaires au xviii Siècle," in *Revue Historique* (1954): 239-78.

Flynn, Dennis O., *Price Theories of Monies: Evolving Lessons in Monetary History* (Wetteren, Belgium: Moneta, 2009).

_____, *World Silver and Monetary History in the 16th and 17th Centuries*. Collected Studies Series. (Aldershot; Brookfield, VT: Variorum, 1996).

Flynn, Dennis O., and Giráldez Arturo, *China and the Birth of Globalization in the 16th Century*. Collected Studies Series. (Burlington, VT; Ashgate Variorum, 2010).

Garner, Richard L., "Long-Term Silver Mining Trends in Spanish America: A Comparative Analysis of Peru and Mexico," *American Historical Review* 93, no. 4 (1988): 898-935.

Graulau, Jeannette, "Ownership of Mines and Taxation in Castilian Laws, from the Middle Ages to the Early Modern Period: The Decisive Influence of the Sovereign in the History of Mining," *Continuity and Change* 26, no. 1 (2011): 13-44.

Hamashita, Takeshi, "The Tribute System and Modern Asia," in *Memoirs of the Research Department of the Tokyo Bunko* (Tokyo, 1988), pp. 7-25.

Hamilton, Earl J., *American Treasure and the Price Revolution in Spain, 1501-1650* (Cambridge, MA: Harvard University Press, 1934).

Innes, Robert L., "The Door Ajar: Japan's Foreign Trade in the Seventeenth Century." Unpublished Ph.D. diss., University of Michigan, 1980.

Morineau, Michel, *Incroyables Gazettes et Fabuleux Metaux. Les Retours des Tresors Americains D'après Les Gazettes Hollandaises, xvie-xviii e Siècles* (London: Collins Fontana, 1974).

Nef, John U., "Silver Production in Central Europe," *Journal of Political Economy* 49 (August) (1941): 575-91.

Pamuk, Sevket, *A Monetary History of the Ottoman Empire*. Cambridge Studies in Islamic Civilization (Cambridge University Press, 2000).

Prakash, Om, *Bullion for Goods: European and Indian Merchants in the Indian*

Ocean Trade, 1500-1800 (New Delhi: Manohar Publishers, 2004).
_____, Precious Metals and Commerce: The Dutch East Indian Company in the Indian Ocean Trade (Ashgate, UK: Variorum, 1994).
Richards, John F. (ed.), Precious Metals in the Later Medieval and Early Modern Worlds (Durham, NC: Carolina Press, 1983).
Smith, Adam, "Digression Concerning the Variations in the Value of Silver during the Course of the Four Last Centuries," in E. Cannan (ed.), An Inquiry into the Nature and Causes of the Wealth of Nations (New York: Random House (Modern Library Edition), 1937), pp. 176-242.
Souza, George B., The Survival of the Empire: Portuguese Trade and Society in China and the South China Sea, 1630-1754 (New York: Cambridge University Press, 1986).
Tashiro, Kazui, "Foreign Relations During the Edo Period: Sakoku Reexamined," Journal of Japanese Studies 8, no. 2 (1982): 283-306.
TePaske, John Jay, A New World of Gold and Silver (Leiden; Boston: Brill, 2010).
Vilar, Pierre, A History of Gold and Money 1450-1920 (London: NLB, 1976).
Vogel, Hans Ulrich, "Chinese Central Monetary Policy, 1644-1800," Late Imperial China 8, no. 2 (1987): 1-51.
Yamamura, Kozo, and Tetsuo Kamiki, "Silver Mines and Sung Coins: A Monetary History of Medieval and Modern Japan in International Perspective," in J. F. Richards (ed.), Precious Metals in the Later Medieval and Early Modern Worlds (Durham, NC: Carolina Academic Press, 1983), pp. 329-62.

CHAPTER 10

네덜란드와 영국의 동방 무역, 1700년경의 인도양과 레반트

제임스 트레이시
James D. Tracy

1700년경 네덜란드 동인도회사(Verenigde Oost-Indische Compagnie, VOC)와 영국 동인도회사(English East India Company, EIC)는 인도양의 일정 구역에서 주도권을 장악했다. 그 과정이 어떠했는지를 밝힌 학술적 연구 성과는 이 글의 후미에 실린 "더 읽어보기"에 수록해두었다. 이들 회사는 인도양으로 진입한 뒤 기존의 아시아 역내 무역 네트워크에 크게 의존했다. 그런데 당시의 아시아 네트워크 상황을 이해하려면 일단 해석의 문제가 앞을 가로막는다. 남아 있는 거래 문서 내용이 대개 유럽 기업의 입장에서 작성되어 있기 때문이다. 현지 언어로 된 기록 자료가 없는 상태에서, 중개인이 서양의 기업에 보낸 보고서 내용만 가지고 당시 아시아 무역상이 어떤 활동을 했는지를 재구성하기란 쉽지 않은 일이다. 그 보고서 내용은 암스테르담이나 런던에 있는 본부의 상급자들에게 좋은 인상을 주려는 의도가 다분했다. 그럼에도 불구하고 클리오(Clio, 역사의 여신)의 제자들은, 특히 1980년부터 이 분야에서 생산적인 업적을 구축해왔다. 두 기업은 일정한 긴장 관계에 놓여 있었을 것으로 예상해볼 수 있다. 그러나 다른 한편으로 기업의 관점에서 보자면, 두 기업은 몇 가지 공통점이 있었다.

첫째, 유럽으로 운송한 화물량은 그들이 아시아 역내 무역에 참여한 물량에 비하면 일부에 지나지 않았다. 특히 포르투갈의 에스타두 다 인

디아(Estado da Índia)나 프랑스의 콤파니 데젱드(Compagnie des Indes)를 비롯해 동방으로 진출한 유럽의 모든 기업이 마찬가지였다. 예컨대 1688년 VOC가 말라바르 해안의 케랄라(Kerala)에 있는 무역 거점에서 본국으로 운송한, 후추를 비롯한 기타 상품들을 모두 금액으로 환산하면 약 100만 길더(guilder)였다. 그러나 같은 해에 그들이 케랄라에서 콘칸(Konkan)으로 보낸 육로 운송 화물을 금액으로 환산하면 400만 길더였고, 구자라트(Gujarat)로 보낸 해상 운송 화물의 경우 350만 길더였다. (아시아나 기타 다른 지역에서 건너오는 해상무역은 유럽 경제 발전에서 역할이 없지는 않았지만 그리 크지 않았던 것으로 평가된다.)[1]

둘째, 무역수지는 아시아 쪽으로 한참 기울어져 있었다. 아시아에서 유럽 상품 수요는 미미했기 때문에 유럽에서는 정금(正金, 금이나 은)을 동방으로 보내 수지를 맞출 수밖에 없었다. 심지어 아시아 역내 무역에 참여해서 막대한 수익을 올린 VOC조차 유럽 수입 화물의 80퍼센트를 은으로 지불했다.

셋째, 기존의 상식과 달리, 1530년부터 인도의 고아(Goa)에서 무역 거점을 운영한 포르투갈의 에스타두 다 인디아는 아시아 전통 무역에서 영향력이 아주 미미했다. 중앙아시아 스텝 지역을 거치는 동서 무역은 16세기 후반기에 하락세를 면치 못했지만, 이는 이란의 사파비 제국

---

1 See Patrick K. O'Brien, "European Economic Development: The Contribution of the Periphery," *Economic History Review* 35 (1982): 1-18, and the minimal reference to Asian trade in David Ormrod, *The Rise of Commercial Empires: England and the Netherlands in the Age of Mercantilism, 1650-1770* (Cambridge University Press, 2003). Also, Rene J. Barendse, *The Arabian Seas: The Indian Ocean World of the Seventeenth Century* (London: C. M. R. Sharpe, 1998), p. 198.

샤와 우즈베키스탄의 주치(Jochi) 칸 사이에 벌어진 전쟁이 카라반 루트에 혼란을 초래했기 때문일 뿐, 포르투갈의 상선이 희망봉 우회 항로를 운항했기 때문이 아니다. 후추나 순수 향신료라고 하는 상품들에[2] 국한하더라도, 웨이크(C. H. H. Wake)의 연구가 말해주듯이, 포르투갈의 무역 주도 기간은 그리 길지 않았다. 아시아 무역에서 포르투갈의 경쟁자인 베네치아 상인들이 1560년경부터 홍해를 거치는 화물 운송을 재개하면서 유럽의 향신료 주요 공급자도 바뀌게 되었다.

넷째, VOC와 EIC의 활동이 개입되면서 무역 구조에 근본적 변화가 일어났다. 유럽인은 1680년경부터 전통적으로 자유무역항인 동남아시아의 항구들을 장악했다. 믈라카(Melaka)는 포르투갈에서 다시 네덜란드의 수중으로 넘어갔고, 마카사르(Makassar)와 반텐(Banten) 또한 네덜란드의 차지였다. 구자라트 상인들은 이미 수 세대에 걸쳐 향료제도를 오가고 있었으나, 수라트(Surat) 지역으로 들여오는 정향이나 기타 순수 향신료 수입은 VOC를 거치도록 강요당했다. 코로만델 해안을 따라 주요 직물 생산 지역이 분포했는데, 1700년경에는 그곳에서 생산되는 직물의 약 3분의 2가 유럽으로 수출되고 있었다. 벵골은 유럽으로 면화, 차, 비단을 주로 수출하는 지역이었는데, 1730년에는 EIC와 VOC가 지역 내 최대 무역상이 되어 있었다.

이런 기업들의 성공을 어떻게 설명할 수 있을까? 아시아의 주요 경

---

2 육두구(nutmeg)와 메이스(mace)를 말한다. 육두구는 육두구 나무(Myristica fragrans)의 열매에 들어 있는 씨앗에서 얻고, 메이스는 그 씨앗의 외피에서 얻는다. 1600년경 전 세계의 고급 향신료는 대부분 몰루카제도(오늘날 인도네시아)에 있는 반다제도(Banda island chain), 즉 이른바 향료제도(Spice Islands)에서 생산되었다.

쟁자들이 1700년경, 혹은 그 직후에 쇠락한 이유는 무엇일까? 이번 글은 앞부분에서 VOC와 EIC를 살펴본 다음, 뒷부분에서 그들과 때로 협력했고 경쟁하는 경우가 더 많았던 동방의 무역 공동체에 관해 논의해 보고자 한다.

인도양으로 진출한 VOC와 EIC, 1600~1700년

VOC의 전략적 "무장 무역"

주민들 스스로는 네덜란드(Nederland)라고 일컬은 홀란트(Holland)는 나라가 아니라 지역의 명칭이었다. 1600년의 홀란트는 과거 합스부르크령 네덜란드의 7개 지방 중 하나였는데, 당시 포르투갈과 해외 식민지를 모두 통치하고 있는 스페인을 상대로 오랜 투쟁 끝에 독립을 쟁취했다.[3] 부와 인구의 절반이 집중되어 활발했던 중심지에 네덜란드 공화국(Dutch Republic)이 있었다. 공화국의 중심 도시 암스테르담은 대단한 경제적 호황을 누렸는데, 이유의 상당 부분은 국경에 방어선을 구축하고 역내 중립국을 선포한 덕분이었다. 평화지대는 상업 회사와 장인들을 불러들였고, 특히 스페인의 각 지역과 전쟁으로 피해를 입은 남부 네덜란드로부터 사람들이 몰려들었다.[4] 스페인과의 전쟁으로 향후 VOC

---

3 네덜란드 반란이 홀란트와 제일란트 지방에서 기반을 구축하기 전까지 네덜란드 전역은 카스티야와 아라곤의 왕 펠리페 2세(재위 1556~1598년)의 통치 아래 있었다. 그는 1581년부터 포르투갈의 국왕이기도 했다.

4 James Tracy, *The Founding of the Dutch Republic: War, Finance, and Politics in Holland, 1572-1578* (Oxford University Press, 2008); Jan de Vries and Ad van der Woude, *The First Modern Economy: Success, Failure and Perseverance*

가 뿌리내릴 토양이 만들어졌다.

포르투갈은 중세 유럽의 관습인 무장 무역의 방식을 동방으로 수출함으로써 무역 제국 네트워크를 구축할 수 있었다. 즉 해군력을 동원해 특정 무역로를 운항하도록 강제하는 방식이었다.[5] 1511년 포르투갈에 정복되기 전까지 믈라카(Melaka)는 인도의 면직물과 중국의 비단 화물이 들어오는 집산지였고, 말루쿠제도에서 나는 정향(丁香, clove)이나 주요 향신료들이 거래되는 곳이었다. 자와섬 서쪽 끝에 위치한 반텐(Banten)과 술라웨시섬 남단에 위치한 마카사르(Makassar) 역시 규모는 믈라카보다 작아도 비슷한 역할이었다. 반텐과 마카사르는 자유항으로 유지되었지만, 믈라카에는 몇 군데 "조임목(choke-point)" 요새가 설치되었다. 고아에 근거지를 둔 포르투갈의 에스타두 다 인디아가 주요 무역로를 통제하기 위해 설치한 시설이었다. 포르투갈 전함은 통행허가증(cartaz) 없이 항해하는 선박을 찾아 믈라카 해협을 순찰했다. 1581년부터 포르투갈이 스페인의 통치 아래 편입되면서 네덜란드의 선장들은 포르투갈의 무역 시스템을 우회함으로써 애국적 명분과 개인적 실리를 동시에 챙겼다. 1595년부터 홀란트와 제일란트(Zeeland)의 사기업들이 향

---

    of the Dutch Economy, 1500-1815 (Cambridge University Press, 1997); and Clé Lesger, *The Rise of the Amsterdam Market and Information Exchange: Merchants, Commercial Expansion, and Change in the Spatial Economy of the Low Countries, c.1550-1620* (Aldershot: Ashgate, 2006).
5 Kirti N. Chaudhuri, *Trade and Civilization in the Indian Ocean* (Cambridge University Press, 1985), p. 14에서는 무장 무역이 그리스-로마 시대에도 전례가 있다고 주장한다. 반면 Chester Starr, *The Influence of Sea Power on Ancient History* (New York: Oxford University Press, 1989)에서는, 카르타고가 무역 지원에 해군력을 사용했지만 그리스와 로마는 그렇지 않았다고 한다.

료제도까지 운항할 15척의 선단을 구성했다. 대부분의 선박은 경무장 상태였다. 홀란트의 선주와 투자자 들은 무기와 병사를 위한 비용 지출에 익숙하지 않았다. 그러나 일부 투자자는 관점이 달랐다. 1602년 암스테르담의 어느 기업은 야코프 판 헤임스커르크(Jakob van Heemskerk)에게 중무장 선박을 제공하고 인도양으로 진출해 포르투갈에 함께 맞설 동맹 세력을 구해보라고 지시했다. 1603년 싱가포르 앞바다에서 그는 포르투갈의 상선 산타카타리나(Santa Catarina)호를 나포했는데, 금액으로 치면 220만 길더 상당의 중국 비단이 실려 있었다. 헤임스커르크는 본부에 보내는 보고서에서, 산타카타리나호를 나포한 것은 말루쿠제도에서 스페인 관리들이 네덜란드 상인들을 학대했기 때문이라며 자신의 행위를 정당화했다.

1602년 네덜란드 의회는 경쟁 기업들을 강제 합병하여 하나의 회사로 통합했다. 그것이 네덜란드 동인도회사, 즉 VOC였다. VOC의 총독(High Mightinesses)은 나아가 수익성 높은 향신료 무역 독점을 파고들며 스페인-포르투갈 제국에 직접 도전했다. 회사의 운영은 이사회가 맡았다. 17인의 이사가 5개 지역 "이사회(chamber)"에 소속되어, 아시아에서 가져온 상품의 판매를 관리했다. 이사회 참여자들은 또한 주요 투자자(bewindhebber)로서, 의사 결정 권한이 없는 일반 주주(participanten)에게 주식을 발행할 수 있는 권한을 독점했다. 회사 설립 후 10년이 지나면 주요 투자자와 일반 투자자 모두 자본금을 재분배하기로 했으나, 네덜란드 의회는 이를 취소했고, 자본금 회수를 원하는 투자자는 주식시장에 주식을 내다 팔도록 했다. 이 결정에 따라 17인의 이사들은 항구적 자본주가 되었고,[6] VOC의 해외 사업을 관리하며, 암스테르담 증권거래

소와 계약하여 대규모 대출금을 조달했다.

VOC는 최초 두 차례의 선단을 파견하면서 포르투갈의 거점을 공격하라는 명령을 내렸다. 그러나 실제로는 정향 생산의 중심지인 암본(Ambon)섬의 요새를 정복하는 데 그쳤다. 1606년 제3차 선단이 파견되어, 조호르 술탄국과 함께 포르투갈령 믈라카를 공격했으나 성공하지 못했다. 한편 17인 이사회는 유능한 젊은 법률가 후고 그로티우스(Hugo Grotius)를 고용하여 헤임스커르크의 산타카타리나호 나포 보고서를 검토하도록 했다. 그에 대한 간략한 법률 검토 보고서가 〈데 유레 프레다(De Jure Predae, 상금과 전리품의 법칙에 관하여)〉였다. 1606년 그로티우스는 VOC를 대표하여 의회에 청원서를 제출했다. 아시아 지역에서 회사의 군사비 지출은 대스페인 전쟁의 일환이므로, 그 비용을 국가가 지원해달라는 내용이었다(청원이 받아들여지지는 않았다). 그로티우스는 무장 무역(armed trading)이 네덜란드 공화국과 국민에게 실질적 이익이 된다는 점을 강조했다.[7] 1609년 17인 이사회는 총독부를 설치하기로 했다. 주요 정책 결정은 17인 이사회의 승인을 거쳐야 하지만 해외 운영상 문제는 총독과 산하의 집행부가 우선적으로 처리하도록 했다. 초대 총독은 피터르 봇(Pieter Both)이 맡았다. 그에게는 여러 네덜란드령 요새를 강화하고 말루쿠제도 특산물을 "독점"할 수 있는 조치를 취하라는 지

---

6 Kirti N. Chaudhuri, *The Trading World of Asia and the English East India Company* (Cambridge University Press, 1978), pp. 412-17. 동인도회사는 1657/1660년까지 고정된 자본금을 보유하지 않았다.

7 〈데 유레 프레다(De Jure Predae)〉는 그로티우스에 의해 출판된 적이 없다. 유명한 〈Mare Liberum(공해의 자유)〉는 이 책의 한 챕터로, 1609년에 별도로 출판되었다.

시가 내려왔다. 총독부는 반텐에 설치되었다가 나중에 바타비아(Batavia, 오늘날 자카르타)로 이전했는데, 그곳도 반텐 술탄국의 영토였다.

1609년부터 스페인과 네덜란드 공화국 사이에 〈12년 휴전(Twelve Years Truce)〉 협정이 체결된 뒤로 무장 무역 전략도 기세가 꺾였다. 그러나 양측이 휴전을 준수하는 동안, 세계적으로 육두구와 메이스 공급의 95퍼센트를 차지하는 반다(Banda)제도에서 우려스러운 보고가 나왔다. 반다제도의 원주민 농장주들이 VOC와 매매계약을 맺은 뒤 더 높은 가격을 제시하는 EIC에게 판매했다는 것이다. 이 문제 때문에 네덜란드인이 항의하자, 반다네이라(Banda Neira, 반다제도의 중심 섬)의 무슬림 지도자(오랑 카야)는 코라코라(kora-kora) 카누를 타고 감히 네덜란드의 전함을 공격했다. VOC를 대표하여 그로티우스는 EIC와 협상에 나섰다(1613~1615년). 말루쿠제도의 상거래에도 법률적 계약준수원칙(pacta sunt servanda, 민법과 국제법의 기본 원칙 – 옮긴이)이 지켜져야 한다는 것이 그로티우스의 주장이었다. 그러나 1614년 이래로 VOC 총독을 맡은 라우런스 레알(Laurens Reael)은 EIC와 거래한 계약자들을 상대로 무력 사용을 주저했다. 그러나 한편으로는 요새 운영비와 병사의 임금 지급을 거절한 주주들의 입장도 이해했다. 1617년 EIC의 선박들이 지역 통치자의 지지를 등에 업고 자카르타의 VOC 기지를 봉쇄했고, 라우런스 레알의 부하 얀 피터르스존 쿤(Jan Pieterszoon Coen)은 총독의 우유부단한 대응을 정면으로 비판했다. 그로부터 1년이 채 못 되어 총독이 얀 피터르스존 쿤으로 바뀌었다. 1619년 VOC 군대는 자카르타를 약탈하고, 도시 이름을 바타비아(Batavia)로 바꾸었다.[8] 그곳에 요새가 건설되었으며, 이후로 바타비아는 VOC의 아시아 수도가 되었다. 1621년 얀 피터르스존 쿤은 주요 향신료 거래를 둘러싼 경쟁 문제를, 무력을 동원하는 거친 방식으로 해결했다. 반다제도의 중심 섬인 반다네이라에서 지도자 40명이 참수당하고 주민이 여러 섬으로 흩어져 달아나자, 좀 더 다루기 쉬운 새 정착민이 들어설 길이 열렸다.[9] VOC 본사의 17인 이사회가 말루쿠제도의 독점 거래를 구축하라고 지시한 적은 있지만, 이런 방식을 원한 것은 아니었다. 그러나 1623년 그가 본국을 방문했을 때 본사에서는 그를 영웅 대접하며 크게 환영했다.

1622년 VOC는 EIC와 협력하여, 호르무즈 해협의 요새로부터 포르투갈을 쫓아냈다. 그곳은 페르시아만으로 통하는 "조임목"에 위치한 무역 거점이었다. 덴마크의 역사학자 닐스 스틴스고르(Niels Steensgaard)에 따르면, 당시의 전투가 역사적 전환점이 된 것은 포르투갈의 에스타두 다 인디아가 핵심 요지를 상실했기 때문이기도 하지만, 승전국의 상업적 효율성 우위가 확인되었기 때문이다. EIC와 VOC 또한 포르투갈인이 그랬던 것처럼 무장 무역 방식을 따랐지만, 기업 구조로 볼 때 군사 부문은 어디까지나 기업 활동의 일환일 뿐이었다. 스틴스고르를 비판하는 평론가들이 올바르게 지적했듯이, 그의 연구는 에스타두 다 인디아의 역사적 변화를 충분히 고려하지 못했다. 또한 이윤을 추구하는 상인 같은 네덜란드 방식과, 명예를 중시하는 호전적 피달고(fidalgo, 영주) 같은 포르투갈 방식을 때로 너무 단순히 대비시키기도 했다. 하지만 네덜

---

8 16세기 인문주의자들은 고대에 로마의 동맹이었던 바타비아인(Batavians)을 현대 네덜란드어 사용자들의 먼 조상으로 규정했다.
9 John Villiers, "Trade and Society in the Banda Islands in the Sixteenth Century," *Modern Asian Studies* 15 (1981): 743–9.

란드 방식이 상업적 효율성 면에서 더 발달한 것은 사실이었다. 포르투갈과 달리 네덜란드는 특히 방어 비용을 "내재화(internalize)"했다.[10] 다시 말해 네덜란드는 유럽에서 판매하는 상품의 가격에 아시아에서 지출되는 간접비(전함 운영 등)를 그대로 반영했다.

다시 한 번 닐스 스틴스고르에 따르면, 얀 피터르스존 쿤은 말루쿠 제도에서 VOC의 독점적 지위를 바탕으로 어떻게 아시아의 무역 제국을 건설할 수 있을지를 인식한 최초의 인물이었다. 당시 상인들의 관점에서, 아시아에 쌓여 있는 자본은 필요에 따라 언제든 네덜란드 본부로 가져올 수 있는 것이었다. 얀 피터르스존 쿤은 자본을 아시아에 보관해 두려 했고, 본사에서는 점차 그의 의도를 받아들였다. 또한 그는 아시아 역내 무역 전략도 설계했다. 말루쿠제도에서 정향을 비롯한 주요 향신료를 팔아 인도의 면직물을 사들였다. 그러나 인도에서는 면직물을 판매하는 대가로 정금(正金, 지폐가 아닌 금화나 은화)을 요구했다. 네덜란드의 입장에서는 은을 구하기가 쉽지 않았는데, 1622년부터 스페인과 네덜란드의 전쟁이 재개되었기 때문이다. 그렇다면 은을 구할 수 있는 곳은 아시아, 예컨대 일본 같은 곳밖에 없었고, 얀 피터르스존 쿤은 이를 잘 이해하고 있었다.[11] 그럼 대만에다 상점을 개설하고 중국 비단을 사들여 일본의 은과 교역하는 편이 좋을 것이었다. 쿤이 사망한 뒤에는

---

10 보호 비용(protection costs) 개념 관련해서는 베네치아 무역에 관한 다음의 연구 성과를 참조하라. Frederic C. Lane, *Profits from Power: Readings in Protection-Rent and Violence- Controlling Enterprises* (Albany, NY: State University of New York Press, 1979).
11 1609년부터 VOC는 나가사키 인근의 히라도(平戶)섬에 무역 거점(factory)을 설치했다.

VOC의 전함이 구자라트까지 진출해 무역 거점을 강화했고,[12] 이를 통해 주요 향신료 독점 이익을 극대화했다. 쿤의 살아생전에 그렇게까지 일이 진행된 것은 아니지만, 무장 무역으로 수익을 올리는 틀을 만든 장본인이 쿤이었다. 그가 만든 무역 구조는 1648년 스페인이 네덜란드 공화국의 독립을 인정한 〈베스트팔렌 조약〉 이후로도 한동안 그대로 지속되었다.

그의 후임으로 임명된 총독들은 17인 이사회의 지원에 힘입어, 쿤이 육두구와 메이스 무역에 관철한 방식을 그대로 다른 품목에도 확대해갔다. 그러나 정향은 암본(Ambon)섬에 위치한 VOC의 무역 거점에서 독점 거래를 하지 못했다. 말루쿠제도의 다른 곳에서도 정향이 자랐고, 마카사르에서 자유롭게 거래되고 있었기 때문이다. 40여 년이 넘도록 수차례에 걸친 군사 원정을 거친 뒤, 마침내 VOC는 1669년 정향 무역에서 경쟁자들을 대부분 몰아내는 데 성공했다. 계피는 오직 스리랑카에서만 재배되었는데, 가격이 정향이나 주요 향신료에 못지않게 비쌌다. 계피의 주요 생산지를 장악하기 위해 VOC는 두 번의 전쟁을 잇달아 수행했다. 하나는 포르투갈의 에스타두 다 인디아와의 전쟁(1638~1658년), 또 하나는 싱할라인의 캔디(Kandy) 왕조와의 전쟁(1658~1665년)이었다. 유럽의 후추 시장이 계속 성장했더라면, 후추 무역의 장악으로 그 무엇보다 값진 성과를 올릴 수 있었을 것이다. 그러나 후추 수요가 끝없

---

12 1647년 VOC는 구자라트에서 아체 술탄국 교역을 금지했다. 구자라트 상인들이 구입하는 향신료 공급을 VOC가 독점하고 가격도 VOC가 결정하기 위한 조치였다. Sinnappah Arasaratnam, *Merchants, Companies, and Commerce on the Coromandel Coast* (Oxford University Press, 1986), pp. 123-5. 쿤은 1629년에 사망했다.

이 늘어나지는 않았다. 돌이켜보면 1660년대에 이미 후추 시장은 포화 상태였다. 그 시점이 VOC가 1663년 포르투갈령 코친(Cochin)을 점령한 시점과 정확히 맞아떨어진다. 유럽 경쟁자들을 말라바르(Malabar) 후추 시장에서 몰아내기 위한 행동이었다. 그러나 수마트라섬 남부를 비롯한 여러 지역에서 생산된 후추가 여전히 반텐(Banten)에서 거래되고 있었다. 반텐에서 EIC는 현지 정부와 긴밀한 협력 관계를 맺고 있었다. 더욱이 VOC의 경영 수지도 악화되고 있었다. 특히 스리랑카 전쟁 부채가 부담이 되었다. 1670년대에 이르러 무장 무역 전반이 문제시되었다. 예컨대 실행까지 되지는 않았지만 (포르투갈의 전통을 이어받은) 통행증(무역 허가) 폐지도 논의되었다. 1682년 결국 17인 이사회는 반텐을 공격하기로 결정했지만, 이는 후추 무역 때문이 아니라, 자와섬 중부에서 마타람(Mataram) 술탄국을 상대로 전쟁을 벌이는 VOC를 반텐이 적대시했기 때문이다. 반텐의 함락은 EIC의 유럽 후추 수출에 타격을 입혔다. 그러나 후추의 가격이 너무 낮았기 때문에 무역 독점의 필요성이 별로 없었다.[13] 어쨌든 (1672~1702년 네덜란드 통령을 지낸) 빌럼 왕자(Willem Ⅲ van Oranje)가 1689년 잉글랜드의 왕 윌리엄 3세(William of Orange, 재위 1689~1702년)로 등극한 이후, VOC와 EIC의 긴장 관계는 한층 완화되었다.

---

13 Femme Gaastra, "War, Competition, and Collaboration: Relations between the English and Dutch East India Companies in the 17th and 18th Centuries," in H. V. Bowen, Margarette Lincoln, and Nigel Rigby (eds.), *Worlds of the East India Company* (New York: Boydell, 2002), pp. 49-68.

EIC: "기업형 입헌주의"

VOC(1602년 설립)는 네덜란드 공화국 의회가 스페인 왕국에 일격을 가하기 위해 설립한 기업이었다. 그러나 EIC(1600년 설립)는 상인과 투자자 연합에 의해 설립되었으며, 엘리자베스 1세 정부에 청원하여 향료제도 무역 특권을 얻어냈다.[14] 주주들은 총회(General Court)를 구성하고, 매년 기업의 총독(Governor)과 24명의 이사(Director)를 선출했다. 주요 정책 결정안은 총회에 제출되어야 했지만, 집행 책임은 총독과 이사들이 맡았다. 그들은 수익 극대화와 제반 경비 감소에 "탁월한 성과"를 보여줌으로써[15] 주주의 이익을 최우선하는 자세를 과시했다. 1636년까지는 출항할 때마다 1회성 주식을 발행했고, 항해가 마무리되고 결산이 완료되면 주식에 따라 수익금을 분배했다. VOC와 마찬가지로 직원이나 고용자가 사적으로 무역에 참여하는 것을 엄격히 금지하지는 않았지만 대체로 꺼렸다.[16]

EIC 선장들은 상업적 이득을 취하기 위해 무력을 사용하는 것을 주저하지 않았다. 그러나 말루쿠제도에서 VOC의 입지에 지속적으로 도전할 만한 자원이 본사로부터 뒷받침되지 못했다. 예컨대 1613~1617년 EIC는 29척의 배를 보낸 반면, VOC는 51척의 배를 파견했다. 1623

---

14 "기업형 입헌주의"라는 표현에 관해서는 다음을 참조. Chaudhuri, *Trading World of Asia*, p. 22.
15 Kirti N. Chaudhuri, *The English East India Company* (London: Frank Cass, 1965), pp. 31-3, and Chaudhuri, *Trading World of Asia*, pp. 25-8.
16 Peter James Marshall, "Private British Trade in the Indian Ocean before 1800," reprinted as chapter xiii of Peter James Marshall, *Trade and Conquest: Studies on the Rise of British Dominance in India* (Aldershot: Variorum, 1993), pp. 277-8.

년 VOC는 90척의 배를 동인도로 보냈고, 20군데 요새에 2000명의 병력을 주둔시켰다. 1619년 영국과 네덜란드 정부의 방침에 따라 VOC와 EIC 사이에 협정이 체결되었다. 그에 따라 향신료 무역의 3분의 2는 VOC가, 3분의 1은 EIC가 맡기로 했다. 이는 서로 전투를 치르는 비용을 절약해서 수익성을 크게 높이기 위한 방안이었다. 그러나 VOC의 직원들은 그 협정이 동방에서의 경쟁 상대인 영국에 주는 "선물"에 불과하다고 인식했다. 앞서 설명했듯 1621년 얀 피터르스존 쿤은 반다네이라 섬을 점령했고, 1623년에는 암본섬의 VOC 당국이 반역 음모를 이유로 영국인 10명과 일본인 용병 9명을 처형할 권리를 주장했다. 이를 계기로 EIC는 말루쿠제도를 포기하고 향신료 무역은 반텐에서의 거래에 만족했으며,[17] 회사의 중점은 자연스럽게 인도로 넘어갔다.

1608년 EIC의 선박이 구자라트의 중심 항구 수라트(Surat)에 들렀다. 면직물 시장은 말루쿠제도에 형성되어 있었지만, 구자라트산 면직물을 구입하기에는 수라트가 더 유리했다. 그러나 포르투갈이 영국의 진출을 가로막고 있었다. 1612년 영국이 포르투갈의 함대를 격파하고 영국의 왕 제임스(James) 1세가 무굴 제국의 황제 자한기르(Jahangir)에게 대사 파견을 승인한 뒤, 1615년에야 비로소 EIC도 수라트에 지점을 설

---

17 Anthony Farrington, *Trading Places: The East India Company and Asia, 1600-1834* (London: British Library, 2002), pp. 41 and 54; M. A. P. Meilink-Roelofs, *Asian Trade in the Indonesian Archipelago Between 1500 and About 1650* (The Hague: Nijhoff, 1962), p. 193; Jonathan Israel, *Dutch Primacy in World Trade, 1585-1740* (Oxford: Clarendon, 1989), pp. 175-6; and Gaastra, "War, Competition, and Collaboration," in Bowen, Lincoln, and Rigby (eds.), *Worlds of the East India Company*, p. 52.

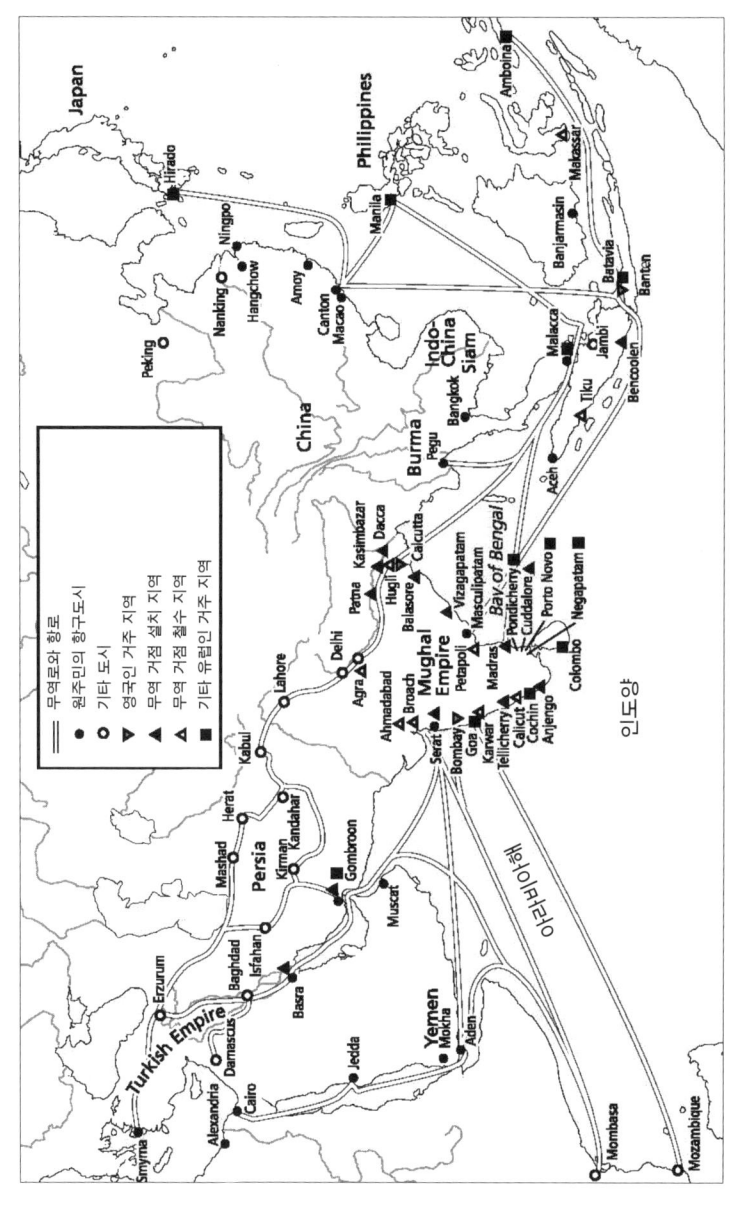

[지도 10-1] 1600년대의 인도양

CHAPTER 10 - 네덜란드와 영국의 동방 무역, 1700년경의 인도양과 레반트

치할 수 있었다. EIC는 1611년부터 마술리파트남(Masulipatnam)에서도 지점을 운영했는데, 골콘다(Golconda) 술탄국의 주요 항구이자 코로만델(Coromandel) 지역에서 생산되는 면직물의 주요 시장이 있는 곳이었다. 1639년 EIC는 마드라스(Madras) 힌두 공국에도 진출해달라는 초청을 받았다. 그 결과로 세인트조지(St. George) 요새가 건설되었는데, 이후로도 한동안 그곳은 아시아에서 유일한 EIC의 요새였다.[18] 면직물에 있어서는 벵골이 또 하나의 주요 지역이었다. 그러나 마찬가지로 포르투갈인의 반대에 부딪혀 처음부터 그곳에 접근하지는 못했다(오늘날의 미얀마인 아라칸Arakan에 근거지를 둔 해적들의 방해도 있었다). VOC는 1633년부터 벵골의 도시 후글리(Hugli)에서 거래했지만, EIC는 자한기르의 후계자인 샤 자한(Shah Jahan)의 칙령에 따라 1651년부터 지점을 운영할 수 있었다. 무굴 제국 정부와의 갈등은 1660년부터 시작되었다. 폭넓은 상업적 이해관계를 가졌던 미르 줌라(Mir Jumla)라는 인물이 벵골 지역의 지방관(subaldar)으로 임명되면서 문제가 나타나기 시작했다. 회사의 무역을 보호하기 위해 주주들은 무력 행동의 필요성을 주장하고 나섰다. "선제적 조치(forward policy)"를 옹호하는 입장의 대표자 조시아 차일드(Josiah Child)가 1681년 처음으로 EIC의 총독(Governor)이 되었다. 적대행위를 해도 좋다는 제임스(James) 2세의 허가를 얻은 조시아 차일드는 1688년 의도한 대로 전쟁을 개시했다. 그러나 영국인 원정군이 치타공(Chittagong) 점령에 실패하면서 좋지 않은 결과를 맞았다. 샤

---

18 Sinnappah Arasaratnam and Aniruddha Ray, *Masulitpatnam and Cambay: A History of Two Port Towns, 1500-1800* (New Delhi: Munshiram Manoharlal, 1994).

자한의 후계자 아우랑제브(Aurangzeb) 황제는 1690년 벵골 지역에 EIC 지점의 재설립을 허가했고, EIC는 콜카타에 벵골 지역 본부를 설치했다. 1696년 벵골 지역에서 반란이 일어나자, 이를 계기로 EIC는 새로운 정착지에 요새를 건설했다.[19]

EIC 지점은 지역별 대표 체제로 운영되었다. 수라트/봄베이,[20] 마드라스, 그리고 1700년부터는 콜카타의 윌리엄 요새에 대표부가 있었다. 각 지역의 대표자는 산하 지점 관리 책임을 맡았고, 런던에 주재하는 총독과 이사들에게 직접 사안을 보고했다. 그러나 아시아 지역 통합 지휘 체계가 없다고 해서 공통 전략 집행에 문제가 있는 것은 아니었다. 그들은 모두 인도에서 구입한 면직물로 후추와 향신료 구입 대가를 지불하고 이를 본국으로 보냈다. VOC와 마찬가지로 EIC도 계획이 있었다. 일본에 가서 비단을 팔고 은을 사 와서, 인도에서 은을 지불하고 면직물을 구입하는 전략이었다(결과적으로 그리 좋은 계획은 아니었다). 1623년 말루쿠제도에서 철수한 뒤로 EIC에 근본적 변화가 나타나지는 않았다. EIC의 중개인은 여전히 반텐에서 후추를, 마카사르에서 정향을 거래했기 때문이다. 그러나 VOC는 1641년 믈라카를 점령한 뒤로 점차 마카사르에 압력을 가했다. 1661년 혹은 1662년 EIC 이사회는 아시아 역내

---

19 Om Prakash, *The Dutch East India Company and the Economy of Bengal, 1630-1720* (Princeton University Press, 1985), pp. 34-9, and Susil Chaudhury, *Trade and Commercial Organization in Bengal, 1650-1720* (Calcutta: K. L. Mukhopaday, 1975), pp. 21-30 and 36-51.
20 봄베이는 1661년 찰스 2세의 신부인 포르투갈의 캐서린 오브 브라간자(Catherine of Braganza)의 지참금 일부로 영국 왕실에 넘어왔다. 수라트(Surat) 지역의 행정 중심지는 1666년에 봄베이(오늘날 뭄바이)로 이전했다.

무역에서 철수하기로 결정했다. 그러나 이후에도 개별 영국인 무역상은 계속해서 인도의 면직물을 구입해서 반텐으로 가서 팔았고, 이를 위해 EIC에 통행증을 요청했다. 이러한 정책 변화, 즉 EIC 소속 무장함의 보호 아래 이루어진 영국인 무역상의 개별적 활동은 미래적 의미를 함축하고 있었다. 18세기를 거치는 동안 인도양에서 주도적인 사업 방식은 바로 이런 식이었다.

올리버 크롬웰(Oliver Cromwell) 주도로 1651년 제정된 항해법(Navigation Act)은 경제적 분쟁을 초래했고, 마침내 전쟁으로 이어졌다.[21] 17세기 후반부 내내 영국과 네덜란드의 전쟁이 지속되었다. 인도에서 VOC와 EIC의 경쟁은 옥양목에 초점이 맞춰져 있었으며, 유럽의 옥양목 수요는 흡사 끝이 없을 듯했다. 대개는 VOC가 유럽으로 보내는 화물의 규모가 더 컸다. 비율로 따지면 대략 3:2 정도였다. 그러나 EIC는 일찍부터 인도의 면직물에 관심을 두었고, 본국으로 보내는 화물 중에서 면직물이 상대적으로 중요한 비중을 차지했다. 예컨대 1696~1705년 EIC의 아시아 수입 품목 가운데 면직물은 64.5퍼센트를 차지한 반면, 1698~1700년 VOC의 같은 품목 비중은 54.7퍼센트였다.[22] 이들 두 회사는 모두 중개인과 거래했고, 중개인이 마을의 직물 생산자에게 주문을 넣었다. 네덜란드는 중개인을 건너뛰고 직접 생산자와

---

21 J. R. Jones, *The Anglo-Dutch Wars of the 17th Century* (London: Longman, 1996).
22 Niels Steensgaard, "Growth and Composition of the Long-distance Trade of England and the Dutch Republic," in James Tracy, *The Rise of Merchant Empires* (Cambridge University Press, 1991), vol. i, pp. 102-52, specifically p. 110 (table 3.2), pp. 114-15 (table 3.5), and p. 126 (table 3.8).

거래하는 등 더욱 공격적으로 영업에 나섰지만, 현지 시장을 장악하지는 못했다. 구자라트에서는 VOC가 유리한 입장이었는데, 말루쿠제도에서 수입해 오는 정향과 주요 향신료를 독점 공급했기 때문이다. 코로만델 해안에서도 VOC는 EIC의 물량을 넘어섰다. 그러나 1700년경에 이르러 벵골 지역은 VOC와 EIC 모두에게 가장 중요한 공급원이었다. 여기서는 영국이 확고한 우위를 점했는데, 영국이 무굴 정부와 우호적 관세 협정을 맺었기 때문이다. 더욱이 VOC 같은 수직적 위계 구조가 없었기 때문에 EIC의 현지 담당자들은 시장 기회에 보다 신속히 대응할 수 있었다.

인도의 은행가와 중개인

무굴 제국에 속하는 지방인 구자라트와 벵골에서 VOC와 EIC는 지방 관리들의 간섭에 직면했다. 아그라(Agra)의 궁정에서 내려온 칙령을 관리들이 항상 존중하는 것은 아니었다. 시간은 매우 중대한 문제였다. 거래 물품의 가격은 시기에 따라 크게 달라졌고, (주로 정금正金 형태로) 유럽에서 건너오는 "보급"이 기회를 잡기에 유리할 만큼 일찍 도착하는 경우는 거의 없었다. 따라서 유럽에서 보내오는 은괴는 직접 물품 대금으로 지급되기보다 대출의 근저당으로 활용되는 경우가 많았다. "모든 기업과 에스타두의 무역은 인도 은행가들의 신용에 달려 있었다."[23] 많은 은행가는 동시에 중개인으로도 활동하며, 고객을 대신해서 유럽의 기업들과 거래했다. 수라트에서 활동한 비르지 보라(Virji Vora)는 유명

---

23 Barendse, *Arabian Sea*, p. 226.

한 사례였다. 한번은 후추 시장을 독점한 다음 네덜란드인에게 원하는 가격을 강요한 일도 있었다(네덜란드인이 후추를 사기 위해 데칸 지역으로 사람을 보냈지만, 비르지 보라의 부하들이 그곳에서 이미 후추를 사 간 뒤였다). 그런 사람들과는 싸우기보다 친하게 지내는 편이 수월했다. 1666년 수라트에 있는 VOC 지점이 의도적으로 낮은 가격에 물품을 보라에게 공급한다는 투서가 바타비아(자카르타)의 VOC 본부에 접수된 일도 있었다. EIC는 1669년 그에게 총 600만 루피의 빚을 지기도 했다. 마드라스에서는 베리 티만나(Beri Timanna)와 카시 베라나(Kasi Veeranna)가 EIC로부터 인정받은 상인 대표자였다. 그들은 수출용 면직물을 공급했으며, EIC 수입품을 독점 거래했다. 이른바 "포트폴리오 자본가(portfolio capitalist)"라 일컬어지는 그들은 세금 수납을 대행하거나 왕공들에게 거금을 대출해주기도 했다.[24] 16세기 유럽의 푸거 가문이나 스피놀라(Spinola) 가문처럼, 인도에서도 거상들의 손에 국가의 운명이 달려 있었다 해도 과언이 아니다.

아시아 무역 네트워크: 기업의 동업자와 경쟁자

필립 커틴(Philip Curtin)의 《다문화 무역의 세계사(Cross-Cultural Trade in World History)》(1984년)는 공통의 종교 혹은 민족을 근거로 형

---

24 Balkrishna Govind Gokhale, *Surat in the 17th Century: A Study of Urban History of India* (London: Curzon, 1979), pp. 37-41; Arasaratnam, *Merchants, Companies, and Commerce*, p. 226; and Sanjay Subrahmanyam and Christopher A. Bayly, "Portfolio Capitalists and the Political Economy of Early Modern India," in Sanjay Subrahmanyam (ed.), *Merchants, Markets, and the State in Early Modern India* (New Delhi: Oxford University Press, 1990), pp. 242-65.

성된 공동체로서 무역에 종사한 다문화 공동체 연구를 촉진했다. 그러나 커틴이 말한 "무역 디아스포라"에 속하는 무역상의 공동체에는 배후에 국가나 그에 준하는 권력이 있는 경우(예를 들면 유럽의 기업들)와 그렇지 않은 경우가 모두 포함되었다. 인도에 있던 무역 공동체의 경우, 대부분은 국가나 해군의 직접적 지원을 받지 않았다. 그러므로 "무역 네트워크(trading networks)"라는[25] 표현이 보다 알맞을 듯하다.

컬링 상인

힌두교에는 원양 항해를 금기시하는 터부가 있었다. 그래서 해외에 정착한 인도 상인은 대개 힌두교도가 아닌 무슬림이었다. 그러나 타밀어를 사용하는 컬링인(Kelings, 혹은 클링인)은 대개 힌두교 신자였지만 흥미롭게도 예외에 속했다. 아마도 그들의 거주 지역이 인도네시아 제도와 500년 이상 무역을 지속해온 곳이기 때문일 수도 있다. 1511년 이전 믈라카에서 가장 큰 정주 공동체를 형성한 이방인이 컬링인과 구자라트 무슬림이었다. 포르투갈인은 믈라카를 공격하기 전에 믈라카 안에서 동맹 세력을 물색했다. 일단 구자라트 무슬림 상인은 선택지에서 제외되었는데, 과거 포르투갈 함대가 디우(Diu)를 공격했을 때(1509년) 구자라트의 술탄과 포르투갈의 에스타두 다 인디아가 적으로 맞선 적이

---

[25] Sebouh David Aslanian, *From the Indian Ocean to the Mediterranean: The Global Trade Networks of the Armenians of New Julfa* (Berkeley, CA: University of California Press, 2011), pp. 7-15; Sanjay Subrahmanyam, "Persianization and 'Mercantilism' in Bay of Bengal History," in Sanjay Subrahmanyam, *Explorations in Connected History: From the Tagus to the Ganges* (Oxford University Press, 2005), pp. 45-79.

있었기 때문이다. 컬링인은 믈라카에서 구자라트 상인을 몰아낼 기회를 엿보던 참이었다. 그래서 그들은 유럽인의 믈라카 정복을 도왔고, 이후에는 유럽인이 말루쿠제도와 무역 관계를 형성하는 데에도 도움을 주었다. 구자라트 상인은 수마트라섬 북부에 위치한 아체(Aceh) 술탄국으로 이주했고, 머지않아 아체 술탄국은 포르투갈과 지역 내 해양 패권을 다투는 적이 되었다. 그로부터 한 세기가 넘도록 믈라카에는 컬링인 무역상 공동체가 상당한 규모로 유지되었다. 1641년 포르투갈인을 쫓아내고 VOC가 믈라카로 들어왔을 때도 컬링인은 협조를 자청했다. 그러나 컬링인의 입장에서 네덜란드인은 훨씬 더 어려운 상대였다. 네덜란드인이 보기에는, 남인도에서 면직물을 구매해 아체 술탄국에 가서 파는 컬링 상인이 VOC의 직접적인 경쟁 상대였다. 그래서 VOC는 인도에서 동남아시아로 들어오는 배는 반드시 믈라카를 거치도록 했다. 이와 같은 조치가 실행되자 믈라카의 컬링인은 아체 술탄국으로 탈출하기 시작했고, 그곳에서 다시 인도 직물 무역을 활성화했다.[26]

구자라트 상인

수라트(Surat)는 지정학적 환경 덕분에 물류의 집산지로 번성했다. 무굴 제국의 제3대 황제 아크바르(Akbar, 재위 1556~1605년)가 구자라트를 정복한 뒤, 구자라트 지역 내의 수라트를 해외 사치품 수입 전담 항구로 지정했다. 항구로서 캄바트(Khambhat)는 15세기에 더욱 번성했

---

26 Subrahmanyam, "Persianization and 'Mercantilism'," in Subrahmanyam, *Explorations in Connected History*, pp. 57-9, and Arasaratnam, *Merchants, Companies, and Commerce*, pp. 113-23.

지만, 수라트에는 캄바트에 없는 장점이 있었다. 즉 원양 항해의 위험을 보장해줄 무역 보험이 있었다. 또한 인도 서부 해안에서 포르투갈의 손에 들어가지 않은 몇 안 되는 요새 중 하나가 그곳에 위치했다. 한편 페르시아 지역에서는 사파비 제국의 제1대 황제 샤 이스마일(Shah Ismail) 1세(재위 1501~1524년)가 무역을 장려했다. 그다음 오스만 제국이 아덴(Aden)을 정복하고(1538년) 포르투갈의 홍해 침입을 막아내자, 인도의 구자라트에서 메카까지 가는 성지순례(hajj)와 무역상의 교통에 안전이 확보되었다. 구자라트 상인은 수마트라섬 북단의 아체(Aceh)에서 향신료를 구입해 서아시아에 가서 판매했고, 서아시아에서 향신료 수요가 점차 늘어나자 인도양을 순환하는 무역 네트워크가 형성되었다. 그 중간 지점이 수라트 항구였다. 수라트는 다른 도시에 비해 바니아(bania) 카스트 출신 상인들이 마하잔(mahajan)의 혜택을 많이 받는 곳이었다. 마하잔은 민족이나 종교를 바탕으로 상인들이 서로 돕기 위해 만든 상호 부조 조직이다. 마하잔을 전체적으로 관리하는 상급 조직은 없었지만, 위기가 닥쳤을 때는 나가르세트(nagarseth)라는 대표자가 나서서 상인 공동체 전체를 이끌었다. 비르지 보라(Virji Vora) 같은 유명한 금융업자들은 주로 힌두교나 자이나교 계통의 마하잔에 속했고, 해외무역은 대부분 무슬림 상인들이 주도했다. 무굴 제국의 백성으로서(1573년 이후) 구자라트의 무슬림은 적어도 처음에는 포르투갈의 친구가 아니었다. 그러나 믈라카와 호르무즈에 설치된 에스타두 다 인디아의 무역 거점을 기준으로 무슬림 상인은 믈라카보다 더 동쪽으로, 호르무즈보다 더 서쪽으로 이동했지만 포르투갈은 그들의 통행을 막지 않았다. 1610년경부터 EIC와 VOC의 선박이 수라트에 기항했을 때 구자라트 상인과

포르투갈인은 힘을 합쳐서 신참들을 몰아내려 했지만, 결국 성공하지 못했다.[27]

믈라카에서 그랬듯이 수라트에서도 네덜란드인은 현지 상인을 못살게 굴었다. 1641년 믈라카를 완전히 정복해버린 VOC는 무력을 동원하여 구자라트 상인의 아체 무역을 가로막았다. 현지 상인의 보복 조치로 수라트의 VOC 지점이 불길에 휩싸인 적도 있다. VOC는 홍해의 항구 모카(Mocha)에서 구자라트로 귀환하던 부유한 상인 2명을 억류하고, 믈라카를 넘어가는 동방 무역은 포기하겠다는 각서를 강요했다. 그렇다고 믈라카 동쪽의 교통을 모두 차단할 수는 없었다. 1651년 VOC는 수라트와 아체 사이의 항해 금지 조치를 해제했다. 한편 구자라트 상인은 페르시아만과 홍해 지역에서 입지를 강화해갔다. 그것이 EIC와 VOC에 손해가 되는 경우도 흔히 있었다. 예컨대 VOC는 코로만델 해안에서 인도산 면직물을 구해 모카에 가서 팔았는데, 구자라트 상인은 모카에서 VOC보다 더 싼 값에 인도산 면직물을 공급함으로써 VOC의 수익을 깎았다.[28] 홍해 무역상 중 가장 부유했던 물라 압둘 가푸르(Mulla Abdul Ghafur, 사망 1718년)는 함대를 조직해서, 수라트를 오가는 교통을 방해하려는 EIC나 VOC에 맞서 싸웠다. 18세기 초엽부터는 수라트의 서방

---

27 Ashin Das Gupta, *Indian Merchants* (Wiesbaden: Steiner, 1979), pp. 1-14; Chaudhuri, *Trading World of Asia*, p. 51; and André Gunder Frank, *ReOrient: Global Economy in the Asian Age* (Berkeley, CA: University of California Press, 1999), p. 88.
28 Rubi Maloni, "Straddling the Arabian Sea: Gujarati Trade with West Asia during the 17th and 18th Centuries," in S. Jeyaseela Stephen (ed.), *The Indian Trade at the Asian Frontier* (New Delhi: Gyan, 2008), pp. 193-204.

무역이 감소했다. 이는 해상 기업들의 경쟁 때문이 아니라 언제나 수라트의 기반이었던, 수라트를 둘러싼 지정학적 구도가 붕괴되었기 때문이다.[29]

페르시아 상인과 마술리파트남

15세기를 거치는 동안 코로만델 해안의 항구도시들 가운데 마술리파트남(Masulipatnam 또는 Machilipatnam)은 힌두 왕국 비자야나가라(Vijayanagara, 1356~1565년)가 부상하면서 중요한 항구로 성장했다. 데칸 지역에서는 페르시아에서 기원한 무슬림 왕국이 그곳을 통치하다가 1518년 멸망한 뒤로 5개 술탄국이 난립했는데, 그중 하나인 골콘다 술탄국이 마침내 데칸 지역을 재통일했다. 골콘다 술탄국의 쿠트브 샤히(Qutb Shahi) 술탄이 시아파 이슬람이었기 때문에 그들은 페르시아를 "문화적 기둥"으로 인식했다. 페르시아인은 골콘다 술탄국의 궁정에서 주요 인사로 확고하게 자리 잡고 있었다. 강력했던 이브라힘 쿠트브 샤(Ibrahim Qutb Shah, 재위 1550~1580년)는 통치 영역을 마술리파트남까지 확대했고, 1565년 비자야나가라 왕국을 정복한 뒤 조공을 받으며 어마어마한 부자가 되었다. 주로 페르시아인인 마술리파트남의 선주들은 벵골만 주변을 아울러 아체, 아라칸(Arakan, 미얀마), 크다(Kedah, 말레이시아)를 연결하는 무역 네트워크를 형성했다. 포르투갈 상인은 이들을 주요 경쟁 상대로 인식하고 있었다. 1568년 아체 술탄국이 믈라카를 공략했다 실패한 사건이 있었는데, 포르투갈인은 이브라힘 쿠트브 샤가

---

29 The thesis of Das Gupta, *Asian Merchants*.

아체 술탄국에 자금 지원을 한 것이 아닌지 의심했다. 또한 이브라힘 쿠트브 샤는 페르시아만과 홍해를 항해할 수 있는 고유의 항로를 확보하고 있었다. 페르시아의 사파비 제국 황제는 이 항로를 이용해 골콘다의 적인 무굴 제국 황제의 땅을 통과하지 않고 골콘다에 외교 사절을 파견할 수 있었다.[30]

VOC와 EIC는 일찍이 마술리파트남 입항 허가를 얻어두었다. 그러나 이들은 코로만델 해안에서 자유롭게 상업 활동을 펼치고자 했기 때문에, VOC는 포르투갈인이 사용하던 풀리카트(Pulicat) 요새를 수리해서 들어갔고(1609~1612년), EIC는 마드라스(Madras)에 세인트조지 요새(Fort St. George)를 새로 건설했다(1639~1641년). 페르시아인은 마술리파트남의 무역을 주도했고, 골콘다 궁중의 고위직도 여전히 유지하고 있었다. 미르 줌라(Mir Jumla)는 무굴 궁정으로 옮겨 가기 전에 골콘다 궁중에서 최고 재상(vizier)의 지위까지 오른 인물인데, 당시 그는 10척의 원양 항해 선박으로 구성된 함대를 보유했다고 전한다. 1641년 믈라카를 정복한 VOC는 벵골만을 건너는 선박들이 모두 믈라카를 경유하도록 강제했지만, 코로만델 해안의 토착 무역상은 규제를 벗어나는 방안을 찾았다. 예를 들면 VOC가 크다나 아라칸으로 가는 통행증을 발급해주지 않을 경우, 포르투갈이나 영국의 통행증을 얻으면 그만이었다.

---

30 Subrahmanyman, "Persianization and 'Mercantilism'," in Subrahmanyam, *Explorations in Connected History*, pp. 61-5; Sanjay Subrahmanyam, *The Political Economy of Commerce: South India, 1500-60* (Cambridge University Press, 1990), pp. 149-52 and 193; and Arasaratnam, *Merchants, Companies, and Commerce*, pp. 13-19.

코로만델 해안의 무역상은 자체 선박을 갖추었고, 태국 통치자의 명에 따른 무역을 조직하기도 했다. 그들은 (코끼리를 태국으로 가져가는 등의) 특정 무역을 통해 수익을 얻는 대신 인도의 면직물을 워낙 싸게 공급했기 때문에 VOC는 그들의 가격을 따라잡을 수 없었다. 그러나 VOC의 압력이 지속되자 효과가 나타났다. 마술리파트남의 무역상은 면직물을 벵골만 건너 동쪽으로 보내는 대신 서쪽의 홍해나 페르시아만으로 보냈다. 선도적 해외 무역상인 무함마드 사이드(Muhammad Sayyid)가 1656년 중동으로 이주한 것은 마술리파트남 쇠락의 초기 단계였다. 남아 있는 페르시아인 중 상당수는 1687년 무굴 제국이 골콘다 술탄국을 정복하고 합병했을 때 다른 곳으로 이주했다.[31]

뉴줄파의 아르메니아 상인

독립 왕국으로서 아르메니아의 역사는 1045년 비잔티움 제국의 아르메니아 정복, 그리고 1064년 셀주크튀르크의 아르메니아 정복으로 막을 내렸다. 고대 아르메니아의 도시 줄파(Julfa)의 상인은 1500년경부터 비단 중개상으로 두각을 나타냈다. 그들의 카라반은 동쪽으로 비단을 생산하는 이란 북부 지역까지, 서쪽으로 다마스쿠스(후대의 알레포)와 부르사(Bursa)의 시장까지 이어졌다.[32] 아르메니아 사람들은 오

---

31 Arasaratnam, *Merchants, Companies, and Commerce*, pp. 123-5, 142-5, 218, and 224-5; Subrahmanyam, *Political Economy*, pp. 216-17; and Chaudhuri, *Trading World of Asia*, pp. 198-9.
32 이 단락과 다음 단락에 대해서는 다음을 참조. Aslanian, *From the Indian Ocean to the Mediterranean*; Ina Baghdianz McCabe, *The Shah's Silk for Europe's Silver: The Eurasian Trade of the Julfa Armenians in Safavid Iran (1530-1750)*

스만 제국과 페르시아 지역 사파비 제국의 전쟁 때문에 16세기의 대부분을 전장에서 보냈다. 1603~1605년 샤 아바스(Shah 'Abbas) 1세(재위 1587~1629년)는 줄파를 정복한 뒤 상인을 포함한 주민 대부분을 이주시켰다. 과연 샤의 입장에서 제국의 경제적 발전을 염두에 두고 취한 조치였는지는 논란의 여지가 있다. 어쨌든 사파비 제국의 수도 이스파한(Isfahan)으로 끌려온 아르메니아인은 수도 근처의 집단 거주지에 정착했다. 그곳이 뉴줄파(New Julfa)였다. 머지않아 아르메니아 교회의 첨탑이 뉴줄파의 스카이라인을 만들어갔다. 1615년 샤 아바스 1세는 비단 수출의 국가 독점을 선포했다. 1619년 뉴줄파 상인 공동체는 경매에서 EIC와 겨루어 계약을 따냈다. 그들은 페르시아 비단의 독점 공급자가 되었고, 해상으로는 호르무즈에서 수라트까지, 육상으로는 알레포까지의 영업권이 주어졌다. 그들의 카라반은 흔히 전쟁을 벌이는 양대 제국의 국경을 가로질렀다. 또한 그들은 뉴줄파 출신이지만 종교적으로 기독교인이었으므로, 시아파 상인을 배제하고자 한 오스만 제국의 규제를 피할 수 있었다. 1630년대 왕실의 독점 정책이 폐기된 이후, 그들은 사파비 제국 치하 비단 생산 지역의 지방관과 협상하여 비단 시장의 주도권을 유지했다. 비단 생산 지역에는 아르메니아인이 많이 거주했다.

17세기 말엽에는 수라트, 마드라스, 그리고 벵골의 콜카타 북부 친수라(Chinsura)에 아르메니아인 공동체가 있었다. 중요한 사안이 있을 때마다 해외에 거주하는 상인은 뉴줄파의 칼란타르(Kalantar)로 향했

(Atlanta: Scholars Press, 1999); and Stephen P. Blake, *Half the World: The Social Architecture of Safavid Isfahan, 1590-1722* (Costa Mesa, CA: Mazda Press, 1999).

다. 코로만델 해안에 자리 잡은 아르메니아 상인 공동체는 동쪽으로 가면 기회가 있다는 사실을 알아차렸다. 그곳은 바로 마닐라였다. 스페인 정부는 마닐라에서 영국이나 프랑스 선박의 입항을 규제하고 있었다. 1700년경 아르메니아인의 선박은 빨간색과 노란색 줄무늬 바탕 위에 하나님을 나타내는 어린양을 도드라지게 그려 넣은 깃발을 달고, 마드라스에서 필리핀을 오가는 항로를 정기 운항했으며 중간에 광주(廣州, 광저우)에 기항했다. 한편 EIC의 중개상은 아르메니아 상인과의 협력 가능성에 주목했다. 예컨대 1675년 존 프라이어(John Fryer)는 이스파한 시장에서 막대한 양의 잉글랜드산 브로드(broadcloth, 면사 등을 평직으로 짠 직물 — 옮긴이)가 거래되는 현장을 목격했는데, 알레포에서 카라반이 가져온 것이라 했다. 그래서 그는 EIC도 아르메니아인에게 대행을 맡겨 스페인 은과 페르시아 비단을 거래할 것을 제안했다. 1688년 런던에서 EIC를 대표하는 조시아 차일드(Josiah Child)와 뉴줄파 공동체를 대신하여 행동할 권한이 있는 런던 거주 상인 콰자 파노스 칼란다르(Khwaja Panos Kalandar) 사이에 계약이 체결되었다. 계약에 따라 인도의 모든 EIC 관할 구역에서 아르메니아인은 영국인과 같은 권리를 가지며, EIC 지점을 이용해서 화물을 운송할 수 있게 되었다. 모든 합의는 뉴줄파 상인의 페르시아 비단 공급 능력에 달려 있었다. 실제로 페르시아 무역 네트워크는 18세기까지도, 최소한 나디르 샤(Nadir Shah, 재위 1736~1747년)가 과도한 세금을 부과하기 전까지는 잘 운영되었다.

국가권력과 무국적 무역 네트워크

아시아에서는 상업적 이익 보호를 위해 해군력 개발 의지를 가진 국가가 별로 없었다.³³ 가장 주목할 만한 사례는 아체(Aceh) 술탄국이었다. 그들의 항구에서는 수많은 상인 공동체가 안전을 보장받았다. 컬링 상인, 구자라트 상인, 페르시아 상인 공동체가 모두 그곳에 있었다. 1500년경에는 이 지역 패권을 차지한 조호르(Johor) 술탄국이 에스타두 다 인디아의 가장 중요한 적이었다. 그런데 아체 술탄국의 세력이 점차 강해지면서 믈라카 해협의 주도권과, 특히 수마트라섬을 중심으로 하는 후추 플랜테이션 농장 확대 문제로 세 나라가 경쟁하게 되었다. 1536년 믈라카의 포르투갈 총독은 아체 술탄국에 맞서기 위해 조호르 술탄국과 동맹을 맺을 수밖에 없었다. 아체의 술탄 알라우딘 알-카하르(Alauddin al-Kahar, 재위 1537/9~1571년)는 수차례에 걸쳐 믈라카를 공격했으나 성공을 거두지 못했다. 1568년 믈라카를 공격했을 때는 오스만 제국의 지원을 받았다. 머나먼 아체 술탄국의 사신이 도착하자 오스만 제국의 술탄 무라트(Murad) 3세의 전함 갤리선이 홍해를 출발했고, 전쟁 물자와 대포 제조 인력을 아체 술탄국으로 실어다 주었다.³⁴ 술탄 이스칸다르 무다(Iskandar Muda, 재위 1606~1637년)는 후추 무역을 국가 독점으로 지정했다. 포르투갈 혹은 네덜란드가 그랬던 것처럼 이스칸다

---

33 아체 술탄국 외에도 케랄라의 도시국가 칸나노르(Cannanore)와 오만의 야루비(Ya'rubi) 술탄국이 있었다. 다음을 참조. Geneviève Bouchon, *"Regent of the Sea": Cannanore's Response to Portuguese Expansion, 1507-1528*, Louise Shackley (trans.), (Delhi: Oxford University Press, 1988), and Tonio Andrade, "Beyond Guns, Germs, and Steel: European Expansion and Maritime Asia, 1400-1750," *Journal of Early Modern History* 14 (2010): 165-86.

34 M. C. Ricklefs, *A History of Modern Indonesia since c.1200* (Stanford University Press, 2001), pp. 36-8; Meilink, *Asian Trade and European Influence*, pp. 137-43; and Giancarlo Casale, *The Ottoman Age of Exploration* (Oxford University Press, 2010).

르 무다 또한 카누에 군사를 태워 보내서 협조를 거부하는 농장을 불태워버렸다. 1629년에는 또다시 믈라카를 공격했지만, 포르투갈 총독 누누 알바르스 보텔류(Nuno Álvares Botelho)는 그에게 궤멸적 패배를 안겨주었다. 포르투갈 측 자료에 따르면, 아체의 술탄은 수백 척의 배와 1만 9000명의 병력을 잃었다. 이스칸다르 무다는 지역 패권의 변화를 절감했다. 또한 같은 해인 1629년에 이스칸다르 무다 술탄과 누누 알바르스 보텔류 총독은 동맹을 맺고 네덜란드에 공동 대응하기로 결의했다. 아체 술탄국의 강압적 태도가 지속되는 동안 그곳에 거주하는 외국 상인은 암묵적으로 아체 해군의 협력자나 다름없었다. 상인이 수입 상품의 가치를 높이면 그것이 곧 술탄의 수입 기반 확장으로 이어졌다. 만약 상인이 포르투갈이나 네덜란드 때문에 손해를 입었다면, 이 또한 술탄국의 보복 공격 계획에 반영될 수 있었다. 그러나 1641년 이후로는 그러한 협력 관계에 변화가 있었다. 아체의 엘리트 계층은 "영향력을 과시하며 자신의 이익에 집중했고, 강한 무력을 기반으로 한 통치자가 다시 등장하지 못하도록 막았다." 이런 흐름은 19세기까지 지속되었다. 그렇다고 해서 수익성 좋은 사업이 끝났다는 의미는 아니다. 예를 들어 여왕 타지 울-알람(Taj ul-Alam, 재위 1641~1675년, 이스칸다르 무다의 딸) 때에도 컬링인 상인은 인도의 면직물을 아체로 가져가 별문제 없이 판매를 지속했다.[35] 그러나 VOC는 더 이상 아체의 전함을 두려워하지 않았

---

35 Ricklefs, *History of Modern Indonesia*, pp. 38-40; Denys Lombard, *Le Sultanat d'Atjéh au Temps d'Iskandar Muda, 1607-1636* (Paris: École Française de l'Extrême-Orient, 1967); and Arasaratnam, *Merchants, Companies, and Commerce*, pp. 116-23.

다. 아마도 수라트와 마술리파트남의 상인이 점차 아체 무역에 흥미를 잃었기 때문일 것이다.

아체 술탄국의 경우를 제외하면, 인도양 현지 무역 네트워크가 본국의 지원을 받는 경우는 거의 없었다. 그럼에도 불구하고 무국적 상인 공동체는 국가권력의 간접적 지원을 받고 있었다. 원거리 무역은 언제나 지정학적 현실에 의존해 교통의 안전을 보장받아야 했다. 특히 도적 떼의 목표물이 되기 쉬운 육로 운송의 경우가 더욱 그러했다. 그러나 내륙의 수출 상품 생산 지역에서부터 수라트까지, 또한 델리(Delhi)와 아그라(Agra) 등 대도시 시장에서 수라트까지 교통로의 안전은 제국 최대 항구인 수라트의 무역에 크게 기여했다. 무굴 제국의 황제 아우랑제브(Aurangzeb, 재위 1658~1707년)가 사망한 뒤, "델리와 아그라 지역의 교통로 안전은 더 이상 보장될 수 없었다." 페르시아에도 변화가 찾아왔다. 샤 아바스(Shah 'Abbas) 1세는 1622년 VOC와 EIC가 호르무즈에서 포르투갈인을 몰아낼 때 참여함으로써 페르시아의 인도 및 세계 무역을 촉진했다. 그러나 페르시아 제국 사파비 왕조의 마지막 황제인 샤 술탄 후세인(Shah Sultan Husayn, 재위 1694~1722년) 치하에서 시아파가 아닌 상인은 차별받았고, 제국의 군사력도 낭비가 심했다. 결국 16세기의 오스만 제국은 동방의 동맹으로부터 원조 요청을 받았다. 불신자인 포르투갈에 맞서 이슬람을 지킨다는 명분이었다. 오스만 제국은 수차례에 걸쳐 원조에 나섰다. 오스만 제국의 홍해 항구에서 구자라트로 해외 원정군이 파병되었고, 아체 술탄국으로 외교 사절이 파견되기도 했다. 그러나 17세기 오스만 제국에 관한 최근의 권위 있는 연구 성과에 따르면, 인도양의 비중은 언급할 정도가 되지 못했다.[36] 종합하자면, 이슬람 3대

제국의 힘이 약해지면서 대부분 무슬림인 인도양 해상무역 세력의 입지는 더욱 약해졌다.

결론

1700년경 VOC와 EIC 두 기업이 누린 성공을 우리는 어떻게 이해해야 할까? 일부 학자들은 주식회사라는 유럽 특유의 상업 조직 구조가 성공의 비결이었다고 강조한다. 그 덕분에 장기 계획을 수립하고 암스테르담과 런던의 금융시장에서 자본을 조달할 수 있었다는 해석이다. 다른 학자들은 이들 회사가 특별히 우월한 사업 구조를 가졌던 것은 아니며, 그보다는 목표 달성을 위해 강력한 무력을 사용했던 것이 성공 비결이라고 주장한다. 두 가지 관점이 서로 배타적인 것은 아니다. 덴마크의 역사학자 닐스 스틴스고르(Niels Steensgaard)는 "안전 비용의 국제화"라는 개념으로 두 가지 입장을 포괄했다. 즉 두 회사는 모두 경쟁사를 제압하기 위해 해군력을 배치하는 데 들어간 비용을 상품의 시장 판매 비용에 성공적으로 포함시켰다. 더욱이 인도양 무역의 장기적 관점에서 볼 때 VOC와 EIC의 특징은, 포르투갈의 에스타두 다 인디아와 마찬가지로, 자체 군사력 보유를 당연한 기업 형태로 간주했다는 점이다. 인도의 역사학자 차우두리(K. N. Chaudhuri)가 말했듯이, "설명이 필요한 현상은 평화 무역이 아니라 무장 무역이었다."[37]

---

36 Ashin Das Gupta, "Trade and Politics in 18th Century India," in Muzaffar Alam and Sanjay Subrahmanyam (eds.), *The Mughal State, 1526-1750* (Delhi: Oxford University Press, 1998), pp. 361-97, and Suraiya N. Faroqhi (ed.), *The Cambridge History of Turkey* (Cambridge University Press, 2006), vol. iii.

더 넓은 관점에서 보면, 유럽인의 해외 사업은 인도양뿐만 아니라 어디서나 그랬다. 이는 유럽과 레반트, 즉 이집트에서 북쪽과 서쪽으로 오스만 제국 치하의 여러 지역, 멀게는 달마티아(Dalmatia)에 이르기까지, 지중해 연안 어디서든 명확히 확인되는 사실이었다. 16세기가 저물어갈 무렵, 오스만의 해군력에 밀려 베네치아의 갤리선이 더 이상 지중해 동부 항로를 통제할 수 없었음에도 불구하고, 베네치아 공화국은 여전히 유럽으로 들어가는 아시아 향신료와 비단 무역의 상당 부분을 장악하고 있었다. 그러나 17세기, VOC와 EIC가 인도양에서 포르투갈을 밀어냈을 때, 레반트에서도 영국과 네덜란드 상인이 베네치아 상인을 대체했다. 대서양 연안 국가들의 배는 베네치아가 선호했던 거대한 카라카(carraca)선보다 가볍고 기동성이 뛰어났다. 게다가 높은 선체에 중무장 화력으로 해전에서 우위를 점할 수 있었다. 네덜란드와 영국의 선장들은 무역뿐만 아니라 무력으로도 이득을 얻을 수 있다는 사실을 알고 있었다. 그들의 해적 행위가 증대할수록 지중해 무역의 안전이 위태로워졌다. 그 시기는 일반적으로 네덜란드와 특히 영국이 지중해로 들어온 1580년경부터 시작되었다. 해적질을 위해, 혹은 단순히 통행 안전을 보장받기 위해, 베르토니(bertoni)라는 이름의 영국 선박을 대여하거나 매입하려는 수요가 급증했다.[38]

---

37 Chaudhuri, *Trade and Civilization*, pp. 14, 209-10 and 228, and Martine van Ittersum, *Profit and Principle: Hugo Grotius, Natural Rights Theories and the Rise of Dutch Power in the East Indies, 1595-1615* (Leiden: Brill, 2006), pp. xlvii-xlix.

38 Alberto Tenenti, *Naufrages, Corsaires et Assurances Maritimes a Venise, 1592-1609* (Paris: Editions de l'Ecole des Hautes Etudes en Sciences Sociales, 1959),

초기에는 네덜란드가 우위를 점했다. 그들이 곡물이 부족한 이탈리아에 발트해 연안 지역산 호밀과 밀을 수송하는 일을 맡은 덕분이었다.[39] 지중해와 거래한 네덜란드 무역상이 VOC나 서인도회사가 그랬던 것처럼 독점을 행사한 적은 없었다. 그러나 그들은 1570년대부터 베네치아에서 확고한 위치를 차지하고 있었다. 1597년 새로 도착한 24척의 네덜란드 함선이 베네치아의 석호(lagoon)에서 새로 취임하는 도가레사(Dogaressa, 베네치아 공화국 최고 지도자의 부인)를 위해 해상 사열에 참여했다. 네덜란드의 지중해 무역은 네덜란드-스페인의 12년 휴전(1609~1621년) 시기에 더욱 확대되었지만, 이후로는 스페인의 새로운 제한 조치에 따라 하락 국면으로 접어들었다. 영국의 레반트회사(Levant Company)는 1581년에 특권 면허를 취득하여 설립되었고, 이탈리아의 리보르노(Livorno)를 근거지로 삼았다. 영국의 장점은 가벼운 양모 제품을 가지고 있는 점이었다. 네덜란드에는 이런 상품이 없었다. 기존에는 더 값비싼 베네치아산 직물이 레반트 시장을 장악하고 있었지만, 영국의 양모 제품은 충분히 경쟁력이 있었다. 17세기 중엽에 이르러 레반

---

    pp. 13-22 and 28-39, and Alberto Tenenti, *Piracy and the Decline of Venice, 1580-1615* (Berkeley, CA: University of California Press, 1965), pp. 9-16 and 73-9.
39 For this paragraph, Maartje van Gelder, *Trading Places: Netherlandish Merchants in Early Modern Venice* (Leiden: Brill, 2009), pp. 47-53; Israel, *Dutch Primacy in World Trade*, pp. 44-56 and 149-51; Gigliola Pagano De Divitiis, *English Merchants in 17th Century Italy* (Cambridge University Press, 1990), pp. 166-73; Jaap R. Bruijn, *The Dutch Navy of the Seventeenth and Eighteenth Centuries* (Columbia, SC: South Carolina University Press, 1993), p. 24; and Sari R. Hornstein, *The Restoration Navy and English Foreign Trade, 1674-1678: A Study in the Peacetime Use of Sea Power* (London: Scolar, 1991), pp. 21-5.

트회사의 선박이 이탈리아와 동부 지중해의 교통로를 통제했으며, 네덜란드와는 소소한 경쟁 관계에 불과했다. 바르바리 해안(북아프리카 서부)에서 해적의 위협이 계속되자 영국과 네덜란드 정부는 자국 상인을 보호하기 위해 개입을 시작했다. 1621년부터 지중해로 운항하는 네덜란드 상선은 호위함을 동반했다. 영국은 1649년이 되어서야 같은 정책을 취했는데, 상원의 의결을 통해 상인의 비용 없이 호송대가 지원되었다. 지중해 호송 임무를 담당한 해군의 최초 보고서는 1651년에 나왔다. 1662년에 이르러 영국의 호송 시스템이 더욱 정례화되고 또한 확대되었다. 예컨대 리보르노를 출발해서 (레반트의) 이즈미르(Izmir)나 이스켄데룬(İskenderun)항으로 가는 상선의 호위에는 기존의 지중해 순찰 함대에다 2척의 전함이 추가로 배정되었다.

이렇듯 VOC가 인도양에서 EIC보다 군비에 더 많이 투자하는 동안, 지중해에서는 영국이 더 많은 무기를 보유하게 되었다. 네덜란드 상선의 무기도 상당히 효율적이었지만 레반트회사의 베르토니 선박은 훨씬 더 강력했다. 영국 정부는 지중해 상선 보호를 기꺼이 국가적 임무로 인정했다. 여기서 주목할 점은, 무장 무역 전략이 유독 유럽 무역 국가들만의 것은 아니었다는 사실이다. 아시아에서도 일부 상인 공동체가 전투 의지를 과시한 적이 있었다. 반다네이라섬의 무슬림 지도자는 강력한 저항으로 VOC의 간담을 서늘하게 했다. 그러나 그들은 비폭력적 방식을 사용하는 경우가 훨씬 더 많았다. 이와 달리 유럽에서는 "상인 전사"가 흔하디 흔했다. 역사학자 차우두리(K. N. Chaudhuri)가 올바르게 지적한 것처럼, 그들의 선배는 레반트 무역로를 장악하기 위해 베네치아와 제노바가 전투를 벌인 중세 지중해 무장 무역이었다. 이와 관련해서 한자동맹을 떠올릴 수도 있다. 독일과 저지대 국가의 도시에서 활동한 그들은 하천 물길을 장악하기 위해 서로 전쟁을 벌였다. 요컨대 차우두리가 주목한, 그러나 여전히 더 많은 설명을 요하는 무장 무역은 유럽의 국가들이 물려받은 공통의 유산이었다.[40]

40 흥미로운 예외는 오스만 제국의 조공국이었던 두브로브니크 공화국(Ragusa)인데, 이 공화국의 상선들은 절대 바다에서 전투를 벌이지 않았다. 다음을 참조. Barisa Krekic, "Ragusa (Dubrovnik) e Il Mare: Aspetti e Problemi (xiv-xvi Secolo)," in Barisa Krekic, *Dubrovnik: a Mediterranean Urban Society, 1300-1600* (Aldershot: Variorum, 1997), pp. 131-51.

더 읽어보기

Adshead, Samuel A. M., *Central Asia in World History* (New York: St. Martin's, 1993).
_____, *China in World History* (New York: St. Martin's, 1988).
Arasaratnam, Sinappah, *Merchants, Companies, and Commerce on the Coromandel Coast, 1650-1740* (Oxford University Press, 1986).
Aslanian, Sebouh David, *From the Indian Ocean to the Mediterranean: The Global Trade Networks of Armenian Merchants from New Julfa* (Berkeley, CA: University of California Press, 2011).
Aymard, Maurice (ed.), *Dutch Capitalism and World Capitalism* (Cambridge University Press, 1982).
Barendse, Rene J., *The Arabian Sea: The Indian Ocean World of the 17th Century* (London: C. M. R. Sharpe, 2002).
Bouchon, Geneviève, *"Regent of the Sea": Cannanore's Response to Portuguese Expansion, 1507-1528*, Louise Shackley (trans.) (Delhi: Oxford University Press, 1988).
Bowen, H. V., Margarette Lincoln, and Nigel Rigby (eds.), *The Worlds of the East India Company* (New York: Boydell, 2002).
Chaudhuri, Kirti N., *The Trading World of Asia and the English East India Company* (Cambridge University Press, 1978).
_____, *Trade and Civilization in the Indian Ocean* (Cambridge University Press, 1985).
Curtin, Philip D., *Cross-Cultural Trade in World History* (Cambridge University Press, 1984).
Dale, Stephen Frederic, *Islamic Society on the South Asian Frontier: The Mappilas of Malabar, 1498-1922* (Oxford University Press, 1980).
Das Gupta, Ashin, *Indian Merchants and the Decline of Surat* (Wiesbaden: Steiner, 1979).
Gaastra, Femme S., *De Geschiedenis van de VOC* (Zutfen: Walburg, 1991).
Goor, Jurrien van, *De Nederlandse Koloniën: Geschiedenis van de Nederlandse Expansie, 1600-1795* (The Hague: SDU, 1993).
Israel, Jonathan, *Dutch Primacy in World Trade, 1585-1740* (Oxford: Clarendon, 1989).
Ittersum, Martine van, *Profit and Principle: Hugo Grotius, Natural Rights Theories and the Rise of Dutch Power in the East Indies, 1595-1615* (Leiden: Brill,

2006).
Marshall, Peter James, *Trade and Conquest: Studies on the Rise of British Dominance in India* (Aldershot: Variorum, 1993).
Morineau, Michel, and Susil Chaudhury (eds.), *Merchants, Companies, and Trade: Europe and Asia in the Early Modern Era* (Cambridge University Press, 1999).
Prakash, Om, *Precious Metals and Commerce: The Dutch East India Company in the Indian Ocean Trade* (Aldershot: Variorum, 1994).
_____, *The Dutch East India Company and the Economy of Bengal, 1630-1720* (Princeton University Press, 1985).
Steensgaard, Niels, *The Asian Trade Revolution of the Seventeenth Century* (University of Chicago Press, 1974).
_____, 'The Growth and Composition of the Long-distance Trade of England and the Dutch Republic Before 1750," in James D. Tracy (ed.), *The Rise of Merchant Empires, 1350-1750* (Cambridge University Press, 1990), vol. i, pp. 102-53.
Subrahmanyam, Sanjay, *Explorations in Connected History* (New Delhi: Oxford University Press, 2005).
_____, *The Political Economy of Commerce: South India, 1500-1650* (Cambridge University Press, 1990).
_____, *The Portuguese Empire in Asia, 1500-1700: A Political and Economic History* (London: Longman, 1990).
Tracy, James D. (ed.), *The Rise of Merchant Empires, 1350-1750* (Cambridge University Press, 1990).
Wake, C. H. H., "The Changing Pattern of Europe's Pepper and Spice Imports, c.1400-1700," *Journal of European Economic History* 8 (1979): 361-404.
Winius, George, and Markus Vink, *The Merchant Warrior Pacified: The VOC and its Changing Political Economy in India* (New Delhi: Oxford University Press, 1991).

CHAPTER 11

플랜테이션 사회

트레버 버나드
Trevor Burnard

플랜테이션을 둘러싼 문제만큼 초기 근대의 세계사를 완벽하게 규정할 주제도 찾기 어려울 것이다. 유럽에서 시작되어 아메리카의 열대와 아열대 지역에서 실현되었고, 자본과 노동력의 원천으로서 아시아가 관련되었으며, 플랜테이션 노동자 대다수의 출신지라는 점에서 아프리카에 초점이 맞추어졌고, 이후 19세기에는 태평양과 오스트레일리아 지역으로 확대되었다. 플랜테이션 문제와 그로부터 파생된 사회적 양상은 그야말로 전 세계적인 현상이었다.

플랜테이션 시스템의 발달은 광범위한 결과를 초래했다. 대서양 노예무역, 특히 원숙기의 원동력은 플랜테이션이었다. 대서양 노예무역으로 1250만 명이 아프리카를 떠나 주로 아메리카로 끌려갔다. 1500년에서 1866년 사이 브라질 남부 히우그란지두술(Rio Grande do Sul)에서 미국 펜실베이니아 남부의 메이슨-딕슨 라인(Mason‒Dixon Line)에 이르는 광대한 지역에 1070만 명의 포로가 끌려와 동산 노예(chattel slaves)가 되었다. 그중 730만 명은 1800년 이전에 도착했고, 브라질 혹은 카리브해에서 절대다수가 노예선에서 내렸다. 물론 후대에는 더 큰 규모의 이주도 있었다. 그러나 산업화 이전 비교적 짧은 기간에 이와 같은 대규모의 강제 이주가 이루어진 적은 없었다. 전성기인 18세기의 마지막 4분기에는 거의 매년 약 7만 5000명의 아프리카인이 아메리카에 도착했다. 그 결과 아메리카 대륙의 인구 구성이 바뀌었고, 아메리카 플랜테이션 문화도 유럽보다는 서아프리카의 파생 문화로 변질되었다. 영국령 및 프랑스령 카리브해 지역, 브라질의 바이아(Bahia)와 페르남부쿠(Pernambuco), 미국의 버지니아와 사우스캐롤라이나 등 주요 플랜테이션 지역 인구는 대다수가 아프리카 노예의 후손이어서, 예컨대 1737년 사우스캐롤라이나로 이주한 스위스인은 그곳을 유럽 사회가 아니라 "흑인 사회"라 했다.

더욱이 플랜테이션 자체도 확연한 변화를 거쳤다. 특히 17세기 중엽 이후 영국령 바베이도스(Barbados)에서 플랜테이션은 하나의 경제 시스템으로 변모했고, 이후 바베이도스 모델이 영국령과 프랑스령 아메리카로 확산되었다. 초기 근대에 나타난 가장 복합적인, 또한 절반의 산업화를 이룬 사례가 설탕 공장이었다. 이는 고전적 산업 시스템인 섬유(면직물) 공장과 매우 비슷했다. 설탕 공장이나 섬유 공장 모두 해로운 노동조건에다 가혹한 감시로 노동자를 갈아 넣은 사례에 속한다. 성공적 플랜테이션 시스템이 만들어지려면 내외적으로 여러 가지 요인이 정교하게 맞아떨어져야 했다. 그중에는 복합 구조의 장거리 무역 관계, 플랜테이션 수요에 맞는 신중한 작물 재배, 다른 부문의 무역에서는 거의 사용되지 않은 혁신적 자본주의 금융 기법 등이 포함되었다. 플랜테이션 시스템이 발달한 결과 고도로 전문화되고 세분화된 "들판의 공장"이 들어섰고, 소유주에게는 막대한 부를, 노동자에게는 비참한 가난을 선사했다. 처음에는 열대지방에서 유럽의 수요가 있는 상품 생산에 플랜테이션 방식이 도입되었다. 일단 시작된 뒤로 플랜테이션은 거스를 수 없는 힘을 발휘했다. 다른 모든 경제활동을 잠식하고, 고유의 사회적·경제적·정치적 특성이 만들어졌으며, 오래도록 그 중요성이 입증되었다. 플랜테이션은 초기 근대 식민지 생활의 전형적 특징이었고, 근대 이후에도 퇴색되기는커녕 계속 성장했으며, 나탈(Natal)이나 퀸즐랜드(Queensland) 등 여러 지역에서 19세기는 물론 20세기까지도 발전과 확대가 지속되었다.

플랜테이션은 근대의 산물이지만 전근대적 속성을 포함했다. 특히 강제노동에 의존한 면에서 더욱 그랬다. 대개 사회적 해악이 뚜렷한 일련의 인식이 플랜테이션에 영향을 미쳤다. 그러한 인식의 기반은, 인종적 출신을 이유로 노동자를 무시하고 가혹한 착취를 일삼는 행위였다. 농장주가 인종주의를 만들어내지는 않았다. 그러나 그들은 인종 비하가 판칠 수 있는 이상적 환경을 제공했다. 또한 지나친 폭력과 과도한 농장주를 규제할 방안이 전무했던 현실도 플랜테이션에 영향을 미쳤다. 특히 플랜테이션 농장주와 노예를 중심으로 하는 독특한 사회 유형이 문화적 양상으로 나타났고, 그것이 신세계 정체성과 문화의 형성 및 발전에 결정적 역할을 했다. 그들의 복잡한 관계는 다양한 문학적 및 문화적 형태로 표현되었듯이 초기 신세계 사회의 발전에 중요한 요인이었고, 또한 오늘날에 이르기까지 플랜테이션 이후 시대의 정치·사회·문화의 방향에 결정적 영향을 미쳤다.

일부 역사학자들은 플랜테이션 시스템이 막대한 인구를 비참하게 만든 것 이외에도 인류에게 어떤 경험을 더해주었는지 깊이 연구했다. 예를 들어 데이비드 엘티스(David Eltis)는 플랜테이션의 역사 전체가 유럽의 단맛 선호에 기여했을 뿐이며, 중독성 사치품을 훨씬 더 많이 더 싸게 공급한 것 말고는 유럽이나 북아메리카의 경제적 복지에 기여한 바가 거의 없다고 냉소적인 주장을 폈다. 월터 로드니(Walter Rodney)는 플랜테이션의 중요한 폐단이 아프리카의 저개발로 이어졌다는 입장이다.[1] 플랜테이션이 지구상에 그와 같은 해악을 끼친 사실은 유감이 아닐 수 없다. 플랜테이션은 초기 근대의 핵심적 제도였다. 그것이 신대륙의 사회·경제·정치적 윤곽을 형성하는 데 크게 기여했으며, 가끔은 긍정적인 기여도 있었다.

플랜테이션의 정의

최초의 플랜테이션 농장은 중세 말기 지중해에서 시작되었다(전형적인 플랜테이션 작물은 사탕수수였다). 이후 세대에서는 여러 곳에서 성숙한 형태의 플랜테이션 농장이 확인되었다. 15세기에 서아프리카 앞바다의 카나리아제도(Canarias), 그 뒤에 마데이라(Madeira)제도, 마지막으로 상투메(São Tomé)섬 등이었다. 여기서 대서양을 건너면 브라질 북동부가 나오는데, 그곳에서는 1540년대부터 상당량의 사탕수수를 생산하기 시작했다. 16세기 이베리아인은 플랜테이션이라는 용어를 오늘날과 같은 의미로 사용하지 않았다. "플랜테이션"이란 영어는 원래 해외, 특히 아일랜드 식민지를 일컫는 말이었으며, 오늘날과 같은 의미로 사용된 것은 18세기 이후부터였다. 일반적으로 플랜테이션은 열대지방의 기업형 농장으로 정의된다. 그곳에서는 유럽 등 세계 각지로 판매할 목적으로 작물을 재배했고, 위계 구조를 지닌 노동력이 투입되었다.

---

[1] David Eltis, *The Rise of African Slavery in the Americas* (Cambridge University Press, 2000), and Walter Rodney, *How Europe Underdeveloped Africa* (London: Bogle-L'Ouverture Books, 1972).

필립 커틴(Philip Curtin)은 완숙기 플랜테이션을 6가지 특징으로 규정한 바 있다. (1) 가장 중요한 측면은 노동력이었다. 17세기 중엽부터 대개 아프리카의 후손들이 노예로 예속되었다. (2) 노예 인구는 자체적으로 재생산이 불가능했다. 그래서 언제나 노예무역을 통해 대서양 건너편에서 새로운 인구를 데려와야 했다. 모든 플랜테이션 농장에서 그랬던 것은 아니다. 북아메리카의 남부 지역을 예로 들면, 체서피크(Chesapeake) 주변의 경우 1740년대부터, 사우스캐롤라이나(South Carolina)의 경우 1760년대부터 간신히 인구의 자연 증가에 도달했다. 그러나 특히 사탕수수 플랜테이션의 노동조건은 건강에 워낙 치명적이었다. 그래서 대서양 노예무역을 통해 노동력 수요를 채워갔다. (3) 플랜테이션은 일부 봉건적 면모가 없지 않았지만, 특히 브라질 플랜테이션은 인제뉴(engenho, 사탕수수 압착기, 설탕 가공 공장)가 중심이었다. 소규모 농장(lavrador de cana)에서 사탕수수를 재배해 가져가면 세뇨르 드 인제뉴(senhor de engenho)가 소유한 공장에서 설탕을 가공했다. (4) 자본주의 기업이 생산하는 상품은 머나먼 유럽 시장을 겨냥했다. 그래서 사업의 성공과 실패도 변덕스러운 장거리 무역 상황에 달려 있었다. 이와 같은 극단적 수출 주도 사회는 아메리카 열대 지역 말고는 없었다. 유럽, 아프리카, 아시아의 어느 지역도 아메리카 플랜테이션만큼 장거리 무역에 절대적으로 의존하지는 않았다. (5) 끝으로 플랜테이션 사회는 식민지 사회였다. 그곳의 정치적 통제권은 유럽 제국 체제에 있었다. 그러므로 플랜테이션 사회는 자율적(독자적)으로 성장할 수 없었다. 각각의 플랜테이션 사회는 각기 다른 유럽의 어느 지방 행정 체제에 속했고, 이를 통해 국가 시스템에 통합되었다(본문에서 누락되었지만, 필립 커틴은 아메리카 플랜테이션이 특정 작물, 특히 사탕수수 중심이었다는 것을 여섯 번째 특징으로 지적했다. — 옮긴이).

브라질 모델

플랜테이션 농장에서 설탕만 생산한 것은 아니었다. 다른 고가의 열대작물, 특히 담배, 목화, 쪽(인디고), 커피, 쌀 등도 재배되었다. 그러나 물론 사탕수수가 가장 중요한 작물이었다. 사탕수수 재배는 19세기 이전 플랜테이션 복합 체제의 발달과 긴밀히 연결되는 문제였다. 이베리아반도의 사람들은 작물 재배를 포함하는 전체적 시스템의 발달을 이끌어 상업자본주의 출현에 기여했다. 그 이유는 아이러니하게도, 15~16세기 스페인과 포르투갈이 거의 자본주의적이지 않았기 때문이다. 이후로도 이베리아반도의 왕국들은 서유럽 국가들에 비해 자본주의 발달이 늦었다.

상업자본주의 성장에 비교적 늦게 합류했다는 사실이 플랜테이션 시스템의 발달에도 영향을 미쳤다. 플랜테이션 시스템의 초기적 형태로 가장 의미 깊은 브라질의 플랜테이션 시스템에는 봉건제의 잔재가 남아 있었다. 노동자 개인의 재판청구권 박탈이 대표적 사례였다(대개 지방행정관이 주재한 재판소에서 노동자 개인은 재판을 청구할 수 없었다). 봉건적 잔재의 가장 주목할 만한 결과로, 플랜테이션 농장주 대다수는 자본주의적 방식으로 노동자를 고용(회계 용어로 변동비)하기보다 소유(회계 용어로 고정비)해야 한다고 생각했다. 강제 노역은 처음부터 플랜테이션 시스템의 일부였다. 플랜테이션 농장주들은 언제나 자유노동자들의 협상 요구를 두려워했다. 특히 시간에 가장 민감한 수확기에는 더욱 그러했다.

브라질은 설탕 생산에 이상적인 환경이었다. 브라질 북동부에는 거대한 평원이 자리했다. 토양은 비옥하고 강우량도 적절했으며, 울창한 숲에서 땔감을 넉넉하게 구할 수 있었다. 대서양에 가까워서 대서양 횡단 운송에도 유리했다. 사탕수수는 1530년대에 식민지 개척자들이 처음 도입했는데, 마데이라섬과 카나리아제도에서 이미 식민지 재배 경험을 축적한 사람들이었다. 최초의 플랜테이션 농장주들에게는 안트베르펜(Antwerpen) 시장과의 연결망이 있었다. 북유럽과 서유럽에서 성장하는 설탕 수요에 대응하여 공급을 담당한 설탕 시장이 그곳에 있었고, 인제뉴(설탕 가공 공장) 건설에 필요한 자본도 그곳에서 조달할 수 있었다. 1612년 브라질에는 192개의 인제뉴가 있었고, 각각의 인제뉴에서 매년 75톤의 설탕을 생산했으며, 연간 총생산량은 1만 톤이 넘었다.

17세기 초엽 브라질의 설탕 경제는 세 가지 요인, 즉 소유 구조, 노동력 확보, 신용 접근성에 의해 결정되었다. 이들 모두는 자본의 부족과 관련되는 문제였다. 17세기 중엽 바베이도스(Barbados)에서 좀 더 효율적인 설탕 생산 체제가 발달하자, 대규모 자본을 투입하지 못한 브라질의 설탕 생산 시스템은 경쟁 상대가 되지 못했다. 브라질 생산 시스템의 독특한 점은 사탕수수 가공 공장과 사탕수수 생산 농장의 소유주 분리였다. 이러한 분리 때문에 생산과 이익의 측면에서 규모의 경제가 작동하기 어려웠다. 투자와 위험이 분산되어 있었던 것이 브라질 설탕 산업의 특징이었다.

브라질의 설탕 생산은 예속 노동에 크게 의존했다. 브라질 사람들은 처음에 원주민 노동력을 사용했다. 그러나 인구가 감소하고 저항이 커지면서, 16세기 말엽에는 아메리카 원주민 대신 아프리카인을 데려와 사용했다. 아프리카인 노예노동으로 눈길을 돌린 것은 자연스러운 일이었는데, 포르투갈은 유럽의 다른 나라에 비해 아프리카 노예 시장에 접근하기 수월한 위치에 있었기 때문이다. 포르투갈과 앙골라는 이미 긴밀한 관계를 맺고 있었기에, 포르투갈 상인은 어렵지 않게 포로의 매매 시장에서 노예를 살 수 있었다. 또한 그곳에서 북동부 브라질로 이어지는 항로는 대서양 노예무역의 다른 항로에 비해 훨씬 구간이 짧았다. 결과적으로 운송 중 노예 사망률이 다른 노선, 특히 카리브해나 영국령 북아메리카로 향하는 항로에 비해 현저히 낮았고, 운송 비용도 비교적 저렴했다.

원주민에서 아프리카인으로 대체된 노동력의 전환은 매우 중요한 의미가 있었다. 영국령 및 프랑스령 아메리카에서 기존에 사용한 아메리카 원주민 강제노동력이나 유럽인 임금노동력에 비해 아프리카 노예노동력은 많은 점에서 유리한 면이 있었다. 고향에서 멀리 이동해 온 데다가 법이나 관습의 보호를 전혀 받지 못하게 된 아프리카인은, 아메리카 원주민이나 특히 유럽인으로서는 감내하기 어려운 가혹한 노동조건을 견뎌야 했다. 예를 들어 노예는 강제노동 현장에서 식량도 대부분 스스로 생산해야 했지만, 임금을 받는 하인은 계약 조건의 일부로 숙식을 제공받았다. 특히 여성을 대하는 태도는 명확하게 달랐다. 유럽인 여성은 들판에서 노동을 하지 않았다. 그러나 아프리카인 여성은 강제노동에 동원되었다. 그래서 사탕수수 농장 노동력의 다수는 여성이었으며, 감독이나 거래 관계에 투입되는 노동력은 대다수가 남성이었다. 더욱이 아프리카 노예는 영구적으로 농장의 소유였기 때문에 열대작물의 재배나 재처리 과정에서 어려운 과정이라도 학습할 시간이 있었다. 임금을 받는 하인은 대개 젊은 나이에 아메리카로 건너온 유럽인으로, 대개는 20세가 되기 전까지 몇 년만 농장에서 일하고는 다른 일을 찾아 떠났다. 이들과 달리 아프리카 노예는 3~4년의 "수확기"를 거친 뒤 경험 많고 능력 있는 노동자가 되었다. 전형적인 노예노동력은 20~30대의 남녀가 주를 이루었다. 하인보다 나이가 더 많은 노예는 플랜테이션 농장에서 생산성과 수익성이 더 높았다. 이는 또한 노예 인구의 자연 증가를 저해하는 요인이 되기도 했다. 가임기의 여성이 출산 문제 고려 없이 계속 노동에 투입되었기 때문이다. 그 결과 여성 노예의 건강이 악화되었고 출산율도 낮아졌다.

브라질 사람들은, 특히 플랜테이션 시스템이 막 성장을 시작했을 때 설탕 사업으로 돈을 꽤 벌었다. 그러나 신용 및 자본 시장에 접근하는데 한계가 있었고, 그래서 상당한 부채가 쌓일 수밖에 없었다. 부채는 심지어 플랜테이션 시스템이 최고조에 달했을 때조차 어느 농장주를 막론하고 계속 시달리는 문제였다. 농장주가 사치스럽고 유지 불가능한 소비생활을 한 탓도 있었지만, 사업 자체에 막대한 비용이 들었고 이를 충당하기 위해 주변이나 특히 유럽 상인으로부터 돈을 빌려 충당했기 때문에 빚을 질 수밖에 없었다. 상인과 농장주의 갈등은 어느 플랜테이션 시스템을 막론하고 만연했던 풍토병 같은 것이었다. 1620년대 설탕 가격이 좋지 않았을 때, 노예의 저항마저 거세지면서 농장주는 위기에 내몰렸고 수익은 감소했으며 브라질의 번영도 기울기 시작했다. 고속 성장을 이어간 브라질의 설탕 산업은 17세기 중엽부터 오랜 정체와 저수익의 늪으로 빠져들었다. 세계 플랜테이션 산업의 주도권은 영국인과 프랑스인 농장주에게로 넘어갔다. 이들은 포르투갈인보다 수월하게 북

대서양 상업 네트워크를 통합해갔다. 네덜란드인은 브라질이 쇠퇴하는 데 중요한 역할을 했다. 네덜란드인은 (노예사회에서 생활하기를 꺼렸으므로) 스스로 플랜테이션 농장주가 되지는 않았지만, 브라질의 부는 탐냈다. 1624년 네덜란드는 바이아를 공격했으며, 1630년 페르남부코를 점령해 1644년 포르투갈이 탈환할 때까지 도시를 차지하고 있었다. 네덜란드인은 사탕수수 재배 기술을 배웠고, 설탕 산업 관련 지식을 카리브해 동부 지역의 영국인과 프랑스인 농장주에게 전파하는 중요한 역할을 담당했다(이 문제에 관해서는 역사학자들 사이에 논란이 남아 있다). 또한 설탕 가공 공장 건설에 필요한 자본을 제공하기도 했다. 1640년대 네덜란드와 포르투갈의 전쟁도 대서양 무역에 혼란을 초래했다. 그 여파로 설탕 가격이 올랐고, 플랜테이션 생산은 가격 경쟁에서 유리했던 바베이도스로 넘어갔다.

이렇게 해서 브라질의 황금시대는 막을 내리고 바베이도스의 시대가 시작되었다. 브라질의 설탕은 더 이상 두각을 나타내지 못했고, 대신 미나스제라이스(Minas Gerais) 광산의 금을 비롯해 다른 상품의 중요성이 더 커졌다. 그렇지만 브라질은 19세기에도 세계 3위의 설탕 생산 지역이었고, 커피 등 다른 열대작물의 주요 생산지로 남아 있었다. 브라질의 파젠다(fazenda), 즉 사탕수수 플랜테이션은 노예무역으로 저비용 구조를 만든 근대식 관리 모델을 더 이상 지속할 수 없었다. 근대 플랜테이션 시스템이 최초로 발달한 곳이 브라질이었고, 플랜테이션 산업의 번성을 가져온 노예제가 가장 늦게 폐지(1888년)된 곳도 브라질이었다. 노예노동을 기반으로 한 플랜테이션 모델은 브라질 사회 각 분야에서 모방되었고, 또한 오래도록 지속되었다.

바베이도스 모델

17세기 초엽, 설탕 생산 수익의 잠재력은 분명하게 확인되었다. 설탕의 수요가 높았다. 플랜테이션 시스템에 의해 생산되는 예컨대 담배 같은 다른 작물들도 마찬가지였다. 이미 버지니아의 강 하구 지역에서 이런 작물들이 막대한 양으로 생산되고 있었다. 플랜테이션 모델의 성장에서 수요공급의 역할을 두고서는 많은 논쟁이 이어지고 있다. 공급 우선은 분명한 사실이었다. 플랜테이션은 일종의 농업혁명의 결과물이었으며, 좀 더 효율적인 노동력 착취 방식을 개발하여 인적 자본의 혁명을 가져왔다. 그러나 수요 또한 무시하지 못할 역할을 했다. 설탕은 엘리트 소비 상품에서 평범한 사람들이 즐길 수 있는 대중 소비 상품으로 전환되는 중이었다. 결과적으로 플랜테이션 상품의 수요는 매우 높았다. 자본주의 농업과 제조업의 발전은 새로운 소비문화의 부상으로 이어졌다. 라블레(Rabelais)의 소설에 등장하는 가르강튀아(Gargantua)나 셰익스피어의 희곡 속 팔스타프(Falstaff) 같은 탐욕스러운 인물이 그 상징이었다. 17세기 초엽 소비 수요의 변화로 사람들은 담배를 피우고, 설탕을 탄 커피를 마시며, 새로운 직물로 만든 옷을 입었다. 특히 영국 같은 나라에서 리글리(E. A. Wrigley)가 주목했듯이, "농업의 1인당 생산성이 꾸준히 높아지면서 생필품과 편의용품, 심지어 사치품 수요의 구조도 변화가 가능해졌다."[2]

1627년 영국인 탐험가들이 정착한 서인도제도의 작은 무인도는 플

---

[2] E. A. Wrigley, 'The Transition to an Advanced Organic Economy: Half a Millennium of English Agriculture', *Economic History Review* 59 (2006): 435-80.

랜테이션 개척의 새로운 모델을 제시했다. 바베이도스(Barbados)는 플랜테이션 시스템이 성숙하기 전의 인큐베이터 같은 결정적인 장소였다. 브라질에서는 흔히 재배와 가공이 분산되었지만, 바베이도스의 농장주들은 이를 하나의 시스템으로 통합했다. 그것이 가장 명확한 장점이었다. 일부 역사학자들은 이를 두고 거창하게 "설탕 혁명(sugar revolution)"이라고도 하지만, 러셀 메나드(Russell Menard)가 주장했듯이 그 과정은 혁명(revolution)이라기보다 점진적 진화(evolutionary)였다. 바베이도스 농장주들이 도전과 실패를 겪으면서 새로운 시스템을 만들기까지는 거의 30년이 걸렸다. 통합 플랜테이션 체제를 만든 계기는 1660년 이후의 설탕 가격 하락이었다. 농장주들은 생산성 향상을 위해 혁신할 수밖에 없었다. 수백 명의 노예가 무리 지어 사탕수수 재배와 설탕 가공 공장에 모두 참여하는 통합 시스템은 우연히 등장했고, 한동안은 브라질식 분산형 시스템과 공존했다. 중요한 점은, 통합 시스템이 바베이도스를 비롯해 영국령 아메리카 지역에 등장한 시기는 대규모 노예 인구가 수입되기 전이 아니라 그 이후였다는 사실이다. 1650년대의 바베이도스는 흑인 인구 위주의 노예사회였지만, 이후로도 약 20년이 지나기까지 대규모 플랜테이션 통합 체제는 등장하지 않았다. 핵심은 노예제 도입이 아니라 농장 노동 조직의 발달이었다. 이를 통해 막대한 재투자가 가능할 만큼 충분한 양의 사탕수수를 생산할 수 있었기 때문이다. 조직의 발달이란 다시 말해 가능한 최대의 노동력을 강요할 수 있는 채찍의 자유와 엄격한 규율로 만들어낸 집단 노동 시스템이었다. 집단 노동 시스템이 발달하면서 노예 인구는 가파르게 증가했다. 카리브해 지역에서는 한 농장에 100명 이상, 영국령 북아메리카에서는 50명 이상의 노예가 함께 일했다.

바베이도스 농장주들은 브라질의 경험을 바탕으로 독특한 바베이도스 시스템을 만들었지만, 브라질의 선배들보다 우월한 핵심적 능력을 보유하고 있었다. 그들은 런던 자본시장의 막대한 자원에 접근할 수 있었고, 농장에 투자하려는 많은 능력 있는 상인과 친분 관계를 맺고 있었다. 상인들은 집단 플랜테이션 농장을 돈을 벌 수 있는 좋은 수단으로 여겼다. 작은 농장과 비교할 때 대규모 통합 플랜테이션 농장은 규모의 경제 효과가 컸다. 규모의 경제는 노예들이 집단적으로 리듬에 맞춰 일할 때 가장 좋은 성과를 보였다. 바베이도스 역사에서 집단 노동이 처음 언급된 자료는 선구적 농장주인 헨리 드랙스(Henry Drax)의 글로, 시기는 비교적 늦은 1679년이었다. 사탕수수를 재배하고 설탕을 가공하는 작업이 모두 집단 노동에 의해 이루어졌기 때문에, 노예들을 노동 집단에 투입하는 일은 자연스러운 과정이었다. 집단 노동의 리듬은 군대의 리듬과 비슷해서 바베이도스의 농장주들은 이를 쉽게 따라 할 수 있었다. 노동 현장에서 노예를 호출하는 벨은 바다에서 사용되는 것과 비슷했고, 집단 노동의 방식은 17세기 군사 혁명 이후 새롭게 편성된 유럽의 군대에서 병사들이 대규모로 줄지어 행진하며 장전하고 발사하는 표준화된 동작을 반복한 행동 방식과 비슷했다. 프랑스나 영국의 모든 플랜테이션 사회가 그랬듯이, 바베이도스에서도 군대식 호칭으로 사회적 위계를 나타내는 것이 유행이었다. 백인 주민 중에는 영국 내전에 참전하거나 노예선에 승선한 경험이 있는 사람들이 많았다. 집단 노동이 군사 훈련과 비슷한 점은 이뿐만이 아니었다. 노예가 감내해야 했던 혹독한 규율 또한 17세기 후기 군대에서 하급 병사들에게 주어진 폭력적 처우 이외에는 비근한 사례를 찾아보기 어렵다.

집단 노동은 신세계에서 아프리카인의 노동 패턴을 완전히 바꿔놓았다. 플랜테이션 농업 수익은 이전보다 더 높아졌다. 노예노동은 다른 방식의 전근대 노동에 비해 효율성이 높았다. 노예의 노동시간이 길었기 때문이 아니라, 같은 시간을 일하더라도 노예의 노동 강도가 훨씬 더 강했기 때문이다. 사탕수수 플랜테이션의 노예는 노동에 투입되는 시간이 가장 길었다. 18세기 후기 자메이카의 경우 연간 노동시간은 3288시간이었다. 북아메리카에서 쌀과 담배를 생산하는 농장의 노예는 사탕수수 농장의 노예보다 노동시간이 훨씬 짧았다. 그러나 그들은 매우 고된 작업을 감당해야 했다. 농장주는 노예에게 끊임없이 혹독한 노동을 요구했고, 노예무역이 원활하게 이루어지는 경우 노예의 건강은 곡물 생산을 위해 기꺼이 희생시켰다. 스트레스와 유년기 영양 부족, 힘겹고 위험한 노동으로 언제나 건강이 좋지 못했다(심지어 임신 기간에도 노동이 면제되지 않았다). 주된 피해자는 들판에서 일하는 노동자였다. 그들은 주로 가임기 여성과 아이였다. 농장주는 그들의 복지에 전혀 관심을 두지 않았다. 기원전 1000년경부터 20세기 초엽까지의 유골 1만 2000점을 비교 분석한 결과, 18세기 사우스캐롤라이나의 들판에서 일한 사람의 유골이 모든 역사 시기를 통틀어 최하위를 기록했고, 콜럼버스 이전 시기 멸종 혹은 인구학적 재난에 직면했던 시기와 비슷한 정도로 나타났다.[3]

---

3 Ted A. Rathbon and Richard H. Steckel, 'The Health of Slaves and Free Blacks in the East', in Richard H. Steckel and Jerome C. Rose (eds.), *The Backbone of*

당시의 농장이 통합 플랜테이션 및 집단 노동 체제로 전환된 사실은 논란의 여지가 없다. 아프리카인은 집단 노동을 싫어했고, 강제 편성을 혐오했다. 17세기 바베이도스에서 발생한 노예 반란에서는 "영국인 속에 악마가 들어 있다. 악마는 모두에게 일을 시킨다. 흑인에게 일을 시키고, 말에게 일을 시키고, 숲에게 일을 시키고, 물에게 일을 시키고, 바람에게 일을 시킨다"라고 선언했다. 노예의 저항은 계속되었다. 바베이도스에서도 주기적으로 노예 봉기가 일어났다. 상상이든 실제든 계획이 농장주에게 발각되는 사건이 1675년, 1683년, 1686년, 1692년에 잇달아 벌어졌다. 이러한 반란은 최대한 가혹하게 진압되었다. 바베이도스에서는 반란에 가담한 노예를 고문 끝에 처형하는 것이 유행이었다. 이를 통해 온순한 노예를 복종하게 만들었다.

　큰 틀에서 보자면 그와 같은 압박이 제대로 먹혀들었다. 영국령 아메리카와 프랑스령 아메리카에서 플랜테이션이 집단 노동으로 전환된 당시 아메리카 흑인의 생활은 최악이었다. 아이라 베를린(Ira Berlin)이 체서피크의 상황에 대하여 지적했듯이, 플랜테이션 체제를 유지하려면 이를 지탱할 힘이 필요했다. 농장주는 새로운 정권 치하에서, 사적이든 공적이든 강제력을 행사할 수 있는 조직을 동원했다. 아메리카에서 노예제는 언제나 잔인했지만, 노예 인구의 규모가 커질수록 폭력의 정도 또한 강화되었다. 1700년 이후 체서피크의 노예는 더 자주 더 많이 형틀을 만났고, 끌려가 채찍질이나 교수형을 당했다. 더욱이 노예에게 가해

History: Health and Nutrition in the Western Hemisphere (Cambridge University Press, 2002), pp. 208-25.

진 처벌은 잔인했을 뿐만 아니라 굴욕과 패배감을 안겨주려는 의도로 집행되었다. 버지니아에 거주한 윌리엄 버드(William Byrd) 2세는 침대에 오줌을 싼 노예에게 "오줌 한 바가지"를 마시도록 강요했다. 플랜테이션이 대규모 통합 농장 체제로 전환된 뒤 초기에는 노예의 반대가 상당했지만, 이후 노예 반란의 빈도는 점차 줄어들었다. 영국령 아메리카에서 19세기 이전에 발생한 노예 반란 중 심각한 반란은 1736년 안티과(Antigua), 1760년 자메이카(Jamaica)에서 일어났다. 이외의 노예는 압제 속에서 침묵을 강요당했다. 농장주는 노예 공동체를 상대로 분할통치(divide and rule) 전략뿐만 아니라 교묘한 공포 전략을 도입했다. 아프리카인은 대서양을 건너오면서 사회적 배경의 대부분을 잃어버린 상태였다. 여기에 끔찍한 폭력과 가혹한 노동 정책을 더해 노예의 저항 의지를 꺾고, 정신적 충격을 주며 복종을 강요했다. 이런 전략은 대개 성공적이었다. 예컨대 18세기 바베이도스와 버지니아에서는 노예의 물질적 생활 조건이 현저히 악화되었음에도 불구하고 반란이 전혀 일어나지 않았다. 생도맹그(Saint Domingue, 오늘날 아이티)도 마찬가지였다. 18세기 아메리카 대륙에서 다른 어느 지역보다 플랜테이션 체제가 험악했음에도 (농장주에게 더 많은 이익을 가져다주었음에도) 불구하고, 아이티 혁명이 발발하기 전까지는 그곳에서 반란이 일어난 적이 없었다.

새로운 집단 노동 방식에 대한 노예의 저항 빈도를 보면, 역사적으로 플랜테이션 체제가 통합 플랜테이션 체제로 전환되는 과정에서 이해하기 어려웠던 미스터리 중 최소한 한 가지는 이해할 수 있다. 노예를 운용하는 다른 지역의 플랜테이션은 바베이도스 모델을 신속히 받아들이지 않았다. 이미 1680년의 인구조사에서 바베이도스는 대영 제국에서 가장 부유한 곳으로 나타났다. 즉 농장주의 입장에서 플랜테이션 통합 체제의 장점이 분명하게 확인되었던 것이다. 그럼에도 불구하고 리워드제도(Leeward Islands)나 마르티니크(Martinique) 지역에서 통합 플랜테이션 체제가 주류가 되기까지는 최소한 한 세대가 더 지나야 했다. 한 농장에 200명 이상의 노예를 운용하는 대형 플랜테이션 방식이 자메이카에서는 1710년대나 1720년대까지도 일반화되지 않았고, 생도맹그에서는 1720년대나 1730년대가 되어서야 일반화되었다. 체서피크에서는 통합 플랜테이션 농장 체제로의 전환이 더 늦어져서, 1730년대가 되어서야 진정한 통합 체제 농장이 등장했다.

이처럼 전환이 늦어진 이유는 생산기술의 습득이 어려워서라기보다 농장주의 입장에서 대규모의 적대적 아프리카인 남성 집단을 통제하기가 어려웠기 때문이다. 적대적이며 트라우마에 시달리는 대규모의 잠재적 폭력 집단을 관리하는 일은 소규모의 노예를 통제하는 것과 전혀 다른 일이었다. 플랜테이션 노예노동의 규모 전환은 농장주가 노예 인구 통제 방안을 확보한 뒤에야 가능했다. 이 문제를 해결하기 위한 방안은 바로 공포(terror)였다. 노예에게 공포를 심어주기 위해 농장주는 기꺼이 테러(terror)를 자행할 인력이 필요했다. 그들은 평범한 백인 남성으로, 플랜테이션 노예 감시가 직업이었다. 이러한 새로운 하위 계층이 생겨날 수 있었던 요인 세 가지는 동시적으로 발생했다. 첫째, 플랜테이션 경제 이외에 평범한 남성에게 주어지는 기회가 줄어들었다. 둘째, 9년전쟁(1688~1697년)이나 스페인계승전쟁(1700~1713년) 중 대규모 군대에서 병사나 부사관으로 복무하면서, 혹은 갈수록 증가한 대서양 영국 노예선에서 선원으로 일하면서 폭력적 처우를 경험한 사람들이 아메리카의 플랜테이션 지역에 대거 유입되었다. 셋째, 대규모 플랜테이션 농장에서 인종주의적 차별이 점차 강화되었다. 여기서 백인 남성은 임금을 받는 하인에서 감독관 등의 관리직으로 승진한 반면, 대다수의 흑인 노예는 고된 들판의 노동에 투입되었다. 농장주는 끔찍한 환경에서 일하는 남녀 노예를 통제하기 위해 무슨 짓이라도 할 수 있는 거친 남성을 필요로 했다. 바로 그런 인력을 가난한 백인 남성 중에서 찾을 수 있었다. 그들은 폭력에 익숙했고, 괜찮은 봉급과 백인의 사회적 특권이 주어진다면, 반항적인 노예를 감시하며 부패하기 쉬운 작물을 재배하는 험난한 일을 기꺼이 맡을 의지가 있는 사람들이었다. 그들의 사회는 계급 갈등 사회에서 인종적 계급 차별이 뚜렷한 사회로 변모해갔다.

대서양 노예무역

대규모 통합 플랜테이션 농장은 노동자를 잡아먹었다. 원숙한 단계의 플랜테이션 사회는 대부분, 특히 사탕수수 플랜테이션이 집중된 경우, 플랜테이션 노동 인력 소모가 엄청나게 많았다. 1788년 이전 자메이카로 건너온 아프리카인은 거의 70만 명이었지만, 노예 인구는 21만 1000명에 불과했다. 1680년에서 1777년 사이 생도맹그로 건너온 아프리카인은 거의 80만 명이었지만, 노예 인구는 29만 명에 불과했다. 19세기 이전까지 플랜테이션 사회는, 18세기 중엽의 영국령 북아메리카를 제외하면 어디서든 대서양 노예무역을 통해 신규 인력을 확보함으로써 유지가 가능했다. 노예무역이 효과적으로 작동하지 않았다면 플랜테이션의 역사는 전혀 다른 경로로 나아갔을 것이다.

대서양 노예무역은 아프리카가 세계사에 편입되는 중요한 계기였다. 서아프리카 사회를 중심으로 보자면, 노예무역이 무조건 나쁜 일은 아니었다. 노예무역을 통해 아프리카에서는 잉여 인력을 제거할 수 있었다. 노예무역을 통해 서아프리카는 유럽의 상품을 구입할 수 있었다. 아마도 노예 말고 다른 방법은 없었을 것이다. 또한 노예무역은 아프리카와 다른 대륙 사이에 발달한 무역의 일부일 뿐이었다. 아프리카에서 노예는 17세기 말엽에 가서야 주요 수출품이 되었다. 노예무역이 절정에 이른 1780년대에는 노예무역이 아프리카 수출의 90퍼센트 이상을 차지했다. 프랑스와 영국이 노예무역의 주요 거래자로 부상한 시기는 1700년 이후였다. 노예무역이 아프리카 해안 지역의 공동체와 정치 단위 형성에 결정적 역할을 하게 된 것도 그 무렵부터였다.

유럽인이 아프리카에서 포로를 사들일 수 있었던 것은 아프리카인이 기꺼이 거래에 참여했기 때문이다. 더욱이 노예무역을 통제하는 측은 아프리카인이었다. 그들은 오랜 노예제도의 경험을 가지고 있었다. 특히 북아프리카 이슬람 지역에서는 비-무슬림의 노예화가 하나의 관습으로 자리 잡고 있었다. 그들은 유럽인 무역상을 환영했다. 그러나 노예를 어떻게 포획하고 어떻게 교환할 것인지는 그들이 책임지는 문제였다. 유럽의 무역상은 아프리카의 규범을 따르는 범위에서만 성공적인 거래를 할 수 있었다.

노예무역은 잠재적 수익성이 매우 컸지만, 동시에 굉장히 복잡하면서도 위험한 사업이었다. 아프리카에 장시간 체류해야 했고, 복잡한 거래 관계를 맺어야 했으며, 수요공급의 주기를 조율하기 위해 수많은 결정을 해야 했다. 플랜테이션 시스템은 무역상이 하는 일에 상당한 제약을 가했다. 농장주는 수확기 이전 혹은 수확기 중에 노예를 공급받기를 원했다. 그러므로 노예의 매매와 운송 시기는 매우 신중을 기해야 했다. 자칫하면 시기를 못 맞춰 항해를 끝내고도 돈을 잃을 가능성이 매우 컸다. 농장주가 선호하는 노예의 출신 지역이 없지 않았지만, 일반적으로 수요가 공급보다 많았기 때문에 농장주는 주는 대로 노예를 받아야 했다. 농장주는 노예선이나 도시의 노예 상인으로부터 소규모로 노예를 구매하는 반면, 프랑스나 영국의 노예무역상은 아프리카의 여러 지역에서 노예를 모아 오는 경향이 있었기 때문에, 결과적으로 하나의 플랜테이션 농장에는 민족적 기원이 다양한 노예가 섞여 있었다.

노예무역은 소름 끼치는 사업이었다. 미들패시지(Middle Passage, 대서양 중부 횡단 항로)는 특히 끔찍했다. 공포에 질린 나체의 아프리카인 수백 명이 빽빽이 배에 실려 악취가 가득한 가운데 4~6주를 항해해야 했다. 폭력은 한 가지 문제에 불과했다. 그 외에도 비인간적 대우는 훨씬 더 많았다. 포로는 상품이 되어 배에 실렸고, 도착하면 노예가 될 운명이 기다리고 있었다. 노예선은 전쟁 기계, 이동 감옥, 공장이 결합된 독특한 하나의 사회였다. 대서양 횡단에서 살아남은 아프리카인은(죽은 사람이 200만 명이었다) 정서적 트라우마와 존재의 정체성 위기에 시달렸다. 배에 오를 때 그들은 "사회적으로 죽었다." 그들은 더 이상 사람이 아닌 물건이었고, 고향에서 그들을 지탱해준 모든 사회적 관계가 끊어졌다. 수많은 "결핍"이 노예선의 특징이었다. 노예는 인지부조화와 함께 물질적·사회적 불행을 겪었고, 초자연적인 존재와 선원들 앞에서 무방비 상태에 놓였다. 그들이 적이라는 사실은 금세 알아볼 수 있었다. 그들의 손상된 영혼에 남은 것은 폭력과 공포와 자아의 붕괴뿐이었다.

아메리카에서 노예 매매 과정을 거치는 동안 사회적 소외감과 심리적 고통은 더욱 심화되었다. 노예는 가축 취급을 받는다고 느꼈고, 실제 그런 대우를 받았다. 플랜테이션 농장에 보내진 뒤에는 고립과 쓸쓸함을 느꼈다. 새로 도착한 노예를 위로하려는 노예도 없지는 않았다. 특히 아프리카의 같은 지역 출신 노예가 들어오면 그런 배려를 해주었다. 그러나 대개는 홀로 노예 생활에 적응해야 했다. 그들이 느끼는 소외감은 실로 막대했다. 노예 생활에 적응한 뒤라도 노예는 떠나온 아프리카 고향 문화를 아메리카에서 구현해보려 노력했지만, 그렇다고 해서 고향을 떠나온 상실감을 극복하기는 어려웠다. 이런 상황에서 활발한 노예 공동체가 만들어지기는 쉽지 않았다. 그럼에도 불구하고 아프리카의 기억이 강하게 남아 있는 공동체에 아프리카로부터 건너온 새로운 인구가 계속 추가되었고, 덕분에 특히 가족 관계나 종교적 관습에서 아프리카의 문화가 유지될 수 있었다. 예컨대 18세기 말엽에 이르러서야 노예 인구 중 기독교로 개종하는 사람들이 어느 정도 규모로 나타났다. 그때까지 노예 사회에는 아프리카 문화가 상당한 정도로 유입되었고, 문화적 성격과 열망은 기본적으로 아프리카를 지향하고 있었다. 그러한 아프리카적 성격이 주기적 노예 반란으로 터져나왔다. 19세기까지도 노예 반란은 아프리카의 가치에 따라 아프리카인의 왕국을 계획하는 등 아프리카식 해법으로 신세계의 문제를 해결하려는 것이 보통이었다.

18세기 중엽의 플랜테이션: 경제적 성과

산업화 이전의 1770년대는 플랜테이션 시스템의 전성기였다. 플랜테이션의 경제적 성과는 놀라울 정도였다. 플랜테이션 생산은 유럽의 대서양 연안 국가 무역의 약 40퍼센트를 차지했다. 대서양 무역 네트워크를 통합하고 18세기의 활력을 만들어낸 원동력은 노예제와 노예가 만들어낸 상품이었다. 노예도 없고 플랜테이션도 없는 곳이라 할지라도, 그곳에서 제공하는 상품과 서비스가 플랜테이션 경제를 뒷받침했다. 플랜테이션은 제국의 금고를 두둑이 채워주었다. 식민지 수출의 대부분은 플랜테이션에서 나왔다. 미국혁명 직전 영국령 아메리카의 연간 수출액 가치는 560만 파운드, 프랑스령 아메리카는 520만 파운드, 브라질은 180만 파운드였다.

식민지 사회와 식민지에 속한 개인은 매우 부유했다. 자메이카의 부(wealth)는 1680년 50만 파운드 미만에서 1780년 2800만 파운드 이상으로 증가했다. 정착 자유민이 1만 5000명에 불과한 이 작은 섬의 부가 영국의 랭커셔(Lancashire)나 서식스(Sussex)처럼 큰 카운티와 맞먹을 정도였다. 자메이카에 거주하는 백인은 영국의 평균적인 사람보다 50배 많은 부를 소유했다. 최고 부자는 1000명 이상의 노예와 여러 개의 플랜테이션 농장을 소유했는데, 이 정도면 영국 최고의 귀족과 맞먹을 정도의 부였다. 가장 부유한 플랜테이션 식민지는 생도맹그였다. 프랑스혁명 직전 프랑스 해외무역량의 3분의 2가 생도맹그에서 이루어졌다. 프랑스의 플랜테이션은 특히 가치가 높았다. 플랜테이션 생산품에 대한 수요는 프랑스보다 영국이 더 높았지만, 18세기를 거치는 동안 서인도제도에서 프랑스령 식민지가 영국령 식민지의 생산성을 앞질렀다. 성공이유 중 하나는 정부의 지원이었다. 프랑스 정부는 관개시설이나 인프라 구축 면에서 영국 정부보다 훨씬 적극적으로 투자했다. 잘 정비된 도로와 최고의 근대식 관개시설이 갖춰지자 생산성은 급속도로 증가했다. 이에 고무된 생도맹그의 농장주들은 매년 아프리카로부터 막대한 인원의 노예를 수입했다. 이러한 흐름은 아이티혁명 이전까지 지속되었다.

플랜테이션 사회의 경제적 성과는 역사학자들의 많은 관심을 이끌었다. 한 가지 중요한 질문은, 과연 플랜테이션 농장의 노예제도가 유럽 산업화의 동력이 되었는가 하는 문제였다. 플랜테이션 수익이 산업 발달에 직접적으로 투입된 사례는 거의 없지만, 노예무역의 수익과 플랜테이션 농장주 및 상인의 축적된 자본이 대도시에 재투자됨으로써 성장을 자극했던 것은 의심할 여지가 없는 사실이다. 그러나 최근 세계사 연구에 따르면, 아메리카의 토지와 농작물이 "대체 농지(ghost acres)"의 역할을 함으로써 서유럽에 특별한 활력을 더해주었다고 한다. 특히 영국이 산업화 전환의 선구자가 될 수 있었던 것은, 신세계의 비옥한 토지에서 나오는 농작물을 이용한 덕분이다. 영국은 "대체 농지"를 가지고 있었기 때문에 해외 농작물을 얻기 위해 자원을 투입할 필요가 없었다. 더욱이 수출 시장뿐만 아니라 금융과 보험 등 상업 기술의 혁신 성과도 산업화에 도움이 되었다. 이러한 기술 혁신은 노예무역이나 노예가 생산한 상품 거래 등 고난도의 장거리 무역 경험을 통해 얻은 성과였다.

위의 질문과 연계되는 또 하나의 질문은, 겉보기에 플랜테이션 시스템이 전성기에 달한 18세기 말엽에 과연 내부적으로 시스템의 쇠퇴가 시작되었는가 하는 점이다. 플랜테이션 시스템은 그 자체로 수익성이 있었던 것일까, 아니면 좀 더 구체적으로 말해서 북아메리카와 유럽 같은 온대 지역의 경기 활성화가 플랜테이션 수익이라는 착시 현상으로 나타났던 것일까? 일반적으로 노예 소유주는 무조건 보수적이고 과거 지향적이며 어떤 식의 혁신도 반대하는 세력이 아니었다는 공감대가 확대되고 있다. 오히려 그들은 능동적이고 공격적이며 전체적으로 능력을 인정할 만한 관리자였다. 그들은 노동자의 생산성을 향상시켰고, 대개는 높은 수익을 창출해냈다. 1800년의 플랜테이션 시스템은 회복할 수 없는 하락세에 접어든 것이 아니라 오히려 새로운 폭발력이 나타나기 직전 상황이었다. 수익성도 좋고 생산성도 높았으며, 다각화와 기술 및 관리의 개선도 모두 가능한 상황이었다. 아마도 가장 주목할 만한 혁신은 농장주의 인적 자본 개발 시도였을 것이다. 특히 남성 노예를 숙련공으로 훈련시키거나 운전수 같은 하급 관리자로 배치했고, 이를 통해 플랜테이션 작업의 효율을 기하는 동시에 노예의 시장가치를 높이고자 했다. 인적 자본 개발에 주의를 기울인 결과, 생산성과 수익성이 향상되었을 뿐만 아니라 농장주가 소유한 인적 자본의 가치도 올라갔다. 1770년대 자메이카 비토지 자산의 40퍼센트 이상을 차지한 노예 자산의 가치 증대에 힘입어 경제 논리에 따른 인적 자본 투자가 가능해졌다. 1807년 영국령 아메리카에서 노예무역이 폐지될 무렵, 농장주가 새로운 노예를 비싸게 사들이고 미래를 대비해 노예를 비축하면서 노예 가격은 매우 높아졌다. 영국령 카리브해에서는 노예 가격이 30년 전에 비해 거의 세 배로 뛰었다. 인적 자본에 투자했던 농장주는 세계 최고의 사업가가 되었다. 노예무역이 폐지되자 영국령 서인도제도에서 인적 자본의 팽창도 멈춰 섰다. 아이티혁명은 프랑스령 아메리카 플랜테이션의 가치를 하루아침에 날려버렸다. 프랑스 거대도시 경제에도 막대한 여파가 미쳤다. 그러나 19세기에도 미국 남부와 쿠바 등지에서는 플랜테이션 농업의 성장이 계속되었고, 인도양의 모리셔스(Mauritius)로 플랜테이션 시스템이 확산되기도 했다. 이로 보아 1800년 당시 플랜테이션 농업의 경제적 잠재력은 여전히 건재했다고 말할 수 있다.

플랜테이션 농장주와 노예

플랜테이션 시스템은 두 가지 영속적인 사회계층을 만들어낸다. 농장주 계층과 노예 계층이 그것이다. 이들 중 어느 하나도 플랜테이션과 동의어는 아니다. 특히 노예는 역사적으로 오래전부터 존재해왔으며, 플랜테이션이 아니라도 여러 가지 일을 맡아서 했다. 그러나 초기 근대의 가장 전형적인 노예라면 바로 플랜테이션 노예로, 대개 아프리카인이나 아프리카인의 후손이며, 사탕수수 농장에서 일했다. 농장주 계층은 백인이었고, 노예 계층은 절대다수가 흑인이었다. 농장주 계층은 부유했고, 노예 계층은 극도로 빈곤했으며, 서반구 극빈자 집단의 최대다수가 노예 계층이었다. 농장주 계층은 노예에 의존해 부를 일구었고, 그들의 자랑스러운 독립을 유지하는 수단도 노예였다. 농장주는 노예가 순종하기를 원했고, 이를 위해 다양한 수단을 만들어냈다. 국가 폭력은 가장 근본적으로 농장주의 권위를 뒷받침했다. 노예에게 도울 자는 아무도 없으며, 농장주의 선의가 아니고는 아무런 가치가 없고 의지할 데가 없다는 이념을 심어주고자 했다. 플랜테이션 시스템은 복합 구조의 사회질서였다. 그러나 결국에는 그것도 개인의 상호 관계에 바탕을 둔 것이었다. 노예는 오직 하나의 집단, 즉 농장주 계층과 협상할 수밖에 없었다. 농장주는 모든 권력을 장악했지만, 그렇다고 언제나 마음대로 할 수는 없었다. 노예는 주인의 통제를 벗어나서 스스로 먹고살 수단이 없다는 결정적 약점을 가지고 있었지만, 그러나 노예도 최소한 몇 가지 무기는 있어서 이를 이용해 노예의 신체와 정신에 대한 농장주의 통제를 약화시키고자 했다. 어쨌든 그들은 협상 관계에 놓여 있었다. 주인은 명령하고 노예는 복종한다는 플랜테이션 이론이 복잡한 현실에서는 모순이었다. 노예보다 주인이 더 상대방에게 의존했고, 그래서 일하지 않으려는 노예에게 할 일을 하라고 강요하기보다는 달래가며 일을 시켜야 했다.

뚜렷한 사회계층으로서 농장주 계층은 어디서나 비슷한 사회·문화적 특성을 보였다. 다른 사람들이 그렇게 보았는지는 몰라도 그들은 스스로를 신세계의 귀족으로 여겼고, 그들이 지역의 사회·경제적 질서를 지탱해야 한다고 자임했으며, 조화로운 사회에서 최상위 계급에 스스로가 위치한다고 믿었다. 하위 계층의 사람들은 농장주 계층에게 존경과 복종의 자세를 보여야 하며, 그 대가로 농장주 계층은 스스로 지도자이자 보호자의 역할을 맡았다. 농장주 계층은 구세계의 귀족보다 더욱 확고히 자신의 신념을 믿었다. 노예는 지주와 불평등한 관계에 놓인 유럽의 농민 정도가 아니었다. 농장주 계층은 노예를 온전한 인간으로 인정하지 않으려 했고, 그들이 토지를 소유할 권리를 부정했으며, 그들의 풍습을 존중하지 않았다. 농장주가 자처한, 관대하며 공공의 이익을 염두에 두는 신사라는 이미지가 언제나 받아들여진 것은 아니었다. 유럽의 엘리트 계층은 그들을 신앙심이 없는 속물에다 야만인이라 생각했고, 역사적 맥락이 길지 않은 그들의 부가 유럽 사회로 유입되는 것을 불쾌하게 여겼다. "지나친 돈을 쓰고, 지나친 성관계를 맺고, 여기에 왔다(overpaid, oversexed and over here)"는 문구는 당시 유럽에서 농장주를 어떻게 생각했는지를 단적으로 보여주는 표현이다. 또한 그들은 위선자로 간주되었다. 영국의 평론가 새뮤얼 존슨(Samuel Johnson)은, 아프리카인의 자유를 깡그리 박탈하려 했던 농장주들이 미국혁명 당시에는 그토록 소리 높여 자신의 "권리"를 주장했는데, 이런 이율배반을 어떻게 진지하게 받아들일 수 있겠느냐고 반문했다. 흑인에 대한 혐오를 그렇게 노골적으로 표방하면서, 흑인은 인종적으로 열등하기 때문에 노예제가 당연하다고 정당화했던 그들의 논리는, 흑인 여성의 성적 매력에 탐닉하는 강박적 집착으로 설득력을 잃고 말았다. 흑인이 정말 그렇게 열등하다고 생각했다면, 흑인과의 성관계는 왜 그렇게 쉽게 맺어서 혼혈이라는 새로운 사회계층을 만들어냈을까?

농장주가 특히 위선자로 여겨진 이유는, 그들이 잔인한 노예 관리 방식을 모르는 체했기 때문이다. 노예에게 가해지는 형벌은 굴욕을 넘어 가학적인 수준이었다. 이와 같은 잔인함을 감안해서 농장주는 기회가 주어진다면 노예가 농장주에게 어떤 짓을 할지 모른다는 두려움을 갖게 되었을 것이다. 물론 농장주가 때로 노예와 사적으로 친밀한 관계를 맺는 일이 없지는 않았다. 그러나 주로 농장주는 노예를 경멸했다. 가부장제가 만연했던 미국 남부 지역을 제외하면, 농장주는 대개 노예 공동체의 자율성을 파괴하려는 시도는 거의 하지 않았다. 그러나 부두교나 부적 같은 흑인 문화의 표출은 가혹하게 처벌했다. 그것이 농장주의 권력에 도전하는 위험한 사회적 관습으로 진화할지도 모른다는 우려 때문이었다. 농장주가 노예에게 가한 심리적 압박은 결코 무시할 수 없는 수준이었다. 그러나 그들이 노예보다 태생적으로 우월하다는 관념을 심어주고자 한 시도는, 농장주 스스로의 도덕적 결함 때문에 성공적이지 못했다.

노예 문화는 강제 노역에 시달리는 노동자이자 원치 않은 이주자라는, 노예의 두 가지 정체성으로부터 영향을 받았다. 다른 모든 이주자와 마찬가지로 아프리카 노예도 아메리카에서 고향 아프리카의 문화를 재현하고자 했다. 가능하면 같은 지역 출신자끼리 모였고, 아프리카의 종교적 풍습을 따랐으며, 주인을 상대하려면 유럽의 언어를 배워야 했지만 그럼에도 아프리카 언어를 사용했고, 아프리카에서와 비슷한 노래를 부르고 춤을 추었다. 그들이 처한 상황을 고려할 때 놀라운 점은, 그들 나름대로 친족 내지 가족 관계를 유지하려 고군분투했다는 사실이다. 이는 공동체 안에서 그들에게 개인적 안정성을 부여해주었다. 과연 이러한 시도가 얼마나 성공적으로 독자적인 문화를 형성했는지를 두고서는 학자들 사이에 의견이 나뉜다. 예컨대 바이아(Bahia)처럼 모든 노예가 동일한 민족 정체성을 가졌던 몇몇 지역에서는 아프리카의 관습이 효과적으로 재현되었다. 그러나 영국령 북아메리카 같은 경우는 흑인이 백인보다 많았지만 문화적 관습에 아프리카의 영향이 거의 없었고, 흑인이 유럽과 아메리카의 문화에 적응하는 경향을 보였다. 노예는 어디서나 소외와 불안정, 노동 및 생활 환경의 지속적 변화에 맞서 싸워야 했다. 그들은 다른 이주자 집단에 비해 종교, 가족, 문화를 유지하는 데 훨씬 더 어려운 환경에 놓여 있었다. 그럼에도 불구하고 아메리카의 플랜테이션 사회에서는 워낙 많은 수의 아프리카 노예가 워낙 오래도록 유지되었기 때문에, 아메리카 플랜테이션 사회의 모든 측면에 그들의 문화적 영향이 깊게 뿌리를 내리고 또한 오래도록 지속되었다.

플랜테이션 시스템에 대한 반응

초기 근대에 가끔 끔찍한 플랜테이션 노예의 처우에 대한 비판이 제기되었지만, 대개는 유럽의 거대도시 여론에 별다른 영향을 미치지 못했다. 플랜테이션 시스템의 경제적 성과는 도덕적 의구심을 충분히 덮어버릴 만큼 강력했다. 그러나 1750년경 영국에서 소규모 복음주의 기독교 분파가 동정론적 인도주의(sympathetic humanitarianism) 이데올로기의 연장선상에서 노예제와 노예무역에 관한 윤리적 문제를 제기했다. 인간은 타인에 대해, 나아가 인종과 민족이 다르더라도 어느 정도는 의무감을 가져야 한다는 입장이었다.

1800년이 되어서도 노예 폐지 운동은 완전한 노예제 폐지에 이르기까지 아직 갈 길이 남아 있었다. 그러나 농장주가 더 이상 아무런 반대 없이 지낼 수는 없을 거라는 조짐은 충분히 드러났다. 미국혁명 이후 농장주의 이미지가 바뀌기 시작했다. 미국혁명은 자유에 대한 문제, 그리고 노예제를 기반으로 하는 제국 체제에 대한 문제를 새롭게 제기했을 뿐만 아니라 영국인에 대한 인식도 바꿔놓았다. 이제 그들은 같은 지역의 동료 농장주가 아니라 외국인이며 혼란을 야기하는 외부자였다. 그렇지 않아도 노예 폐지론자들이 농장주를 좋게 보지 않았지만, 사이비 과학적 인종주의(scientific racism)가 횡행하자 농장주 계층은 더욱더 악마화되었다. 물론 그들의 새로운 인종주의는 유럽의 담론에서 아프리카인의 이데올로기적 위치에 거의 아무런 영향을 미치지 못했다. 아이티 혁명을 통해 예속 상태의 노예가 행복하다는 농장주의 주장은 터무니없다는 사실이 분명하게 확인되었다.

혁명의 시대는 노예제 측면에서 복합적 의미가 있었다. 아메리카에서 미국의 탄생 이후, 플랜테이션 시스템이 없었던 북부 지역에서는 노예 폐지가 권장되었지만, 대다수의 노예가 살았던 남부에서는 노예제와 플랜테이션 시스템이 유지되었다. 전반적으로 미국혁명은 농장주에게 긍정적이고 노예에게 부정적인 사건이었다. 가장 큰 영향은 아이러니하게도 대영 제국에서 나타났다. 보수적 복음주의자들은 노예제도 없고 자유를 사랑하는 농장주도 없는 제국을 주장했다. 프랑스혁명의 영향은 더욱 복잡했다. 프랑스혁명은 곧바로 아이티혁명을 불러일으켰고, 아메리카 최대의 플랜테이션 시스템이 붕괴되었다. 혁명은 거대 열대 제국으로 발전해가던 프랑스를 멈추어 세웠다. 그러나 카리브해 지역의 영국과 스페인, 루이지애나의 미국인에게 새로운 먹거리가 제공되었다. 이들은 아이티의 붕괴로 발생한 공백을 곧바로 메우며 자신들의 플랜테이션 시스템을 확대해갔다.

그리하여 1800년에도 플랜테이션 시스템과 이를 지탱하는 아프리카인 동산 노예제는 결코 사라지지 않았다. 노예무역의 종식을 외친 영국의 노예 폐지론자들조차 플랜테이션 시스템 자체의 종말을 예상한 것은 아니었다. 오히려 그들은 플랜테이션 생산을 지속하는 가운데 노예제를 폐지함으로써 국가의 이익과 인도주의를 조화시키는 개선의 방향을 모색하고자 했다. 그러나 플랜테이션과 노예제는 예전처럼 강고한 제도로 유지될 수 없었다. 산업화는 플랜테이션 방식이 아닌 새로운 사업 모델을 제시했다. 머지않아 새로운 사업 방식의 사회·경제적 비중이 플랜테이션을 넘어설 참이었다. 노예제의 윤리적 문제는 의심의 여지가 없었다. 그것을 좋은 제도라고 생각하는 사람은 거의 없었다. 노예는 특히 아이티혁명을 통해 노예제에 저항하는 나름의 목소리를 표출했다. 그들의 목소리는 프랑스혁명의 격변기에 등장했던 것과는 다른 방식의 강렬한 인권 해석을 보여주었다. 플랜테이션 시스템은 죽지 않았다. 그러나 심각한 상처를 입었다.

더 읽어보기

Berlin, Ira, *Many Thousands Gone: The First Two Centuries of Slavery in North America* (Cambridge, MA: Belknap Press of Harvard University Press, 1998).

Blackburn, Robin, *The American Crucible: Slavery, Emancipation and Human Rights* (London: Verso, 2011).

Brown, Vincent, *The Reaper's Garden: Death and Power in the World of Atlantic Slavery* (Cambridge, MA: Harvard University Press, 2008).

Burnard, Trevor, *Mastery, Tyranny, and Desire: Thomas Thistlewood and His Slaves in the Anglo-Jamaican World* (Chapel Hill, NC: The University of North Carolina Press, 2004).

Curtin, Philip D., *The Rise and Fall of the Plantation Complex: Essays in Atlantic History* (New York: Cambridge University Press, 1990).

Davis, David Brion, *Inhuman Bondage: The Rise and Fall of Slavery in the New World* (New York: Oxford University Press, 2007).

Drescher, Seymour, *Abolition: A History of Slavery and Antislavery* (New York: Cambridge University Press, 2007).

Dubois, Laurent, *Avengers of the New World: The Story of the Haitian Revolution* (Cambridge, MA: Belknap Press of Harvard University Press, 2004).

Edelson, Max, *Plantation Enterprise in Colonial South Carolina* (Cambridge, MA: Harvard University Press, 2006).

Eltis, David, and Stanley L. Engerman, 'The Importance of Slavery and the Slave Trade to Industrializing Britain' *Journal of Economic History* 60 (2000): 123–44.

Menard, Russell R., *Sweet Negotiations: Sugar, Slavery, and Plantation Agriculture in Early Barbados* (Charlottesville, VA: University of Virginia Press, 2006).

Miller, Joseph, *Way of Death: Merchant Capitalism and the Angolan Slave Trade* (Madison, WI: University of Wisconsin Press, 1988).

Morgan, Philip D., *Slave Counterpoint: Black Culture in the Eighteenth-Century Chesapeake and Lowcountry* (Chapel Hill, NC: The University of North Carolina Press, 1998).

Rediker, Marcus, *The Slave Ship: A Human History* (London: Penguin Books, 2007).

Schwartz, Stuart B., *Tropical Babylons: Sugar and the Making of the Atlantic World, 1450–1680* (Chapel Hill, NC: The University of North Carolina Press, 2004).

Sweet, James, *Recreating Africa: Culture, Kinship and Religion in the African-Portuguese World, 1441–1770* (Chapel Hill, NC: The University of North Carolina Press, 2003).

Walsh, Lorena, *Motives of Honor, Pleasure & Profit: Plantation Management in the Colonial Chesapeake, 1607-1763* (Chapel Hill, NC: The University of North Carolina Press, 2010).

CHAPTER 12

초기 근대 세계의 근면성 혁명

스기하라 가오루杉原薰, Kaoru Sugihara
왕국빈王國斌, R. Bin Wong

반세기 전만 하더라도 초기 근대(early modern) 세계경제사는 대개 유럽인에 주목했다. 즉 유럽인의 유럽 내 경제활동과 세계 다른 지역으로의 모험이 주요 연구 대상이었다. 최근 들어 서구 학자들은 다른 지역 연구 성과에 친숙해지는 편이다. 특히 자체적으로 경제사 연구 전통을 보유한 지역이 우선적으로 관심의 대상이 되었다. 그 결과 초기 근대 세계경제사 연구에서 지역 간 경제활동 비교와 상호 교류 연구가 발전했다. 관련 데이터가 종합되면 상호 교류의 문제는 어렵지 않게 입증이 가능했다. 대개는 일부 행위자가 교류를 시작하면 연쇄적으로 다른 참여자에게 특정한 결과가 파급되는 인과관계가 존재했다. 예컨대 유럽 무역상이 아시아에서 향신료, 차, 직물을 구입하고 그 대가로 은(銀)을 지불했을 때, 유럽 소비자는 시장에서 이국적인 상품을 경험할 수 있었지만, 아시아 소비자는 직접적으로 새로운 상품을 경험하지는 못했다. 대신 아시아 상인이 유럽 무역상에게 얻은 은(銀)은 아시아 화폐경제의 핵심 구성 요소로 편입되었다. 비교의 문제는 유사성과 차이를 판단해야 하기 때문에 교류 연구보다 난이도가 더 높은 편이다. 유사성은 어떤 현상의 공통된 특성을 확인하는 것이고, 차이는 기존에 드러난 공통 현상이 특정 맥락에 따라 변화하는 것, 혹은 둘 중 한쪽에서만 나타나는 속성을 찾아보는 것이다. 이러한 연구를 통해 양측의 공통점을 강조합으로써, 어떤 면에서 다르게 인식되는 현상에 같은 용어를 적용할 수 있게 된다. 예컨대 우리는 "상인 집단", "해적", "자유무역" 같은 용어로 초기 근대 세계 여러 지역의 사람들과 그들의 활동을 설명한다. 그것이 우리가 비슷하다고 인식하는 어떤 상황을 분명하게 지칭하기 때문이다. 그러나 동시에 우리는 상인 집단이 경우에 따라 전혀 다르게 조직되었고, 해적들은 매우 다른 환경에서 활동했으며, 자유무역은 다양한 제약 조건의 범위에서 이루어졌음을 알고 있다. 같은 맥락에서 유럽과 동아시아의 학자들이 (표면적으로 동일하지 않고 분리된 현상이지만) 초기 근대 경제의 중요한 특성을 설명할 때 사용했던 "근면혁명(industrious revolution)"이라는 용어를 우리는 어떻게 이해해야 할까?

초기 근대 유럽에 대하여 네덜란드의 경제학자 얀 더 프리스(Jan de Vries)는, 실질임금(real wage)의 변동이 없는 상태에서 소비가 성장하는 현상을 설명하려는 취지에서 "근면혁명"이라는 용어를 사용했다. 임금 상승이 없는 상황에서 더 많은 상품을 구매하려면 더 오랜 시간을, 다시 말해 더 근면하게(industrious) 일해야 했다. 새로운 구매 취향 때문에 사람들은 여가를 희생하고 더 많은 노동으로 이끌렸다. 근대 경제의 특징이 생산 능력 향상에 따른 공급의 변화라면, 얀 더 프리스는 이와 같은 활동(근면혁명)이 근대 경제의 밑바탕을 준비했고, 마침내 그것이 18세기 후기 영국의 산업혁명(industrial revolution)을 불러왔다고 본다.[1] 근면

---

1 원본 논문은 J. de Vries, "The Industrial Revolution and the Industrious Revolution," *Journal of Economic History* 54 (1994): 249-70; 현재까지 가장 포괄적인 설명은 다음을 참조. J. de Vries, *The Industrious Revolution: Consumer Behavior and the Household Economy, 1650 to the Present* (Cambridge University Press, 2008).

혁명이라는 용어는 동아시아에서 처음 사용되었다. 얀 더 프리스는 이를 차용하여 나름의 독특한 논지를 전개했지만, 애초 동아시아에서 그 용어가 등장할 때는 전혀 다른 맥락의 생성 과정이 있었다. 하야미 아키라(速水融)를 시작으로 많은 경제사학자는 일본의 서민 계층에 나타났던 숙련노동과 중노동의 관행에 주목했다. 이는 일본의 경우 초기 근대의 상업적 성장뿐만 아니라 이후 산업화의 과정에서도 중요한 문제였다. 일본의 산업혁명은 영국보다 약 한 세기가량 이후에 등장했다.[2] 초기 근대 일본의 농업과 수공업에서 노동이 조직되는 방식을 검토해볼 때, 그것이 이후 산업화 시대 일본 노동자의 기술 발전에 독특한 영향을 미쳤다는 개념이 바로 일본의 근면혁명 개념이었다.[3] 한편 유럽에서 사용된 근면혁명의 개념은, 수요가 상황 변화를 이끌어낸 가운데 소비혁명과 관련해서 노동자가 더 많이 노력했다는 의미였다. 일본의 용례에서 근면혁명은 특히 공급 측면에서 농촌 노동력의 양적·질적 변화에 중점을 두었다. 여기서 숙련된 노동력이 형성되었고, 이후 19세기 후기에 이르러 노동 집약적 일본식 산업화를 만들어냈다. 그것은 자본·노동 결합의 유럽식 패턴과는 근본적으로 달랐다. 이처럼 초기 근대 유럽을 설명하는 근면혁명 개념과 초기 근대 동아시아를 설명하는 근면혁명 개

---

2 A. Hayami, *Population, Family and Society in Pre-Modern Japan* (Folkestone: Global Oriental, 2009).
3 A. Hayami, *Population, Family and Society in Pre-Modern Japan*, pp. 64-72. 이 논문은 1979년 출판된 Hayami의 원 논문을 요약한 것이다. 이후 일본어로 발표된 연구 성과들이 Oshima(2009)에 요약되어 있다. Saito, O(2004), pp. 151-61에서는 일본에서 축력 사용에 관한 Hayami의 논의를 반박했다. Sugihara(2004)에서는 중국에서도 근면혁명이 존재했다는 최초의 명시적 주장이 제기되었다.

념은 주안점에 명백한 차이가 있다. 유럽은 수요 측면을 중심으로, 동아시아는 공급 측면을 중심으로 하는 개념이다. 물론 이와 같은 사실이 단순히 하나의 개념이 확연히 다른 두 가지 의미를 지니고, 그러므로 어쨌든 오해의 소지가 있다는 의미일 수도 있다. 얀 더 프리스는 그가 유럽에 적용한 것과 같은 의미의 근면혁명이 일본에서는 일어나지 않았다고 주장한다. 일본에서는 노동시장이 형성되지 않았고, 농장에서 근면하게 일한 이유는 다른 선택지가 없었기 때문이라고 보았다. 그러나 유사성과 차이를 비교하려면 초기 근대 동아시아와 유럽 경제의 수요·공급 측면을 모두 더 면밀히 살펴보아야 할 것이다. 그렇지 않으면 "근면혁명"이 설명하고자 한 독특한 현상이 존재했다고 확정할 수도, 혹은 중첩되는 부분이 없었다고 확인할 수도 없다. 차이점을 발견하는 일은 역사 연구의 기본이다. 세계사 연구에서는 유사성과 차별성뿐만 아니라 교류에 주목하여 이를 찾아내고자 한다. 만약 우리가 유럽과 일본에서 근면혁명이 강조하는 특성을 공유하는 지역을 발견할 수 있다면, 각각의 장소를 연결하여 유럽과 일본을 양극단으로 하는 범위를 그려낼 수도 있을 것이다. 그렇게 되면 근면혁명은 더 넓은 경우에 적용해볼 수 있는 용어가 될 것이다. 즉 유럽과 일본 이외의 세계 다른 지역에서도 초기 근대에 근면혁명이 일어났는지 여부를 검증할 수 있을 것이다.

유럽과 일본의 근면혁명을 살펴보기 위해 반드시 참고해야 할 지역 중 하나는 바로 중국이다. 유럽과 마찬가지로 중국은 거대한 상업경제를 아우르는 공간적 단위다. 또한 일본과 마찬가지로 초기 근대 중국 인구의 대부분은 소규모 농장에서 일했고, 쌀을 재배하는 경우가 많았다. 이 글의 첫 번째 소절에서는 17세기 기후가 경제활동에 초래했던 일반적 위기를 세계의 사회·정치적 맥락에서 살펴보고자 한다. 두 번째 소절에서는 초기 근대 유럽과 동아시아의 상업 팽창 과정에서 나타났던 유사성과 차이를 살펴보고자 한다. 유럽 산업혁명의 근저에 놓인 소비 패턴의 변화도 그중 핵심 요인이었다. 세 번째 소절에서는 상품 시장에서 생산요소(factors of production) 시장으로 논의가 넘어갈 것이다. 가장 중요한 생산요소는 노동력이었지만 못지않게 토지도 중요했다. 이상의 논의를 통해 우리는 유럽과 동아시아에서 나타났던 상품 생산방식의 차이를 살펴보고자 한다. 그리고 도시와 농촌이라는 더 큰 틀에서 유럽과 동아시아의 경제활동을 비교할 때도 생산방식의 차이가 왜 핵심이 되는지를 보여주고자 한다. 유럽의 임금노동자와 동아시아의 농민은 모두 점점 더 힘든 노동을 감당해야 했고, 소비 시장 의존도 또한 점점 더 커졌다. 유럽과 동아시아의 근면혁명은 공통적으로 더 많은 노동, 그리고 더 많은 시장 구매와 연결되었다. 그러나 그 배경이 되는 사회적 구조는 전혀 달랐다. 유럽의 경우 주요 수공업 제조 산업은 도시에 위치했지만, 동아시아의 경우 같은 산업이 시골에서 이루어졌다. (도시는 농촌보다 변화 가능성이 더 큰 장소였기 때문에) 기술 변화의 가능성이라는 측면에서 볼 때는, 유럽의 수공업이 도시에 위치함으로써, 아시아와 비교하여 향후 예기치 못한 차이를 초래하게 되었다. 우리는 초기 근대 동아시아의 농촌에서 사람들이 추가적인 노동을 하게 된 사회구조적 배경이 무엇인지를 들여다보고, 그것이 왜 유럽의 구조에서는 일어날 가능성이 희박했는지를 살펴보고자 한다. 당시의 변화는 19세기 후기에 동아시아에서 산업화가 전개되는 방식에 영향을 미쳤고, 유럽과는 다른 동아시아의 역사적 과정을 만들어냈다. 과거 학자들은 유럽과 일본에서 모두 근면혁명이 일어났다고 주장했다. 우리도 그와 같은 관점에서 근면혁명을 검토하고 추가적으로 중국과 관련된 자료를 살펴봄으로써, 초기 근대 세계사에서 근면혁명이 어떤 의미를 지니는 용어인지를 밝히고자 한다. 그것이 이 글의 다섯 번째와 마지막인 여섯 번째 소절의 논의가 될 것이다.

유럽과 동아시아의 공통적 근면혁명을 확인하기 위해서는 두 가지 비교가 중요하다. 우리가 우선적으로 관심을 두는 바는 분명 동아시아와 유럽의 유사성과 차별성이다. 그러나 유사성과 차별성을 제대로 파악했는지를 검증하려면 먼저 각 지역에서 확인되는 차이와, 양쪽 지역 간의 차이를 구별할 수 있어야 한다. 다시 말해 유럽식 근면혁명의 특성이 유럽 전역에서, 혹은 전통적으로 서유럽이라고 불린 지역 전체에서 동일하게 나타나는 것은 아니다. 마찬가지로 일본식 근면혁명의 특징 중 상당수가 초기 근대 중국의 경제활동에서 발견되지만, 그럼에도 불구하고 일본식 근면혁명이 동아시아 전체에서는 물론 일본 전역에서 동일하게 나타났다고는 말할 수 없다. 유럽과 동아시아의 경제 변화 과정을 설명할 때 차이를 고려하는 것은 중요한 문제다. 그러나 예컨대 경제적 제도처럼 여러 가지 차이가 서로 다른 결과로 나타났다는 결론에 도달할 때도, 차이와 동시에 모종의 공통점도 존재했다는 사실을 간과해서는 안 된다. 수요와 공급의 원리, 그리고 분업을 통한 상업적 확대(commercial expansion) 같은 측면을 보면 공통점은 명확히 드러난다. 분업은 사람들이 특정 분야에 특화해 생산과 교환의 규모를 공간적으로 확장시키는 현상을 의미하는데, 초기 근대 경제사 연구에서는 이를 스미스형 성장(Smithian growth)이라 한다. 애덤 스미스(Adam Smith)의 《국부론》에 따른 명칭이다. 끝으로 우리는 "근면혁명"이라는 용어를 사용한 유럽과 일본 학자들의 입장을 구분할 필요가 있다. 그들은 각각의 경제사를 서술하면서 산업혁명의 시대와 그 이전 시대를 구분하기 위해 이 용어를 사용했다. 동서양을 막론하고 많은 학자가 근대 경제성장에 근면혁명이 기여한 사실을 주장했지만, 사실 산업화 이전 시대는 "근면혁명"이라는 용어가 포괄하는 의미보다 훨씬 더 복잡한 시대였다. 우리가 근면혁명(industrious revolutions)과 산업혁명(industrial revolutions)을 하나로 묶어서 보지 않으려 하는 이유는, 동아시아와 유럽에서 관련 문헌을 검토한 결과, 용어 자체를 잘못 사용한 것이 아닌가 하는 우려에 충분할 만큼의 차이가 확인되었기 때문이다. 초기 근대 유럽과 초기 근대 일본에서 서로 다른, 아마도 서로 관련 없는 주제에 하나의 용어를 사용했을 수도 있는 것이다. 중국의 자료까지 포함해서 검토한 결과 우리는, 유럽과 동아시아에서 서로 관련은 있지만 동일하지 않은 현상에 "근면혁명"이라는 동일한 용어가 사용되었다는 사실을 확인했다. 양측의 유사성 측면에서 우리는, 초기 근대에 수요 측면의 변화가 이후 산업화에 얼마나 중요했는지를 검토했다. 또한 양측의 차별성 측면에서 우리는, 유럽과 동아시아의 산업화 과정에서 노동력이 활용되는 방식의 차이를 확인했다. "근면혁명"이라는 용어가 초기 근대 노동과 소비 구조의 변화가 나타난 여러 지역에 적용되기 시작한 때는 1994년이지만, 이 용어가 적용된 세계의 여러 지역을 비교하려는 노력은 오늘날까지 거의 이루어지지 못했다.[4]

---

4 C. A. Bayly, *The Birth of the Modern World 1780-1914* (Malden, MA: Blackwell, 2004), pp. 52-6.

경제 위기와 정치적 경쟁의 세계

19세기 중반이 되기까지는 주요 경제활동인구를 기준으로 도시 산업 인구수가 시골에서 농업에 종사하는 인구수에 육박하는 경우가 거의 없었다. 1500~1800년 전 세계 대부분 지역에서는 인구의 80~90퍼센트가 농촌에서 살았고, 일상생활의 물질적 수준은 그해의 수확에 달려 있었다. 1640~1690년대 세계의 대부분 지역이 기후에서 비롯된 수확 문제로 고통을 겪었다. 당시 약 반세기 동안은 그 이전 혹은 그 이후 시기에 비해 식량 공급의 불안정성이 현저히 높았다. 자연의 혼란은 그 자체로 끝나는 것이 아니라, 인간의 상상 속에 있는 어떤 초자연 세계와 연결되어, 마치 어떤 문제를 알리는 전조 증상으로 이해되었다. 불안에 휩싸인 인간의 행위는 당시의 만성적 불안을 더욱 심화시켰다. 유럽에서는 자원과 영토를 차지하기 위해 널리 폭력이 사용되었다. 동아시아에서는 사회와 자연을 좀 더 효과적으로 활용하고자, 이를 가로막는 관리들에게 도전하며 폭력 사태가 빈번했다.[5]

어려운 경제 환경에 직면하여 식량 공급 부족에 대한 서민의 불만이 표출되었고, 분노의 화살이 상인과 관리에게 향했다. 상인은 다른 지역에서 더 높은 가격에 팔기 위해 식량을 매입하여 공급 부족을 초래한 책임이 있었고, 관리는 식량을 보호하지 못한 책임이 있었다. 더욱이 유럽 정부는 서로의 영토 싸움에 동원되는 군대를 유지하기 위해 소빙하기에도 그대로 세금을 거두었고, 때로는 세금을 인상하기까지 했다. 전쟁

---

5 G. Parker, *Global Crisis: War, Climate Change & Catastrophe in the Seventeenth Century* (New Haven, CT: Yale University Press, 2013).

은 국가 간 부와 권력 경쟁의 가장 폭력적인 형태로, 유럽의 통치자들은 서로를 적대시했다. 부를 향한 그들의 경쟁은 해양 경쟁으로 확장되었다. 스페인은 아메리카에서 은광을 확보했고, 그 은광은 국가의 부와 권력을 지탱하는 주요 원천이 되었다. 한편 영국을 비롯한 다른 유럽 국가들은 북아메리카 온대 지역에 정착민을 보냈고, 북아메리카 남부나 카리브해 등 보다 습하고 더운 지방에는 흑인 노예를 데려다 일을 시켰다. 유럽 국가 주도로 설립된 기업들이 아시아로 들어와 서로 경쟁했으며, 활동 수익은 각국의 정부로 보냈다. 이로써 통치자의 부와 권력이 상인 엘리트 계층과 밀접하게 연계되는 전형적 사례가 만들어졌다. 소빙하기 시대에 국내 복지에 중점을 두었던 유럽의 중상주의 정치경제는 점차 국가 간 경쟁에 중점을 두었고, 경쟁의 무대는 유럽뿐만 아니라 아메리카와 아시아에 걸쳐 있었다.

동아시아에는 유럽에 비견할 만한 국가 간 경쟁이 없었다. 일본의 도쿠가와 막부가 전국을 통일한 때는 1600년경이었다. 이로써 군사 분쟁이 마무리되었고, 중앙 정부는 수출 상품으로 더 많은 돈을 벌기 위해 다른 나라와 경쟁 같은 것은 할 필요가 없었다. 중국은 유럽 전체를 포괄하는 규모였지만, 유럽 내에서 각국이 경쟁한 것과 달리 중국 내에서 각 지방은 중앙 정권에 모두 복종했다. 중앙과 지방 정부는 모두 원칙적으로 농업 및 수공업 생산을 장려했다. 국내의 사회질서가 안정적으로 유지된 덕분에 정부는 물질적 번영을 위한 다양한 정책을 펼쳤고, 사람들이 공통의 문화적 관습을 따르도록 지도했으며, 가구를 등록하여 세금을 부과하고 활동을 규제했다. 중국에서는 제국 전역을 관리하는 게 문제였다면, 유럽에서는 국가 간 경쟁과 분쟁 등 국가 간 관계가 문제였다.

소빙하기에서 비롯된 전반적 위기가 유라시아의 농업 기반을 악화시켰다. 그에 따라 사회 불안정이 고조되었고, 각국 정부는 저마다 다른 방식으로 그에 대응했다. 유럽에서 세계의 다른 지역으로까지 확대된 정치적 경쟁은 오히려 새로운 기회의 계기가 되었다. 이미 백성의 형편이 좋지 않았지만, 더 이상 악화시키지 않으면서도 부와 권력을 획득할 수 있는 기회가 주어졌다. 제국의 사회질서 유지를 중시한 중국은 재난에 대응하기 위해 투자를 더욱 신중히 했다. 한편 일본은 기후 위기의 영향이 비교적 적었다. 환경 위기의 여파로 초래된 주요 경제적 결과나 정치적 영향, 즉 사람들이 더 힘들게 일하고 더욱 시장 의존적으로 변해간 현실을 당시 사람들이 크게 의식했던 것 같지는 않다. 그들은 17세기의 도전과 위험으로부터 살아남았다는 사실에 일단 안도했다. 18세기에 환경 조건이 개선되면서 유럽에서 수요(demand) 측면과 동아시아에서 공급(supply) 측면의 근면혁명 양상이 점차 뚜렷해졌다. 이제 경제적 수요의 변화와 상업적 소비 확대에 대해서 살펴보도록 하겠다.

변화하는 소비: 동아시아의 관점에서 본 유럽의 변화

유럽의 근면혁명(industrious revolution) 개념은 소빙하기 경제적 고난, 사회적 혼란, 정치적 분쟁을 통해 어떻게 상업적 소비의 팽창이 나타날 수 있었는지를 이해하는 데 도움이 된다. 이 모두는 소빙하기의 환경 문제에서 비롯된 혹은 강화된 일이었다. 초기 근대에 혹독한 고난의 시기가 자주 찾아왔음에도 불구하고, 유럽과 동아시아 양측 모두에서 최소한 일부의 사람들은 상품 판매 확대를 시도하여 성공했고, 더 많은 사람들이 참여하는 시장에 부응하는 상품을 생산해냈다. 유럽과 동아시아, 특히 중국의 소비 패턴 변화를 살펴보면 양측 상거래 발달의 유사성과, 권역 내 상거래 회로의 차별성이 동시에 확인된다.

유럽에서 경제활동에 대한 인식 변화는 초기 근대 상업의 팽창으로 이어졌다. 중세에는 탐욕과 과도한 소비를 경계했지만, 17세기와 특히 18세기의 작가들은 소비를 보다 긍정적인 관점에서 이야기했다. 사치는 여전히 눈살을 찌푸리게 했지만, 부족과 과잉의 격렬한 진동이 없는 안정적이고 건전한 소비의 성장은 애덤 스미스 경제학이나, 그의 유명한 저서 《국부론》을 보완하기 위해 집필한 《도덕감정론(Theory of Moral Sentiments)》의 윤리적 근본이었다. 이와 비슷한 감성이 다른 지역에서도 일어났는지는 알 수 없지만, 유럽의 이와 같은 태도 변화가 세계의 다른 지역과 차별화된 유럽의 독특한 변화를 가능케 했다는 점은 쉽게 상상해볼 수 있다. 다른 지역에서는 어떤 식의 논의가 상업에 우호적이었는지를 살펴보면 문제는 더욱 분명해질 것이다. 다만 그러한 논의의 유사성과 차이는 맥락에 따라 달라질 수도 있음을 고려해야 한다. 예컨대 유럽인이 시장을 우려한 이유는, 그것이 인간의 열망과 호전성을 불러일으키는 통로가 된다고 보았기 때문이다. 이런 관점은 전쟁이 사람들에게 미친 부정적 영향이 만연한 상황에서 비롯되었다. 공간적으로 유럽과 비슷한 크기인 중국의 경우, 인구도 훨씬 더 많았지만 유럽과 같은 그런 우려는 훨씬 더 적은 편이었다. 적대적 국가들이 난립하지 않고 통일 국가 체제가 갖춰져 있었기 때문이다.[6]

---

6 A. Hirschman, *The Passions and the Interests: Political Arguments for Capitalism* (Princeton University Press, 1977).

중국의 일부 지역에서는 민간 상업 네트워크가 수 세기 전부터 형성되어 있었다. 16세기 상업 네트워크가 확산되고 제국 전역 도시에 시장이 만들어져 중국은 농업 국가인 동시에 상업 국가였다. 중국 내 대부분의 생산 지역은 시골이었고, 생산지의 경제·정치·문화적 배경이 되는 도시와 연결되어 있었다. 상거래를 장려하기 위한 몇 가지 정부 정책도 시행되었다.[7] 첫째, 운송 관련 세금은 대개 낮은 편이었지만, 일부 지역에서 심각한 식량 부족이 발생했을 때 상인의 곡물 운송에 더 큰 이익을 주기 위해 세금을 더 낮추기도 했다. 둘째, 특히 18세기에 상품을 운송하는 상인과 그들에게 상품을 판매하는 거점 중개인 사이의 효율적인 관계 진작을 위해, 정부가 상업 정책을 수차례에 걸쳐 조정한 적이 있었다. 셋째, 특히 유럽과의 뚜렷한 차이점으로, 전쟁을 불사하며 부와 권력을 추구한 유럽과 달리, 그와 비슷한 크기의 단일 제국 범위에서 평화 체제가 유지되었다.

물론 유럽에서 전쟁이라는 현실 때문에 상인을 긍정적으로 보지 않았다는 의미는 아니다. 사실 자본주의 승리의 핵심인 부르주아지는 높은 명망을 얻기도 했다.[8] 상인을 우호적으로 본 유럽의 문화는, 상인이 농민이나 장인처럼 부를 직접적으로 생산하지도 않고 고등교육을 받은 문인처럼 관리가 되어 사회를 통치하는 데 기여하지도 않는다는 이유로 상인을 낮추어본 동아시아의 전통적 시선과는 대조를 이루었다. 그러나

---

7 R. B. Wong, *China Transformed: Historical Change and the Limits of European Experience* (Ithaca, NY: Cornell University Press, 1997), pp. 127-51.
8 D. McCloskey, *The Bourgeois Virtues: Ethics for an Age of Commerce* (University of Chicago Press, 2006).

중국과 일본에서 사회적으로 상인을 폄하하기는 했지만, 반면에 상인은 상거래의 경제적 이익에 대한 유교적 이해를 바탕으로 문화적으로 신뢰할 수 있는 상업의 미덕을 주장할 수 있었다.[9] 중국에서는 유럽이나 일본에서 확인되는 상업 엘리트 신분이 따로 존재하지 않았기 때문에 부를 축적한 상인이 문인 엘리트의 지위로 이행하더라도 제도적 장벽이 거의 없었다. 중국에서 대개 엘리트 계층은 교육이나 토지 소유로 결정되었다. 상인이 엘리트 계층의 일원으로 편입되기가 비교적 수월했던 제도적 특성은, 다시 말해 중국 엘리트의 문화적 감성을 공유하기가 그만큼 더 쉬웠다는 의미도 된다. 문인 엘리트로서는 회화, 서예, 청동기, 도자기 같은 문화적 상품을 구입하고 안전하게 보관하고 전시하는 기술과 안목이 중요했다. 그들 중에는 초기 근대 상인에게 수준 높은 소비의 요령을 교육하기 위한 책을 출간한 사람들도 있었다.[10]

가정의 유산상속 관련 기록에 따르면, 고위직 가문 혹은 상업을 통해 일정한 부를 축적한 가정은 지속적으로 비싼 가구를 구입하는 소비자였음을 알 수 있다. 그 내용이 유럽의 유언장 목록과는 다소 차이가 있지만, 유럽보다 중국의 유언장에서 가구가 훨씬 더 빈번히 등장했을 가능성도 있다.[11] 중국의 평론가들은 숙련된 장인을 고용하려면 소비를 촉진

---

9 T. Najita, *Visions of Virtue in Tokugawa Japan: The Kaitokudo Merchant Academy of Osaka* (University of Chicago Press, 1987); R. Lufrano, *Honorable Merchants: Commerce and Self-Cultivation in Late Imperial China* (Honolulu: University of Hawaii Press, 1997); T. Brook, *The Confusions of Pleasure: Commerce and Culture in Ming China* (Berkeley and Los Angeles, CA: University of California Press, 1998), pp. 215-16.
10 C. Clunas, *Superfluous Things: Material Culture and Social Status in Early Modern China* (Honolulu: University of Hawaii Press, 1991).

하는 것이 중요하다고 인식하기 시작했다. 이는 좋은 상품(goods)을 추구하는 모든 개인의 욕망이 더 큰 보편적 선(common good)을 불러오는 비결이라고 했던, 18세기의 유명한 철학자 맨더빌(Mandeville)보다 약 2세기 전이었다.[12] 중국의 일부 학자들은 고난의 시기를 대비하기 위해 근검절약의 중요성을 지속적으로 강조했지만, 장인을 고용하기 위한 소비의 중요성 또한 인식하고 있었다. 두 가지 원칙은 동아시아와 유럽은 물론 세계 다른 지역에서도 전근대 경제의 두 가지 측면과 관련이 있었다. 첫째, 연간 수입은 농산물의 수확에 따라 달라졌고, 식량 공급은 일반적인 경제활동이었다. 이런 상황에서 근검절약은 세계 어디에서나 타당한 논리로 이해되었다. 둘째, 숙련된 장인이 시장 판매를 위한 상품을 생산하는 사회에서는 전문 인력의 유지를 위해서 시장 수요가 유지되는 것도 중요했다. 중국과 유럽에서 시장 기반 소비의 구체적인 양을 측정하기는 어렵지만, 둘 중 유럽 쪽 소비가 더 컸다고 볼 수 있는 두 가지 이유가 있다. 첫째, 도시 기반 소비의 중요성이 유럽 쪽에서 더 컸고, 도시의 소비가 기록으로 남겨지는 경우가 더 많았다. 둘째, 초기 근대 유럽의 소비혁명은 해외의 새롭고 이국적인 상품 유입과 관련이 있었고, 시간이 지날수록 이와 관련된 역사 자료가 더욱 뚜렷하게 나타났다.

11 R. Wu, *Wan Ming de xiaofei shehui yu shidafu* (Late Ming Consumption Society and the Gentry) (Taipei: Zhongyang yanjiuyuan lianjing chubanshe, 2007), pp. 215-57.
12 J. Huang, *Minsheng yu jiaji: qingchu zhi minguo shiqi Jiangnan jumin de xiaofei* (People's Livelihoods and Family Livelihoods: Consumption in Jiangnan from the Early Qing to Republican Era) (Shanghai: Fudan University Press, 2009), pp. 336-8.

유럽 소비혁명 관련 기록은 도시 소비자, 그중에서도 특히 부유층에 초점을 맞추고 있다. 소매시장은 도심지에 집중되어 있었다. 그러나 중국에서는 시장 네트워크가 시골까지 뻗어 있어서 농촌 가정에서 일상적으로 시장에 나가 물건을 거래했다. 시장에서 물건을 소비하는 인구는 중국이 유럽보다 더 많았을 것으로 추정된다. 또한 중국인은 유럽인에 비해 국내 생산품 및 국내 거래 상품의 소비 비중이 더 컸을 것이다. 유럽의 소비혁명이 더욱 부각된 두 번째 이유는 새로운 상품들의 지리적 기원과 관련이 있다. 인도의 면직물, 세계 여러 지역의 향신료, 설탕, 커피 등을 비롯하여 중국의 도자기, 비단, 차 등이 유럽으로 수입되었다. 이 모든 상품은 유럽의 아시아 무역과 신대륙 정복의 결과였다. 신대륙에서 유럽인은 토지와 인력을 장악하고 강제 노역을 동원하여, 임금노동자를 고용해서 생산하는 것보다 훨씬 저렴하게 유럽 소비자를 위한 상품을 생산할 수 있었다. 세 번째 이유는 역사학과 관련이 있다. 초기 근대 소비 연구의 성과가 일본이나 중국보다 유럽에 더 많기 때문이다. 중국에서는 정양문(鄭揚文)이 명확히 지적했듯이, "양화(洋貨)", 즉 외국 상품의 선호가 15세기 말엽 이후 지속되었다.[13] 18세기 엘리트층은 점점 더 많은 외국 상품을 소비했으며, 아편도 그중 하나였다. 1820~1830년대에는 영국 상인을 통해 들어온 인도의 아편이 서민층으로까지 파고들었다.[14]

13 Y. Zheng, *China on the Sea: How the Maritime World Shaped Modern China* (Boston, MA: Brill, 2012), pp. 207-42.
14 Y. Zheng, *The Social Life of Opium in China* (Cambridge University Press, 2005).

영국이 중국 수출 품목을 은(銀)에서 아편으로 대체한 것은 19세기 아시아 무역의 중요한 변화였다. 두 번째 변화는 인도산 면직물 수입을 줄일 방안을 찾는 것이었다. 영국인은 유럽 산업화의 첫 단계로 인도산 수입 면직물을 국내 생산으로 대체할 수 있는 기술 개발에 박차를 가했다. 17~18세기의 맥락에서 유럽의 소비혁명(더불어 근면혁명industrious revolution)이 일어난 결정적 원인은 국제무역이었고, 그를 뒷받침한 정치경제였다. 중국의 상업 소비는 유럽식 정치경제에 의존하지 않았다. 중국과 유럽은 모두 고급 수공업품을 제작하는 장인을 통해 새로운 문화적 취향과 유행을 만들어갔다. 양쪽 모두 도시의 부자가 가장 두드러지는 소비자였지만, 신상품을 도입하는 측면에서는 중국인보다 유럽인이 더 개방적이었다.

소비혁명의 맥락을 제공한 정치경제적 측면은 동아시아와 유럽이 서로 달랐다. 그러므로 아시아에서 소비가 팽창되었다고 해서, 반드시 유럽과 같은 근면혁명이 아시아에서도 일어났다고 볼 수는 없다. 여기서 말하는 "근면(industrious)"이란, 시장에서 더 많은 상품을 구매하기 위해 더 많은 노동을 하는 행위를 의미한다. 사회적으로 특정 계층의 수입이 증가해서 소비가 증가했을 수도 있다. 그러나 유럽의 소비자와 달리 아시아의 소비자에게는 해외 수탈을 통한 수입 증대가 없었으므로, 아시아의 경우 소득 증가가 소비 증가의 원인은 아니었다. 유럽인이 일정한 혜택을 얻은 덕분에 시장 상품 소비가 증가했던 상황을 고려하면, 중국인이 같은 정도의 상업적 소비를 하려면 유럽인보다 더 많은 노동을 할 수밖에 없었다. 이런 측면에서 보자면, 동아시아에서도 일어나지 않은 근면혁명이 왜 유럽에서 일어났는지, 그 타당성을 이해하기가 더욱 어려워진다. 그러나 수요 측면에서 노동 공급의 문제로 시선을 옮겨본다면, 비록 유럽에서 확인된 방식과는 상당한 차이가 있지만, 동아시아에서 근면혁명이 어떻게 일어나게 되었는지를 확인할 수 있을 것이다.

초기 근대 세계에서 더 열심히 일하기: 노동, 시장, 소비

얀 더 프리스(Jan de Vries)는 유럽 노동자의 노동량 증가를 두 가지 측면에서 중국이나 일본의 노동자와 비교했다. 첫째, 그는 황종지(黃宗智, Philip Huang)의 중국 농가 관련 논의에 주목했다. 즉 중국 농민은 극단적 가난에서 벗어나기 위해 스스로를 착취하는 방법 말고 다른 대안이 없었다는 주장이다. 둘째, 얀 더 프리스는 일본 농민이 더 많은 노동을 하게 된 것은 일본에 노동시장이 없었기 때문에 선택의 문제가 아니라고 보았다.[15] 양측의 주장을 종합하면, 중국과 일본 농민의 노동량 증가는 선택이 아니라 제약 때문이었다는 결론에 이르게 된다. 사람들이 더 근면해진 이유와 과정의 차이에는 경험적 문제와 개념적 문제가 모두 관련되어 있다. 중국 농민의 경우 동기와 결과를 연결한 매개는 인구 압력이었다. 즉 생물학적 생존에 맹목적으로 이끌린 가난한 농부로서는 소비혁명을 일으키는 것이 거의 불가능했다. 만약 인구 압력이란 전제가 틀렸다면, 우리는 중국의 농민이 더 열심히 일했고 그 영향이 소비 수요에 영향을 미쳤다는 가설을 깊이 있게 재검토해보아야 한다. 또한 중국이나 일본에서 노동시장이 형성되지 않았기 때문에 일본의 농민도

---

15 J. de Vries, "Industrious Peasants in East and West: Markets, Technology and Family Structure in Japanese and Western European Agriculture," *Australian Economic History Review* 51 (2011): 142.

가족 범위 안에서 노동을 할 수밖에 없는 운명이었다는 가설이 만약 틀렸다 하더라도, 여전히 노동시장에 진출하기보다는 가정에서 일하는 농민이 많았던 것이 사실인 만큼, 동아시아에서 노동 선택의 문제를 검토하려면, 기업 성격의 가정에서는 노동이 어떻게 분배되었고, 그리고 노동시장에서는 노동이 어떻게 분배되었는지를 살펴보아야 할 것이다.

황종지는 여성 노동력을 섬유 생산에 투입한 중국 초기 근대 농민 가정의 노동 착취 문제를 주장했는데, 그가 제시한 사례에서 여성의 수입을 실제의 10퍼센트로 축소한 수학적 오류가 밝혀졌다.[16] 더 많은 데이터를 기반으로 같은 주제를 검토한 다른 연구 성과에서는 강남(江南) 지역 농가의 생산성과 네덜란드나 영국의 경우를 비교했다. 1820년 기준으로 대략 오늘날의 송강구(松江区)와 거의 일치하는 지역 범위에서 중국의 1인당 GDP와 네덜란드의 1인당 GDP를 비교한 결과 네덜란드가 약 2배가량 높았다(Li and van Zanden). 이와 같은 차이는 산업 및 서비스 부문의 생산성 격차가 상당히 컸기 때문이다. 이와 대조적으로, 농업 생산성은 매우 비슷했다.[17] 밥 앨런(Bob Allen)은 농장 회계 모델을 통해 위의 데이터와 영국의 데이터를 신중히 비교하여, 1800년 기준으로 양자강 삼각주의 노동 생산성이 영국의 약 90퍼센트 정도였다는 결론에 이르렀다.[18] 초기 근대 영국에서 경제적으로 가장 선진적이었던 지

---

16 K. Pomeranz, "Facts are Stubborn Things: A Response to Philip Huang," *Journal of Asian Studies* 62 (2003b): 167-81.
17 B. Li and J. L. van Zanden, "Before the Great Divergence? Comparing the Yangzi Delta and the Netherlands at the Beginning of the Nineteenth Century," *Journal of Economic History* 72 (2012): 956-89.
18 R. C. Allen, "Agricultural Productivity and Rural Incomes in England and the

역과 중국의 강남 지역 일부를 비교한 결과를 종합하면, 황종지가 제기한 혹독한 가난의 시나리오는 적어도 농업 생산성의 문제는 아니었다. 강남 지역의 농민이 영국이나 네덜란드의 농민에 비해 더욱 극심한 가난에 시달리지 않았다면, 그들이 더 많이 일하게 된 원동력은 부가적으로 상품을 생산하려는 욕망에서 비롯되었을 가능성이 크다.

경제적 측면에서 중국의 강남과 유럽의 영국-네덜란드 사례의 근본적 차이는, 유럽의 경제가 고임금에 기반을 두었고, 강남의 경우 중국이나 유럽의 다른 지역들과 마찬가지로 저임금에 기반을 두고 있었다는 점이다. 영국의 경우 고임금 경제는 노동력 절감 기술 개발의 경제적 근거가 되었다. 밥 앨런은 고임금 경제였던 영국에서 면직물 생산 기술 혁신이 어떻게 발달했는지를 보여주었다.[19] 그러나 얀 라위턴 판 잔던(Jan Luiten van Zanden)이 네덜란드를 대상으로 연구한 결과, 고임금만으로는 충분한 설명이 되기 어렵다.

1800년에서 1850년 사이 경제 발전 속도가 느렸던 것으로 보아, 18세기 국가 경제의 침체는 19세기에도 지속되었던 것으로 보인다. 예컨대 해안 지역의 고임금 같은 산업화를 저해하는 요인들은 17세기에 등장한 사회 경제적 구조와 밀접하게 연결되어 있었다.[20]

Yangzi Delta, c.1620-c.1820," *The Economic History Review* 62 (2009): 525-50.
19 Allen, "Agricultural Productivity and Rural Incomes": 525-50.
20 J. L. van Zanden, "Industrialization in the Netherlands," in M. Teich and R. Porter (eds.), *The Industrial Revolution in National Context: Europe and the USA* (Cambridge University Press, 1996), p. 80.

초기 근대 유럽에서 고임금은 성공적 상업자본주의의 지표였다. 네덜란드와 영국의 사례는 모두, 초기 근대 상업자본주의 성장에 국내시장의 발달과 아시아 시장 해외무역의 막대한 수익이 포함되어 있었다. 영국의 산업혁명은, 적어도 부분적으로는 수입 대체에 관한 문제였다.[21] 그러나 네덜란드는 영국과 같은 방향으로 움직이지 않았다. 다른 맥락의 요인이 산업화에 도움 혹은 방해가 되었을 수도 있지만, 적어도 우리는 산업화를 이끈 변화가 고임금 경제 가운데 나타난 것은 분명하다고 말할 수 있다. 표면적으로 고임금은 상업경제에 정반대되는 두 가지 영향을 동시에 미쳤다. 한편으로 고임금은 노동력을 절감하는 기술적 변화를 자극했을 수 있고, 다른 한편으로 기업가에게 특정 기술(다른 지역에서 저임금 노동자가 사용하는 기술) 사용을 제한하도록 이끌었을 수도 있다.

상업자본주의에서 산업자본주의로 전환됨으로써 노동자의 하루 일과에서 추가 노동시간 관련 자료가 구체적으로 남겨지게 되었다. 공장 산업이 시작되기 전 초기 근대의 유럽 노동자가 더 많은 노동을 선택했다는 증거는 그리 많지 않다. 노동자 근무시간 연장의 직접적 증거는 영국에서 나왔고, 1760~1820년 산업화가 시작되면서 노동시간 연장도 시작되었다. 얀 더 프리스는 노동 강도가 높아진 것은 노동자가 가난을 벗어나기 위해 더 열심히 일해야 한다고 느꼈기 때문일 수도 있다고 인정했지만, 18세기 경제성장의 주요 원인은 시장 지향적 노동의 증가였

---

21 S. Broadberry and B. Gupta, "Lancashire, India, and Shifting Competitive Advantage in Cotton Textiles, 1700-1850: The Neglected Role of Factor Prices," *Economic History Review* 62 (2009): 279-305.

다고 반박했다.[22] 그러나 두 가지 가설이 반드시 양립 불가능한 것은 아니다. 초기 근대 산업화가 시작될 무렵 영국 고임금 경제의 결과 중 하나로, 고임금의 혜택을 누려온 수많은 장인이 일자리를 잃고 기계가 그들을 대신했다. 밥 앨런은 최근 연구 성과에서 이렇게 말했다.

> 산업이 기계화되면서 수공업 분야에서 실업과 임금 하락 현상이 나타났다. "생활수준(standard of living) 문제"는 18세기 번영을 책임졌던 전통적 부문들이 청산된 결과였다. 그 부분이 결코 적지 않았기 때문에 생활수준은 큰 문제가 되었다.[23]

산업화 초기 생활수준에 대한 우려와 장시간 노동 현상은 그러므로 숙련노동자와 공장노동자의 임금 차이와 관련되는 문제였다(공장노동자의 임금이 다른 나라에 비해서는 많았다). 아이러니하게도 공장이 출현하기 이전 노동자가 더 많은 노동을 하게 된 문제와 관련한 자료는 유럽보다 중국이나 일본에서 더 많이 확인되었다. 동아시아의 경우 시골에서 변화가 나타났고, 활동의 다양성으로 더 많은 노동력이 요구되었다. 중국 강남 지역의 경우 이는 특히 직물 생산과 관련이 있었다. 일부 가정에서 여성이 면직물을 직조하기 시작했고, 현지 시장에서 실을 사서 천

---

22 J. de Vries, *The Industrious Revolution: Consumer Behavior and the Household Economy, 1650 to the Present* (Cambridge University Press, 2008), pp. 114-21.
23 R. C. Allen, "The High Wage Economy and the Industrial Revolution: A Restatement," *University of Oxford Discussion Papers in Economic and Social History* (2013): 115.

을 짠 다음 다시 시장에 내다 파는 경우가 많았다. 비단 생산은 가정 내 노동시간을 더 많이 추가하는 계기가 되었다. 뽕나무를 심고 누에의 먹이가 되는 그 잎을 채취하는 일부터 시작해서 실을 만들고 천을 짜는 일까지, 한 가정에서 생산의 모든 과정을 통합할 수 있었다. 누에의 배설물은 연못으로 떨어져 물고기를 기르는 데 사용되었다. 제조와 작물 재배 활동의 다양화로 판매 목적 상품 생산에 투입되는 노동량이 늘어났다.[24] 이와 같은 활동으로 수입을 얻은 생산자는 동시에 소비자가 되었다. 면직물 생산은 특히 중요했다. 16~18세기 강남 지역뿐만 아니라 중국의 다른 지역에서도 공통적으로 면직물을 생산했기 때문이다.

만약 동아시아에서 노동시장이 전혀 형성되지 않았다면, 그것이 효율적인 노동력 분배를 제약하는 원인이었는지를 검토해보아야 할 것이다. 그러나 조금이라도 존재했다면 논점은 달라진다. 즉 기업 내부와 노동시장에서 각각 분배가 어떻게 이루어졌는지, 양측의 경계는 무엇이었는지가 논의의 초점이 된다. 중국의 경우 남성 농업 노동력을 대상으로 장기와 단기 인력을 구하는 노동시장이 분명히 존재했다.[25] 아래에서 자세히 논의하겠지만, 일본에서는 일부 젊은 여성이 다른 가정에서 가사노동에 종사하기도 했다. 노동시장이 광범위하지 않았다는 사실은 생산요소를 효율적으로 결합하는 다른 방식이 존재했음을 시사한다. 중국의

---

24 M. Elvin, *The Pattern of the Chinese Past* (Stanford University Press, 1973); B. Li, *Agricultural Development in Jiangnan, 1620-1850* (New York: St. Martin's Press, 1998).
25 Y. Liu, *Qingdai qianqi nongye zibenzhuyi mengya chutan* (A Preliminary Discussion of Early Qing Dynasty Sprouts of Agricultural Capitalism) (Fujian Renmin Chubanshe, 1992).

경우 노동력 시장뿐만 아니라 농지 거래 시장도 존재했다. 토지는 매매는 물론 임대도 가능했다. 중국에서 여성이 농장을 벗어난 다른 어떤 장소가 아니라 가정에서 면직물을 생산한 것은 노동시장이 형성되지 않았기 때문으로 보기 어렵다. 중국 여성은 가정 내에 머물러야 했고, 노동시장에 진출할 경우 수입은 기대보다 현저히 낮았다. 영국과 중국 강남에서 여성의 직물 생산 소득과 관련된 풍부한 자료를 비교 분석한 결과, 17세기에는 중국 여성의 소득이 더 높았지만 19세기에는 영국 여성의 3분의 2 수준에 그쳤다. 강남 지역 농가와 잉글랜드 중부 지역 농가를 비교했을 때, 영국의 경우 남성은 농업에 종사하고 여성은 노동시장을 매개로 면직물 생산 현장에 고용되어 서로 다른 일을 했지만, 가정 소득의 차이는 5퍼센트에 불과했다. 그러므로 중국인과 영국인이 더 많은 노동을 선택하게 된 동기가 근본적으로 다르다거나 혹은 유의미한 다른 결과로 이어졌다고는 볼 수 없는 수준이었다.[26]

초기 근대의 동아시아인과 유럽인은 아마도 비슷한 이유로 더 많은 노동을 선택했을 것이다. 더 많은 노동의 기회가 주어지면 동아시아 시골 가정의 경우 대개는 그쪽을 선택했다. 더 많은 노동을 하는 사람들이 상거래에 더 많이 참여하는 사례도, 영국이나 네덜란드보다 중국 강남에서 더욱 뚜렷이 확인되었다. 우리는 중국 강남 지역 농촌 가정에서 실제로 노동시간이 어떻게 증가했는지 알 수 있다. 반면 유럽의 근면혁명 시기에는 상업적 소비의 증가와 실질임금의 광범위한 평준화가 결합되어 노동시간 증가로 이어졌다. 수공업 생산에서 공장 생산으로 전환

---

26 Allen, "Agricultural Productivity and Rural Incomes": 525–50.

되기 전까지 유럽 노동자의 노동시간 추가와 관련하여 직접적인 자료는 없다. 근면혁명을 불러일으킨 수요 측면의 활력은, 얀 더 프리스의 주장과 달리 유럽과 동아시아에서 별로 차이가 없었다. 한 가지 중요한 차이점은, 유럽 상업자본주의의 정치경제에 따라, 임금노동에 의한 생산에 비해 낮은 가격에 신상품이 들어오면서 소비혁명의 일부 원인이 되었다는 점이다. 동아시아에서는 그와 유사한 변화가 없었으므로, 같은 정도의 상업적 소비를 달성하려면 더 근면하게 일하는 수밖에 없었다. 동아시아인이 유럽인만큼 소비는 못 했다 하더라도, 적어도 그들 못지않게 근면했을 것이다. 더 많이 노동하게 된 이유의 공급 측면을 비교해보면, 동아시아에서도 근면혁명이 일어났다는 결론을 뒷받침하는 상황을 확인할 수 있을 것이다.

근대 초기 동아시아 및 유럽의 산업화와 노동의 유형학

근면(industriousness) 개념을 좀 더 깊이 있게 논의하려면 초기 근대 경제활동의 주축인 농업과 관련해서 노동이 어떻게 인식되었는지를 살펴볼 필요가 있다. 산업사회의 관점으로 산업화 이전 사회의 근면성을 이해하는 오류를 피하려면 반드시 거쳐야 할 과정이다. 길드와 장인에 초점을 맞추는 것도 문제가 있다. 인구 구성상 그들은 소수에 불과했기 때문이다. 초기 근대 시골 지역의 환경은 지역에 따라 달랐기 때문에 우리는 다양한 지역 정보를 이해한 뒤에 일반론을 재구성할 수 있다. 이번 소절에서 우리는 동아시아와 유럽의 유사성과 차별성을 포괄할 수 있는 일반적 개념을 설정하고자 한다.

산업화 이전에 비해 이후 시기에는 지역 간 경험의 차이를 비교하기가 더 쉬운 편이다. 근대 이후로 지역 간 기술적·제도적 상호작용이 훨씬 더 커졌고, 더욱이 지역 통합이 많이 이루어졌기 때문이다. 그러나 유럽이 산업혁명을 주도했다고 해서 그 이전 시기의 노동 개념도 유럽과 같은 방식이었다고 이해해서는 곤란하다. 지역에 따라 산업화의 도전에 대응하는 방식은 달랐을 것이다. 예컨대 농업 사회의 환경에서 뿌리내린 근면성(industriousness) 같은 특성을 활용하는 방식도 같지 않았다. 스미스형 성장이 지역에 따라 달랐던 것처럼, 동아시아와 유럽에서도 노동의 개념과 성격이 달랐다. 이 문제와 관련해서 일본의 특성을 가장 깊이 들여다본 연구 성과는 토머스 스미스(Thomas C. Smith)의 저서였다.[27] 이는 영국에 관한 톰슨(E. P. Thompson)의 연구로부터 영감을 받은 것이었다.[28] 톰슨은 19세기 영국에서 기계와 공장 시스템이 도입되었을 때 장인 노동자가 그에 저항한 문제를 연구했고, 그 속에 잠재된 공통의 관습과 주요 노동 패턴의 특성을 보여주었다. 한편 스미스는 일본의 메이지 시대에 그와 같은 종류의 저항이 없었다는 점을 지적하면서, 일본에서 어떻게 다른 방식으로 산업화 시대의 노동자가 등장했는지를 살펴보았다.

스미스가 보기에 일본의 농민은 영국의 공장노동자 못지않게 시간을 성실히 관리했지만, 그 방식은 전혀 달랐다. 노동 과정은 농사일 패턴에 맞춰 새벽에 시작해서 황혼 무렵에 끝났다. 사원의 종은 기계식 시계

---

27 T. C. Smith, *Native Sources of Japanese Industrialization, 1750-1920* (Berkeley, CA: University of California Press, 1988).
28 E. P. Thompson, "Time, Work-discipline, and Industrial Capitalism," in E. P. Thompson, *Customs in Common* (New York: New Press, 1991).

가 아니라 자연의 시간에 맞춰 울렸다. 노동강도는 체력과 노동시간에 따라 측정되지 않았다. 시간에 따라 움직이는 기계 중심의 공장이나 근대 운송 시스템과는 다른 환경이었다. 노동의 질은 날씨 패턴에 따라 조정하는 능력, 환경 재앙(가뭄이나 해충)에 대응하는 능력, 이런 문제를 해결하기 위해 다른 사람들과 협력하는 능력에 좌우되었다. 신뢰할 수 있는 유용한 지식, 폭넓은 인간관계가 훌륭한 혹은 신중한 업무 수행에 핵심이었다.

일본에서 농민의 전형적 노동은 농지 관리였다. 본인 소유도 있었고 소작도 있었다. 중국과 마찬가지로 일본 농촌에서도 임금노동자의 수는 미미한 수준이었다. 대부분의 농부는 수준은 다르지만 농지를 관리한 경험이 있었다. 다음 파종 시기를 대비해 종자를 관리하고, 모종 이식 시기를 결정하고, 수확을 위해 마을 사람들과 협력하는 등의 일이었다. 이와 같은 농지 관리 업무의 핵심 요소는 가족의 노동력을 활용 및 분배하는 일이었다. 가정 단위 업무의 중심은 벼농사였지만, 대개는 상업 작물 재배나 수공업 물품 제조를 비롯한 다른 여러 업무도 수행했다. 1840년경 비교적 상업화가 진행되었던 일본 남서부의 어느 마을에 관한 스미스의 연구를 인용하자면,

> 신체 건강한 모든 사람은 농업에 여력이 있는 한 소금 만드는 일이나 기타 다른 일에 고용되었다. … 농한기에 남성들은 새끼를 꼬고 자리를 엮는 등 손으로 만들 수 있는 제품을 생산했다. 여성들은 3월부터 8월까지 염전에서 일했고, 나머지 시기에는 전부 천(면직물) 짜는 일을 했다(Smith, 1988: 83).

그 집안의 딸을 이웃 마을에 보내 가사를 돕는 일을 시키기도 했다. 그렇다면 틀림없이 노동시장이 존재했다고 봐야 한다. 어느 가정을 선택할지는 시장의 흐름(쌀, 소금, 면직물, 임금 등의 가격)에 달려 있었다. 더불어 지리경제적 요인(예컨대 거리, 교통수단, 위험)을 고려했을 뿐만 아니라, 가사 노동일에 대한 지식의 정도도 선택의 중요한 요소였다.

노동의 인식은 전적으로 생계에 대한 인식에 달려 있었다. 가정은 생산의 단위인 동시에 재생산의 단위였기 때문이다. 결혼이나 출산을 통한 가족 노동력 구성의 변화를 예측하고 신중히 대응해야 했으며, 그에 따라 노동력 배분도 미리 계획해야 했다. 가사 노동의 부담(요리, 세탁, 청소)과 돌봄의 필요성(아동과 노인)에 더불어 "생산" 부문의 노동강도도 함께 고려해야 했다. 중국에서 문화적으로 충이나 효 같은 신유학의 개념을 강조한 것도 비슷한 고민의 흔적이라고 할 수 있다. 이는 실용적 측면에서 의무와 규율과 헌신을 이끌어 노동 집약적 기술의 발달을 가져왔으며, 노동력은 가족의 생애 주기에 따른 수요를 근거로 분배되었다. 중국과 일본의 가족 시스템이 전혀 달랐음에도 불구하고 17세기 중국에서 발달한 노동 집약적 기술과 노동력 중심의 관습은 일본의 과정에도 영향을 미쳤다. 중국에서는 토지 부족 문제가 일본만큼 심각한 상황이 아니었지만, 그럼에도 벼농사를 중심으로 하는 소농 체제가 동아시아의 특징으로 남게 되었다.

중국과 일본은 시장경제의 규모가 달랐다. 인구 규모가 일본과 비슷한 양자강 하류 지역은 아시아 국제 분업 체제의 일부로 자리 잡았다. 동남아시아에서 농사용 물소를 수입했고, 북중국에서 콩깻묵을 수입해 거름으로 사용했다. 벼와 사탕수수 같은 상업 작물, 면직물과 비단 같은 원시 수공업 제품은 중국 내 산업화 후진 지역으로 판매되었다. 양자강 하류 삼각주는 초기 근대 동아시아 지역 경제의 중심지로, 일본에 비할 바가 아니었다. 결과적으로 국제적 상거래의 활력이 성장했다. 다양한 소비 패턴이 나타났고, 토지 매매 및 임대 시장이 활성화되었으며, 중국 내 다른 지역을 오가는 이주가 빈번해졌다. 이런 측면에서 중국의 경우는 동아시아적 패턴의 전형을 보여준다. 초기 근대 동아시아의 노동 개념이 그로부터 비롯되었다. 한편 일본의 도쿠가와 시대 노동 개념도 특히 주목할 필요가 있다. 그것이 문헌에서 서구의 노동 개념과 흔히 비교되는 이유가 있었다. 중국에서는 일본과 같은 정도로 존재했다고 할 수 없는 한 가지 측면이 바로 사회 안정성이었다. 그 덕분에 토지의 규모는 작았지만 생산성이 꾸준히 증가할 수 있었다. 엄격한 국가의 규제 아래 일본은 2세기 이상 안정을 누렸으며, 해외의 영향도 비교적 적었다(전염병의 유입이나 외세의 침입은 극히 제한적이었다). 예컨대 지참금으로 비단 기모노를 살 수 있다는 전망은 가정 내에서 근면성을 이끌어낼 상당한 유인 요소가 되었다. 그래서 노동력을 이끌어내고 노동강도를 높이는 데에는 중국보다 일본이 더 유리했다. 이는 무역의 이득이나 규모의 경제와는 다른 방식이었다. 그럼에도 불구하고 일본에서도 시장은 중요한 문제였다. 사이토 오사무(斎藤修)는 일본 도쿠가와 시대에 상품 시장뿐만 아니라 노동 및 토지 시장도 스미스형 성장(Smithian growth)이라 할 만큼 충분히 활발했다고 주장한다.[29] 초기 근대 일본에서 근면성 개념이

---

29 O. Saito, "An Industrious Revolution in an East Asian Market Economy? Tokugawa, Japan and Implications for the Great Divergence," *Australian Economic History Review* 50 (2010): 240-61.

형성되기까지는 시장의 힘이 결정적이었다. 특히 18세기 후반 시골 지역 산업의 성장은 도시의 산업 성장을 약화시켰을 뿐만 아니라 인근 지역의 임금 상승을 불러일으켰다. 그러나 인구 성장과 여성 고용에 기여했고, (여아 영아 살해 등에 따른) 성비 불균형도 수정되었다. 이런 점에서 일본의 경우는 중국과 비슷했다. 그러나 도시와 시골의 이항 대립이 산업화 이전 시대의 맥락에서 중요한 의미가 있었던 서유럽과는 달랐다.

동아시아의 경우 직물(주로 면직물) 산업이 대대적으로 확산되면서 막대한 여성 노동력이 투입되었고, 그 결과 가정 내 노동력 분배와 협력이 근면성 개념의 필수적인 부분으로 포함되었다.[30] 산업혁명 이전 시기의 산업화 과정에서 동아시아 농민 경제는 유럽에 비해 인구 전체적으로 가족 노동력을 동원 및 조정할 수 있는 여력이 훨씬 더 풍부했다. 그래서 중국 인구의 대부분이 근면했으며, 일본에 비해 시장 기회 활용이 더욱 강조되었다. 노동력의 동원과 시장의 유인이 결합된 결과 노동량이 더욱 늘어났다. 이는 유럽과는 근본적으로 다른 농업 환경에서 비롯되었다. 동아시아에서 농업 발전의 기본 패턴은 예컨대 이모작 같은 노동 집약적 기술이었다. 유럽에서는 작물 생산과 가축 사육을 병행하는 혼합 영농이 발달했다. 혼합 영농은 전형적인 아시아의 벼농사에 비해 기본적으로 많은 자본과 토지가 필요했다(여기서 토지의 사용은 집중적이라기보다 더 많은 면적을 필요로 했다). 그래서 기본적인 제도의 발전

---

30 K. Pomeranz, "Women's Work, Family, and Economic Development in Europe and East Asia: Long-term Trajectories and Contemporary Comparisons," in G. Arrighi, T. Hamashita, and M. Selden (eds.), *The Resurgence of East Asia: 500, 150 and 50 Year Perspectives* (London, New York: Routledge, 2003a), pp. 78-123.

이 서로 달랐다. 동아시아적 성장의 관점에서 보면, 유럽의 성장은 자본집약적 생산방식에 편중되어 있었다. 노동자는 가용 자원(주로 토지)을 두고 동물과 경쟁해야 했으며, 때로는 지주나 자본 투자자가 보다 효율적인 농업 방식을 추구해서 쫓겨나기도 하는 등 노동보다 자본이 더 중요한 요소가 되었다. 또한 목초지의 휴경이 경제적·생태적 측면에서 더 중요해지는 경우에도, 혹은 경작 단위가 통합되어 임금노동자가 소작농을 대체하는 경우에도 기존의 노동 인력이 일자리를 잃었다. 이런 상황에서 농민은 규모가 작더라도 꾸준히 토지의 생산성을 늘려가는 장기적 계획 같은 것을 생각하기 어려웠다.

유럽에서는 전반적으로 자본이 축적되는 경향이 있었다. 자본시장이 발달해서 이자율이 낮아지고, 제조업과 서비스업뿐만 아니라 인프라 건설과 전쟁에 투자를 이끌었다. 전쟁이 빈발해 시골 지역이 더욱 불안정해졌고, 도시의 제조 부문은 자본 및 기술 집약적으로 변해갔다.[31] 한편 도시에 따라 노동시장의 통합이 늦어지면서 자본에 비해 임금이 더 많이 오른 경우도 있었다. 영국과 네덜란드의 실질임금은 서유럽의 다른 지역에 비해 현저히 높았다. 앞에서 언급했듯이 이는 값싼 에너지 공급과 노동력 절감 기술의 발달을 초래했으며, 동시에 도시의 기술 집약적 산업과 경쟁해야 하는 시골 지역의 수공업에도 압력으로 작용했다.

앨런(Allen)이 주장했듯이 17세기 영국에서는 소규모 농가의 노동 집약적 기술 발달이 중요했고, 18세기에는 토지 병합이 뚜렷해졌다.[32]

---

31 J.-L. Rosenthal and R. B. Wong, *Before and Beyond Divergence: The Politics of Economic Change in China and Europe* (Cambridge, MA: Harvard University Press, 2011).

기존의 연구에서 과장된 면이 없지 않지만, 인클로저(enclosure) 현상이 농민의 생산 패턴으로부터 토지와 노동력이 떨어져 나오게 만드는 역할을 했던 것은 분명하다. 1750년 이후 (부분적으로는 인클로저 현상의 결과로) 토지 및 노동 생산성 증가와 더불어, 시골 인구에서 농업 노동자가 가장 큰 비중을 차지하는 등의 구조적 변화가 일어났다.[33] 산업 부문에서는 새로운 기계로 제품을 만드는 비숙련 노동자가 기존의 장인과 경쟁했다. 프롤레타리아와 장인의 운명은 모두 자본주의의 결과였다. 자본주의는 기술, 관리, 조정 능력을 각기 다른 사람이 담당하도록 만들었다.

동아시아에서는 전혀 다른 장면이 등장했다. 자본시장이 더 적었고 농업경제가 더 많은 노동력을 흡수할 수 있었기 때문에 유럽에 비해 노동 집약적 성격이 강화되었다. 동시에 유럽 농민의 근면성은 동아시아 농민의 근면성과는 달랐다. 유럽의 거시 정치적 상황은 일본보다, 어쩌면 중국보다도 안정적이지 못했다. 유럽에서는 노동력의 이동성이 높았다. 주기적으로 이주하는 것이 유럽에서는 광범위한 관습이었다.[34] 또한 장거리 혹은 역내 무역에 참여하는 경우가 많았다. 폭넓은 지역을 포괄하는 도시화가 더 빠른 속도로 진행되었고, 농업 지역과 산업화 이전 수공업 특화 지역은 더욱 뚜렷하게 나뉘었다. 이는 중국의 효율적인 토지

---

32 R. C. Allen, *Enclosure and the Yeoman: The Agricultural Development of the South Midlands, 1450-1850* (Oxford University Press, 1992).
33 농업 인구에서 농업 노동자 비율이 점진적으로 증가한 문제에 관해서는 다음을 참조. M. Overton, *Agricultural Revolution in England: The Transformation of the Agrarian Economy, 1500-1850* (Cambridge University Press, 1996), pp. 36-45, 168-82.
34 J. Luccasen, *Migrant Labour in Europe, 1600-1900: The Drift to the North Sea* (London: Croom Helm, 1987).

및 임대 시장의 효과와는 달랐다. 유럽에서는 생산수단이 "자본(가축)+노동력"이었을 뿐, "토지+노동력"이 아니었기 때문이다. 동아시아에서는 토지가 부족한 상황에서 노동력 사용을 추가하는 것이 생산요소의 주요 구성 원칙으로 남아 있었다.

요컨대 일본, 중국, 유럽에서는 노동의 개념이 서로 달랐다. 이는 환경, 기술, 제도의 차이에 따라 서로 다른 과정을 거친 결과였다. 그러나 더 많은 노동력이 투입되는 과정에서 근면성의 성장이라는 요소는 모든 지역에서 공통적으로 나타났다. 그것이 상대적으로 공장 시스템으로 이전되기가 더 쉬운 곳도 있었다. 동아시아의 농민은 관리와 노동의 분리 개념에 익숙하지 않았고, 관리 능력이 없는 비숙련 노동만 필요하다는 생각도 하지 못했다. 그래서 노동시장이 통합되지 못했다. 일본의 경우 직물 생산 공장에서 노동력 관리는 농민-노동자의 기대에 따랐으며, 그들이 가진 의무, 규율, 헌신의 감각을 활용했다.[35] 유럽이 대개 그러했듯이 영국 또한 생산요소의 많은 부분을 노동력이 차지했지만, 노동자가 관리의 영역에는 참여할 수 없었다. 동기부여, 노동강도, 노동력 강화 제도의 다양성에도 불구하고 초기 근대에는 공통적으로 근면성을 추구하는 방향으로 변화하고 있었다. 그것이 마침내 공장 현장으로 옮겨져 산업화 과정에도 영향을 미쳤다. 근면성은 산업혁명의 "초기 조건"으로 중요한 부분을 차지함과 동시에 중요한 제약으로 작용했다.

35 K. Sugihara, "Labour-intensive Industrialization in Global History: An Interpretation of East Asian Experiences," in G. Austin and K. Sugihara (eds.), *Labour-Intensive Industrialization in Global History* (New York: Routledge, 2013), pp. 38-43.

유럽과 동아시아 근면혁명의 공통된 틀: 근면혁명에서 산업혁명으로 가는 길

고전 정치경제학에서 경제의 핵심은 식량과 인구(맬서스) 혹은 토지와 노동(리카도)의 관계였다. 1969년 존 힉스(John Hicks)는 고정자본(기계)과 유동자본(원자재 및 노동)을 구분하고, 고정자본의 실질적 중요성을 논함으로써 산업혁명의 특성을 설명했다.[36] 사실 이런 특성이라면 유럽보다는 동아시아의 역사에 더 잘 어울리는 편이다.

유럽에서는 인구 문제나 자원 문제 등 경제적 기본 요소의 관계에서 비롯되는 많은 문제를 제도의 발전을 통해 해소했다. 그래서 시장이 성장하고, 자본이 분배되고, 기술이 발전할 수 있었다. (1) 해외 진출과 장거리 무역을 통한 국가 간 경쟁, (2) 자본 집약적 생산방식(혼합 농업과 도시의 기술 집약적 산업)과 국제 자본시장 제도의 성장, (3) 석탄을 비롯한 북아메리카의 광범위한 자원 사용 등이 합쳐져 토지 압력을 완화하는 데 도움이 되었다.[37] 산업혁명의 기술적 혁신은 전쟁의 전면적 전개, 대외적 팽창, 그리고 관련 시장의 힘이 합쳐진 결과였다.

이들 중 어느 것도 일본에서는 일어난 적이 없었다. 토지 압력에 대한 대안으로 전쟁은 분명히 배제되었고, 쇄국 정책, 노동 집약적 기술과 노동력 동원 제도의 개발이 이어졌다. 중국은 일본에 비해 시장 규모나 환경 혹은 문화의 다양성을 확대할 여유가 더 많았다. 그러나 정부는 농

---

36 J. Hicks, *A Theory of Economic History* (Oxford University Press, 1969), p. 142.
37 K. Pomeranz, *The Great Divergence: China, Europe, and the Making of the Modern World Economy* (Princeton University Press, 2000)는 우연적 요소의 중요성을 강조했다.

업 제국을 유지하는 방향을 선택했고, 지방과 지방의 분쟁을 피하며 대규모 인구를 시골에 묶어두었다. 따라서 동아시아에서는, 중국과 일본의 국가 형성 패턴이 상당히 달랐음에도 불구하고, 전통적 정치경제학에서 관심을 두었던 토지-노동의 비율이 제도적 발전을 뒷받침했다.

우리는 전형적인 스미스형 성장과 근면성이 동아시아에서 시작되었다고 주장한다. 그 이유는 단지 유럽에 비해 동아시아 인구가 더 많았기 때문이 아니라, 동아시아의 경우가 경제 발전에서 가장 근본적인 문제, 즉 자원과 인구의 관계를 가장 분명하게 보여주기 때문이다. 생산요소 부족에 시장의 힘 그 자체보다는 기술적·제도적 대응 방안을 선택했고, 그것이 스미스형 경제의 지속 가능한 성장을 뒷받침했다. 국가가 개입하기보다 어느 정도까지는 시장에 맡겨두었다는 점, 그리고 지역 경제가 외부 지역의 자원에 의존하는 정도가 비교적 낮았다는 점에서 동아시아의 산업화 과정, 특히 중국의 과정은 경제 발전의 가장 "자연스러운" 과정이었다. 우리는 변화의 주체로서 가정이 가장 중요하다는 얀 더 프리스의 주장에 동의한다. 그러나 동아시아 가정에서 수행 가능한 역할의 범위는 천연자원과 인적자원의 효율적·경제적 활용까지 포함했기 때문에, 게리 베커(Gary Becker)나 얀 더 프리스가 생각한 것보다는 훨씬 더 폭넓었다.[38] 생활수준이 서서히 그러나 꾸준히 상승하리라는 기대 속에서, 늘어난 대규모 인구를 어떻게 먹여 살릴까 하는 문제에 대하여 동아시아적 답변은, 가정의 일부 기능을 상실하더라도 전적으로 시장에

---

38 G. S. Becker, *Human Capital: A Theoretical and Empirical Analysis: With Special Reference to Education*, 3rd edn. (University of Chicago Press, 1993); de Vries, *The Industrious Revolution*.

뛰어드는 것이 아니라 "농민의 길(peasant path)"을 개발하는 것이었다. 농민의 길은 상업화를 통해, 그리고 산업화 이전 단계 수공업에 참여하는 부수적 고용을 통해 생산성을 높이는 방식이었다.

이와 같은 관점에서 우리는 기존의, 특히 유럽의 연구 성과로부터 일정한 거리를 두고자 했다. 첫째, 스미스형 성장은 모든 시장의 성장에 관한 개념이 아니라 지역 시장 혹은 현지 시장의 성장에 관한 내용이었다. 마찬가지로 근면성은 모든 중노동에 관한 개념이 아니라, 의무와 규율과 헌신의 개념으로 노동력을 끌어들인다는 의미였다. 우리가 보기에 근면혁명은 동아시아와 유럽에서 모두 일어났지만, 장거리 무역과 취향의 변화가 그것을 견인했을 수도 있고 아닐 수도 있다. 유럽의 근면혁명은 해상 활동의 팽창에 따른 소비의 측면 때문에 동아시아의 근면혁명에 비해 좀 더 두드러져 보였을 따름이다.

둘째, 근면성의 성장을 이끈 제도란 반드시 공식적인 제도만이 아니라, 노동력을 이끌어내고 동기를 부여할 수 있는 비공식적 제도까지도 포괄한다. 시장 제도는 노동력을 창출하고 훈련시키는 강력한 매개 역할을 할 수 있지만, 시장 시스템이 없더라도 노동력을 이끌어내고 동기를 부여하는 일이 불가능하지는 않다. 강압은 노동의 동기를 저해하는 경향이 있으나, 가족의 복지가 개인의 열망에 긍정적이든 부정적이든 영향을 미칠 수는 있다. 농민 가정 경제는 이와 같은 양면적 성향을 활용했다. 그리고 18세기 중원 지역의 노동시장 성장에 가정이 핵심 역할을 했다. 시장 제도가 얼마나 공식화되었는가 하는 측면은 근면혁명의 정도를 파악하는 데 썩 좋은 지표가 되지 못한다.

셋째, 산업혁명이 근대 세계를 변화시킬 수 있었던 이유는, 영국에서 나타난 산업 인력이 다른 지역에서도 똑같이 등장했기 때문이 아니라, 지역마다 근대식 노동력을 창출하기 위한 저마다의 다양한 메커니즘이 작동했기 때문이다. 이번 장에서 우리는 동아시아와 유럽을 중심으로 근면혁명이 그러한 변화에 영향을 미쳤다고 주장했다. 이와 관련해서 세계 다른 지역 연구 또한, 초기 근대 세계가 산업화의 세계적 확산과 근대식 경제의 성장을 어떻게 준비했는지, 보다 깊이 있는 이해를 도모하는 데 도움을 줄 것이다.

더 읽어보기

Allen, R. C., "Agricultural Productivity and Rural Incomes in England and the Yangzi Delta, c.1620-c.1820," *The Economic History Review* 62 (2009): 525-50.
_____, *Enclosure and the Yeoman: The Agricultural Development of the South Midlands 1450-1850* (Oxford University Press, 1992).
_____, "The High Wage Economy and the Industrial Revolution: A Restatement," *University of Oxford Discussion Papers in Economic and Social History* (2013): 115.
Austin, G. and K. Sugihara (eds.), *Labour-Intensive Industrialization in Global History* (New York: Routledge, 2013).
Bayly, C. A., *The Birth of the Modern World 1780-1914* (Malden, MA: Blackwell, 2004).
Becker, G. S., *Human Capital: A Theoretical and Empirical Analysis: With Special Reference to Education*, 3rd edn. (University of Chicago Press, 1993).
Broadberry, S. and B. Gupta, "Lancashire, India, and Shifting Competitive Advantage in Cotton Textiles, 1700-1850: The Neglected Role of Factor Prices," *Economic History Review* 62 (2009): 279-305.
Brook, T., *The Confusions of Pleasure: Commerce and Culture in Ming China* (Berkeley and Los Angeles, CA: University of California Press, 1998).
Clunas, C., *Superfluous Things: Material Culture and Social Status in Early Modern China* (Honolulu: University of Hawaii Press, 1991).
De Vries, J. "Industrious Peasants in East and West: Markets, Technology and Family Structure in Japanese and Western European Agriculture," *Australian Economic History Review* 51 (2011): 107-19.
_____, "The Industrial Revolution and the Industrious Revolution," *Journal of Economic History* 54 (1994): 249-70.
_____, *The Industrious Revolution: Consumer Behavior and the Household Economy, 1650 to the Present* (Cambridge University Press, 2008).
Elvin, M., *The Pattern of the Chinese Past* (Stanford University Press, 1973).
Hayami, A., *Population, Family and Society in Pre-Modern Japan* (Folkestone: Global Oriental, 2009).
Hicks, J., *A Theory of Economic History* (Oxford University Press, 1969).
Hirschman, A., *The Passions and the Interests: Political Arguments for Capitalism* (Princeton University Press, 1977).
Huang, J., *Minsheng yu jiaji: Qingchu zhi minguo shiqi Jiangnan jumin de xiaofei*

(People's Livelihoods and Family Livelihoods: Consumption in Jiangnan from the Early Qing to Republican Era) (Shanghai: Fudan University Press, 2009).

Li, B., *Agricultural Development in Jiangnan, 1620-1850* (New York: St. Martin's Press, 1998).

Li, B. and J. L. van Zanden, "Before the Great Divergence? Comparing the Yangzi Delta and the Netherlands at the Beginning of the Nineteenth Century," *Journal of Economic History* 72 (2012): 956-89.

Liu, Y., *Qingdai qianqi nongye zibenzhuyi mengya chutan* (A Preliminary Discussion of Early Qing Dynasty Sprouts of Agricultural Capitalism). (Fujian Renmin Chubanshe, 1992).

Luccasen, J., *Migrant Labour in Europe, 1600-1900: The Drift to the North Sea* (London: Croom Helm, 1987).

Lufrano, R., *Honorable Merchants: Commerce and Self-Cultivation in Late Imperial China* (Honolulu: University of Hawaii Press, 1997).

McCloskey, D., *The Bourgeois Virtues: Ethics for an Age of Commerce* (University of Chicago, 2006).

Najita, T., *Visions of Virtue in Tokugawa Japan: The Kaitokudo Merchant Academy of Osaka* (University of Chicago Press, 1987).

Oshima, M. (ed.), *Tochi Kishoka to Kinben Kakumei no Hikakushi: Keizaishi-jo no Kinsei* (Comparative History of the Tendency Towards Land Scarcity and Industrious Revolutions) (Kyoto: Minerva Shobō, 2009).

Overton, M., *Agricultural Revolution in England: The Transformation of the Agrarian Economy, 1500-1850* (Cambridge University Press, 1996).

Parker, G., *Global Crisis: War, Climate Change & Catastrophe in the Seventeenth Century* (New Haven, CT: Yale University Press, 2013).

Pomeranz, K., "Land Markets in Late Imperial and Republican China," *Continuity and Change* 23 (2008): 101-50.

_____, *The Great Divergence: China, Europe, and the Making of the Modern World Economy* (Princeton University Press, 2000).

_____, "Women's Work, Family, and Economic Development in Europe and East Asia: Longterm Trajectories and Contemporary Comparisons," in G. Arrighi, T. Hamashita, and M. Selden (eds.), *The Resurgence of East Asia: 500, 150 and 50 Year Perspectives* (London, New York: Routledge, 2003), pp. 78-123.

Rosenthal, J.-L. and R. B. Wong, *Before and Beyond Divergence: The Politics of Economic Change in China and Europe* (Cambridge, MA: Harvard University Press, 2011).

Saito, O.,"An Industrious Revolution in an East Asian Market Economy? Tokugawa Japan and Implications for the Great Divergence," *Australian Economic History Review* 50 (2010): 240-61.

_____, "Kinben Kakumeiron no Jisshoteki Saikento (The Industrious Revolution Re-examined: A Survey of Evidence)," *Mita Gakkai Zasshi* 97 (2004): 151-61.

Smith, T. C., *Native Sources of Japanese Industrialization, 1750-1920* (Berkeley, CA: University of California Press, 1988).

Sugihara, K., "Higashi-ajia ni okeru Kinben Kakumei Keiro no Seiritsu (The Emergence of the Industrious Revolution Path in East Asia)," *Osaka Economic Papers* 54 (2004): 336-61.

_____, "Labour-intensive Industrialization in Global History: An Interpretation of East Asian Experiences," in G. Austin and K. Sugihara (eds.), *Labour-Intensive Industrialization in Global History* (New York: Routledge, 2013), pp. 20-64.

Takemura, E., *The Perception of Work in Tokugawa Japan* (Lanham, MD: University Press of America, 1997).

Thompson, E. P., "Time, Work-discipline, and Industrial Capitalism," in E. P. Thompson, *Customs in Common* (New York: New Press, 1991).

Van Zanden, J. L., "Industrialization in the Netherlands," in M. Teich and R. Porter (eds.), *The Industrial Revolution in National Context: Europe and the USA* (Cambridge University Press, 1996), pp. 78-94.

Wong, R. B., *China Transformed: Historical Change and the Limits of European Experience* (Ithaca, NY: Cornell University Press, 1997).

Wu, R., *Wan Ming de xiaofei shehui yu shidafu* (Late Ming Consumption Society and the Gentry) (Taipei: Zhongyang yanjiuyuan lianjing chubanshe, 2008).

Zheng, Y. *China on the Sea: How the Maritime World Shaped Modern China* (Boston, MA: Brill, 2012).

_____, *The Social Life of Opium in China* (Cambridge University Press, 2005).

케임브리지 세계사 13

세계화의 시대 3
이민과 세계무역

2025년 9월 15일 1판 1쇄

제리 벤틀리·산자이 수브라마니암·메리 위스너-행크스 편집
류충기 옮김

펴낸곳 : (주)소와당笑臥堂 | 신고 번호 : 제313-2008-5호
주소 : (03994) 서울시 마포구 연남로 13(영상빌딩 3층)
전화 : (02)325-9813
팩스 : (02)6280-9185
전자우편 : sowadang@gmail.com

저작권자와 맺은 협의에 따라 인지를 생략합니다.
값은 뒤표지에 적혀 있습니다.
잘못 만든 책은 서점에서 바꾸어 드립니다.

ISBN 978-89-6722-041-9 94900
ISBN 978-89-6722-028-0 94900 (세트)